SIDNEY GOTTLIEB
AND
THE CIA SEARCH
FOR MIND CONTROL

POISONER IN CHIEF

史蒂芬・金瑟——著
Stephen Kinzer
朱怡康——譯

目　錄
Contents

高利伯退休時才五十四歲，工作表現深獲肯定。服務單位為他辦了場典禮，頒獎章給他。不久後他和妻子賣了房子，也幾乎出清一切，在一九七三年秋天踏上旅程，希望投身慈善工作和心靈追求。可是一九七五年的一個夏日，華府傳來的訊息粉碎了高利伯的世界——有人發現他是誰了。參議院要他回國答覆一些問題。

在中央情報局（CIA）的二十年歲月，高利伯主持的是史上最大規模的心智控制研究。他也是中情局製作毒物的第一把交椅。由於工作內容受到嚴格保密，此前他幾乎像個隱形人。現在他被電召回國，可以想見有人打算向他究責，他做的事也可能公諸於世……

一九四九年二月三日，匈牙利天主教之首若瑟‧敏真諦樞機遭到樣板公審，在鏡頭前承認各種誇大不實的指控，例如密謀推翻政府、操弄黑市，以及暗地策劃偷竊奧匈帝國皇冠以圖復辟等。對此，中情局資深官員關注的是敏真諦受審時的表現——在承認那些毫無罪證的指控時，他似乎精神恍惚，講話呆滯，顯然是被迫的。但逼他認罪的人用的是什麼方法？

中情局認為答案明顯得可怕：蘇聯人一定已經開發出某種藥物或心智控制技術，讓人能順偵訊者的意講出違心之論。敏真諦的公審給了他們急迫感，他們擔心蘇聯科學家已經掌握這門技術，因而認為美國必須急起直追。

3

自願與非自願的受試者 ·····················57
Willing and Unwilling Subjects

化學家亞伯特·霍夫曼希望能以麥角酵素找出改善血液循環的新方法。一九四三年四月,他吃下自己合成的LSD-25,成為史上第一個嘗試LSD的人。經多次實驗,他提出報告說明「LSD對人類心智的特殊作用」,認為它是「目前為止最有效也最特殊的迷幻藥」。

華府後來得知此事,化學與放射線實驗室技術總監格林對此相當感興趣,在讀遍他所能找到的相關資料後,格林建議給美國軍事科學家一個新任務。他說:除了大砲、坦克、化學武器、細菌武器,甚至核子武器,可能還有個我們從未想過的全新軍武領域——精神藥物。結果在接下來不到一個世代的時間內,LSD撼動了全世界。

4

破解宇宙的祕密 ·····················73
The Secret That Was Going to Unlock the Universe

一九五〇年代初,拜想像力豐富的宣傳家、堅決反共的記者愛德華·杭特之賜,美國人學到了「洗腦」一詞。當時有人警告說共產黨已滲透政府,更有人說共產黨徒已有控制人心的辦法。華府國安單位對敵方的一舉一動風聲鶴唳,美國民眾也提心吊膽,草木皆兵。在中情局大肆宣傳共黨已掌握「洗腦」技術的同時,他們也陷入自己的魔咒。計畫副局長杜勒斯和一些資深官員唯恐美國在這場關鍵競爭中落後,這使得讓他們合理化極端藥物實驗,深信這是捍衛美國安全的必要之舉。

一九五一年七月十三日,高利伯到中情局報到,那個十三號星期五可說是美國情報史上的重要日期……

5

破壞意識 ·····················103
Abolishing Consciousness

MK-ULTRA計畫的陣容蛇鼠一窩,有瘋狂化學家、冷血特務、施虐狂、催眠師、電擊達人,甚至納粹醫生,儘管如此,喬治·杭特·懷特在這群人中還是鶴立雞群。他是熱愛工作的緝毒警探,多數時候晝伏夜出,出沒在充滿犯罪和毒品的地下世界。高利伯邀他掌管一間中情局妓院「安全屋」的時候,他忙不

迭地抓住機會，畢竟工作內容太有意思了——哄騙不知情的訪客吃下LSD，並記錄結果。

懷特帶來「安全屋」的人，很多都是毒品使用者、輕罪罪犯，或是那種對自身遭遇不敢聲張的人。對MK-ULTRA知情的少數幾個人，都認為它攸關美國的存亡生死，就算為此犧牲幾百條人命也不足掛齒。紐約的「安全屋」充分反映了這種道德交易。

人到底能夠承受多大劑量的LSD？有沒有一個臨界點，超過這個劑量之後，心智將四分五裂，意識將土崩瓦解，出現能植入新衝動、甚至新人格的真空？高利伯很想知道。

MK-ULTRA開始後沒多久，高利伯找到一名能做這種實驗的醫生：肯塔基萊辛頓成癮研究中心計畫主任哈里斯·伊斯貝爾。這所中心實際運作更像監獄，收容人大多是出身社會邊緣的非裔美人，即使遭到虐待也求告無門。威廉·亨利·沃爾因持有毒品被捕，進了成癮研究中心服刑，成為伊斯貝爾LSD實驗的受試者，最後出現嚴重精神問題，餘生飽受幻覺、妄想、恐慌和自殺衝動之苦。他兒子後來將父親的遭遇寫成書，叫《從治療到地獄》。

「有人跳樓！」史達特勒飯店的門房吉米大喊。夜班經理趕到現場後，在黑暗中盯著飯店大樓察看，隨即發現1018A房間有個窗子破了。警察拔槍進入1018A後，找到了另一名房客拉許布魯克，他說事發當時他正在睡覺，但「一聽到聲音我就醒了」……。夜班經理無意間聽到整段對話，心裡起了疑竇。

幾十年後新證據一一浮現，顛覆了過往對於奧爾森死因的解釋。首先是中情局承認：在奧爾森死前不久，同事曾邀他度假，在他不知情的情況下讓他吃下LSD。奧爾森之死的反敘事就這樣一點一滴現形：

他對工作感到困擾，有意辭職，結果被同事當成保防漏洞。他的遭遇，是MK-ULTRA的一大謎團。

高利伯到舊金山時，與費德曼見了面。坐定後高利伯拿出一個小玻璃瓶，放在費德曼面前。

「這是LSD。我們知道你在舊金山很吃得開，跟妓女混得很熟。我要你們開始把這玩意兒放到別人的飲料裡。」「你瘋了嗎？到時候被抓的是我欸！」「這部分你不用擔心。」「這是幹什麼用的？」「這種呢，可以讓人任人擺布。好得不得了。」「希德尼老兄，我不知道欸。我是做情報的，不幹這種屁事。」

高利伯開始拿出早就準備好的說詞。他知道這能讓費德曼放下猶豫，因為它也曾讓他自己放下猶豫。「要是我們能搞清楚這玩意兒怎麼用，對國家幫助很大。」

暢銷小說《滿洲候選人》的內容，是講一群美國士兵在韓國被共產黨俘虜，先送到滿洲的一處祕密基地「洗腦」，再放回美國執行暗殺任務。這部虛構作品的想像力，比現實發展慢了半拍，因為高利伯這時已經發現：根本找不到催眠後暗示、人為失憶或其他形式的「洗腦」確實存在的證據。

可是美國一般大眾不一樣，他們聽說的是：韓戰中的美國戰俘之所以歌頌共產主義，甚至自陳曾在北韓和中國投擲生物武器，都是因為遭到「洗腦」。在這本書牢牢抓住美國人對冷戰的想像之時，高利伯和他的心智控制戰士已更進一步，開始形塑曾形塑他們的虛構世界。

到剛果出任務時，高利伯已經在中情局工作了整整十年。他一手打造的MK-ULTRA計畫，是有史以來規模最大、也最全面的心智控制研究。他派駐德國兩年期間，不但親自對「消耗品」做極端實驗，也充分證明自己的本事。回國後接下的研發工作，更讓他成為美國諜報工具的主要發想者、製造者和測試者，在設計這些工具的同時，他並沒有將MK-ULTRA計畫交給別人主持。這段時期他還是中情局非正式化學小組的一員，這個小組就是後來眾所周知的

「健康改造委員會」，這群人在一九六〇年初湊在一起，是為了回應艾森豪總統重燃的信念——對某些不友善的外國領導人，最好的辦法是宰了他們。

在投入大量心血後，高利伯最後不得不承認：LSD的效果太不可靠，不能當「吐真劑」或心智控制藥物，於是不甘心地將LSD與海洛因、古柯鹼、電擊、「心理驅動」一起作廢。然而LSD已脫離中情局控制，先是流向菁英階層，又傳到參加中情局實驗的學生手裡，最後更在美國反文化運動中大量散播。

隨著MK-ULTRA曝光，最初把LSD劫出實驗室的顛覆份子，例如知名詩人艾倫・金斯堡與羅伯・杭特等，看出了其中的諷刺；《飛越杜鵑窩》作者肯・克西也承認，這場實驗確有不可告人的目的。但也有些反文化英雄同意，自身成就得歸功MK-ULTRA，約翰・藍儂就說：「我們永遠得感謝中情局和他們的LSD大隊。凡事都有反面，對吧？哈利。放輕鬆點！他們想用LSD控制人，結果反而給了我們自由。」

赫姆斯在中情局局長任內下的最後幾道命令之一，就是銷毀所有MK-ULTRA的紀錄。中情局紀錄中心主任覺得不對勁，打電話向高利伯確認。高利伯慎重其事，親自開車到檔案中心出示命令，要求立刻執行。於是，一九七三年一月三十日，七箱檔案化為碎紙。

差不多在同一段時間，高利伯要祕書打開他辦公室裡的保險箱，取出所有標示「MK-ULTRA」或「敏感機密」的檔案，全部銷毀。祕書聽命行事。她後來說，她沒有記錄銷毀了哪些資料，也「從沒想過該質疑長官指示」。在一連串善後措施之後，整批重要的歷史資料沒了。

一九七三年五月九日，中情局業務探員收到一道奇特的局長指令，要求之驚人

是他們前所未見。上任不到四個月、剛剛開革高利伯的施萊辛格,決定給中情局下劑猛藥,徹底導正陋習。水門案醜聞已引發眾怒,要求政府公開透明的呼聲勢不可擋。施萊辛格乘著民氣使出雷霆手段,希望能置之死地而後生,讓中情局一舉脫胎換骨。不過,連他都沒有料到這會帶來什麼後果。

「我決心讓法律得到尊重,」施萊辛格寫道:「為達成此一目標,我已採取若干相應步驟。我已要求本局全體資深行動探員:不論是過去發生或正在進行的行動,若有違反本局法律規章之虞,需立即向我舉報……」

14　我覺得自己成了犧牲品 ·································· 287
I Feel Victimized

高利伯事先已得到警告:參議員愛德華・甘迺迪可能會問銷毀 MK-ULTRA 檔案的事。真的被問到時,他拿出準備好的聲明照著念。他說,在離開中情局之前他的確決定「清理檔案,把我們認為淺薄、沒用、不相關或對我繼任者沒意義的文件和報告毀掉」。聽證會對高利伯來說很順利。沒有人問他主持了哪些實驗、有沒有在國外設立審訊室,或是受試者有沒有人死亡。他把自己塑造成受害者,而非主使者。

他後來說:「我覺得自己成了犧牲品。看到依《資訊自由法》公布的這些文件,我嚇到了:中情局裡不曉得是哪個人或哪些人,居然刻意沒有塗掉我的名字,讓我成了箭靶。」

15　如果高利伯被判有罪,那將是破天荒頭一遭 ·················· 301
If Gottlieb Is Found Guilty, It Would Be a Real First

在法蘭克・奧爾森的葬禮上,高利伯曾向他家人說,如果有任何事情想問,他都樂意回答。二十多年後,奧爾森的家人決定打電話與高利伯約時間見面。在奧爾森家起身告辭時,高利伯把法蘭克・奧爾森的兒子艾瑞克拉到一邊。「你爸爸自殺的事,顯然讓你十分困擾。」他說:「你有沒有考慮過參加治療團體?我知道有治療團體是給父母自殺的人辦的。」

「我本來對他的說法半信半疑,不敢完全否定。可是他講到治療團體時演過頭了,」艾瑞克回憶:「我就是那時看破他的手腳,明白我對他威脅多大,他根本處心積慮在誤導我。我也是在那個時候決心查明真相,一定要證明我爸被殺有他的份。」

16　你們永遠不會知道他是什麼樣的人
You Never Can Know What He Was

高利伯的四名子女活得充實，人生多采多姿，而且都深具人道情懷。高利伯去世後，他的妻子瑪格麗特要孩子們承諾絕不公開談父親的事。他們緊緊守住諾言。想評價高利伯的人生和事業，就不可能迴避歷史和道德的嚴厲質問。稱讚他愛國不無道理，指責他喪盡天良也有憑有據。論他的功過，必須深入思索人心與靈魂。

冷戰歷史學家現在已有共識：美國以前太過放大對蘇聯攻擊的恐懼。不過在當時的人眼中，這種威脅是非常真實的。救亡圖存的決心，為不道德的行動提供了終極藉口，而愛國主義是所有藉口中最誘人的一個。國家的價值被無限上綱，所有與救國有關的行動都變成道德的。

致謝
Acknowledgments

上｜一九一八年，希德尼·高利伯在布隆克斯的移民家庭出生。這幢樸素的連棟磚屋是他長大的地方。

下｜十九歲時，高利伯離開紐約，去阿肯色州理工學院讀植物學。學校年鑑說他是「討南方人喜歡的紐約小子」。

United States Holocaust Memorial Museum,
Courtesy of Hedwig Wachenheimer Epstein

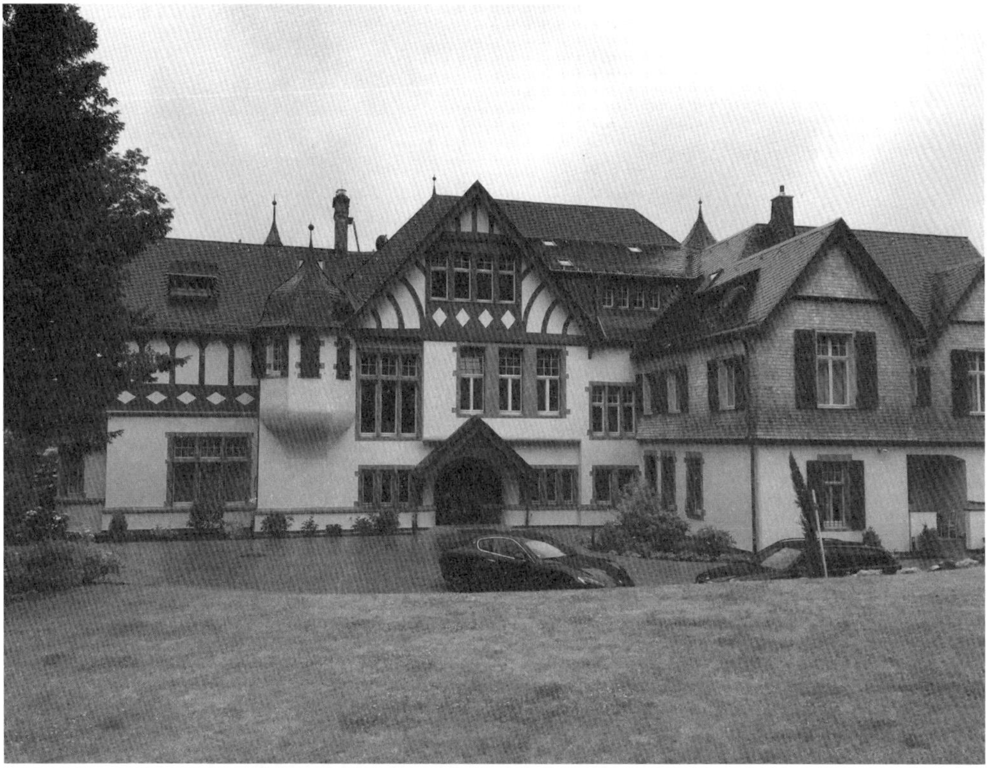

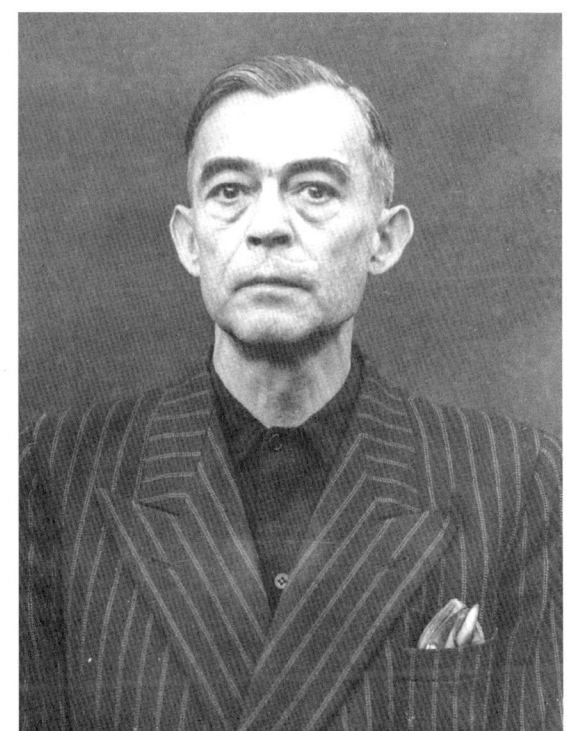

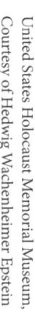

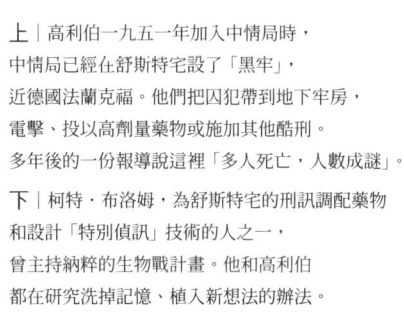

上｜高利伯一九五一年加入中情局時，
中情局已經在舒斯特宅設了「黑牢」，
近德國法蘭克福。他們把囚犯帶到地下牢房，
電擊、投以高劑量藥物或施加其他酷刑。
多年後的一份報導說這裡「多人死亡，人數成謎」。

下｜柯特．布洛姆，為舒斯特宅的刑訊調配藥物
和設計「特別偵訊」技術的人之一，
曾主持納粹的生物戰計畫。他和高利伯
都在研究洗掉記憶、植入新想法的辦法。

上｜一九五三年十一月，高利伯的同事
法蘭克・奧爾森從紐約一間旅館的十三樓
破窗而出，墜地身亡。二十年後，中情局承認：
奧爾森身亡幾天前，局內探員曾讓他
吃下LSD，這可能是他疑似自殺的主因。

下｜一九七五年，總統傑拉德・福特
邀奧爾森家到橢圓辦公室，正式道歉。
不過，奧爾森的兒子後來認為父親不是自殺，
而是被扔出旅館窗戶，因為他打算
從中情局辭職，披露它不可告人的祕密。

Keystone-France / Getty Images

H. Keith Melton Collection at the International Spy Museum in Washington, DC

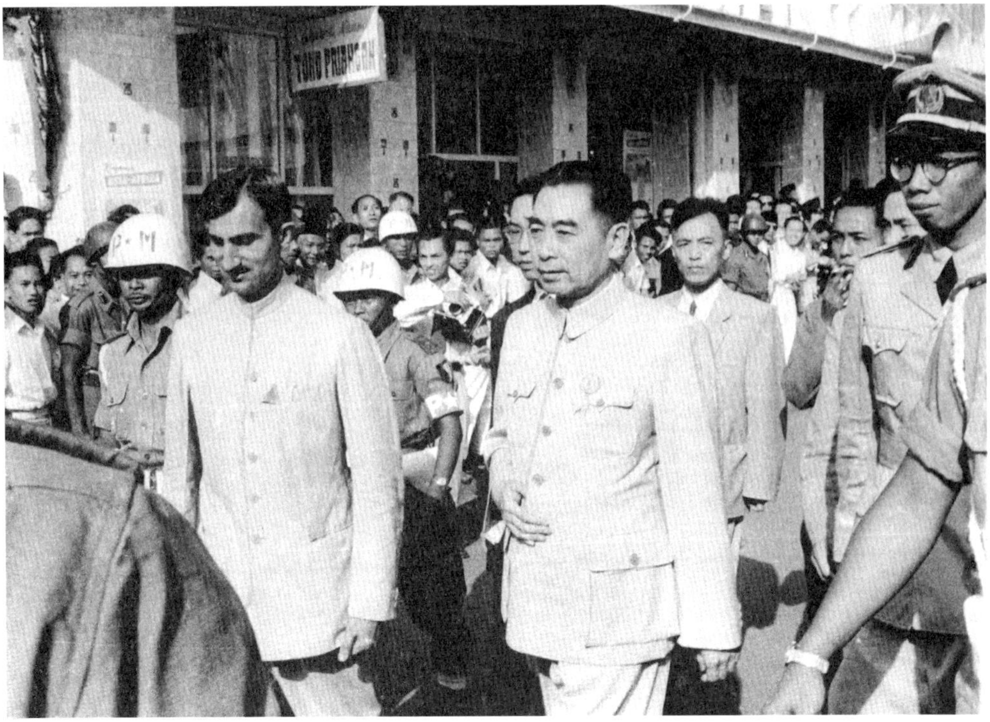

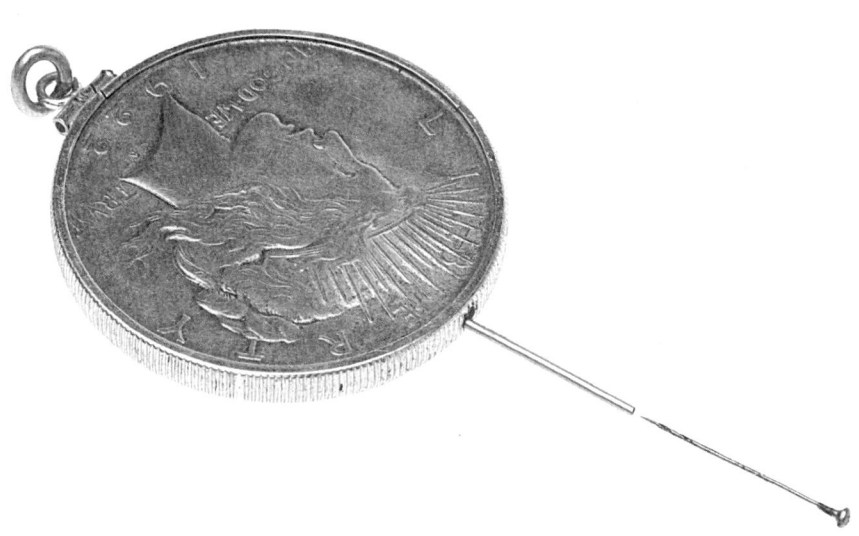

上｜一九五五年，中情局計畫在中國總理周恩來訪問印尼時出手暗殺。他們的盤算是在周恩來的飯裡下毒，毒藥由高利伯調製。行動在最後一刻取消。

下｜高利伯為U-2偵察機飛行員製作的自殺針，針管藏於銀幣內，在蘇聯境內失事時可用來自戕。法蘭西斯．蓋瑞．鮑爾斯在一九六〇年失事時，身上就帶了這個，但他選擇不用。

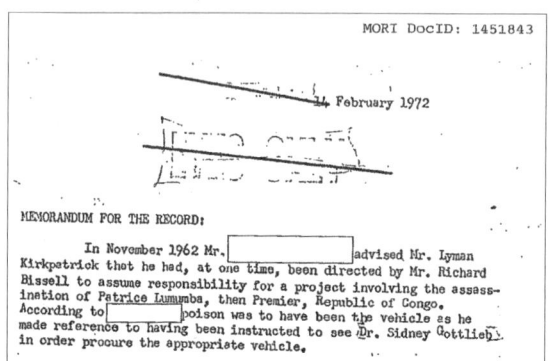

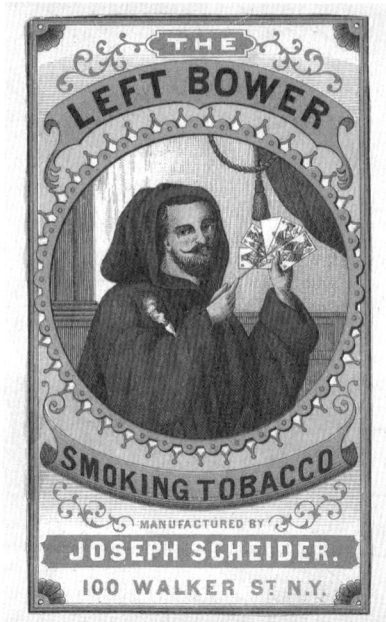

MORI DocID: 1451843

14 February 1972

MEMORANDUM FOR THE RECORD:

In November 1962 Mr. [____] advised Mr. Lyman Kirkpatrick that he had, at one time, been directed by Mr. Richard Bissell to assume responsibility for a project involving the assassination of Patrice Lumumba, then Premier, Republic of Congo. According to [____] poison was to have been the vehicle as he made reference to having been instructed to see Dr. Sidney Gottlieb, in order procure the appropriate vehicle.

左上｜一九六〇年，高利伯為暗殺剛果總理
帕特里斯·盧蒙巴（圖右）做了一套工具，
並親自送到中情局剛果站站長手中。
後來盧蒙巴先被比利時指使的殺手殺害，
高利伯的毒藥沒用上。

左中｜解密的盧蒙巴暗殺計畫備忘錄。
在提到希德尼·高利伯名字的中情局檔案裡，
這是少數保留下來的一件。

左下｜高利伯為暗殺古巴革命領袖卡斯楚，
調製過多種毒藥，考慮過的下毒工具
包括藥丸、毒雪茄，以及一套抹上毒藥的潛水裝。

右上｜一九七五年，高利伯在參議院委員會
為「MK-ULTRA心智控制計畫」作證時，
用的化名「約瑟·許艾德」就是這張圖裡的
連帽長袍修道人。高利伯也是這樣看自己的：
祕傳智慧的神祕守護者，既充滿魅力，又讓人不安，
在菸草裡找靈感，一眼就能看透人的靈魂。

National Geographic / Tria Thalman

Courtesy of the Central Intelligence Agency

上｜由於高利伯的身分保密到家，
沒人知道他長什麼樣子。
在國家地理頻道影集裡，
他們把他拍成童山濯濯的老先生，
親手把 LSD 倒進法蘭克・奧爾森的飲料。

下｜中情局二〇一八年釋出的這張照片，
是高利伯中情局時期的樣子首次公開。
這是他一九七三年退休前不久拍的。

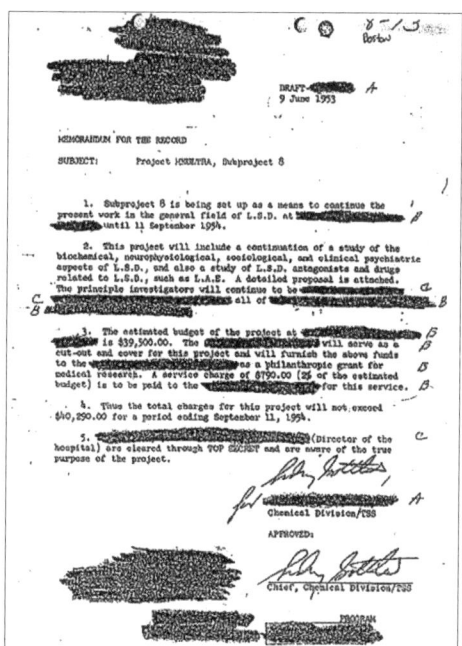

上｜高利伯一九七五年作證時，原已要求記者不能拍他的照片，但他們照拍不誤。坐在他旁邊的是律師泰瑞·蘭斯納，就是他建議高利伯以提供MK-ULTRA的證詞交換起訴豁免。

下｜一九七七年，高利伯被召回華府，為MK-ULTRA二度作證。「我覺得成了犧牲品。」他對參議員說：「在這些文件裡，別人的名字幾乎全被塗掉，只有我的被特意留了下來。」

利伽瑞斯（Ligarius）：我們要做什麼事？

布魯塔斯（Brutus）：讓病人恢復健康的事。

利伽瑞斯：我們不是要某個健康的人病倒嗎？

布魯塔斯：當然也要。

——莎士比亞，《凱撒大帝》（*Julius Caesar*）

我需要更多挑戰

I Needed More of a Challenge

對天生喜歡冒險的人來說，長年穿梭遙遠的國度，永遠不知道下個轉角會遇上什麼人、什麼事，是多麼令人嚮往的生活！在二十世紀下半葉，像希德尼・高利伯（Sidney Gottlieb）這樣不安於室的美國人並不多。他在華府祕密世界裡幹了一輩子活，雖然沒人知道他到底做了什麼，但他的退休待遇令人稱羨。

換作一般人，退休之後應該很希望含飴弄孫，回憶往事，輕鬆愜意地安度晚年。可是高利伯跟其他幹了一輩子公職的人不同，他旅行成癮。他住在森林裡一棟樸素的木屋，平時自己種菜，連廁所都在屋外。閒暇的日子，他都在這裡沉思、寫詩和養羊。

高利伯退休時才五十四歲，工作表現深獲肯定。服務單位為他辦了場典禮，頒獎章給他。不久之後，他和妻子賣了房子，也幾乎出清一切，在一九七三年秋天踏上旅程，希望投身慈善工作和心靈追求。他們沒有多做規劃，只打算在舊金山登上貨輪，它去哪就隨它去哪。反正他們志不在觀光，對一般旅行行程也興趣缺缺。他們想做的是貢獻餘生，服務世上最需要幫助的人。

他們的第一站是澳洲。在那裡待了一陣子之後，他們踏上第二段旅程。遊蕩一年之後，他們聽說印度一間痲瘋病院的事，就又到那裡當志工。他們與病人一起生活，也樂在照顧這些社會所排斥的人。可是，一九七五年的一

個夏日，華府傳來的訊息粉碎了高利伯的世界——有人發現他是誰了。參議院要他回國答覆一些問題。

在中央情報局（CIA）的二十年歲月，高利伯主持的是史上最大規模的心智控制研究。他也是中情局製作毒物的第一把交椅。由於他的工作內容受到嚴格保密，在此之前他幾乎像個隱形人。現在，他被電召回國，可以想見有人打算向他究責，他做的事也可能公諸於世。他從沒想過自己會有這麼一天。

高利伯才剛剛抵達華府，就馬上有朋友勸他聘請律師。有人建議他找泰瑞‧蘭斯納（Terry Lenzner），因為他曾為參議院水門案委員會工作。高利伯撥了電話給他。兩人見面之後，蘭斯納寫道：「我見了死亡醫生本人。[1]」

多年以來，高利伯負責督導醫學實驗和「特殊偵訊」計畫，據估有數以百計的人在這些計畫中遭到刑求，很多人從此永遠精神失常。高利伯說沒有人喜歡做這種事，他也志不在此，他純粹是出於科學精神和愛國心才接受這份工作的——直到他再也受不了良心的譴責。

在高利伯心不甘情不願回到華府幾年後，他一部分的工作內容開始為人所知。他在兩輪聽證會中作證，後來又被自認受他之害的人提起告訴。可是，他在離開中情局前已經銷毀所有工作紀錄，在法庭上也幾乎什麼都沒吐露。於是，他自始至終沒被定罪。一九九九年去世時，他的葬禮低調進行，只讓親友參加。

不過，大眾這時已大略知道他做了些什麼事，所以報章雜誌還是報導了他的死訊。《紐約時報》的標題下得四平八穩：「希德尼‧高利伯辭世，享年八十[2]。讓中情局開始將LSD用於偵訊的人」。這篇報導說他是「天才人物，畢生致力為國探索人類心智的前緣，同時勉力從事宗教與靈性追求……在擔任資深科學家的二十年歲月裡，他主持了中情局最黑暗的一些祕密」。《洛杉磯時報》這樣寫道：「詹姆斯‧龐德（James Bond）有Q[3]，中情局有希德尼‧高利伯，〇〇七們永遠需要奇人提供對付敵方的酷炫道具」。

　　別家媒體就沒有這麼客氣了。向來以扒糞聞名的網站《反將一軍》（Counterpunch）是這樣下標的：「集毒販、殺手、皮條客於一身的男人[4]：美國官方製毒師掛了」。有個作者說他「堪稱二十世紀美國的化身博士[5]。不論是住在維吉尼亞綠油油的山間，還是發明另一種刑求方式捍衛國家安全，高利伯永遠忠於實證主義信條：只要使出理性算計和科學技術，結果一定是好的」。

　　英國媒體一向沒有「死者為大」這回事，批判火力十分猛烈。《衛報》說：「凡是你想得出來的瘋狂科學家會幹的事[6]，他都幹得出來。他跟關於CIA的俗濫小說角色唯一的不同，就只在於他不是虛構的。」《獨立報》（The Independent）說他是「陰謀論者活生生的鐵證[7]。他證明情報單位為了進行祕密戰爭，不論多邪惡、多沒意義、多瘋狂、多不負責的事，都幹得出來」。《時代雜誌》說得更不留情：

　　　在邱吉爾說世界[8]「被邪惡科學的黑暗變得更加黑暗」的時候，他說的是納粹醫生在集中營裡進行的惡毒人體實驗。可是，把邱吉爾的話套在CIA的希德尼・高利伯身上，其實也同樣貼切……事實上，高利伯及其CIA嘍囉的所作所為，跟納粹科學家的行徑只有程度之別，而後者的罪行已在一九四六年把他們送上絞架……高利伯不只用藥物對付CIA的敵人，他也參與暗殺行動，情節猶如詹姆斯一世時代的復仇劇（Jacobean revenge play）。

　　雖然高利伯的死掀起一陣批判浪潮，但沒多久他又被大眾淡忘，只剩少數歷史研究還提到他的名字。有份報告說「有人把他看做『黑暗巫師』[9]，因為他參與了中情局最惡劣、最見不得人的祕密……另外，由於他天生內翻足，很容易被卡通化成龐德電影裡的壞人和奇愛博士（Dr. Strangelove）的混和

體，那種為了研究不管別人死活的科學家」。在《無良大全：世上最可恨、最邪惡、最昏聵、最危險的人、地、物指南》(*The World's Worst: A Guide to the Most Disgusting, Hideous, Inept and Dangerous People, Places, and Things on Earth*) 這本書裡，高利伯被稱作「瘋狂無人能及的瘋狂科學家」。但作者也心不甘情不願地承認[10]「他確實夠聰明，否則也不可能在這個無良組織裡工作。這裡不但容許他泰然自若地施毒和殺人，又保護他不落得其他反社會人格者的下場」。

高利伯還在兩本美國小說裡短暫現身。一本是芭芭拉·金索沃 (Barbara Kingsolver) 以剛果為背景寫的小說《毒木聖經》(*The Poisonwood Bible*)。小說裡寫道：「他們找了一個叫高利伯博士的科學家來[11]，請他製作會讓人重病的毒藥（這位好博士後來在聽證會裡承認了），就算不能讓總理帕特里斯·盧蒙巴 (Patrice Lumumba) 當場斃命，也要讓他慘到無法再擔任領導者。」另一本讓高利伯客串登場的小說是諾曼·梅勒的《哈洛特的幽靈》(*Harlot's Ghost*)。這本小說以美國的祕密行動為主題，情節精采刺激。梅勒藉其中一個中情局角色提到高利伯，這個角色在信裡說他「學識淵博，什麼都感興趣」[12]。

高利伯在一九六〇年代升任技術服務組 (Technical Services Division) 組長，這個部門專門負責為中情局情報員製作道具。高利伯除了經營華府這家熱鬧的「道具舖」，也指揮分布世界各地的幾百名科學家和技術人員。從橡皮筋飛機到狀似栓劑的救生包[13]，他們製作出許多令人想像不到的間諜道具。高利伯及團隊為中情局探員設計的工具，幫助他們在蘇聯和其他幾十個國家出生入死。

「在高利伯主持下[14]，技術服務組建立全球性的技術能力。在二十世紀最後三十多年，美國所有重大祕密任務都少不了它們。」高利伯的一名後繼者說：「不過，雖然高利伯在公職上表現出色，私底下也為慈善工作出力很多，但他的名字恐怕永遠會跟那十年的MK-ULTRA計畫連在一起。以後只要提到他，大家免不了會聯想到毒藥、LSD、暗殺、心智控制等等邪惡的字眼。」

在希德尼‧高利伯人生的頭二十年，他幾乎天天經過布隆克斯（Bronx）詹姆斯‧門羅高中（James Monroe High School）的側門。事實上，就算他想避開也沒辦法，因為他們一家住的連棟磚屋就在學校對街。所以他每次出門，都能看見鑄刻在側門山形牆上的格言，那是英國政治家威廉‧皮特（William Pitt）的告誡：法治終結日，暴政登場時。

這裡的很多居民都對這句話心有戚戚——這區是民族熔爐，住了來自世界各地的移民，其中絕大多數是為了逃難而來到美國的猶太人。高利伯夫婦芬妮（Fanny）和路易（Louis）是典型的例子。他們原本都是匈牙利正統派猶太人，二十世紀初離開中歐來到新大陸。路易‧高利伯從事成衣業，在紐約開了間血汗工廠。賺夠了錢之後，他在波恩頓大道（Boynton Avenue）1333號與人分租一間雙戶住宅。希德尼是高利伯家最小的孩子，生於一九一八年八月三日。由於這一區的主街威斯特切斯特大道（Westchester Avenue）就在兩條街外，希德尼從小過得相當熱鬧（這條街直到現在仍熙熙攘攘，繁忙如昔）。希德尼的很多同學與他情況類似：天資聰穎，出身猶太家庭。他們的父母往往對風吹草動十分敏銳，所以當初一嗅出美國有安家立業的機會，便毅然決然離開家鄉，後來也始終保持見機行事的移民心態。希德尼跟大多數同學一樣，從小學希伯來文，進入青春期時舉行猶太成年禮，求學十分認真。

不過，年輕的希德尼在兩個方面與同學很不一樣。第一，他的腳天生畸形。據他親戚的說法，他媽媽第一次看到他的腳時嚇得尖叫。他童年時期幾乎沒辦法走路，去哪裡都要媽媽抱著。好在他們家的成衣廠收入豐裕，前後讓他動了三次手術，最後總算收到一些效果。十二歲時[15]，他第一次能不靠輔具自行行走。雖然他後來再也不必依賴輔具，但還是終生跛腳。

另一個令他困擾的問題是口吃。一份紀錄顯示，這有一部分可能是同學

對他的殘疾「惡意騷擾[16]」所致。在中學階段，他經常受到排擠或霸凌，沒辦法正常走路，也沒辦法正常說話。換作別的孩子，受到這些挫折可能變得退縮或自怨自艾，但希德尼反而愈挫愈勇，下定決心要出人頭地。

一九三六年，希德尼從詹姆斯・門羅高中畢業後，像紐約許多胸懷大志的移民子女一樣，也進入紐約市立學院（City College）就讀。紐約市立學院免費提供優質教育，在當時有「無產階級的哈佛」之稱。他修習進階德文[17]，數學、物理和化學各科也得到很好的成績。他還修了「演說入門與剖析」和「朗誦與演說」兩門演講課，目的顯然是克服口吃。此外他也修了一門音樂課，這開啟了他對民族舞蹈的興趣。跳舞從此成了他的終生嗜好，雖然他的腳天生畸形（但也可能正是因為他的腳天生畸形，所以他特別渴望跳舞）。

可惜的是，希德尼希望深入農業化學領域，但紐約市立學院沒有開設相關課程，於是他想轉往能攻讀農化的學校。由於威斯康辛大學在這個領域聲譽卓著，希德尼去信詢問。他收到一封簡短但誠懇的回信[18]，信末說：「我很樂意盡我所能提供協助。」署名者是農學院副院長艾拉・鮑德溫（Ira Baldwin），日期是一九三七年二月二十四日。這封信是他們兩人交情的開始，一段不可告人的歷史也就此展開。

為了多修幾門專業課程，讓自己順利進入威斯康辛大學就讀，高利伯轉學到阿肯色州理工學院（Arkansas Polytechnic College，即現在的阿肯色科技大學〔Arkansas Tech University〕）。雖然羅素維爾（Russellville）的小鎮情調與布隆克斯相去甚遠，新學校的校風也和紐約市立學院很不一樣，但希德尼終於如願以償，修到他想上的課[19]：普通植物學、有機化學、土壤保育、森林學入門、酪農業概論。他也加入合唱團[20]。學校年鑑說他是「討南方人喜歡的紐約小子」[21]。有個校園八卦專欄提到他，說他跟一個叫萊菈・范・哈蒙（Lera Van Harmon）的同學出雙入對，文章裡說：「哈蒙和高利伯好像在一起了唷——可是哈蒙你要不要再考慮一下啊？紐約好遠吶！」在阿肯色州理工學院

就讀的日子，高利伯眼界大開。

　　學年過了一半，他寫信向鮑德溫報告：「我的成績平均保持在A〔22〕不算太費力。我也準備好要更加努力。」

　　高利伯在阿肯色州理工學院的優異表現，為他贏得夢寐以求的威斯康辛大學入學許可。鮑德溫歡迎他入學，親自擔任他的導師，指導了他兩個學年。高利伯以化學為主修，學業表現依舊十分亮眼。他對紐約血汗工廠的勞動環境始終心懷不忍（儘管他的父親也是工廠主之一），所以他加入社會主義青年聯盟（Young People's Socialist League）校園支部〔23〕。他的學士論文是〈豇豆抗壞血酸之研究〉（Studies on Ascorbic Acid in Cowpeas）。一九四〇年，他以極優等成績畢業。鮑德溫為他寫了一封很不錯的推薦信〔24〕，雖然有提到他「口才稍鈍」，但對他的學識與人品大為讚美。

　　「高利伯先生出身猶太家庭，表現十分傑出。」鮑德溫寫道：「他很融入這裡。在我看來，同學們都很喜歡他，也尊敬他。他聰穎過人，誠實可靠，個性謙虛，穩重低調。」

　　由於成績傑出加上鮑德溫大力推薦，高利伯順利進入加州理工學院（California Institute of Technology）研究所就讀。一九四三年六月十一日，潛心苦讀三年之後，他獲頒生化博士學位。在研究所三年期間，他的生活發生兩件重大變化。

　　第一個變化是：他墜入情網，與瑪格麗特・摩爾（Margaret Moore）相戀。瑪格麗特和他在布隆克斯認識的人很不一樣，她的父親是長老會傳道人，在印度傳教過一陣子，她也從小在印度長大，但她早已對基督教信仰興趣缺缺。希德尼認識她的時候，她正在帕沙第納（Pasadena）的布洛德歐克斯學校（Broadoaks School）讀幼教。這間學校是惠特學院（Whittier College）的分部，供有志當老師的人進修蒙特梭利（Maria Montessori）和其他教育改革者的先進教育理論。雖然希德尼與瑪格麗特的共同點似乎不多，兩人甚至看似南轅北

轍，但他們的靈魂同樣悸動不安：希德尼已拋下自小承襲的猶太教信仰，瑪格麗特則是經常對基督教提出尖銳的質問，讓父親頭痛不已。他們都渴望跳脫傳統宗教的窠臼，真正認識人生的意義。一九四二年，在二次大戰的戰雲之下，他們決定攜手共度人生，一起投入靈性追求。

「不太有人在研究生階段結婚[25]，但我們還是決定結了。」瑪格麗特以一封短信告知父母這個決定。他們選擇公證結婚，沒有邀人觀禮，也沒有舉辦宴會，充分顯示這對新人不在乎習俗。瑪格麗特在信中寫道：「結婚是兩個人的事，不是一群人的事。」不過，她後來又補了一封信：「希德那邊的人還是想辦個猶太婚禮。辦就辦吧，我們配合，這樣我們也算辦過婚禮了，到時候別人再也無話可說。」

新娘的父母早已習慣她自己作主，對這段婚姻樂觀其成。她的媽媽知道消息後，寫信對親戚說：「九月十七日那天[26]，我們家瑪格麗特來信，說她九月十六日在帕沙第納跟希德尼結婚了。我們聽到很高興。如果她想教書，他想為政府做事，那就兩個人一起努力吧！這樣至少能吃好一點兒。世事難料，這些日子變化多大啊！在這種時局，他們能擁有彼此是幸福的。」

另一件在研究所期間對高利伯影響深遠的事情是：他從軍遭拒。在日本攻擊珍珠港、將美國捲入二次大戰時，他研究所正念到一半。別的學生紛紛投筆從戎，高利伯則繼續留在學校把學位念完。一九四三年完成學業後，他也去登記從軍。他原本以為自己的腳雖然有些問題，但應該還是符合資格。所以，被軍隊拒絕的時候，他大受打擊。

「我也想為國效力[27]，」他後來說：「我覺得自己也有責任該盡。可是我誰也說服不了，大家都不相信我的腳並不礙事。」

既然無法效命沙場，他決定換個方式報效國家。一九四三年秋，他和瑪格麗特搬到馬里蘭州華府郊區的塔科馬帕克（Takoma Park）。他在農業部找到一份工作，負責研究有機土的化學結構。他後來又調到食品與藥品管理局

（FDA），協助開發檢測人體內有沒有藥物的檢驗方式。他的能力備受肯定，還以專家證人的身分在幾場訴訟中作證。

「我很喜歡在FDA那段時光[28]，可是工作內容越來越一成不變，同樣的事一做再做，有時候很單調。」他後來說：「我需要更多挑戰。」

他沒有坐等改變，反而主動出擊，尋找挑戰。一九四八年，他在國家科學研究委員會（National Research Council）找到新職，這個非營利組織是國家科學、工程與醫學研究院（National Academies of Sciences, Engineering, and Medicine）的分支機構。除了研究植物病蟲害和殺真菌劑之外，如他後來所說，他也負責一些「與麥角鹼類有關的有趣工作，像血管收縮劑和迷幻劑」。沒過多久，他再次換新工作，成為馬里蘭大學的研究員，鑽研真菌的新陳代謝。

「我們那時發現一間很舊、很簡陋的木屋[29]，在維吉尼亞州維耶納（Vienna）那裡。」瑪格麗特多年後寫道：「沒電，沒自來水，什麼花俏玩意兒都沒有，可是旁邊有三棵超大的橡樹。我一看到就說：『我要住這裡。』希德是紐約長大的都市人，他覺得我瘋了。但我說服他說，我知道怎麼在這種屋子裡生活，我們絕對可以的。於是我們跟一大堆朋友借錢，付了定金，帶著兩個孩子跟我們的新家具搬了進去。」

有個親戚跟這個小家庭共度四天之後[30]，寫信向瑪格麗特的父母報告她的近況，對他們讚賞有加。「他們家環境很好也很有趣——木屋雖小，但坐擁十五英畝的松樹林。雖然位在維吉尼亞州，但離華府才二十哩遠。」他說：「希德人很好，精力旺盛，做事主動，而且聰明。他風度翩翩，是個很棒的主人，有他在絕不無聊。他剛接下馬里蘭大學的工作，去那裡當化學研究員。他的上司跟他的實驗室負有特別任務，幫海軍解決跟木頭有關的問題。四歲的潘妮（Penny）和一歲的拉結（Rachel）都很可愛乖巧，他們的朋友也很有趣，一家人和樂融融。瑪格麗特看來很自在，顯然也過得很快樂。她和希德都對鄉間生活樂在其中，沒什麼好為她操心的，該為她開心才對。」

　　他們夫婦後來又生了兩個孩子，都是男生。瑪格麗特寫信告訴父母：「因為希德他們家是猶太人，總希望孩子們可以取猶太名字。所以雖然明明有很多好名字可以選，但考慮到他們的感受，我們還是不能取約翰、瑪莉之類的名字。」兩個男生後來分別取名彼得（Peter）和史蒂芬（Stephen）。一家人過得相當美滿。

　　「希德從來沒像現在這麼忙[31]，但忙歸忙，他還是很棒的一家之主。」她在照顧孩子的空檔寫道：「我有點慚愧。我還在睡夢裡的時候，他已經起床擠羊奶了。」

　　不過，雖然家庭生活幸福快樂，希德尼在工作上卻遇到了瓶頸——他對藥物和農業化學的中程研究始終沒有突破。他經常想起他在威斯康辛大學的恩師鮑德溫。在戰爭期間，鮑德溫為好幾個以前的學生引介了很刺激的工作，可是高利伯那時還年紀太輕。他想，照現在的情況看來，我大概得在政府機構裡做科學研究一輩子了。他後來的確如此——但他想像不到的是，政府找他去做的科學工作有多匪夷所思。

註釋

1 「我見了死亡醫生本人」：Terry Lenzner, *The Investigator: Fifty Years of Uncovering the Truth* (New York: Penguin Random House/Blue Rider Press, 2013), p. 190.

2 希德尼・高利伯辭世，享年八十：Tim Weiner, "Sidney Gottlieb, 80, Dies; Took LSD to C.I.A.," *New York Times*, April 10, 1999.

3 「詹姆斯・龐德有Q」：Elaine Woo, "CIA's Gottlieb Ran LSD Mind Control Testing," *Los Angeles Times*, April 4, 1999.

4 集毒販、殺手、皮條客於一身的男人：Ken Hollington, *Wolves, Jackals, and Foxes: The Assassins Who Changed History* (New York: Thomas Dunne Books, 2008), p. 397; Jeffrey St. Clair and Alexander Cockburn, "Pusher, Assassin & Pimp: US Official Poisoner Dies," *Counterpunch*, June 15, 1999.

5 「堪稱二十世紀美國的化身博士」：Elsa Davidson, "Polarity of Sidney Gottlieb," *Feed*, March 18, 1999.

6 「凡是你想得出來的瘋狂科學家會幹的事」：Rupert Cornwell, "Obituary: Sidney Gottlieb," *Guardian*, March 10, 1999.

7 「陰謀論者活生生的鐵證」：*Independent*, April 4, 1999.

8 「在邱吉爾說世界」："Sidney Gottlieb," *Times*, March 12, 1999.

9 「有人把他看做『黑暗巫師』」：Gordon Corera, *The Art of Betrayal: The Secret History of MI6* (New York: Pegasus, 2012), p. 123.

10 作者也心不甘情不願地承認：Mark Frauenfelder, *The World's Worst: A Guide to the Most Disgusting, Hideous, Inept and Dangerous People, Places, and Things on Earth* (Vancouver: Raincoast, 2005), p. 86.

11 「他們找了一個叫高利伯博士的科學家來」：Barbara Kingsolver, *The Poisonwood Bible* (New York: Harper Perennial Modern Classics, 2008), p. 319.

12 「學識淵博，什麼都感興趣」：Norman Mailer, *Harlot's Ghost* (New York: Random House, 1992), p. 331.

13 從橡皮筋飛機到狀似肛門栓劑的救生包：Robert Wallace and H. Keith Melton, with Henry Robert Schlesinger, *Spycraft: The Secret History of the CIA's Spytechs from Communism to Al Qaeda* (New York: Dutton, 2008), pp. 290, 297.

14 「在高利伯主持下」：Ibid., pp. 379–80.

15 十二歲時：Ted Gup, "The Coldest Warrior," *Washington Post*, December 16, 2001. 「我的腳天生畸形，他們用當時的辦法幫我做了最好的矯正。我很小就動了手術，一兩歲的時候就動了，後來是用輔具繼續療程……我這輩子穿過很多種特製的鞋子。」; U.S. District Court of Appeals for the Second Circuit, *Gloria Kronisch, Executrix of the Estate of Stanley Milton Glickman, against United States of America, Sidney Gottlieb, et al.,* "Deposition of Sidney Gottlieb," September 19, 1995, Cr62448.0 Cr62451, pp. 6–7.

16 「惡意騷擾」：H. P. Albarelli Jr., *A Terrible Mistake: The Murder of Frank Olson and the CIA's Secret Cold War Experiments* (Walterville, OR: Trine Day, 2009), p. 102.

17 他修習進階德文：Sidney Gottlieb Admissions Papers, Series 19/12/2/1, University of Wisconsin–Madison Archives.

18 他收到一封簡短但誠懇的回信：Ibid.

19 修到他想上的課：Ibid.

20 他也加入合唱團：*Agricola* (Russellville: Arkansas Polytechnic College, 1938).

21 「討南方人喜歡的紐約小子」：Ibid.

22 「我的成績平均保持在A」：Gottlieb Admissions Papers.

23 他加入社會主義青年聯盟校園支部：Weiner, "Sidney Gottlieb, 80, Dies"; Gup, "Coldest Warrior."

24 鮑德溫為他寫了一封很不錯的推薦信：Accession 1990/061, College of Agriculture, student folders, University of Wisconsin–Madison Archives.

25 「不太有人在研究生階段結婚」：Margaret Moore Gottlieb, "Autobiographical Essays" (Box 1, Folder 24— Call No. RG 489), Presbyterian Historical Society, Philadelphia, PA.

26 「九月十七日那天」：Ibid.

27 「我也想為國效力」：Albarelli, *Terrible Mistake*, p. 102.

28 「我很喜歡在FDA那段時光」：Ibid., p. 103.

29 「我們那時發現一間很舊、很簡陋的木屋」：Margaret Gottlieb, "Autobiographical Essays."

30 有個親戚跟這個小家庭共度四天：Ibid.

31 「希德從來沒像現在這麼忙」：Ibid.

CHAPTER

2

骯髒事
Dirty Business

　　納粹敗局已定，受盡空襲震懾的德國軍民士氣瓦解，窗口紛紛垂下白旗。希特勒死了，德國無條件投降，曾經不可一世的第三帝國正式崩潰。慕尼黑與很多德國城市一樣，放眼望去盡是斷垣殘壁。槍聲終於平息之後，漸漸有人探頭查看。音樂廳廣場（Odeonsplatz）旁邊的牆上有人寫著[1]：達豪（DACHAU）！布亨瓦德（BUCHENWALD）！集中營！我以身為德國人為恥！

　　美軍已有四個師開入慕尼黑，但軍方帶來的不只是步兵。半祕密的反情報人員跟著進駐，他們穿著便裝，自稱「探員」或「特別探員」。他們的主要任務有二：一是遏制黑市，二是搜捕納粹。由於慕尼黑是納粹黨的誕生地，搜捕行動大有斬獲。探員們只要找出名單、揪出頭頭，就能順藤摸瓜將嫌疑犯一網打盡。一九四五年五月十四日，他們逮到了一個尤其聲名狼藉的。

　　那天天氣不錯，很多人走出戶外享受陽光，在彈痕累累的建築和一堆堆的瓦礫之間默默漫步，曾主持納粹生物戰研究的柯特・布洛姆（Kurt Blome）博士也是其中一個。根據一份紀錄[2]，布洛姆「衣冠楚楚，一百三十四磅重，五尺九吋高，深黑色頭髮，淡褐色眼珠，臉頰左側鼻子與上唇之間有明顯傷疤，據稱為打鬥所致」。反情報探員攔下他時，他或許已料到會有這麼一天。探員亮出戰爭部軍情局的金色徽章，要他出示身分證明。布洛姆拿出護照，那名探員核對名單，發現他的名字赫然在列。備註寫的

是「重要戰犯，立即逮捕」。

於是，布洛姆遭到扣留和偵訊，偵訊者也馬上發現他應該有很多事得交代。他們將他送到克朗斯堡（Kransberg Castle）這座位於法蘭克福（Frankfurt）附近的中世紀堡壘。戰爭結束之後，那裡暫時被當成拘留所使用，專門羈押高階戰犯。納粹建築師亞伯特·史佩爾（Albert Speer）、火箭設計師華納·馮·布朗（Wernher von Braun）、汽車設計師斐迪南·保時捷（Ferdinand Porsche）和法本化工集團（I. G. Farben chemical cartel）的高階主管，都關押在這裡。與這群特殊戰犯的證詞比對之後，布洛姆的故事漸漸浮現。

布洛姆在學生時代就已加入極端國家主義團體，從此變得極為仇視猶太人。一九二二年他拿到細菌學學位之後，因為協助藏匿暗殺德國外長瓦爾特·拉特瑙（Walter Rathenau）的兇手而入獄（瓦爾特·拉特瑙是猶太裔社會主義者，深受右翼人士敵視）。一九三一年，布洛姆加入納粹黨。兩年後，隨著希特勒掌握權力，他也在第三帝國體制裡平步青雲。他在一九四〇年代入閣，擔任衛生部副部長，並負責主持波森大學（University of Posen）的一間醫學機構（波森現已劃屬波蘭），在那裡以犯人實驗病菌和病毒的效果。

這間機構戒備森嚴[3]，四周有十呎高的圍牆，由黨衛隊派員看守。機構裡有「氣候室」、「低溫室」、蒸氣室、恆溫箱、超低溫冷凍器，以及專供研究病毒學、藥物學、放射學和細菌學的實驗室，還有一塊用來培養惡性病毒的「腫瘤農場」。機構裡有一所隔離醫院，專門治療他們在實驗中意外中毒的科學家。布洛姆開發的神經毒氣輸送系統，後來在奧許維茲（Auschwitz）集中營進行測試。他繁殖的病蚊和病鼠，後來也在達豪和布亨瓦德集中營測試。在波蘭，結核病患者被集中管制，其中有三萬五千人死於他所研發的毒氣。這間機構的正式名稱是「中央癌症研究所」（Central Cancer Institute）。

一九四五年一月，紅軍進逼波森，布洛姆決定出逃。雖然他銷毀了一部分足以將他定罪的證據，但他來不及剷平整座機構。在寫給納粹首席醫官瓦

特‧史萊伯（Walter Schreiber）的信裡，他說他「很擔心機構裡那些人體實驗設備[4]，它們太好認了，一眼就看得出來是做什麼用的」。接下來幾個月，他到另一間以癌症研究為幌子的機構研究生物戰，地點在德國小鎮格拉堡（Geraberg）附近的松樹林。盟軍在一九四五年四月奪下那裡時，那間機構的建物、紀錄和設備大多還保持完好。布洛姆當時已經躲到慕尼黑，遭到逮捕只是遲早的事。

反情報單位拿出一封希姆萊（Heinrich Himmler）的信詢問布洛姆[5]。希姆萊來頭不小，既是黨衛隊首領，也是大屠殺的主要策劃者。希姆萊在信裡指示布洛姆製作毒物，準備用來殺害集中營裡的結核病患者。布洛姆雖確認了這封信是真的，但堅稱主導納粹生物戰計畫和監督囚犯實驗的是希姆萊，不是他。偵訊者記錄之後，向擅長偵訊納粹科學家的美國情報官報告。

「布洛姆於一九四三年進行細菌戰研究[6]，」報告裡這樣說：「檯面上是研究癌症，但只是幌子。他還擔任過納粹衛生部副部長。貴單位是否有意派員詢問？」

這個問題帶出另一個複雜得多的問題。納粹的醫生累積了很多獨特的資訊，他們知道人暴露在各種細菌和化學物質下多久會死，也知道哪些毒物殺起人來最有效率。同樣令人好奇的是，他們還逼集中營囚犯吃下麥司卡林（mescaline）和其他精神藥物，試圖找出控制心智和摧毀意志的辦法。他們有很多資料是獨一無二的，因為它們只能透過會導致死亡或嚴重痛苦的實驗取得。這些事實讓布洛姆成為非常重要的目標——為什麼重要？為了伸張正義嗎？這樣的人的確應該受到重懲。不過，馬里蘭州的一座美軍基地顯然另有所圖，他們做出與伸張正義背道而馳的大膽決定：對布洛姆這樣的人，與其吊死他，不如延攬他。

　　一九四一年，華府陸續接到來自亞洲的駭人情資，內容令人髮指：橫掃中國的日軍居然以細菌為武器，投擲炭疽彈，施放帶有傳染病的蟲子，還以霍亂病毒汙染水源，造成成千上萬的士兵和平民死亡。戰爭部長亨利・史汀生（Henry Stimson）意識到事態嚴重，也認為這種策略可能對美國構成威脅，遂召集九位全國頂尖的生物學家，請他們儘速研究全世界的生物戰發展情形。研究完成的時候，美國與日本已正式宣戰。

　　研究結果令人心驚：不但日本科學家已經開始製作生物武器，他們的納粹德國盟友也在進行相關測試。這種武器殺傷力驚人，一旦使用，後果不堪設想。

　　「最好的防禦是攻擊和威脅攻擊。〔7〕」那些生物學家在報告中寫道：「除非美國打算忽視這些潛在武器的威脅，否則應該儘速採取行動，開始研究生物戰問題。」

　　史汀生決定採取行動。他在寫給羅斯福總統（Franklin Roosevelt）的簽呈裡說：「生物戰毫無疑問是『骯髒事』〔8〕，可是看了他們的報告之後，我認為我們必須有所準備。」沒過多久，羅斯福便授權設立美國第一間專門研究生物戰的機關——戰爭研究處（War Research Service）。名稱取得含糊，沒人看得出來它的主要業務是什麼。不過，真正好奇的有心人還是可以瞧出一點眉目，因為處長正是大名鼎鼎的化學家喬治・默克（George Merck）——默克藥廠的掌門人。

　　第一次大戰期間，化學戰造成至少一百萬人死傷，世人餘悸猶存。但生物戰不一樣，雖然一九二五年的〈日內瓦議定書〉（Geneva Protocol）明文禁止使用生物武器，但這種戰爭方式相對較新，而默克認為美國必須加入這場競賽。「在證明或否定生物戰的價值之前〔9〕，其效果仍須存疑。」他在一篇長篇備忘錄中寫道：「因此，我們只能得到一個結論：必須從各種角度研究這種作戰方式的可能性。」

　　美軍指揮官看到默克的備忘錄時，正好在為另一件最高機密傷腦筋——英國首相邱吉爾（Winston Churchill）請美國協助，幫忙開發生物武器。這件事的起因是英國領導圈接獲情資（後來證明是假情報），相信希特勒準備對英國發動生物攻擊。於是，他們決定英國必須準備一批濃縮病原體，以便在遭受攻擊後展開報復行動。然而，英國眼下沒有設備、預算和專業能力進行這項工作，所以邱吉爾向美國求助〔10〕。羅斯福答應了。他把這項任務交給化學戰爭處（Chemical Warfare Service），要他們設法為英國製造生物武器。一九四二年十二月九日，化學戰爭處的長官們在華府召開會議，邀請細菌學家和國家科學院（National Academy of Sciences）的其他專家提供意見。然而，他們的問題遠遠超出已知工程學的範圍：該怎麼建造一座密閉的大型空間，讓人能在裡頭以工業規模生產致命病菌？

　　與會科學家開始向長官們耐心解釋：不可能以這種規模生產毒物，就算勉強進行，也難如登天。不過，其中一個專家不同意。細菌學家艾拉・鮑德溫——希德尼・高利伯在威斯康辛大學的導師——說，建造這樣的廠房有那麼難嗎？不論從理論上或技術上評估，他都看不出有什麼無法克服的障礙。

　　「那天來開會的人〔11〕，研究的基本上都是病原菌學，也就是所謂醫學細菌學。這個領域的人多半謹小慎微。」鮑德溫後來回憶說：「討論來討論去，大家一直繞著同樣的問題打轉：這個說沒辦法培養這麼大的量，那個說就算硬著頭皮培養這麼大的量，作業安全也一定會打折扣。最後問到我了……我說：『問題其實很簡單。能用試管做的事，用一萬加侖的儲槽也能做，而且一樣安全，搞不好還更安全。我們可以把毒性封在一萬加侖的儲槽裡。怎麼處理試管，就怎麼處理一萬加侖儲槽……』開完會後我打道回府，覺得對這件事據理直言也算是為國家出了一點力，然後就把這件事擱下了。」

　　豈料沒隔多久，化學戰爭處的卡布里奇（W. C. Kabrich）將軍撥電話給他，請他再來華府一趟。他說學校裡還有其他事要忙，短期內恐怕不克前往。

「我們希望您能做點安排,暫時放下學校職務。」卡布里奇將軍說:「我們這裡需要您幫忙,辦您說能辦到的那件事。」

鮑德溫向威斯康辛大學校長報告這件事。討論過後,他們都認為他該向學校請個長假,為戰爭出一份力。最後,他在一九四二年末抵達華府,他們對他說軍方已經決定展開祕密計畫——發展生物武器,而且他們希望由他主持。鮑德溫一聽就知道「這是非常龐大的任務……他們等於要我從無到有制訂計畫,徵人、選地、蓋園區、建立研究團隊,設計實驗工廠和實驗室」。

接下這份工作,讓鮑德溫搖身一變成為美國生物戰主將。從專業能力和學術成就來看,他百分之百有資格開拓這個領域。可是從個人背景來看,他實在不像願意參與生物戰的人——他的祖父是循道會(Methodist)牧師,他自己也在貴格會(Quaker)兼任牧師,自律極嚴,厭惡一切形式的暴力。可是美國參戰之後,他像每一位美國人一樣願意為國效力。

「想了解生物戰計畫[12],你必須了解當時的氛圍。」幾年以後,他對訪問者說:「我從來沒想過要拒絕這份任務,當時每一個人都是如此,上頭交代什麼任務就盡力去做……當然,用生物藥劑殺人實在顛覆我原有的信念,但我只花一天就想通了。戰爭本身就是不道德的,你挑起戰爭殺人就不道德……可是,我再怎麼說也是醫學細菌學出身的,一輩子研究的都是怎麼消滅有害的微生物,不讓它們害人生病。現在要把這件事反過來做,心裡多多少少不太舒服。真的,我心裡不太舒服。」

在打造和主持美國生物戰計畫的兩年半裡,鮑德溫依舊維持平民身分。他的職銜是為他量身定做的:化學戰爭處附屬生物戰實驗室科學主持人。軍方十分看重這個計畫,不但為此新設生物戰實驗室這個單位,還極為慷慨的承諾他:只要您提出要求,我們一定滿足。在二次大戰期間,得到這種待遇的美國人屈指可數。

「如果我說『我要那個人』[13],那麼,除非曼哈頓計畫也要他,不然他

就是我的了。」他後來回憶道。

鮑德溫首先需要處理的是尋找合適的地點。最理所當然的選項是埃奇伍德兵工廠（Edgewood Arsenal），這座軍事基地占地一萬三千英畝，面馬里蘭州乞沙比克灣（Chesapeake Bay）。自化學戰爭處於一九一八年成立以來，這裡一直是它的總部。可是鮑德溫參觀之後，覺得那裡太擠，不適合建生物武器設施。他想找全新的地點。

於是，鮑德溫跟幾位化學戰爭處的長官決定從頭開始[14]，在華府周邊另覓他處。他們想找一塊受保護的區域，離華府不能太遠，但又不能近到引人注意（畢竟他們得做不少實驗），而且地方要夠大，才容得下工廠、實驗室等幾十座建築（其中還包括培養致命病菌的大型儲槽）。他們最早否決的是國家衛生研究院（National Institutes of Health）提供的一塊地，位在馬里蘭州貝什斯達（Bethesda）。他們也一度想在乞沙比克灣徵用一座島，但找不到大小合適又沒人居住的。接著，他們陸續勘查又否決了埃奇伍德兵工廠附近的一間舊鞋廠、維吉尼亞州的一座氣象觀測站，還有馬里蘭州糖麵包山（Sugarloaf Mountain）的一塊地。最後，他們看上馬里蘭州腓特烈市（Frederick）近郊的一座舊國民兵空軍基地。那裡以一位當地出身、曾在一次大戰中服役的外科軍醫命名，叫「狄崔克園」（Detrick Field）。

由於原本駐紮在狄崔克園的飛機都已派往歐洲，那裡當時只剩下空蕩蕩的營房、一座飛機棚、幾條跑道和一座塔臺。基地外是一望無際、一直延伸到卡托克汀山（Catoctin Mountain）的原野。阿帕拉契山脈的這一段景色壯麗，總統的度假別墅香格里拉（Shangri-La，今大衛營）也座落其間。華府就在五十哩外，距離適中。於是，這座一千英畝的基地成為美國生物戰的神經中樞，相關領域的專家將在這裡把病菌改造成武器，應用在戰爭和祕密行動上。

不過，美國參戰之後成立的戰略情報局（The Office of Strategic Services）有異議[15]：他們仍在使用狄崔克園的一部分進行訓練，不願意把這個場地拱手

讓人。但他們最後還是被迫讓步，因為鮑德溫的計畫重要得多。一九四三年三月九日，軍方宣布這裡更名為狄崔克營（Camp Detrick）[16]，撥給生物戰實驗室當總部使用。此外軍方也同意收購旁邊幾座農場，以便提供更多空間，並增加隱密。首任司令官立即撥款一百二十五萬美元供興建設施之用[17]。

短短三個月內，司令官就為這個計畫投入四百萬美元經費。從特別訂製的細菌用具、海量的化學藥品，到數目驚人的實驗動物，凡是鮑德溫要的都立刻送上[18]。據估他們總共購入五十多萬隻小白鼠，以及數以萬計的大鼠、兔子、豚鼠、綿羊、猴子、貓、雪貂和金絲雀。

狄崔克營的一切必須嚴格保密。指揮官們擔心研究細菌戰的消息一旦走漏，美國可能會因生物攻擊的威脅陷入恐慌。「我記得有一次辦派對[19]，有個人說：『嘿，怎麼來了這麼多細菌學家啊？』」化學戰爭處的一名退役人員多年後回憶說：「旁邊的人馬上叫他閉嘴。狄崔克那邊千叮嚀萬囑咐，一再告誡我們千萬別談狄崔克的事』。」

在起步階段，鮑德溫找了幾個他熟識的科學家加入，其中也有他在威斯康辛大學帶過的學生。從這幾個人開始，他陸陸續續找來幾十個、幾百個生力軍，最後大約有一千五百位科學家在狄崔克營做事[20]。他們全都深具使命感，相信自己肩負人類的命運。「他們對科學充滿熱情[21]，」有位研究狄崔克營的史學家後來說：「也是國內最頂尖的專家。你想想看，要是有人告訴你：『預算無上限，你需要的設備我們全部提供。說說看你想在什麼環境工作，我們蓋給你。』你怎麼可能不抓住這個機會？他們開的條件就是這麼好，要求只有一個：我們需要盡快看到成果。」

對這些科學家來說，來狄崔克營工作，就像是加入世界上最祕密的兄弟會。他們必須接受新的道德標準，也必須在加入時簽署保密條款，發誓不對外界透露這裡的一切，不論生前死後。

「若我死亡[22]，我授權馬里蘭州狄崔克營司令官安排後事，全權處置

本人遺體，棺木密封後不得開啟。」條款上還有這一條：「若軍方判斷有其必要，我授權軍方指派合適人選對本人遺體進行驗屍。」

　　雖然來狄崔克營工作的專家都有堅強實力[23]，很多人也擁有博碩士學位，但入營之後仍須先進特殊計畫學校進修，認識「目前所知的細菌戰技術事實及其潛力」，課程包括「藥劑製作」、「食物與飲水汙染」等等。這些科學家們對新工作相當熱情，甚至還編了歡呼口號：

　　　　桿菌症，鸚鵡熱，痛！燒！拉！
　　　　抗體來，解毒去，啦！啦！啦！

　　一九四四年初，邱吉爾突然改變主意[24]，取消一年多前向羅斯福提出的生物武器訂單。因為他現在更擔心希特勒為逆轉頹勢而孤注一擲，對英國發動生物攻擊。在急迫感催逼下，他請羅斯福擱下曠日廢時的新型生物武器研發計畫，改寄給他相對容易製作的東西：塞滿炭疽孢子的小型炸彈。他想要五十萬枚。

　　得知這項請求的美國人極少，但他們不盡同意。羅斯福的參謀長、海軍上將威廉・李海（William Leahy）相當不以為然，勸諫他的頂頭上司說：拿炭疽桿菌當武器「違反本人所知的一切基督徒倫理及目前一切戰爭規範」。然而情勢險惡，盟國面臨嚴重威脅，羅斯福還是答應了邱吉爾。

　　「拜託告訴我什麼時候能完成，我想這只是第一批。」邱吉爾在回信中說。

　　鮑德溫算了一下，英國開出的數量需要好幾噸的炭疽孢子。好在他的計畫備受重視，他輕輕鬆鬆就徵用到印第安納州維歌（Vigo）的一間舊兵工廠，開始將這裡改裝成美國第一座生產生物武器的廠區。相關作業如火如荼進行時，一九四五年五月七日，納粹宣布投降。

　　鮑德溫功成身退，不久之後回到威斯康辛大學。他是該感到自豪：在他

的主持下，美國第一次開啟生物武器計畫。他把狄崔克營變成一座功能齊全的研究機構，有鐵路車站、有醫院、有消防隊、有電影院，還有好幾座休閒場地。數以百計的科學家在這裡貢獻所學[25]（有份官方報告說，他們是「美國相關領域的箇中翹楚」），進行了兩百多個計畫。他們讓產量成功達到工業規模，培養出大批炭疽孢子和感染黃熱病毒的蚊子。他們甚至開發出「鴿子炸彈」，在鳥的羽毛上注入有毒孢子。除了狄崔克營，鮑德溫還主持兩個田野測試場的工作[26]，一處是猶它州達格維試驗場（Dugway Proving Grounds），另一處在密西西比沿岸的霍恩島（Horn Island）。他完成了軍方託付的任務——讓美國兵工廠具備生產生物武器的能力。

在測試生物戰藥劑的兩年半中，鮑德溫和研究員的確找到很多以細菌大量殺人的辦法，但他們認為，德國和日本在這方面恐怕還是領先美國一大截。隨著戰爭結束，德日兩國的關鍵專家也銷聲匿跡，不知所終，帶著他們寶貴的知識消失在戰後亂局裡。因此，狄崔克營的科學家得知柯特·布洛姆落入盟軍手中時，他們興奮不已。

只要曾經為納粹效力，就該被當成戰犯起訴嗎？或者有一些人可以既往不咎，吸收他們來為美國政府工作？羅斯福總統在一九四四年遇上了這個難題。讓他陷入長考的是戰略情報局長威廉·唐諾文（William Donovan），後者請他批准實施新的徵募計畫：由於納粹間諜開始落入美軍之手，而其中有一些人對蘇聯知之甚詳，唐諾文希望有權給予他們起訴豁免[27]，並「容許他們在戰後進入美國」。雖然這個計畫的徵募對象僅限於間諜，不包括科學家，羅斯福仍決定批駁。

「實現這種保證很難，而且可能在國內外普遍引起誤解。」他在拒絕唐納文的批示裡寫道：「可以想見的是，為身家財產焦慮的德國人會越來

多，其中應該有一些人該為戰爭罪行接受審判，或者至少該為主動參與納粹活動遭到逮捕。即使實施你提到的那些必要控管，我還是不準備授權給予這類保證。」

　　然而，不論是這道指示或這道指示的精神，都從未受到遵循。一九四五年五月，羅斯福去世才幾個星期，納粹資深情報官賴因哈特．格倫（Reinhard Gehlen）上校便向美軍投降，也很快與美方達成協議：他將手上的情報網交給戰略情報局，以此換取法律保護和一筆慷慨的薪資。先例一開，越來越多納粹情報員悄悄得到豁免，轉而為美國效力。在此同時，這種作法也為吸收納粹科學家鋪好了路。軍方設立新的祕密行動單位——聯合情報目標局（Joint Intelligence Objectives Agency），專門尋找和徵募曾為第三帝國效命的科學家。探員們的任務除了看住這些科學家，防止他們重振德國軍力或投效蘇聯之外，也為其中值得一用的人在美國安排新工作。

　　在克朗斯堡偵訊所[28]，工作人員開始用迴紋針標示「情節重大」的在押人的檔案，主事者因此給這個祕密計畫取代號為「迴紋針行動」（Operation Paperclip），準備為這些納粹科學家竄改經歷，將他們送往美國工作。一九四六年九月三日，杜魯門總統（Harry Truman）下令執行[29]。這道密令由幾名情報官草擬，經國務次卿迪恩．艾奇遜（Dean Acheson）核可，授權核發一千張簽證給「有益我國國家安全」之德奧科學家。但命令中也特別註明：對於「不只在名義上參與納粹黨活動的黨員，以及積極支持納粹軍國主義者」，不得與之合作。

　　如果切實遵守這條但書，迴紋針行動能徵募的對象將相當有限。可是，這項行動的主要目標是德國火箭專家，而他們在戰爭時期的任務，就是研發飛彈，讓倫敦和歐洲其他城市成千上萬的平民喪命——換句話說，他們當然算「積極支持納粹軍國主義者」。於是，聯合情報目標局決定便宜行事，大剌剌地忽視這條但書，像是杜魯門從沒要求過似地。最後，迴紋針行動總共送

了超過七百個曾為納粹效命的科學家、工程師和其他技術人員來到美國[30]。

化學戰爭處在戰爭結束後不久升格，重新命名為化學兵部隊（Chemical Corps）。看到納粹情報員和火箭專家先後取得美國保護，轉而為我方效力，化學兵的軍官十分羨慕。他們請上級進一步放寬徵募資格，納入醫師、化學家和生物學家。他們對這些納粹專家垂涎已久，很希望能取得後者在集中營的實驗成果。執行迴紋針行動的官員覺得這主意不錯，願意幫忙。於是，戰爭結束還不到一年，狄崔克營就來了三名鑽研生化戰的德國科學家——全都加入過納粹黨。他們的部分任務是教美國人合成沙林毒劑（sarin）[31]。這是他們在德國參與研發的毒物之一，似乎很適合在戰場使用。他們在課堂上使用的資料，正是納粹在戰爭時期的實驗紀錄。這些紀錄顯示：吸入第一口沙林毒氣之後，大多數受試者會在兩分鐘內死亡，而且「受試者的年齡長幼似乎不影響毒氣之致死率」。

二次大戰期間，納粹醫生進行的實驗造成很多人死亡。華府有些人認為，他們的經驗對未來戰爭十分可貴，應該比照納粹間諜和火箭專家加以延攬。對迴紋針行動的人來說，這是小事一樁：只要他們挑中的科學家在紀錄上有汙點，他們就動手竄改。如果申請者有加入黨衛隊、與蓋世太保合作、虐待奴工、人體實驗的紀錄，他們一律刪除[32]。原先被註記為「納粹狂熱份子」的人[33]，不費吹灰之力就成了「非納粹狂熱份子」。此外他們還為這些人美化形象，把他們加油添醋說成顧家好男人。經過這番「漂白」，這些人統統有資格入選迴紋針計畫。

「科學團隊鬼迷心竅[34]，」一份對於這段時期的研究是這樣說的：「他們滿腦子都是德國科技在某些領域已領先幾年，完全不管得到這些成果的手段多麼邪惡，有些研究根本是用屍體堆出來的。對他們來說，納粹的科學知識就像禁果一樣充滿誘惑。」

這種做法並非沒有引起挑戰。國務院有指派幾位外交官加入這項行動，

但他們拒絕為這些戰犯「洗白」。不以為然的領事館官員也不乏其人，他們威脅拒發簽證給涉入戰爭罪的科學家。在美國國內，聯邦調查局（FBI）宣布他們將秉公處理[35]，自行調查有意進入美國的前納粹黨員。美國科學家聯合會（American Federation of Scientists）也致函杜魯門總統[36]，提醒他有些人隱瞞了血腥過往。報紙披露：在第一批獲得迴紋針行動延攬的人裡[37]，有一個竟然是工業化學家卡爾・克勞希（Carl Krauch），奧許維茲集中營法本化學廠的設計師之一。不過他還沒來得及到美國，西德便以戰爭罪名逮捕他，指控他「奴役、虐待、恐嚇、刑求、殺害多人……同時涉嫌其他罪行，例如為實驗及滅絕集中營囚犯，生產及供應毒氣」。

看到納粹重要人物受到逮捕和懲罰，有些人很高興，但也有人不表贊同，四十二歲的海軍上校博斯奎特・威夫（Bosquet Wev）就是如此[38]。他天生好爭，曾經擔任潛艇指揮官，此時負責執行迴紋針行動。在一連串呈給華府的備忘錄裡，威夫怒氣沖沖地指責國務院扯他後腿，竟然老是在一些「枝微末節的小事」上吹毛求疵（例如斤斤計較一個科學家有沒有加入過黨衛隊），「鞭納粹的屍有意義嗎？」他警告說：要是美國拒絕接受有汙點的納粹科學家，這些人最後恐怕會被德國或蘇聯找去，幫他們執行軍事計畫。「就算他們過去傾向納粹好了，就算他們現在還是同情納粹好了，」要是他們真的投效敵營，「對國家安全的威脅才真正難以收拾」。國會議員也參上一腳，將擇善固執的外交官譏為「反派角色」和「共匪同路人」[39]，數落他們竟然不惜為道德潔癖犧牲美國安全。媒體風向也變了[40]，用某個電視名嘴的話來說，這場爭議顯示「國務院只要出幾個芝麻大的官，就能硬生生卡住軍事上這麼重要的計畫」。

官僚間的歧見被抹上政治色彩，結果可想而知。在冷戰山雨欲來、民眾恐懼不斷升高的氣氛裡，有心貫徹杜魯門為迴紋針行動設下的限制的外交官，反倒成了不合時宜的絆腳石，根本阻止不了軍事和國安單位一意孤行。

他們的異議成了馬耳東風。

狄崔克營的科學家，迫不及待想知道布洛姆掌握了哪些資訊。在克朗斯堡的偵訊過程中，布洛姆逐漸卸下心防。他透露的雖然不多，但已足以讓人相信他擁有可怕的祕密。為了投桃報李，也為了展現對他的重視[41]，偵訊人員讓他搬出牢房，住進一間漂亮的木屋。在此同時，他在狄崔克營的粉絲也四處奔走，想方設法要為他弄到一張迴紋針合約，帶他來馬里蘭。他們差一點就成功了。

一九四五年八月十五日，日本宣布向同盟國投降。接下來幾個月，美國逐漸從被捕的日本官員口中得知：日本也祕密進行過細菌戰計畫。他們也聽到一些耳語，據說，在日軍占領的滿洲，有個叫七三一部隊的單位曾以各種毒物進行人體實驗。這些偵訊報告傳到狄崔克營生物戰實驗室之後，科學家們興奮不已。他們已經有望取得布洛姆和其他納粹醫生的研究資料，能得到更多當然更好。他們發現指揮七三一部隊的軍醫有中將軍階[42]，叫石井四郎，立刻請反情報部隊找到他，畢竟在德國找到布洛姆的也是他們。這些科學家打著同樣的算盤：先別讓他落入蘇聯手裡，再用豁免死刑換他的忠誠。

形塑石井四郎的是兩股執念[43]，一是極端日本民族主義，二是對極端醫學的好奇。石井出身地主家庭，家境富裕，在京都帝國大學習醫時表現傑出。一九二〇年代晚期，他對禁止生物戰的〈日內瓦議定書〉產生濃厚興趣。由於日本與美國一樣，也拒絕簽署〈日內瓦議定書〉，石井認為這代表日本完全有權研發他國不得研發的武器，而且這種武器將在未來戰爭中發揮關鍵作用。更重要的是，他相信這是他的報國之道。

石井從醫學院畢業後[44]，在一九二八年出國遊歷兩年，前往蘇聯、德國、法國、美國等十多個國家考察生物實驗室。回國之後，他投效軍方，成

為軍醫,沒過多久便協助主持一座測試防毒面具的化學實驗室。雖然有個作家說他是「性好招搖的登徒子[45],頻繁出入高級藝伎館」,但那時的他在事業上並不得意。他不斷懇求陸軍大臣幫他在偏遠地區取得土地,讓他能進行人體實驗,掌握細菌戰的技術。日軍占據中國東北後,石井的機會來了。一九三六年,陸軍指揮官給了他哈爾濱南邊的一塊地。哈爾濱是滿洲第一大城,為了興建設施,石井夷平八個村落,打造出四平方哩、足以容納三千多名科學家與雇員的營區。對外,這裡的正式名稱是「防疫給水部」;對在裡頭工作的人和少數知情者來說,這個單位叫「七三一部隊」。

「我們醫生的天職[46],是挑戰各式各樣的致病微生物,阻止它們侵入人體,消滅人體內的外來寄生蟲,並找出最好的治療方式。」石井在開工之前對手下們說:「可是我們即將進行的研究,完全違背這些原則。」

日軍開始清剿滿洲鄉間的「匪類」和可疑人士[47],把他們跟中國戰俘、抗日份子、一般罪犯和精神病患一起送到石井那裡。從一九三六到一九四二年,石井收到至少三千個、甚至可能多達一萬兩千個「圓木」——他和同僚這樣稱呼那些犧牲者——他們全部慘死。石井亟欲得知人體對各種極端虐待會如何反應,於是下令對這些「圓木」進行慘絕人寰的活體實驗。

心臟夠強的讀者[48],可以看看七三一部隊的活體實驗是怎麼進行的:他們先用毒氣把人毒死,再摘除他們的肺臟進行研究;他們把人慢慢電死,藉此得知要用多少伏特的電足以致死;他們把人倒吊,觀察自然窒息的過程;他們把人關進高壓艙裡,直到他們眼球爆凸;他們把人關進離心機裡高速旋轉;他們讓人感染炭疽病、梅毒、鼠疫、霍亂和其他疾病;他們逼人懷孕生子,以便取得嬰兒做活體解剖;他們把人綁上木樁,供士兵測試火焰噴射器;他們把人慢慢凍死,觀察失溫症的過程;他們把空氣注入被害者靜脈引發栓塞,把動物的血液注入人體觀察反應;他們將被害者活生生地割傷或截肢,監控他們因失血過多或壞疽而慢慢死亡的過程。根據一份後來解密的

美國軍方報告，他們將男性、女性和孩童綁上木椿，「腿部和臀部赤裸，近距離暴露於幾碼外引爆的炭疽彈」，然後觀察他們多久會死——從沒超過一個星期。石井要求要有源源不斷的人體器官，換句話說，他需要日軍穩定提供「圓木」。他們的手下亡魂不只有中國人，還有韓國人和蒙古人，根據某些報告，甚至包括美國戰俘。每次實驗後，石井手下的微生物學家都會小心翼翼取下組織樣本，將它們放進玻片以便研究。之後，日軍技術人員再利用這些研究成果進行研發，製作出毒巧克力、毒口香糖，以及裝有毒針的髮簪和鋼筆，供近身謀殺之用。在這些工業規模的實驗室裡，他們培養出巨量傳播鼠疫的跳蚤，生產出數以噸計的炭疽病菌。這些病菌被裝進彈殼，屠殺了成千上萬的中國百姓。

美方偵訊人員慢慢拼湊出七三一部隊的任務內容，也逐漸掌握這些惡行的範圍和目的，可是找不到任何證據。因為在戰爭快結束時[49]，石井已下令處決最後一百五十個「圓木」，也嚴令手下守口如瓶，「將祕密帶進墳墓」。他還發下氫化物膠囊，要他們在遭到逮捕時自盡。最後，他下令炸毀整座營區。

應反情報部隊要求，日本警方開始尋找石井，結果發現他幾乎是公開地在故鄉生活，便逮捕了他。一九四六年一月十七日，他被送到東京，安置在他女兒家裡。那裡環境僻靜，人煙罕至。接下來四個星期，他欣然接受一名狄崔克營的科學家訪談。兩個人之間的氣氛並不凝重，有時甚至稱得上融洽。

「他很客氣[50]，簡直像是求我父親給他細菌武器的最高機密資料。」石井的女兒後來回憶道：「在此同時，他也一再強調那些資料事關重大，絕不能落到蘇聯手裡。」

石井矢口否認罪行[51]。他堅稱七三一部隊沒有在中國施放病毒，也只有用實驗動物做毒物實驗。美國軍方科學家懷疑他撒謊，因為其他被捕的七三一部隊成員供稱：石井親自監督實驗進行，而且有數以千計的人類受試者

在那些實驗中喪生。美方科學家很希望取得那些實驗的詳細報告，他們相信，相關資訊能大幅推進美國的生物戰研究。他們逼石井做出抉擇：至少把你知道的講出一部分，證明你是值得我們保護的資產，如果你什麼都不說，被蘇聯人逮了恐怕難逃一死。他們還做出石井等待已久的承諾：我們美國人感興趣的是「技術和科學資訊……不是戰爭罪行[52]」。

「如果你們白紙黑字寫下來，給我和我的長官還有屬下書面豁免，我就把資料全交出來。」石井說：「另外，我還要美國政府聘我當生物戰專家。」

雙方都想談成交易。以石井而言，他知道拒絕合作就得面對審判，到時可能被判死刑。就狄崔克營的科學家來說，他們太想知道石井到底藏了什麼名堂，即使他們原本還有一絲道德情操，現在也被急切感壓了過去。應他們請求，麥克阿瑟將軍（Douglas MacArthur）領導的駐日盟軍最高司令部祕密發布新原則：「日本生物武器資料對保障美國國家安全極具價值[53]，獲得相關資料的重要性遠遠超過追訴戰爭罪行」。

發布原則之後，下一步就是將它適用到石井等人身上。不過麥克阿瑟將軍動作得快，因為遠東國際軍事法庭開庭在即，日本戰犯會受到什麼處置備受關注。於是，麥克阿瑟簽發密令，特赦石井和所有在七三一部隊中與他共事的人。

麥克阿瑟指出：「若是告知日本相關人等[54]，這些資訊會保留在情報單位，不會拿來當『戰爭罪』罪證，或許可以讓石井開口。」

於是，原本該為凌虐幾千名被害者致死負責的人，還有為他工作的人，就這樣逃過了懲罰。不過，這些日本科學家與他們的德國同儕不同，他們並沒有被送到美國，而是被安置在東亞的實驗室和拘留所中，協助美國人設計和執行在美國國內屬於非法的人體實驗。

「用種族歧視來解釋石井他們為什麼沒被送到美國[55]，其實有失公允。」有一份學術研究說：「當時的美國不論在政治上或結構上，都還沒準備好接

受新的日本科學家湧入……」

石井得到豁免戰爭罪起訴的保證後，開始交出一箱又一箱的資料。內容的確十分獨特，相當可貴。關於各種毒物如何影響人體、可以如何散播、使用多少劑量最有效率，都記錄得鉅細靡遺。狄崔克營的科學家如獲至寶。

石井也帶美國人到好幾間寺廟和山間祕道，取出他和手下在投降前藏的一萬五千件玻片標本。每一件都是人體組織[56]，取自實驗受害者的腎臟、肝臟、脾臟或其他器官。這些受害者生前飽受凌虐，或是被暴露在極端溫度下，或是被強迫感染炭疽、肉毒桿菌、鼠疫、霍亂、天花、傷寒、痢疾、結核病、壞疽或梅毒。他們在器官被取出時常常還有意識，因為石井相信資料在受害者死亡當下收集最好。這些標本送到狄崔克營之後，科學家們盛讚它們「大大裨益也擴大了」美國生物戰研究。

「這批資料增進了對人體脆弱性的了解。[57]」他們在一份報告中說：「基於對人體實驗的顧慮，我國實驗室不可能收集這類資料……還盼不予為難自願提供這些資料者。」

美國出手保護前七三一部隊成員，蘇聯則俘虜了十二個，並以戰爭罪起訴。他們全部被判有罪，刑期從兩年到二十五年不等，但外界知道的人不多。接下來幾年[58]，只要美國出現七三一部隊或石井暴行的報告，官方發言人一概斥為共產黨宣傳。但話說回來，以戰後處置戰犯的標準來看，蘇聯其實判得很輕。後來逐漸浮現的證據顯示[59]：蘇聯和中國都未嚴加追究前七三一部隊成員的罪行，反而利用他們提升自己的生物武器技術。

柯特·布洛姆和石井四郎在戰爭期間便已相識，他們惺惺相惜，彼此欣賞，相互鼓勵，連醫學凌虐中心的設計都很相似[60]。所以，在軸心國於一九四五年終於敗陣時，咸認他們即將面臨相同的命運。他們的確如此——只不過面臨的不是他們擔心的那種命運。狄崔克營的科學家已經救了石井，現在，他們得想出法子救出布洛姆。

　　宣告紐倫堡「醫生大審」開庭的法槌聲響亮刺耳[61]，有個證人說它「在寬敞的法庭中迴盪」。行禮如儀之後，檢察長泰爾福德‧泰勒（Telford Taylor）准將開始開審陳述，全場鴉雀無聲，全神貫注。

　　「這裡的每一個被告，都非法、自願而知情地犯下戰爭罪行。」泰勒說，他們全都「未經受試者同意便對他們進行醫學實驗……在實驗過程中，被告等人犯下謀殺、傷害、虐待、刑求及其他不人道罪行」。泰勒詳述實驗裡的種種殘酷細節：他們將受試者活活凍死；用芥子毒氣噴他們的傷口；藉手術摘除他們的骨骼或肌肉；用含毒子彈射擊他們；將他們暴露在極端氣壓之下；讓他們感染瘧疾、斑疹傷寒和結核病。泰勒指控他們背著成千上萬條人命，「以毒氣、毒劑及其他多種方式，有系統地祕密處死老人、精神病患、重病者、畸形兒及其他人」。負責記錄泰勒陳詞的法庭記者後來說，她「必須拚命穩住情緒，很難保持冷靜」。

　　不過，在一九四六年十一月二十一日開審這天，紐倫堡司法大廈六○○號法庭中，少了兩個涉入醫療罪行的著名納粹：海恩利希‧希姆萊和約瑟夫‧門格勒（Josef Mengele）。希姆萊已在被捕後自殺，在奧許維茲進行醫學實驗的門格勒則下落不明。無論如何，法庭上這二十三名被告已夠有看頭：除了希特勒的私人醫生之外，還有曾在奧許維茲、布亨瓦德、達豪、貝爾根－貝爾（Bergen-Belsen）、特雷布林卡（Treblinka）和其他好幾個集中營裡助紂為虐的多名醫生。他們主持過極端人體實驗，也監督過大規模屠殺。其中一個是柯特‧布洛姆。

　　讓石井躲過審判只需要麥克阿瑟大筆一揮，讓布洛姆逃過懲罰就困難得多了。因為他擔任過好幾個重要職位，十分惹眼。另一方面，七三一部隊在遙遠的滿洲，隱匿或掩蓋訊息相對容易；納粹集中營就在歐洲心臟地

帶，罪行人盡皆知。此外，審理德國戰犯的司法程序更制度化，也更不好操弄。所以，布洛姆在狄崔克營的那些粉絲無法讓他不受起訴，只能全力幫他無罪開釋。

布洛姆以流利的英文振振有詞提出自辯[62]。他把焦點放在兩個部分：首先，他指出檢方雖然提出很多間接證據（其中包括希姆萊要他提供毒物給囚犯「特殊治療」那封），但那些證據只能證明他寫過、談過也受過指示要執行這些任務，卻不足以證明他真的犯下這些暴行。其次，他拿出一篇《生活雜誌》(Life)的報導，內容是說美軍也曾為了研究拿犯人做實驗，讓伊利諾州監獄的犯人感染瘧疾。布洛姆說，不論是這個實驗或一些美國醫生對犯人做的實驗，都不比他做的更符合倫理。

布洛姆的辯解其實對他的案件毫無幫助[63]，真正使得上力的是狄崔克營的科學家。他們在背後默默疏通，想辦法說服參與「醫生大審」的美國軍官。一九四七年八月二十七日，法庭做出裁決：在二十三名被告中，七名問絞，九名判處有期徒刑，另外七名無罪開釋——布洛姆是最後那種。法官表示，雖然他們懷疑布洛姆曾主導進行人體實驗，但沒有明確證據。

「他們都安排好了。[64]」德國一份研究這場審判的報告說：「布洛姆參與過（黨衛隊醫生）西格蒙德·拉舍爾（Sigmund Rasher）在達豪集中營的實驗，而且證據確鑿，可是那部分的證據沒提出來。倒是他在瘧疾和毒物實驗裡的角色模糊，不易證明。雖然檢方以此求刑，但他們恐怕也知道不可能成功。」

布洛姆獲判無罪四十二天後，化學兵部隊司令收到了駐德反情報部隊的通知，內容意簡言賅：「柯特·布洛姆醫生目前可以接受生物戰事務之偵訊[65]」。他立刻派狄崔克營的幾個科學家前往德國。不過，布洛姆歡迎歸歡迎，卻不太願意多談他們最想知道的人體實驗。直到有一次[66]，他提到自己調查過波蘭反抗軍的一次暗殺行動：他們用一種狀似鋼筆的工具，把傷寒桿菌噴到食物上，讓十多個黨衛軍軍官喪命。這個故事讓負責調查的科學

家深感興奮，因為他們知道，布洛姆研究過很多不為人知的下毒技術，這似乎代表他開始願意吐露一些祕密。最後，布洛姆提出條件：帶我去美國，我能將你們的生物戰計畫帶到全新的層次。

───────────

　　對於經歷過二次大戰的美國軍事和情報菁英來說，戰爭從未真正結束，改變的只是敵人是誰而已──本來是納粹德國和大日本帝國，後來是蘇聯，一九四九年後又多了「紅色中國」。在戰後新論述中，以克里姆林宮（Kremlin）為首的共產集團是邪惡的化身，是美國和全體人類生命安全的威脅。華府決策圈的人雖然沒有明說，但幾乎全都相信：敗給共產集團的後果不堪設想，所以在資金、道德或人命上做出多少犧牲都不為過。這種共識醞釀也合理化了一項祕密計畫，其怪異程度堪稱史上罕見。

　　一九四五年時，杜魯門總統認為美國既已進入承平時期，應該不再需要祕密情報機關，所以他廢了戰略情報局。但兩年後他改變主意，簽署《國家安全法》（National Security Act），設立中央情報局。這部法案文字模糊，規範鬆散，部分是由巴望重返地下世界的前戰略情報局官員艾倫‧杜勒斯（Allen Dulles）草擬的。它授權中情局執行「與攸關國家安全之情報有關的功能和責任」，並以「一切適當方式」達成此一目的。

　　中情局的第一場行動是在冷戰最劇的歐洲。一九四七年，中情局探員雇科西嘉（Corsica）黑幫為打手，破壞共產黨在法國馬賽發動的罷工。隔年，中情局又悄悄介入義大利的全國選舉，成功阻止共產黨勝選。他們還派間諜、滋事者和突擊隊到蘇聯和東歐。這些行動固然大膽，但方法其實與其他行之有年的祕密任務大同小異。然而，匈牙利首都布達佩斯的一場變局，讓中情局和狄崔克營的科學家深受震撼。在新恐懼的催逼下，他們開始尋找新的行動方式。

一九四九年二月三日，匈牙利天主教之首若瑟・敏真諦（Jozsef Mindszenty）樞機遭到樣板公審，在鏡頭前承認各種誇大不實的指控，例如密謀推翻政府、操弄黑市，以及暗地策劃偷竊奧匈帝國皇冠以圖復辟等等。他被判終身監禁。西方國家一片譁然，各國領袖紛紛譴責。杜魯門總統痛斥這場審判「無恥至極」，教宗庇護十二世（Pius XII）說它是「傷天害理的嚴重暴行」，並將所有參與審判的天主教徒逐出教會。中情局資深官員的反應倒是不太一樣，他們關注的是敏真諦受審時的表現——在承認那些毫無罪證的指控時，他似乎精神恍惚，講話呆滯。他顯然是被迫的。問題是：那些逼他認罪的人用的是什麼方法？

在中情局看來，答案明顯得可怕：蘇聯人一定已經開發出某種藥物或心智控制技術，讓人能順偵訊者的意講出違心之論。雖然匈牙利當局是以傳統逼供方式逼敏真諦就範（虐待、毆打、長時間隔離、重複偵訊），完全沒有證據顯示他受到心智控制，但中情局對這種可能性憂心忡忡，很擔心共產黨已經開發出某種強力精神藥物。這給了狄崔克營新的任務。

二次大戰剛剛結束那幾年，狄崔克營的科學家覺得自己像被打入冷宮。原因很簡單：美國軍事家認為既然已經有核子武器，開發生物武器就沒那麼重要了。於是，不論是政治關注，或是隨政治關注而來的資金，都大幅轉向核武相關計畫。狄崔克營一時有如雞肋，不但工作慢了下來，很多科學家也被調到別的單位，或是回到平民生活。留下來的科學家則想方設法尋找新任務——敏真諦的審判給了他們目標。

心急如焚的化學兵部隊指揮官火速行動。一九四九年春，他們在狄崔克營設了一支新的祕密團隊[67]——特別行動組（Special Operations Division），專門研究如何在祕密行動中以化學物質為武器。最早入選特別行動組的一名科學家說：這個新成立的單位像是「狄崔克營中的狄崔克營[68]……大多數人不知道我們在幹什麼，而且因為我們不告訴他們而感到不快」。

　　以藥物逼供是新的領域，特別行動組的科學家必須從頭開始，自己想出怎麼進行研究。在此同時，歐洲的中情局探員也遇上類似挑戰：他們經常抓到可能是蘇聯情報員的人，必須盡快找出有效的偵訊技術逼他們變節、引他們吐露祕密，甚至給他們洗腦，讓他們做出違背意願的事。敏真諦的公審給了他們急迫感，他們擔心蘇聯科學家已經掌握了這門技術，認為美國必須急起直追。

註釋

1　音樂廳廣場旁邊的牆上："Munich City 1945 in Colour— Old City," YouTube video, 3:22, posted by Timeline, February 24, 2014, https://www.youtube.com/watch?v=idiJegt7tFw.

2　根據一份紀錄，布洛姆「衣冠楚楚」：Annie Jacobsen, *Operation Paperclip: The Secret Intelligence Program That Brought Nazi Scientists to America* (New York: Back Bay, 2014), p. 75; Egmont R. Koch and Michael Wech, *Deckname Artischocke: Die Geheimen Menschenversuche der CIA* (Munich: Bertelsmann, 2002), p. 28.

3　這間機構戒備森嚴：Ute Deichmann, *Biologists under Hitler* (Cambridge, MA: Harvard University Press, 1996), p. 283; Linda Hunt, *Secret Agenda: The United States Government, Nazi Scientists, and Project Paperclip, 1944–1990* (New York: St. Martin's Press, 1991), p. 180; Jacobsen, *Operation Paperclip*, pp. 159–64.

4　「很擔心機構裡那些人體實驗設備」：Deichmann, *Biologists under Hitler*, p. 287.

5　反情報單位拿出一封希姆萊的信詢問布洛姆：Jacobsen, *Operation Paperclip*, pp. 160–65.

6　「布洛姆於一九四三年進行細菌戰研究」：Operation Paperclip Info, "Kurt Blome," http://www.operationpaperclip.info/kurtblome.php.

7 「最好的防禦是攻擊」：Ed Regis, *The Biology of Doom: The History of America's Secret Germ Warfare Project* (New York: Henry Holt/Owl Books, 1999), p. 21.

8 「生物戰毫無疑問是『航髒事』」：Ibid., p. 25.

9 「在證明或否定生物戰的價值之前」：Ernest T. Takafuji, *Biological Weapons and Modern Warfare* (Washington, DC: National Defense University Press, 1991), p. ii.

10 邱吉爾向美國求助：*PBS American Experience*, "The Living Weapon," https://www.dailymotion.com/video/x35q3xt; Regis, *Biology of Doom*, p. 69.

11 「那天來開會的人」：University of Wisconsin Oral History Program, "Interview with Ira L. Baldwin, 1974. First Interview of Three," http://www.worldcat.org/title/oralhistoryprograminterviewwithiralbaldwin1974firstinterviewofthree/oclc/227181167&referer=brief_results.

12 「想了解生物戰計畫」：Ibid.

13 「如果我說『我要那個人』」：Ibid.

14 鮑德溫跟幾位化學戰爭處的長官：History Net, "Dr. Ira Baldwin: Biological Weapons Pioneer," http://www.historynet.com/drirabaldwinbiologicalweaponspioneer.htm; PBS, "The Living Weapon"; Regis, *Biology of Doom*, pp. 38–39.

15 美國參戰之後成立的戰略情報局：Albarelli, *Terrible Mistake*, pp. 46–47.

16 一九四三年三月九日，軍方宣布：Regis, *Biology of Doom*, p. 41.

17 首任司令官立即撥款：Ibid., p. 79; Peter Williams and David Wallace, *Unit 731: The Shattering Exposé of the Japanese Army's Secret of Secrets* (London: Grafton, 1989), p. 160.

18 凡是鮑德溫要的都立刻送上：Regis, *Biology of Doom*, p. 80.

19 「我記得有一次辦派對」：PBS, "The Living Weapon."

20 最後大約有一千五百位科學家在狄崔克營區做事：Oral History, "Interview with Ira L. Baldwin."

21 「他們對科學充滿熱情」：PBS, "The Living Weapon."

22 「若我死亡」：Albarelli, *Terrible Mistake,* p. 41.

23 雖然來狄崔克營區工作的專家：Regis, *Biology of Doom*, pp. 66–67.

24 一九四四年初，邱吉爾突然改變主意：*American History*, "Dr. Ira Baldwin: Biological Weapons Pioneer," http://www.historynet.com/drirabaldwinbiologicalweaponspioneer.htm; PBS, "The Living Weapon."

25 數以百計的科學家：Norman Covert, *Cutting Edge: A History of Fort Detrick, Maryland 1943–1993* (Fort Detrick, MD: Headquarters U.S. Army Garrison Public Affairs Office, 1993), p. 19.

26 鮑德溫還主持兩個田野測試場的工作：*Regis, Biology of Doom*, pp. 79–80; Oral History, "Interview with Ira L. Baldwin."

27 唐諾文希望有權給予他們起訴豁免：Hunt, *Secret Agenda*, pp. 9–10.

28 在克朗斯堡偵訊所：Jacobsen, *Operation Paperclip*, p. 227.

29 杜魯門（Harry Truman）總統下令執行：Hunt, *Secret Agenda*, pp. 38–40.

30 最後，迴紋針行動總共送了超過七百個：Estimates range from 765 (Linda Hunt, "U.S. Coverup

of Nazi Scientists," *Bulletin of the Atomic Scientists*, April 1985) to more than 1,600 (Annie Jacobsen, "What Cold War CIA Interrogators Learned from the Nazis," *Daily Beast*, February 11, 2014, https://www.thedailybeast.com/whatcoldwarciainterrogatorslearnedfromthenazis?ref=author).

31 他們的部分任務是教美國人：Hunt, *Secret Agenda*, pp. 160–61.

32 他們一律刪除：Ibid., p. 108; Ralph Blumenthal,"Nazi Whitewash in 1940s Charged," *New York Times*, March 11, 1985.

33 原先被註記為「納粹狂熱份子」的人：Hunt, *Secret Agenda*, pp. 118–19.

34 「科學團隊鬼迷心竅」：Ibid., p. 10.

35 在美國國內，聯邦調查局宣布：Ibid., p. 112.

36 美國科學家聯合會也致函杜魯門總統：Ibid., p. 113.

37 報紙披露：在第一批獲得迴紋針行動延攬的人裡：United Nations War Crimes Commission, *Law Reports of Trials of War Criminals, vol. 10: The I. G. Farben and Krupp Trials* (London: His Majesty's Stationery Office), 1949, p. 1.

38 海軍上校博斯奎特・威夫：Hunt, *Secret Agenda*, p. 110; Hunt, "U.S. Coverup"; Blumenthal, "Nazi Whitewash."

39 將擇善固執的外交官譏為：Hunt, *Secret Agenda*, p. 123.

40 媒體風向也變了：Ibid., p. 122.

41 為了投桃報李，也為了展現對他的重視：Author's interview with Oberursel historian Manfred Kopp, 2017; Koch and Wech, *Deckname Artischocke*, p. 54.

42 他們發現指揮七三一部隊的軍醫：Ibid., p. 55.

43 形塑石井四郎的是兩股執念：Daniel Barenblatt, *A Plague upon Humanity: The Hidden History of Japan's Biological Warfare Program* (New York: Harper Perennial, 2005), pp. 10–20; Sheldon H. Harris, *Factories of Death: Japanese Biological Warfare, 1932–45, and the American Cover up* (New York: Routledge, 1994), pp. 13–22; Hal Gold, *Unit 731 Testimony: Japan's Wartime Human Experimentation Program* (Clarendon, VT: Tuttle Publishing, 2004), pp. 23–25.

44 從醫學院畢業後：Harris, *Factories of Death*, pp. 40–49; Williams and Wallace, Unit 731, pp. 39–45.

45 「性好招搖的登徒子」：Christopher Hudson, "Doctors of Depravity," *Daily Mail*, March 2, 2007.

46 「我們醫生的天職」：Regis, *Biology of Doom*, pp. 40–41.

47 日軍開始清剿：Gold, *Unit 731 Testimony*, pp. 40–42; Hudson, "Doctors of Depravity;" Williams and Wallace, *Unit 731*, pp. 81–82.

48 心臟夠強的讀者：Gold, *Unit 731 Testimony*, pp. 83–85; Harris, *Factories of Death*, pp. 41–82; Robert Harris and Jeremy Paxman, *A Higher Form of Killing: The Secret Story of Chemical and Biological Warfare* (New York: Noonday, 1982), pp. 57–82; Nicholas D. Kristof,"Unmasking Horror: Japan Confronting Gruesome War Atrocity," *New York Times*, March 17, 1995; Keiichi Tsuneishi, *The Germ Warfare Unit That Disappeared: The Kwangtung Army's 731st Unit* (Tokyo: Kaimeisha, 1982), pp. 1–166; Williams and Wallace, *Unit 731*, pp. 50–101.

49 戰爭快結束時：Gold, *Unit 731 Testimony*, p. 10; Williams and Wallace, *Unit 731*, pp. 144–51.

50 「他很客氣」：Williams and Wallace, *Unit 731*, p. 227.

51 石井矢口否認罪行：Ibid., pp. 228–52; Koch and Wech, *Deckname Artischocke*, p. 56; Regis, *Biology of Doom*, pp. 104–11.

52 我們美國人感興趣的是：Regis, *Biology of Doom*, p. 109.

53 「日本生物武器資料」：Williams and Wallace, *Unit 731*, p. 314.

54 「若是告知日本相關人等」：Gold, *Unit 731 Testimony*, p. 109.

55 "用種族歧視來解釋": Lee Nisson, "Acknowledging Plunder: The Consequences of How the United States Acquired Japanese and German Technological Secrets after WWII," senior thesis, Brandeis University, 2014, p. 143.

56 每一件都是人體組織：Regis, *Biology of Doom*, pp. 126–27.

57 「收集這種資料相當敏感，」：Harris and Paxman, *Higher Form of Killing*, p. 154.

58 接下來幾年：Howard Brody et al., "United States Responses to Japanese Wartime Inhuman Experimentation after World War II: National Security and Wartime Exigency," *Cambridge Quarterly of Health Care Ethics*, vol. 23, no. 2 (April 2014),https://www.ncbi.nlm.nih.gov/pmc/articles/ PMC4487829/; Ralph Blumenthal, "Revisiting World War II Atrocities: Comparing the Unspeakable to the Unthinkable," *New York Times*, March 7, 1999.

59 後來逐漸浮現的證據顯示：Nisson, "Acknowledging Plunder," p. 154.

60 連醫學凌虐中心的設計都很相似：Christian W. Spang and Rolf Harald Wippich, eds., *Japanese German Relations, 1895–1945: War, Diplomacy and Public Opinion* (New York: Routledge, 2008), p. 208.

61 宣告紐倫堡「醫生大審」開庭：Vivien Spitz, *Doctors from Hell: The Horrific Account of Nazi Human Experiments* (Boulder, CO: Sentient, 2005), pp. 42–45.

62 布洛姆以流利的英文振振有詞提出自辯：Jacobsen, *Operation Paperclip*, pp. 273–74; Nisson, "Acknowledging Plunder," pp. 68–69; Douglas O. Lindor, "The Nuremberg Trials: The Doctors Trial," *Famous Trials*, https://www.famoustrials.com/nuremberg/1903doctortrial.

63 布洛姆的辯解其實對他的案件毫無幫助："Operation Paperclip Nazi Rogues Page," http://ahrp.org/operationpaperclipnaziroguespage/;"Operation Paperclip: Kurt Blome," http://www. operationpaperclip.info/kurtblome.php.

64 「他們都安排好了」：Koch and Wech, *Deckname Artischocke*, p. 54.

65 「柯特‧布洛姆醫生目前可以」：Jacobsen, *Operation Paperclip*, p. 292.

66 直到有一次，他提到：Ibid., p. 295.

67 一九四九年春，他們在狄崔克營：Scott Shane, "Buried Secrets of Bio Warfare," Baltimore *Sun*, August 1, 2004.

68 「狄崔克營中的狄崔克營」：Ibid.

CHAPTER

3

自願與非自願的受試者
Willing and Unwilling Subjects

　　亞伯特・霍夫曼（Albert Hofmann）博士只覺一陣天旋地轉。這天是一九四三年四月十六日，他正在瑞士巴塞爾的山多茲實驗室（Sandoz laboratory）做麥角酵素（ergot enzyme）的實驗。他費盡千辛萬苦才騎腳踏車回到家，躺下，闔上眼睛。剛開始的時候，他覺得有股醉醺醺的愉悅感，沒過多久，他的想像開始飛馳狂奔。他後來說，接下來的兩個小時[1]，是「一連串變化無窮、強烈又令人著迷的圖像，源源不絕，色彩像萬花筒一樣無比鮮豔」。

　　霍夫曼是化學家，他希望能以麥角酵素找出改善血液循環的新方法。麥角酵素可以在生長於黑麥和一些穀類的真菌上採集到，做醫藥用途已有好幾百年歷史，但也會引發痙攣和幻覺。在中世紀時，麥角常被認為與巫術和附身有關。霍夫曼隔天早上清醒後，懷疑自己的中毒反應是因為麥角，可是他出現的症狀跟以往任何紀錄都不相符。於是，他決定以自己當受試者進行實驗。第一次出現上述經驗三天後，他服下兩百五十微克自己正在實驗的物質，劑量很輕。半個鐘頭後，他在記事本裡寫下「一點效果都感覺不出來」。不過，他接下來的筆跡變得十分潦草，在「難以專心，視線模糊，明顯想笑」之後就沒了。他後來寫道，這次經驗「比第一次強烈得多」。

　　我前言不對後語[2]，很難好好講話。視野晃動，看什麼東西都像在

曲面鏡裡……就我記憶所及，最顯著的症狀如下：暈眩，視線模糊；旁人的臉變得像怪誕而鮮豔的面具；身體明顯躁動，但間或癱軟；頭、四肢和整個身體時而無比沉重，像灌了鉛一樣；口乾舌燥；窒息感。我偶爾能像客觀的觀察者一樣，清晰地看見自己的狀態，在那些時候，我總看到自己半瘋狂地大吼，或喃喃講些前後不連貫的話。我有時覺得自己像是人在身體之外……一連串既寫實又魔幻的彩色畫面不斷向我湧來……我差不多在一點時睡著，隔天早上醒來後覺得完全沒事，沒什麼不對勁。

霍夫曼吃下的那種化學物質，是他合成的第二十五種麥角酸二乙胺（lysergic acid diethylamide），所以他將它命名為LSD-25。一九四三年春天的那個星期，他成為史上第一個嘗試LSD的人，而它將在不到一個世代的時間內撼動世界。

踏上幾次這樣的內在之旅之後（它們後來才被稱為「酸旅」〔acid trips〕），霍夫曼在他自願參加的實驗室同事身上進行測試，效果十分驚人。霍夫曼提出報告說明「LSD對人類心智的特殊作用」[3]，認為它是「目前為止最有效也最特殊的迷幻藥」。

雖然還不清楚這個發現的醫學意義，但霍夫曼相信它可能開啟了新的研究途徑，可以藉此進一步探究精神疾病的生化基礎。不過他的實驗進展很慢，一直沒有得到結論。一九四九年末，一位化學兵部隊的軍官將這則消息，報給埃奇伍德兵工廠化學與放射線實驗室（Chemical and Radiological Laboratories）技術總監：L·威爾森·格林（L. Wilson Greene），華府這才得知，山多茲實驗室的化學家發現了新的迷幻藥，而且製造幻覺的威力似乎非常強。格林對此相當感興趣，他找了他就這個主題所能找到的所有資料[4]，寫成長篇報告〈心理化學戰：戰爭的新觀念〉（Psychochemical Warfare: A New

Concept of War）。他在報告中強烈建議政府開始有系統地測試LSD、麥司卡林，以及另外六十種能改變心智的化合物，思考能否以它們為武器對抗敵方。

「使用這些藥物所引起的大規模歇斯底里與恐慌[5]，即使不能完全摧毀敵方士氣，也能大幅削弱抵抗意志。」格林說：「咸信有助於執行戰略與戰術行動的症狀有：癲癇；暈眩；恐懼；驚慌；歇斯底里；幻覺；偏頭痛；譫妄；極度沮喪；無助感；意興闌珊，連最簡單的事都不想做；自殺念頭。」

格林建議給美國軍事科學家一個新任務。他說：除了大砲、坦克、化學武器、細菌武器，甚至核子武器之外，可能還有一個我們從未想過的全新軍武領域——精神藥物。格林認為，精神藥物能推進人道戰爭的新時代。

「有史可稽以來[6]，戰爭代表的一直是生靈塗炭、家破人亡和財物損失，大型衝突的死傷一次比一次慘重。」他在報告中寫道：「我相信，以心理化學技術進行戰爭，可以在不造成重大死傷和財產損失的情況下擊敗敵人。」

少數獲准閱讀這份報告的官員相當心動，其中一個是中情局局長羅斯科・希倫科特（Roscoe Hillenkoetter）中將。他相信這個領域值得好好發展，便請杜魯門總統授權進行格林提議的藥物研究——並交由中情局負責。杜魯門同意了。於是，希倫科特指派了幾個中情局探員，要他們與狄崔克營特別行動組化學家展開合作。

隨著這項「非正式協議」在一九五〇年成形[7]，美國冷戰期間最神祕的兩個團隊成了伙伴。狄崔克營的軍事科學家專業知識豐富，有辦法設計和調製各種有毒化合物，但沒有權力在行動任務中使用它們。中情局相反，他們隨時都在行動，天天都在出任務。製作道具原本就是中情局技術服務處（Technical Services Staff）的工作，他們很想知道該用哪些藥物讓人鬆口吐露機密、削弱抵抗意志、進行心智操控，或是殺人滅口。透過這項「非正式協議」，製作精神藥物和癲癇藥物的科學家開始與中情局偵訊員合作，讓後者把這些藥物用在犯人身上。這項合作計畫後來取代號為「MK-NAOMI」（技術服務

處負責的計畫前面都加「MK」），很快獲得大筆經費。

「在MK-NAOMI計畫下〔8〕，」一位研究者說：「特別行動組為中情局建了一整座毒藥軍火庫。如果探員們需要短短幾秒就能取人性命的東西，比方說自殺藥丸，特別行動組就提供超強貝類毒素……不過中情局和特別行動組都覺得，暗殺最好還是用肉毒桿菌。因為潛伏期有八到十二個小時，殺手比較容易脫身……如果中情局的探員只是想暫時擺脫什麼人，特別行動組花樣更多了，他們有十多種疾病的毒藥，強度任君挑選。」

MK-NAOMI的科學家除了在狄崔克營的實驗室工作之外，也會做田野測試，觀察生物藥劑投放在人群裡的效果。有些人去觀摩英軍的生物武器測試〔9〕，其中一次是一九四九年在加勒比海安地卡島（Antigua）附近，造成幾百隻動物死亡。同年，六名特別行動組的人冒充空氣品質監測員〔10〕，潛入五角大廈，在裡頭施放假細菌。他們後來估計，如果這次是真的發動攻擊，在大廈裡工作的人至少會有一半喪命。

由於MK-NAOMI裡有些科學家研究的是生物戰（亦即如何發動和抵禦這類戰爭），他們想知道病原體在人口密集的地方會如何散播，還有這種攻擊的效果多大。一九五〇年，他們決定舉行一次大規模戶外測試，在舊金山施放無害但可追蹤的細菌。之所以選擇舊金山〔11〕，不只是因為那裡有海岸線和高樓大廈，也是因為那裡長年濃霧，正好可以掩護細菌雲。美國海軍提供一艘特別配備大型噴霧軟管的掃雷艇，而這項名為「海沫行動」（Operation Sea Spray）的任務也被歸為軍事演習，地方官員並不知情。

九月下旬整整六天，掃雷艇依狄崔克營科學家的指示巡梭舊金山沿岸，將萎垂桿菌（*Serratia marcescens*）這種細菌噴入海邊濃霧。之所以選萎垂桿菌做實驗，一方面是因為它是紅色的，容易追蹤，另一方面是因為到當時為止，還不知道它對人體有害。依據後來在四十三處地點的取樣結果，細菌投放不僅觸及八十萬名舊金山人，也影響奧克蘭（Oakland）、柏克萊（Berkeley）、索

薩利托（Sausalito）及其他五座城的居民。接下來幾週，有十一名入院者出現泌尿道感染的症狀，尿液裡還發現紅色微粒。其中一名病患正在前列腺手術恢復期，不幸身亡。醫生們一頭霧水，其中幾位後來還投稿期刊，報告這件無從解釋的「奇特臨床觀察」。

雖然菱垂桿菌不像狄崔克營科學家以為的那樣無害，他們還是認為這次「弱點測試」（vulnerability test）是成功的——不但沒人察覺，也證明城市確實難防生物戰攻擊。「值得注意的是〔12〕，從海上即可對此一區域成功發動生物戰攻擊。」他們在報告中說：「此外，在相對大範圍的區域亦可發揮藥效。」

在海沫行動中，中情局只扮演觀察者。全面性作戰不是他們的事，他們更感興趣的，是如何運用化學和生物藥劑控制人的心智。一九五〇年，中情局局長羅斯科·希倫科特決定朝這個方向繼續推進。他下令設立新的計畫，將中情局對心智控制技術的探索帶入下個階段。

這個計畫代號「青鳥」（Bluebird）〔13〕，據說是因為有人在籌備會議上說，它的目標是找出辦法讓犯人「像隻鳥一樣唱」（sing like a bird）＊。青鳥計畫早期的一份備忘錄這樣指示〔14〕：相關實驗必須「廣而全面，含括國內及國外行動」。另一份備忘錄說最好以犯人為受試對象，包括「變節者、難民、戰俘及其他」。還有一份備忘錄說：實驗目標是「調查以特殊偵訊技術控制個人的可能性」〔15〕。

青鳥計畫獲得熱情支持。計畫開始才六個月〔16〕，內部成員便迫不及待請求擴大編制。他們希望「在現有的兩支團隊之外，再另外創設及訓練四支團隊」。他們說，這些團隊將「開發技術，進行實驗，探究對自願與非自願受試者正面使用特殊偵訊的可能性與實用性。正面使用特殊偵訊的目標是控制個人，使其在催眠後暗示下執行特定任務……若能確定使用特殊偵訊技術

＊ 譯按：「像隻鳥一樣唱」有強迫吐實之意。

既可行也實用，則此一領域將提供行動探員無限可能性」。

差不多就在他們寫這份報告的時候，一項人事異動讓中情局再次轉型。一九五○年十月，沃特・比德爾・史密斯（Walter Bedell Smith）上將走馬上任，成為中情局新任局長。他上任後隨即決定，延攬野心勃勃的前戰略情報局間諜大師艾倫・杜勒斯。雖然艾倫・杜勒斯在很多方面才能有限，但他總是自命為領導時代的先鋒。二戰期間他派駐瑞士，認識了精神分析家卡爾・榮格（Carl Jung），對他崇拜不已。到他開始在中情局的漫長生涯時，他已變得十分熱中尋找以科學操弄人心的辦法。

一九五一年一月二日，以顧問身分在中情局工作六個月後，杜勒斯正式成為其中一員。他的職銜是計畫副局長（deputy director for plans），以此稍稍掩飾他真正的任務：監督中情局的祕密行動——這個機構大多數的預算都用在這裡。從他進入中情局到卸任，他一直熱心推動各式各樣的心智控制計畫。他認定在自己負責的反共祕密戰爭中，這些計畫是不可或缺的一部分。

這段時間世界情勢緊繃，戰爭爆發的跡象時時可見。杜勒斯加入中情局前不到一個月，美國第一次在內華達州沙漠進行核彈測試。看著蕈狀雲冉冉升起，美國民眾人心惶惶，憂心家園隨時可能陷入火海。沒過多久，最高法院裁定，對美國共產黨十一名領袖的判決合憲（他們因為商議推翻政府而被判有罪，律師以言論自由申請釋憲），他們隨即入獄。更令人震驚的是：英國爆發雙面諜案。蓋伊・伯吉斯（Guy Burgess）和唐納・麥克林（Donald Maclean）兩名情報員提供西方機密給蘇聯多年，此時突然失蹤，後來才在蘇聯現身。

中情局原本就是在疑懼氛圍裡成立的，這些令人心驚的發展更強化了他們的這種傾向。杜勒斯很快就注意到青鳥計畫。他才履新幾個星期，就寫了一份洋洋灑灑的備忘錄給兩名資深官員——法蘭克・威斯納（Frank Wisner）和理查・赫姆斯（Richard Helms）——要他們協助主持這個計畫。

「在我們一九五一年二月九日的談話中[17]，」杜勒斯寫道：「我向你們大致講過提升偵訊方法的可能方向，亦即運用藥物、催眠、電擊等手法。我也強調應用醫學領域的防守面向及攻擊機會。附件〈偵訊技術〉（Interrogation Techniques）是我的醫學組準備的，供你們了解這方面的知識。」他還補充說明：這種「提升」只能在海外執行，因為其中很多部分「不為美國政府許可（如炭疽等）」。

這段時間的另一些備忘錄同樣引人側目[18]。有一份說：「青鳥團隊成員應包括具醫學資格之人員，熟悉心理偵訊技巧之人員，以及懂得操作腦波儀、電擊、測謊儀之人員。」另一份備忘錄要團隊成員研究「如何讓人在催眠後暗示的情況下，做有益我方之事」，以及「如何制約我方人員，使其不屈從於催眠後暗示」。還有一份備忘錄問：「可不可能迫使處在催眠狀態的人殺人？」

奧柏魯瑟（Oberursel）是座清幽的德國小鎮，群山環繞，位在法蘭克福北方。納粹用這裡當英美飛行員俘虜的中轉營。美軍在一九四六年接收這裡，以幾年前遇害的情報員的名字，為它取名金恩營（Camp King）。由於此地原已蓋有牢房和偵訊室，美軍接收之後，就也把需要「特別偵訊」的納粹死硬派和其他罪犯往這裡送。在檯面上，這裡是七七〇七號歐洲指揮情報中心（European Command Intelligence Center）的所在地，但實際情況複雜得多。

金恩營專收「火爆小子」[19]——反情報部隊裡以虐囚聞名的軍人。他們的逼供手段有時很傳統，例如把受害者浸在冰水裡，或是讓上兵拿球棒或其他武器圍毆他們。他們有時也使用藥物，例如給受害者注射四氮五甲烷（Metrazol）（據說能讓人吐實，但也會造成嚴重痙攣），或是注射麥司卡林、海洛因和安非他命的混和劑。基地裡不時傳出受害者的尖叫聲。

「他們對『火爆小子』[20]、『德佬剋星』等等的綽號很自豪。他們什麼藥都敢用，什麼手段都使得出來。」有個反情報部隊的退伍老兵回憶道：「只要是你想得出來的辦法，他們都做得出來。」

金恩營的「火爆小子」讓杜勒斯不乏傳統刑求的幫手。如法蘭克福一位中情局官員所說，這些人的拿手絕活是「處理屍體不成問題」[21]。不過，杜勒斯期盼的是更先進、更細膩、超越傳統的偵訊技術。他決定好好利用金恩營這件資產，試驗比「火爆小子」的手段更精巧的說服方式。

中情局資深探員將青鳥計畫看做機會之門，希望它能通向未知的世界。他們在金恩營裡選了一處地點，試驗各種藥物和強制偵訊技術。他們不缺人類受試者，也不在乎鬧出人命，反正「處理屍體不成問題」。最棒的是：這些事都在美國占領的西德做，法律管不到他們。

中情局不想把這件事交給粗里粗氣的「火爆小子」，開始派青鳥團隊來金恩營試驗偵訊技術。在重門深鎖的房間裡，他們甚至更進一步，做出另一個影響深遠的決定：青鳥計畫太機密了，機密到連軍事基地的管理都不夠森嚴──中情局必須自行設立祕密監牢，在那裡用被俘的敵方情報員做心智控制實驗。這所監獄在名義上由金恩營管轄，可是位在營區之外，由中情局運作。換句話說：這是一間受美軍保護的中情局「安全屋」。

在金恩營幾哩外的克朗堡村（Kronberg）[22]，曾是鄉間小道的盡頭是一間山牆別墅，厚重的木門上方刻著它建造的時間：一九〇六年。老一輩人叫它「舒斯特宅」（Villa Schuster），以興建和持有它的猶太家族為名。納粹上台後，那家人被迫賣了這裡。一九五一年初，中情局和特別行動組的美國人來這裡找「黑牢」（black site），開上小道，選中了它。

舒斯特宅又叫「瓦德霍夫屋」（Haus Waldhof），以它所在的小道為名。這裡外觀氣派，環境清幽，散發一股看盡滄桑的雍容。裡頭空間寬敞，玄關優雅，樑柱結實。大客廳的天花板挑高，鉛框的玻璃窗沉穩厚重，壁爐也設計

得恢弘大器。兩層樓的建築房間不少，臥室有十多間。地下室是磚砌的儲藏室，很容易改成密閉牢房。

隨著冷戰在一九四〇年代晚期到來，金恩營來了另一群犯人。很多人來自東歐（含東德），有一些是被俘的蘇聯間諜，另一些人自稱是難民，但逮捕他們的人認為說詞可疑。有罪的人和純粹運氣不佳的人全混在一起，而中情局把他們全都稱作「消耗品」，意思是如果他們人間蒸發，沒有人會多問一句。而其中被消耗掉特別無所謂的人，還有據信懷有特別有價值的機密的人，他們全被送到舒斯特宅。在地下室裡，醫生和科學家會對他們做美國政府雇員從沒做過的、最極端的人體實驗。

「克朗堡村邊緣的這座別墅[23]，成了中情局的刑求室。」幾十年後一部德國電視紀錄片這樣總結。

在金恩營和舒斯特宅試驗青鳥偵訊手法的中情局探員，都受到一名「費雪醫生」（Doc Fisher）的指導。這名醫生雖然是德國人，可是曾經在華府的沃特‧里德綜合醫院（Walter Reed General Hospital）工作，英文講得相當不錯。事實上，「費雪醫生」就是前納粹首席醫官瓦特‧史萊伯將軍。戰爭期間，就是他核准在奧許維茲、拉文斯布呂克（Ravensbrück）、達豪等集中營進行人體實驗，將在押者活活凍死，給他們注射麥司卡林和其他藥物，或是砍傷他們以觀察壞疽的進程。據一名美國研究者說，他的實驗「往往導致緩慢而痛苦的死亡」[24]。史萊伯在戰後原本被蘇聯人逮捕，關在惡名昭彰的莫斯科盧比揚卡（Lubyanka）監獄。後來他說服監所人員，讓他接受東柏林的一份教授職。到東柏林後，他又趁隙溜到西柏林，向反情報部隊表明身分。反情報部隊確認他的身分後，將他送到金恩營。他在那裡受到的待遇，有如備受景仰的同儕。

一份報告說：「前德軍首席軍醫[25]，該為許多集中營實驗負責的人，接受了幾個星期的詢問，可是那些問題不像是問一個違反人道罪嫌犯的。他

們像是科學同儕一般地交談，彼此交換知識和經驗。」

來到金恩營短短幾個月後，史萊伯也成了這裡的醫生。他的部分工作是給來訪的青鳥團隊提供建議，指導他們的「特別偵訊」技術。一名與中情局有關的研究者[26]，哈佛醫學院的亨利‧比徹（Henry Beecher）教授，也在舒斯特宅裡與史萊伯談了一晚。現在回過頭看，那實在是令人戰慄的一幕：一個是前納粹軍醫，另一個是與中情局合作的哈佛教授，他們彼此惺惺相惜，一起坐在優雅的客廳裡談公事，或許手上還拿了杯酒，壁爐裡大概一定燃著柴火。他們是世上少數真正精通藥物偵訊的專家，共同話題要多少有多少。而他們正下方的石牢裡，就是等著當青鳥計畫受試者的「消耗品」。比徹後來寫道，他覺得史萊伯這個人「腦袋聰明，可以合作」，這次「交換意見」很愉快。

青鳥偵訊團隊定期到西德進行實驗，最常去的是金恩營和附近舒斯特宅的「黑牢」。但德國研究者後來發現[27]，美國還有其他做極端實驗的祕密監牢，其中一間在曼海姆（Mannheim），就在曾統治巴拉丁領地（Palatinate）的巴洛克宮殿附近。相關研究指出，在柏林、慕尼黑和司徒加特（Stuttgart）郊區還有其他黑牢。

青鳥偵訊員在這些黑牢裡為所欲為，不受任何外部監督。這給中情局開了自設監牢的先例，此後，他們不但習於在別的國家拘留和監禁嫌犯，還常常在羈押期間無視美國法律，以激烈手段嚴刑逼供。

由於這套監獄網在西德相當成功，中情局決定在日本也複製一套，拿北韓戰俘做實驗。青鳥偵訊員給他們注射的藥物之一是異戊巴比妥（sodium amytal）[28]，一種有催眠效果的鎮定劑。此外他們還使用三種強效興奮劑：影響中樞神經系統的苯甲胺（Benzedrine），作用在肺部的可拉明（Coramine），以及會造成痙攣和呼吸系統麻痺的苦毒素（Picrotoxin）。在受試者處在鎮定劑和興奮劑作用轉換間的脆弱狀態時，中情局實驗者會用催眠、電擊或高溫等

手段，讓他們精疲力竭。據一份報告說，偵訊員的目的是「誘發劇烈虛脫反應，不斷讓受試者陷入沉睡，再予喚醒，讓他們神智不清到能被迫重現過去的經驗」。華府的中情局官員要進行這些實驗的探員嚴格保密，甚至不能對合作的美軍單位透露實情，只能說他們在進行「強度測謊工作」。

隨著實驗步調不斷加快，狄崔克營的科學家對於曾主持納粹生物戰研究的柯特・布洛姆，重新燃起興趣。戰爭剛結束時，他們拒絕了他來美國的要求，可是到一九五〇年代初期，布洛姆對毒藥和迷幻劑的知識變得奇貨可居，他夠資格擔任青鳥計畫的顧問了。中情局發現他在多特蒙德（Dortmund，德國西北部重要城市）行醫。一九五一年春，一名探員帶著提議登門拜訪：如果他願意吐露祕密，中情局會安排一份「迴紋針合約速件」，讓他去美國。

布洛姆的新人生其實過得愉快，但他承認他想「回到生物研究領域」。更讓他動心的是，這樣一來就能跟他的前納粹戰友瓦特・史萊伯再次共事，後者已經收到一份迴紋針合約，正準備搭船前往紐約。於是，布洛姆接受了中情局的提議，把房子託給貨真價實的房屋仲介，給孩子們辦退學，好讓他們全心全力學英文。

可惜時機不對。史萊伯到美國一事傳開之後，輿論譁然。德魯・皮爾森（Drew Pearson）在報紙專欄中摘錄相關紐倫堡證詞，指出史萊伯涉入戰爭罪，而其中又以指派醫生在集中營進行人體實驗為最。更多抗議接踵而來。史萊姆的美國合作人縱使心有不甘，也只能取消他的迴紋針合約。不過他不打算回西德，反而選擇去阿根廷享受退休生活。

爭議爆發時，美軍柏林情報站站長葛瑞森・克洛弗代爾（Garrison Cloverdale）上校正在審布洛姆的迴紋針契約申請書。他通常只是走個流程當橡皮圖章[29]，也已經批准了幾十個人的申請，但他這次拒絕了。他認為布洛姆問題太大，不能讓他進入美國。在寫給德國美軍占領區總司令盧修斯・克萊（Lucius Clay）將軍的備忘錄裡，他建議拒絕這份「迴紋針合約速件」，也

拒發簽證。克萊同意他的看法。克洛弗代爾草草發了封電報給狄崔克營：「柯特‧布洛姆醫生赴美暫緩——HICOG（德國占領區高級委員會）礙難同意」。

青鳥計畫的中情局官員氣瘋了。「布洛姆的合約已經簽妥，上級亦已批准。」其中一個在備忘錄裡怒氣沖沖地說：「該員業已完成十一月底出發之準備，亦已轉讓多特蒙德之私人診所予另名醫生。考量後續可能出現之負面宣傳破壞整個計畫，本人建議立即批准該員來美。」

中情局這次沒爭成功。讓布洛姆赴美可能惹來不必要的注意，不只對他不利，也會影響已經悄悄來到美國的幾百個前納粹成員。他們早就在美國軍事基地和實驗室裡工作了。可是青鳥探員不死心，還是想好好利用布洛姆獨特的珍貴知識。

好在眼前就有一個適合他的工作[30]：史萊伯在金恩營的醫生職位。既然史萊伯決定退休，那裡正好開缺。中情局馬上問布洛姆願不願意赴任，畢竟，這可是他從納粹時期就樂在其中的工作——用某份備忘錄的話來說，試驗如何「於非常規偵訊中使用藥物和化學物」。雖然無法依原訂計畫帶他到美國，他在金恩營裡還是能幫忙指導偵訊工作。布洛姆同意了。不過，他的太太不願和他一起搬到金恩營，夫婦倆決定分手。於是，「布洛姆醫生」孑然一身，了無牽掛，全心投入新的工作。

———

紐倫堡的法官曾譴責納粹醫師泯滅良知，違反人體實驗必須遵守的普世原則。他們在判決書中列舉這些原則（後來被稱為「紐倫堡守則」〔Nuremberg Code〕），用以證成裁罰的正當性，並為未來的世代劃下不容逾越的紅線。

不論是金恩營，還是青鳥團隊拿犯人做實驗的其他地方，大概都沒有掛上紐倫堡守則。如果有的話，他們也許會注意到第一條、也是最重要的一條原則：「具備完整法律能力之受試者的自願知情同意，是絕對必要的。」儘

管原則明確，儘管違反它的納粹科學家有七個被判處死刑，美國還是沒有將紐倫堡守則納入法律。對青鳥計畫的研究員、實驗者和偵訊者來說，紐倫堡守則毫無法律拘束力，不能妨礙他們探索古老而艱深的問題。

那些問題是什麼呢？與來自德國和日本的新同事討論之後，中情局探員整理出一張清單。在一九五一年初的一份備忘錄中[31]，他們說，這些問題的答案「對本局有無比珍貴之價值」：

- 從自願或非自願者取得的資訊能否準確無誤？
- 是否可能制約本局人員（或與本局有利害關係之人），以防止任何外力以任何不可知之方式從他們取得資訊？
- 我們能否確保對方完全遺忘任何情況？
- 我們能否「改變」一個人的人格？如果可以，能改變多久？
- 我們能否設計出一套系統，將非自願目標變成自願人員？
- 如何將藥物藏於一般常見之物品（如糖果、香菸、白酒、紅酒、咖啡、茶、啤酒、口香糖、水、一般藥物、可樂、牙膏等等……）？
- 能否從非自願之科學家、工程師等人取得複雜公式？能否取得砲位、降落點、工廠、礦場之細節？
- 能否讓對象畫出或寫出詳盡之簡圖或計畫？
- 上述工作能否在任務現場以極短時間完成？

「青鳥並不完全滿意到目前為止的成果，但相信若能持續研究和試驗，必能得到出色成果。」這份備忘錄總結道：「青鳥的整體問題是付諸行動，往這個方向進行實際而非理論性的研究。」

杜勒斯最早指派監督青鳥計畫的中情局官員，都是內部核心人士：反情報處處長詹姆斯・安格敦（James Jesus Angleton）；不久後升任計畫副局長的法

蘭克‧威斯納；以及理查‧赫姆斯——二十年後，他將成為局裡第一把交椅：中央情報局局長。他們都是非常積極的人，點子也很多。不過，他們知道自己缺乏科學背景，沒辦法解開他們亟欲回答的多層次問題。

　　艾倫‧杜勒斯和他的資深部屬都同意：青鳥計畫必須「付諸行動」。於是他們決定，青鳥計畫需要注入專業，需要中情局以外的人提供新的視角。杜勒斯和赫姆斯打算招募一位化學家，這個人必須夠有創意，必須有追求禁忌知識的熱情；這個人的性格必須夠堅韌，堅韌到能主持或許會令其他科學家良心不安的實驗；這個人也必須願意為了國家安全而漠視法律細節。這一個人，會是美國政府雇來尋找心智控制技術的第一個人。

註釋

1 接下來的兩個小時：Robert Campbell, "The Chemistry of Madness," *Life*, November 26, 1971.

2 「我前言不對後語」：Julian B. Rotter, *Psychology* (Glenview, IL: Scott, Foresman, 1975), p. 183.

3 霍夫曼提出報告說明：Albert Hofmann, "The Discovery of LSD and Subsequent Investigations on Naturally Occurring Hallucinogens," *Psychedelic Library*, http://www.psychedeliclibrary.org/hofmann.htm.

4 他找了他就這個主題：Hunt, *Secret Agenda*, p. 162.

5 「使用這些藥物所引起的大規模歇斯底里」：Jacobsen, *Operation Paperclip*, p. 289.

6 「有史可稽以來」：Armin Krishnan, *Military Neuroscience and the Coming Age of Neurowarfare* (Abingdon, UK: Routledge, 2018), p. 26.

7 隨著這項「非正式協議」：Albarelli, *Terrible Mistake*, p. 65.

8 「在MKNAOMI計畫下」：John Marks, *The Search for the "Manchurian Candidate": The CIA and Mind Control* (New York: W. W. Norton, 1978), pp. 80–81.

9 有些人去觀摩英軍的生物武器測試：Albarelli, *Terrible Mistake*, p. 73; "Deckname Artischocke—Geheime Menschenversuche," YouTube video, 44:47, posted by Taurus322, June 15, 2011, https://www.youtube.com/watch?v=O7xD7_IJIrk&t=145s.; BBC, "Germ Warfare Fiasco Revealed," November 19, 1999, http://news.bbc.co.uk/2/hi/uk_news/politics/526870.stm; "Operation Harness, 1948–1949 [Allocated Title]," video, posted by the Imperial War Museum, catalog no. DED 85, https://www.iwm.org.uk/collections/item/object/1060017887.

10 同年，六名特別行動組的人：Albarelli, *Terrible Mistake*, p. 117.

11 之所以選擇舊金山：Jim Carlton, "Of Microbes and Mock Attacks: Years Ago, the Military Sprayed Germs on U.S. Cities," *Wall Street Journal*, October 22, 2001; Leonard A. Cole, *Clouds of Secrecy: The Army's Germ Warfare Tests over Populated Areas* (Totowa, NJ: Rowman and Littlefield, 1988), pp. 75–84.

12 「值得注意的是」：Rebecca Kreston, "Blood and Fog: The Military's Germ Warfare Tests in San Francisco," *Discovery*, June 28, 2015.

13 這個計畫代號「青鳥」：Albarelli, *Terrible Mistake*, pp. 28, 208; Marks, *Search for the "Manchurian Candidate,"* p. 24.

14 青鳥計畫早期的一份備忘錄：Albarelli, *Terrible Mistake*, p. 208; Marks, *Search for the "Manchurian Candidate,"* p. 24.

15 實驗目標是：William Bowart, *Operation Mind Control* (New York: Delacorte, 1977), p. 104.

16 計畫開始才六個月：Albarelli, *Terrible Mistake*, pp. 208–9.

17 「在我們一九五一年二月九日的對話中」：Jacobsen, *Operation Paperclip*, p. 366.

18 這段時間的其他備忘錄：Albarelli, *Terrible Mistake*, pp. 208–9.

19 金恩營專收「火爆小子」：Author's interview with Manfred Kopp; Alfred W. McCoy, "Science in Dachau's Shadow: Hebb, Beecher, and the Development of CIA Psychological Torture and Modern

Medical Ethics," *Journal of the History of the Behavioral Sciences*, vol. 43(4) (Fall 2007).

20 「他們對『火爆小子』」：H. P. Albarelli Jr. and Jeffrey S. Kaye, "The CIA's Shocking Experiments on Children Exposed: Drugging, Electroshocks and Brainwashing," *Alternet*, https://www.alternet.org/story/147834/the_cia's_shocking_experiments_on_children_exposed_—_drugging,_electroshocks_and_brainwashing.

21 「處理屍體不成問題」：Marks, *Search for the "Manchurian Candidate,"* p. 42.

22 在金恩營幾哩外的克朗堡村：Koch and Wech, *Deckname Artischocke*, pp. 98–100.

23 「克朗堡村邊緣的這座別墅」：WDR German Television, "Deckname Artischocke: Geheime Menschenversuche," https://www.youtube.com/watch?v=O7xD7_IJIrk&t=145s.

24 「往往導致緩慢而痛苦的死亡」：Hunt, *Secret Agenda*, pp. 151–52; Koch and Wech, *Deckname Artischocke*, pp. 29–30; Jacobsen, *Operation Paperclip*, pp. 303–4.

25 「前德軍首席軍醫」：Koch and Wech, *Deckname Artischocke*, p. 91.

26 一名與中情局有關的研究者：SWR German Television, *Folterexperten—Die Geheimen Methoden der CIA* (film), https://www.dailymotion.com/video/xvzl7j; "Henry K. Beecher," *Enacademic*, http://enacademic.com/dic.nsf/enwiki/2224000.

27 德國研究者後來發現：Albarelli, *Terrible Mistake*, p. 79; WDR German Television, *Deckname Artischocke* (film).

28 青鳥偵訊員給他們注射的藥物：Bowart, *Operation Mind Control*, pp. 102–5; Marks, *Search for the "Manchurian Candidate,"* p. 25; Dominic Streatfeild, *Brainwash: The Secret History of Mind Control* (New York: Thomas Dunne Books, 2007), p. 50.

29 他通常只是走個流程當橡皮圖章：Hunt, *Secret Agenda*, pp. 180–81; Jacobsen, *Operation Paperclip*, pp. 344–45; Koch and Wech, *Deckname Artischocke*, pp. 28–30.

30 好在眼前就有一個適合他的工作：Jacobsen, *Operation Paperclip*, pp. 347, 364–65; Koch and Wech, *Deckname Artischocke*, pp. 106–8.

31 在一九五一年初的一份備忘錄中：Declassified CIA document, MORI #140401, "Special Research, Bluebird," https://www.wanttoknow.info/mind_control/foia_mind_control/19520101_140401.

CHAPTER

4

破解宇宙的祕密
The Secret That Was Going to Unlock the Universe

一九五一年七月十三日[1]，潮濕悶熱的空氣嚴嚴捂著華府，這是希德尼・高利伯到中情局報到的第一天。現在回過頭看，那個十三號星期五可說是美國情報史上的重要日期。那一天是高利伯迷藥生涯的起點，從那天開始，結合極端科學和祕密行動成了他的終身志業。

「你知道他們為什麼招募你嗎？」[2]幾十年後，高利伯在作證時被問到。

「他們想找我這種背景的人去帶一群化學家，做中情局認為他們感興趣的工作。」他回答。

「他們當時有對你說明那是什麼樣的工作嗎？」

「講得很模糊。他們看起來也不是很清楚。總之就是那裡要成立一個新的團隊。」

「你當時認為這份新工作是做些什麼事呢？」

「我嗎？老實說，我真的沒想太多。反正我決定試看看，先做六個月再說。」

一九五一年，中情局的心智控制計畫「青鳥」已經上了軌道。探員們一組組飛往德國和日本的祕密監牢，測試他們的「特殊偵訊」技術。他們研究各種藥物的效果，記錄催眠、電擊、感覺剝奪等等的功效。不過，對中情局計畫處副處長艾倫・杜勒斯來說，這還不夠。

　　杜勒斯非常重視青鳥計畫，甚至把它當成美國生死存亡的關鍵。但隨著計畫擴大，它逐漸失焦。偵訊員之間缺乏協調，也沒有人統領全局。這讓杜勒斯開始考慮要找一位化學家負責監督，把中情局的所有研究都往心智控制的方向帶。

　　從哪裡找起呢？化學兵部隊顯然是不錯的起點。他們的指揮官仍與艾拉‧鮑德溫保持密切聯繫，他們很敬重他在二次大戰期間勇於任事，一手擘畫生物戰工作。雖然鮑德溫已經回威斯康辛大學教書，但仍是化學兵部隊科學顧問團的一員，經常往來華府，也依然具有一定影響力。某份研究說他「換了位子，但原來的工作也沒放掉〔3〕，只是不必天天打理狄崔克營的事」。

　　幾年以前，鮑德溫曾將得意門生法蘭克‧奧爾森（Frank Olson）找來幫忙〔4〕，讓這位大氣生物學界的初生之犢參與政府的一項祕密工作。那份工作是奧爾森的機會之窗，後來帶他進入狄崔克營的聖殿——特別行動組。鮑德溫也和以前的另一個學生保持聯繫。那個學生是極具天分的生化學家，現在在華府工作，他一直對二戰時未能效命沙場有罪惡感，始終想用另一種方式證明自己的愛國心。於是，中情局在鮑德溫的人脈裡找到了他們想要的人。

　　對美國人來說，一九五一年夏天是段恐怖的日子。柏林的情勢緊繃到令人寢食難安。韓戰原本以為能輕鬆取勝，怎料竟然陷入膠著。而當美軍總司令麥克阿瑟將軍批評杜魯門總統領導無方，杜魯門竟以抗命為由炒了他，此舉引來民眾憤怒的抗議，強力要求彈劾杜魯門。在美國國內，參議員約瑟夫‧麥卡錫（Joseph McCarthy）嚴詞警告共產黨已滲透國務院。

　　見到世局日益險惡，大多數美國人能做的不多，只能窮擔心。可是艾倫‧杜勒斯不一樣，他有更多選擇。不論他的人生體悟是對是錯，他的職涯經驗告訴他：祕密行動能改變歷史。到一九五〇年代初期，他已經有了定見：心智控制是即將到來的時代的關鍵武器。他深信，有辦法操弄人心的國家必能統治世界。於是他找來希德尼‧高利伯，要他帶領中情局找到這個聖杯。

　　這個選擇似乎不錯。高利伯已在政府實驗室服務將近十年，大家都說他是十分認真的研究者。他也像同輩許多美國人一樣，生命裡留著二次大戰的創傷。而他因為沒能上場作戰，壓抑的愛國心讓創傷更難撫平。他的孜孜不倦很對中情局早期官員的胃口，他們就喜歡這種對工作非常投入、對倫理保持彈性的人——他們自己就是如此。

　　可是在家世背景上，他們與高利伯大相徑庭。他們出身美國上流社會，很多人是家族世交，或是早已在預備學校、常春藤盟校、俱樂部、投資銀行或法律事務所認識，有些人甚至從戰爭時期就一起在戰略情報局服務，情誼之深絕非外人能及。在對心智控制極為關注的中情局官員中，艾倫·杜勒斯和理查·赫姆斯都是這種類型。杜勒斯能坐上這個位子，憑的是出身普林斯頓大學，又曾在全球知名的華爾街蘇利文與克倫威爾（Sullivan & Cromwell）法律事務所工作。他的心腹赫姆斯則出身費城，又在瑞士讀過預備學校。不過，在這兩個貴族開始尋找心智控制大師之後，他們卻選了跟自己很不一樣的人：一名三十三歲、口吃、跛腳、出身布隆克斯猶太移民家庭的年輕人。

　　他們連私底下的作風都很不一樣。杜勒斯和赫姆斯就像他們那種身分的人，性好交際，是喬治城雞尾酒派對常客。高利伯不但與他們不同，而且不同得怪異，不同得引人側目：他們一家人居然住在與世隔絕的木屋裡，大多數食物自耕自食。「他實在很妙。[5]」他的一位前同事回憶道：「希德在很多方面都站在所謂『反文化』的最前鋒，當然那時候根本沒人知道這個詞。」

　　事實上，高利伯不只是生活方式與眾不同而已。他向負責考核他的中情局心理專家約翰·吉丁格（John Gittinger）坦承[6]：他大學時是社會主義者。吉丁格向他保證，年輕時一時左傾不會影響他的錄用資格。他們接著談起比較私人的話題。高利伯說，他的人生已經開始為追求內在意義而發生轉變。吉丁格事後寫道：這位年輕的科學家「已經拋下猶太傳統，認真想找另一個靈性重心」。

雖然是否聘僱高利伯最終是由中情局局長史密斯決定，但與祕密行動有關的事，史密斯多半會交給杜勒斯定奪，這次也不例外。在杜勒斯必須為他的心智控制計畫選出最適任的科學家時，他已盡量保持客觀，拿下自身階級的眼鏡。不過，他沒有漏掉一項事實：命運給了他和高利伯同樣的打擊。

杜勒斯的腳也天生畸形，只是情況不像高利伯那樣嚴重，只需要動一次手術（不過，由於他們家的上流圈子覺得殘障是見不得人的事，所以手術是祕密進行的）。他們兩個人大多數時候必須穿輔助鞋，從來無法正常行走[7]。所以，雖然他們的出身背景和生命經驗天差地遠，但就像某個作者說的：殘障成為「他們兩人間強韌但從未提起的羈絆」[8]。接下來十年，他們將一起蹣跚跨越未知的疆界。

———

高利伯在中情局的第一件任務[9]，是先上為期三個月的諜報技術課程，「還附贈一些諜報歷史」（他後來說的）。課程上完之後，他繼續自學，以中情局對心智控制的化學技術研究為主，把他所能補齊的知識全部補齊。他覺得這些研究很有潛力，可惜太分散了。杜勒斯和赫姆斯相當賞識他。他們一直相信，若想完全實現青鳥計畫的目標，就必須同時結合熱情和創意。而在高利伯身上，他們看到這兩種特質完美結合。高利伯進中情局沒多久，他們決定給他一個正式頭銜作獎賞：新成立的技術服務處化學組組長。技術服務處的業務是研發、測試和製造諜報工具，化學組的方向則任高利伯規劃。

那年夏天，杜勒斯給高利伯的不只是頭銜。他已認定青鳥計畫不夠全面，範圍也不夠廣。在高利伯身上，他看到讓青鳥計畫脫胎換骨的可能性。一九五一年八月二十日[10]，他指示擴大青鳥計畫，同時強化效率，統一事權。他還為它取了個新名字：洋薊（Artichoke）。之所以會取這個名字[11]，或許是因為他最喜歡的蔬菜是洋薊。但後來也有研究者說，他的靈感出自

紐約傳奇黑幫頭子「洋薊王」（Artichoke King）。不論名稱來源是什麼，「洋薊」很快整併了之前的計畫，成為高利伯的權力基礎。

在此同時，杜勒斯掌握的權力也越來越大。洋薊計畫啟動之後才三天，他就升任副局長，成為中情局的第二號人物。有了這樣一個位居美國權力高層的人保護和支持，心智控制實驗確定能進行下去。

從洋薊團隊最早得到的幾項指示[12]，我們就能看出這個計畫很極端。一項指示建議偵訊工作要在「安全屋或安全區域」進行，旁邊要有空間放置「記錄設備、變壓器等等」。還要有浴室，因為「『洋薊』技術有時會造成反胃、嘔吐，或其他必須使用衛浴設備的情況」。另一份指示說明：「洋薊技術」可以用於任何偵訊階段，「可以作為獲取情報的起點，也可以作為最後手段，在所有或幾乎所有獲取情報的努力都失敗後使用，或是在受試者完全不願配合或尤其頑固時使用」。

「我們的主要目標[13]，」第三份指示說：「還是與開始時一樣：研究藥物對自我控制和意志活動的影響。換句話說，我們要探究的是：能否透過藥物影響高階神經系統，從而取得被刻意壓抑的情報？如果可以，哪種藥物最能達到此一目的？」第四份備忘說：「能讓最為可靠之人口無遮攔而志節盡失的藥物已經到手[14]，新藥物也正在製作。」

中情局探員和他們在軍方特別行動組的伙伴，已經在德國和日本以囚犯實驗過許多藥物。從一九五一年開始，他們也已在巴拿馬運河區克萊頓堡（Fort Clayton）的一處「黑牢」做過一系列實驗。第一個受試者是一個名叫「凱利」（Kelly）的囚犯[15]——他其實是保加利亞的年輕政治人物，真名叫狄米崔‧狄米托夫（Dmitri Dimitrov）。他原本是中情局的線民，但中情局接頭人懷疑他打算另謀他途，投效法國情報單位。為防止他帶槍投靠，他們策劃了一場「特別引渡」——綁架他，再將他扔進希臘監獄。希臘偵訊者刑訊他六個月後，判斷他確實沒有身懷機密，便將他送還中情局，中情局又把他送到

克萊頓堡。一九五二年，一名監督他的案子的中情局探員報告說：「由於凱利先後被關在希臘監獄和軍醫院，他現在變得非常敵視美國，尤其憎恨我方情報人員。」這名探員建議「試試『洋薊』的辦法，看看可不可能讓他重新轉向我方」。結果，凱利被扣在克萊頓堡三年，沒有文件能追查他遭到什麼對待。多年以後，他試著以自己的故事吸引《美國大觀》（Parade）雜誌的興趣，但中情局對編輯說他是「騙子」，「名聲不佳也不可信，滿腦子都是與中情局有關的離奇故事」，報導無疾而終。

對凱利所做的實驗，就像對德國和日本那些「消耗品」做的實驗一樣，既沒有得到有意義的成果，也沒有讓中情局朝他們希望推進的方向更進一步。可是杜勒斯毫不氣餒。他堅信一定有控制心智的辦法，也認定共產黨已經找到，更重要的是，他深信自由世界的生死存亡在此一著，而洋薊計畫就是解方。

———

一九五〇年代初期，不但華府國安單位對敵方的一舉一動風聲鶴唳，美國民眾也提心吊膽，草木皆兵。有人警告共產黨已滲透政府，更有人說共產黨徒已經有控制人心的辦法。拜想像力豐富的宣傳家愛德華·杭特（Edward Hunter）之賜，美國人學到了一個新詞：洗腦。

杭特是記者，立場堅決反共[16]。他在一九二〇和三〇年代派駐歐洲和亞洲，二戰期間為戰略情報局擔任他所謂的「宣傳專家」。他後來加入中情局的政策協調室（Office of Policy Coordination），該部門負責執行知更鳥行動（Operation Mockingbird），操控美國媒體對世界新聞的報導。

一九五〇年九月二十日，杭特在《邁阿密新聞》上刊出一篇文章，標題是：中共以「洗腦」術迫使人民支持共黨。他說他訪問到一名華北人民革命大學的畢業生，發現共產黨正以一套祕密計畫控制人民的想法。他還說

「brain-washing」一詞不是他發明的，而是直譯自中文「洗腦」。

民眾抓著這個概念編織想像。從國外的反美情緒，到國內的非正統政治觀點，所有奇言異行都能用這個簡單的概念解釋。杭特擴大報導，先在與中情局關係匪淺的《新領袖》（New Leader）發表更長的文章，接著又出了一本《紅色中國的洗腦》（Brain-Washing in Red China）。他在書中呼籲美國人及早做好計畫，準備迎接「規模無可想像[17]、比過去任何敵人都要難纏的心理戰」。他因此一炮而紅，到處接受訪問，還去國會委員會作證。他對眾院非美活動調查委員會（House Committee on Un-American Activities）說：「赤匪有洗腦專家。[18]」他斷言這些專家正在準備心理攻擊，目標是征服「美國的人民、土地與資源」，把美國人變成『新世界秩序』的屬民，為克里姆林宮那一小撮瘋狂獨裁者服務」。

認真看待杭特誇誇其談的科學家不多，但這些言論相當符合時代氛圍。蘇聯人已經成功測試了第一枚核武，美國人不斷聽說國家隨時可能遭受攻擊，而「洗腦」的威脅似乎更加恐怖，因為沒人知道實際情形。

在中情局大肆宣傳共黨已掌握「洗腦」技術的同時，他們也陷入自己的魔咒。杜勒斯和一些資深官員焦慮不已，唯恐美國在這場關鍵競爭中落後。這種心態不只讓他們合理化極端藥物實驗，也讓他們深信這是捍衛美國安全的必要之舉。

「大家都很關切洗腦的問題。[19]」理查・赫姆斯多年後回憶道：「我們覺得自己有責任急起直追，不讓美國在這個領域落後俄國或中國，而查明風險的唯一辦法，就是試驗LSD之類的東西和其他藥物，看看它們能不能用來控制人類行為。」

很多中情局稱作「洋薊工作」的手段，其實都是醫學虐待。逼不願服藥的病人吞下強效藥物、用極端溫度或聲響對待他們、把他們綁在電擊器上，還有其他形式的虐待——都不是這群想像力豐富的科學家唯一會做的事。

從一份洋薊計畫啟動後不久寫的備忘錄裡，我們能看出他們折磨人的方法有多少。

應研究開發新化學物質或新藥[20]，或是改進已知物質於洋薊工作之使用。

應澈底研究各式氣體與氣懸膠體之製作……亦應研究隱藏式與公開式之噴氣槍、噴嘴及噴霧器之製法。此外，對於因缺氧或暴露於其他氣體所致之永久腦部傷害與失憶問題，也應加以研究。

高壓與低壓對個人之影響應予查考。

聲音領域之研究應予大幅拓展。相關研究應包括各種震動、單調音、震盪、超高頻、超低頻對人類的影響，以及不斷重複字詞、聲音、暗示、無節拍音、低語等之影響。

多種細菌、植物培養、黴菌、毒藥……可以致病，並引發高燒、譫妄等症狀。從食物中剝奪特定物質（如糖、澱粉、鈣、維生素、蛋白質等）一定時間之後，會引發心理與生理反應。應研究從犯人食物中剝奪特定物質一段時間之後，能否相當程度強化洋薊工作對他們的效果。

目前尚未證明電擊或電昏能否讓人吐露情報……

目前似無法確認電擊能否控制失憶。

如果能以電子方式引發睡眠，而這種睡眠可以用來催眠並控制一個人，發明相關儀器將對洋薊工作裨益無窮。

本局在任何情況下，都不考慮以腦葉切除術或腦部手術為任務手段。但局裡認為這項主題應予研究。

對於長期且持續暴露於紅外線與紫外線之影響，應予特別研究。

可應用於洋薊工作的心理學技術非常多，包括移動室、振動室、空間扭曲室、故意製造焦慮環境，以及製造驚慌、製造恐懼、利用既有恐懼

等等。此外也可利用熱與冷的影響、潮濕的影響、乾燥的影響、浸潤和乾空氣的影響、定向力障礙、完全隔音等等。

　　若能設計出狀似鋼筆、小而有效的噴壓注射器（hypo-spray），對行動將大有助益。當然，此一道具必須搭配能用於這類任務的化學物或藥物。若能發明，這將是非常有價值的武器。

　　洋薊偵訊者自認比金恩營的「火爆小子」懂得多，但以臨床標準來看，他們遠遠不夠格。他們很少有人受過心理學訓練，懂外語的也沒幾個。他們只是盲目地在未知的領域橫衝直撞，根本不知道哪種方法可能有效，反正想到什麼就試什麼。

　　每個洋薊團隊都有一名「研究專家」[21]、一名「醫務官」、一名「安全技術員」。到一九五二年初，已有四支團隊分別在西德、法國、日本和南韓活動。後來又增加了幾隊。「一般說來[22]，受過洋薊技術偵訊的人會完全合作，變得消極而倦怠。」一份備忘錄這樣說。

　　洋薊團隊有時是應邀出馬。當軍方或中情局偵訊者遇上「特別頑固」的犯人，就可能請他們協助。舉例來說，一九五二年初，華府接到一封電報，說：「團隊抵達法國後，請許可派遣洋薊至███。███無法突破人犯，但相信他███。」有些時候，如果洋薊科學家發明出新藥或想出新的技術，想測試一下，他們也會請相關單位準備「消耗品」。一九五二年中，他們請中情局南韓情報站提供幾個人：

　　八月十八日至九月九日，洋薊團隊欲前往貴單位測試重要新技術。預計測試至少十名受試者。屆時將向資深官員簡報所欲測試之受試者類型。本次測試之後無棄置需求。重複：無棄置需求。

「洋蔥工作」中製造化學物的任務，由狄崔克營的科學家負責。一九五〇年，他們花了兩年多打造的密閉球狀室終於完成[23]。這間球狀室能控制施放的毒氣量，藉此研究受試者或實驗動物的反應。它的正式名稱是「一百萬公升測試球體」（One-Million-Liter Test Sphere），但狄崔克營裡的人都叫它「八號球」（Eight Ball）。「八號球」部分是由艾拉·鮑德溫設計的，高度超過四層樓，重達一百三十一噸，是有史以來最大的大氣生物學實驗設備。它的「赤道」附近有五個通往實驗艙的氣密門，讓他們可以把受試者捆在裡頭施放毒氣。每個實驗艙的濕度和溫度都能調整，讓科學家能觀察各種毒氣在不同情況下的效果。「八號球」成為美國的祕密實驗室，用某份官方報告的話來說，它專門用來「從大氣生物學的角度[24]，研究對人類和動物極具致病性的藥劑」。

莫斯·艾倫（Morse Allen）是洋蔥計畫的安全官，對工作要求嚴格，也有志做出一番成績。他曾擔任青鳥計畫第一任主持人，也是極為投入洋蔥實驗的中情局官員之一。他一直想找出心智控制技術，杜勒斯也樂觀其成，准他放手去做。於是，他總熱中推動青鳥計畫和洋蔥計畫裡最激烈的幾個計畫。他大力主張更廣泛地運用測謊[25]（雖然中情局認為測謊是可靠的，也經常使用，但其他情報機關不做此想）。一九五〇年時，他一心一意想開發「電睡眠」（electro-sleep）機，因為他想知道能否藉由電擊引發失憶，或是把受試者降至「植物狀態」。在另一些實驗中，他還測試過放射線、極端溫度和超音波噪音的效果。一九五二年，他成為前往西德舒斯特宅的三人團隊的一員。據某份報告說，這次測試「以俄國俘虜做實驗[26]，危險地合併使用苯甲胺和硫噴妥鈉。研究計畫上還特別註明『處理屍體不成問題』」。

艾倫像中情局裡其他研究心智控制的人一樣，對催眠特別感興趣。他在紐約找到一位「有名的舞台催眠師」，對方跟他說他經常讓女人陷入「催眠恍惚」狀態，與她們發生非自願性關係。艾倫上了四天課之後，回華府拿中情局裡的祕書測試[27]。他好幾次想讓她們陷入恍惚，再引誘她們做平時絕

不可能會做的事，例如和陌生人調情，或是講出辦公室裡的祕密。

「如果能對祕密行動裡的任何參與者進行催眠控制〔28〕，」艾倫總結道：「探員顯然能發揮非凡程度之影響，其控制力遠遠超過我們已經認為可行的一切方法。」

———

洋薊計畫起於一項已然成為中情局信仰的執念：一定有控制人類心智的辦法，如果能找到，不啻於獲得宰制全球的力量。雖然高利伯和他的團隊不時也踏入催眠或電擊的領域，但他們最感興趣的還是藥物。他們相信，在心理藥物學宇宙裡尚未探索的某處，一定有他們夢寐以求的藥物等著被發現。那將是奇蹟之藥，是能讓最頑固的人供出祕密的吐真劑，是打開心智、重新編寫的鑰匙，是能洗去記憶的失憶劑。

他們最早以為能達成任務的，是大麻裡的有效成分〔29〕：四氫大麻酚（tetrahydrocannabinol）。早在中情局成立之前，戰略情報局的科學家便已提煉出這種物質，將它製成無色、無味、無臭的強效藥劑。因為他們對它的效果非常有信心，於是給它取名TD——實話藥（truth drug）。他們親身嘗試，做了好幾個月的自體實驗，先是在糖果、沙拉醬和馬鈴薯泥裡混入各種劑量，又混進菸草裡抽。最後，他們做出我們現在看來再明顯不過的結論：大麻裡的這種有效成分，「會讓人進入一種不負責任的狀態……似乎能卸下一切自制……幽默感則提升到極端，任何話和任何情境都變得極其好笑」。這種藥顯然無法應用在偵訊上。研究人員另尋他途。

下一個選項是古柯鹼〔30〕。中情局贊助以各種形式（包括注射）對精神病患使用古柯鹼的實驗。早期的一份報告說，古柯鹼讓受試者感到飄然，也變得多話。後來則有實驗指出，它可能讓人「自然而然無所不說」。可是研究人員只興奮了短短一陣子，因為大家很快發現它用在「特殊偵訊」太不可靠。

　　既然大麻和古柯鹼都行不通，研究人員轉而嘗試海洛英。在目前看得到的一份中情局備忘錄上，他們是這樣說的：「警方和情報人員經常使用」海洛英〔31〕。此外，它和其他成癮物質「可以反其道用之：只要不讓成癮者使用這些物質，即可對其構成龐大壓力」。一九五〇年末，美國海軍執行了一個叫「多話」（Chatter）的祕密計畫〔32〕，撥給羅徹斯特大學（University of Rochester）心理系主任喬治・理查・溫特（G. Richard Wendt）三十萬美元的經費，請他研究海洛因的效果。溫特設了一間小型研究室，以一小時一美元的代價，請學生服用特定劑量的海洛因，他則在一旁觀察他們的反應。結果發現：海洛英的效果不比古柯鹼好到哪裡去。溫特不得不做出結論：海洛英「對偵訊幫助甚微」。

　　麥司卡林是二十世紀初第一個在實驗室裡合成出來的精神藥物〔33〕，答案會不會在它身上呢？狄崔克營的科學家對這個可能性很抱期待。他們花很多時間詢問德國科學家，畢竟後者曾在達豪集中營的囚犯身上，做過麥司卡林實驗。雖然實驗結果參差不齊，納粹醫生還是相信麥司卡林有尚未發現的效果，這讓青鳥計畫的醫生深受鼓勵。然而，他們最後還是不得不承認：麥司卡林跟大麻、古柯鹼和海洛英一樣，效果太不可預測，沒辦法用來當心智控制藥物。

　　接任新職之後的頭幾個月，高利伯讀了成堆的這類實驗報告。它們鉅細靡遺測試了各種可能影響人類心智的辦法，包括催眠、感覺剝奪、電擊、交錯使用鎮定劑和興奮劑，以及大麻、麥司卡林、古柯鹼和海洛英。高利伯一邊讀，腦子一邊閃過一個念頭：用LSD的話呢？

　　高利伯本來就是好奇心強的人，他想自己試試LSD。一九五一年末，高利伯到任大約六個月後，他請新認識的哈洛・亞伯蘭森（Harold Abramson）幫

他個忙，帶他第一次嘗試「酸旅」。亞伯蘭森是醫生，二次大戰期間曾在化學戰爭處服務。中情局在一九四七年成立後，他成為極早被延攬的醫學專家。他也協助設計早期的心智控制實驗。中情局與特別行動組合作的MK-NAOMI計畫[34]（目標是製作毒物及放毒工具），就是以他祕書的名字命名的。在這個時期，全世界嘗試和施用過LSD的人並不多，而亞伯蘭森正是其中之一。因此，找他幫忙嘗試「酸旅」再適合不過。高利伯對他的第一趟心靈之旅興致勃勃。

　　我覺得像靈魂出竅[35]，我像是裹在某種透明腸衣裡，它會發亮，蓋住我整個身體。接下來一或兩個小時，我大多數時間有一種幸福感和亢奮感。然後，這種感覺慢慢消褪。

　　這次體驗之後，高利伯加快LSD實驗的步調。他一開始是請圈內人當自願受試者，不是找中情局的同事，就是找狄崔克營特別行動組的科學家。有的人同意在特定時間於受控制的環境中進行實驗，有的人則准許高利伯給他們「驚喜」，這樣一來，他就能觀察到不一樣的反應。後來他更直接在新進人員身上測試[36]，不事先警告。

　　「我們進行了大量自體實驗。[37]」高利伯後來作證時說：「我們覺得，對我們這些參與計畫的人來說，對這些藥物的主觀效果有些第一手認識，是很重要的。」

　　親身嘗試LSD的經驗讓高利伯興致大增。對使用LSD的中情局同事做的「假偵訊」，也讓他覺得LSD大有可為。他們試著在「假偵訊」中讓這些同事打破誓言或承諾。其中一名軍官發誓說，他絕不可能透露某個祕密，可是在LSD的影響下，他脫口而出，而且事後忘了這整件事。高利伯和他的科學家同事深感振奮，相信自己已經接近永恆奧祕的核心。

「一開始的時候[38]，我們以為已經找到破解宇宙的祕密。」其中一個科學家後來說。

幾年以前，化學兵部隊的L・威爾森・格林也曾對LSD展現強烈興趣。他呼籲加緊研究「心理化學戰」，力主以LSD為這種新型戰爭的重心。不過，雖然青鳥和洋薊計畫都納入他的主張，但「以LSD為重心」的部分並沒有得到重視。由於研究人員當時對LSD一無所知，他們還是希望從至少略知一二的藥物和技術著手。高利伯決定推進LSD研究之後，他聯絡仍在化學兵部隊、對LSD也依舊充滿熱情的格林。他們都想駕馭LSD的威力。

格林一心想把LSD變成戰爭武器，用它來削弱敵方軍民戰力。這種打算與LSD發明者亞伯特・霍夫曼的初衷截然不同（霍夫曼是想用它治療精神疾病），而高利伯的想法又與他們兩個都不一樣。他相信，LSD的真正價值，在於它對個體心智發揮的作用。他也越來越認為：在所有已知物質中，LSD很可能是最容易使用、也最方便讓新手控制別人的。這將使LSD成為祕密行動的終極武器。

然而，這只是一廂情願，畢竟連山多茲實驗室的科學家都對LSD了解有限，研究過它的人也不多。可是，在LSD被意外發明十年之後，高利伯相信它可能是心智控制的關鍵。他成了第一個迷幻藥夢想家。

高利伯手下只有化學組的幾個科學家，特別行動組的人也只稍微多一點點。這些人形成一個小圈子，往後十年，他們將是高利伯最倚重的人。為了打造齊心協力的團隊[39]，高利伯下了不少工夫。他會邀他們一起度週末，到他在馬里蘭和西維吉尼亞的木屋享受自然風光。這些休憩活動為他們建立情誼，讓高利伯能借用狄崔克營和埃奇伍德兵工廠最先進的實驗室資源，開發他能用於心智控制實驗的物質。

「這能省掉不必要的簽核。[40]」高利伯後來解釋：「除了最重要的報告之外，書面紀錄很少或根本不留。左手永遠不知道右手在做什麼，除非我

們願意讓它知道。」

高利伯巧妙運用杜勒斯賦予他的行政職權，迅速強化自己對洋薊相關計畫的控制。杜勒斯和赫姆斯充分授權，讓他進行任何他想得到的實驗。不過，中情局裡並非人人滿意這種安排。在高利伯加入前已經參與心智控制計畫的中情局官員，對他新獲得的權力光火不已。化學兵部隊的軍人也是一樣，他們感覺得到他影響力越來越大，對此十分反感。

「有中情局的人滲透實驗室。」[41] 儘管事隔多年，狄崔克營的一名研究人員講起時仍義憤填膺：「他們自個兒幹自個兒的，我看知道實情的人不多。」

一九五二年，高利伯幫忙在埃奇伍德兵工廠辦了一場會議，主題是「心理化學這種新戰爭概念」。參加這場會議的全是中情局和化學兵部隊的人，而且都有最高安全許可權。他們討論了幾種能引發大規模歇斯底里的化合物，也談到若想大範圍散播這些化合物需要哪些噴霧科技。不過，最受關注的演講者非 L·威爾森·格林莫屬。到這時為止，他大力推薦的 LSD 仍是祕密[42]，與會者幾乎對它一無所知，甚至連聽都沒聽過。格林為 LSD 勾勒的願景轟動全場，他說這種麥角酵素是「不可思議的發現」，能引發從幻覺到自殺傾向等多種症狀，而且只需微量即可見效。他接著讀了一份自願受試者的報告，那名受試者說：在藥力影響下，他見到「燦爛、閃爍、既輝煌又隱約、既快速又緩慢的色塊、火花、旋轉、移動的小點、閃光和片狀閃電」。

格林大膽提出將 LSD 應用於戰爭的可能效果。「在目標都市區域，我們可以用炸彈或其他裝置製造出 LSD 雲，包覆人口最密之處。」他說：「我方潛伏的滋事者和情報員，也能以手動式工具施放心理化學物質……我們接下來的田野計畫，將集中研究如何長程施放 LSD 雲，以及噴霧施放於人口密集區時可能遭遇什麼問題。」

結束之前，格林看到法蘭克·奧爾森和其他幾名氣懸專家也在場，便補充說他們的工作「對這類武器的發展十分重要」，鼓勵其他人好好利用他們

的專業。有科學家問他LSD的量是否足供研究所需,格林說目前還不夠,但很快就能補上。

格林的報告讓高利伯頗感興味,但他不盡滿意。他很高興格林還是和他一樣看好LSD的潛力,但他們兩個人的目標有重大差異:格林想把LSD變成戰場武器,高利伯則想用它控制心智。

「格林提出的想法的確令人神往。[43]」他後來說:「他相信我們真的可能不殺一個人、不破壞任何東西,就贏得一場戰爭或大規模衝突。我覺得這種作戰方式的確新穎,可是我心裡或多或少還是存疑。我更感興趣的是:在比戰爭小得多的情境或衝突裡運用心理化學物質,可以收到多大的效果呢?對此,我倒是深具信心,認為前景可期。」

高利伯進中情局之前,心智控制藥物的實驗目標大多是找出「吐真劑」。然而,隨著一種又一種的藥物被證明無益於偵訊或不夠可靠,隨著它們造成失憶的可能價值一一被打消,它們漸漸被擱到一邊。LSD本來也可能遭到同樣的命運。早期研究顯示:雖然有些人服用LSD之後變得溫順配合,戒心盡失,但有些受試者的反應恰恰相反——他們覺得自己變得極為堅強,嚴厲拒絕合作。除此之外,還有人變得異常偏執,甚至精神崩潰。凡此種種,讓「洋蔥工作」的科學家(主要是曾到德國舒斯特宅和其他黑牢做過測試的那些)不得不做出結論:LSD不是可靠的「吐真劑」,也無法抹除記憶。然而,高利伯就是相信LSD潛力無窮,只是我們對它的力量還不夠了解。它不但能強力影響大腦運作,而且無色、無味、無臭,非常適合地下工作使用。另外,正如中情局裡一位精神病學家所說:LSD「最迷人的一點是[44]:只要用極少的量,就能發揮極大的效果」。

另一個讓高利伯執意研究LSD的原因是:他很擔心蘇聯科學家也在研究LSD。雖然沒有證據顯示他們確實如此,但這種猜測並非空穴來風,畢竟蘇聯的期刊也報導了LSD的發現。中情局分析師還懷疑,蘇聯科學家正

在儲備麥角酵素當原料。

他們在一份評估報告中這樣作結：「雖然目前找不到蘇聯對LSD-25的研究[45]，但我們必須假設蘇聯科學家已完全了解這種強效新藥的戰略意義，而且隨時能製造出來。」

高利伯的資源很快就追不上他迅速膨脹的野心。他開始把實驗外包給狄崔克營。他要安插在那裡的探員別說自己為中情局工作，就說是來「提供協助」的就好[46]。可是軍方有些科學家看出實情，對此深感不滿。

「你知道什麼叫『侵門踏戶』嗎？[47]」其中一個科學家多年後反問訪談者：「中情局在我的實驗室裡就這麼搞。他們跑到我的實驗室裡測試心理化學物質、做實驗。」

高利伯不只在華府和馬里蘭進行藥物實驗，他也經常出差，到位於國外的拘留所觀察和參與「特別偵訊」。這些任務讓他有機會實地測試藥物。

「一九五一年，由高利伯博士領軍的中情局科學家團隊飛到東京。[48]」一份研究說：「四名涉嫌為蘇聯工作的日本人被祕密帶到偵訊地點，由這群中情局專家注射各種鎮定劑和興奮劑……經過毫無間斷的偵訊，他們承認為蘇聯工作。他們被帶到東京灣，槍斃，扔到海裡。那群中情局專家接著飛到南韓首爾，對二十五名北韓戰俘做了同樣的實驗。他們要那些戰俘公開譴責共產主義，後者拒絕，盡數遭到處死……一九五二年，杜勒斯帶高利伯博士及其團隊到南德慕尼黑，在安全屋設立基地……一九五二到五三年那個冬季，很多『消耗品』被帶到那間安全屋。有些被施打大量藥物（其中一些是法蘭克·奧爾森在狄崔克營就準備好的），看他們的心智狀態會不會改變。另一些被施以電擊痙攣休克。實驗全部失敗。『消耗品』死亡，屍體燒毀。」

這樣的實驗進行了幾個月之後，高利伯還是不滿足。他決定將他與狄崔克營特別行動組的關係正式化。狄崔克營此時已是全球數一數二的生化實驗室——不過知道的人很少，因為裡頭的工作全是機密——它更有別處找不到

的先進設備（例如那個稱作「八號球」的特製實驗艙）。高利伯很想藉助它的優勢，將洋薊計畫推向新的層次。

事實上，特別行動組早就以MK-NAOMI計畫的名義[49]，與中情局合作了一年多，為他們研究和製作藥物。高利伯請杜勒斯出面商談，希望能談成正式協議，讓他能加深雙方的合作關係。從官方層次來看，這份協議是讓軍方的化學兵部隊與中情局正式攜手，但它的實際意義其實很窄：串聯軍方和中情局裡兩個參與「洋薊工作」的極機密小組──狄崔克營的特別行動組，以及高利伯的幾個中情局下屬。前者有軍方的頂尖科學家和先進的研究實力，後者則在高利伯的主持下，準備把洋薊計畫推向沒人想得到的新方向。

「依據一九五二年與軍方達成的協議[50]，」參議院調查員多年後寫道：「狄崔克營的特別行動組將協助中情局開發、測試及維護生物藥劑和施放系統。透過這份協議，中情局取得軍方的知識、技術和設備，以開發適合中情局之用的生物武器。」

這份祕密協議帶給高利伯新的動力。他已親身嘗試很多藥物，也觀察過這些藥物對他的同事產生的效果。他也已經對囚犯和其他無助的受試者使用過它們，而且不但劑量高得多，方法也殘忍得多。可是對他來說，這還不夠。他想知道更多。

高利伯的偵訊者享有的奢侈之一，是知道就算實驗造成「消耗品」死亡，棄置屍體也「不成問題」。只是棄屍過程未必俐落就是了。一九五二年中的一個週末，有個為狄崔克營工作的美國翻譯正在做日光浴，卻看到了這樣的事。「我星期天一早就從巴黎回到法蘭克福了[51]。我好整以暇晃到奧柏魯瑟游泳池旁邊，打算好好曬一整天太陽。」她在家書中寫道：「到了上午十點，他們從泳池裡拖出一個死人。」

　　從菁英咖啡館（Le Select）在一九二五年開張之後〔52〕，旅居巴黎的文人雅士總愛來這裡流連。它是花都典型的文藝咖啡館，裝潢華美，窗戶外頭是熱鬧的蒙帕納斯（Montparnasse）。亨利・米勒、艾瑪・高德曼（Emma Goldman）、山繆・貝克特（Samuel Beckett）、畢卡索、曼・雷（Man Ray）和路易斯・布紐爾（Luis Buñuel）都是這裡的常客。海明威也是，他還把這裡寫進《太陽依舊升起》（The Sun Also Rises）。在小說中，無憂無慮的戀人在塞納河畔招計程車，對司機說：「菁英咖啡館！」哈特・克萊恩（Hart Crane）曾在這裡跟人打了一架。伊莎朵拉・鄧肯（Isadora Duncan）曾在這裡為薩科（Sacco）與凡賽提（Vanzetti）的審判跟人吵起來，氣得把杯盤丟出去。菁英咖啡館既有這般輝煌歷史，無怪乎一名美國年輕藝術家在一九五一年來到巴黎時，也受到它的吸引。

　　史丹利・葛利克曼（Stanley Glickman）從小就展露出藝術天分〔53〕，在紐約讀中學時表現傑出，也拿過一些獎。他到巴黎後先在大茅舍藝術學院（Académie de la Grande Chaumière）就讀，隔年暑假去佛羅倫斯研究濕壁畫，回巴黎後又師從現代主義巨匠費爾南・雷捷（Fernand Léger）。他的畫室就在菁英咖啡館附近，可是過了一陣子他變得比較愛去對街的圓頂咖啡館（Le Dôme）。一九五二年十月的一天晚上，他在圓頂喝咖啡時遇上一個熟人，對方邀他去菁英咖啡館一敘。他雖然不太情願，但還是去了。

　　到菁英咖啡館後，他們加入一群美國人的談話。那群人衣著保守，顯得跟旁邊的人格格不入。話題轉向政治之後，氣氛越來越僵。葛利克曼準備起身離去，但其中一個人堅持要請他喝最後一杯，表示彼此心無芥蒂。葛利克曼答應了，說他想來杯藥草酒夏翠絲（Chartreuse）。那人沒喚侍者過來，反而親自去吧台點了杯夏翠絲，再拿回他們這桌。葛利克曼後來想起，那個人走路有點跛。

　　接下來幾分鐘，是葛利克曼藝術生涯的最後一刻。據他事後回憶，才啜

了幾口，他就覺得「五感扭曲，所有的距離像是拉長似的」。他很快出現幻覺，而同桌的人全都一臉興味湊了過來，有一個還對他說他會行奇蹟。葛利克曼又驚又怕，想到自己可能被下毒，瘋也似地逃了出去。

隔天早上醒來後，葛利克曼又被另一波幻覺吞沒，滿腦子都是異象。他放棄了學業，開始漫無目的在蒙帕納斯遊蕩。有一天他又走進菁英咖啡館，才剛坐下便精神崩潰。救護車把他送到美國醫院，殊不知這間醫院與中情局祕密勾結。雖然紀錄上只說有為他注射鎮定劑，但他後來言之鑿鑿有遭到電擊，可能還被餵食更多迷幻藥。一週後，他的加拿大女友來看他，幫他辦出院。葛利克曼叫她盡快回加拿大，警告她說：和他一起只會毀了她的人生。

接下來十個月，葛利克曼像隱士一般關在頂樓，拒絕進食，唯恐又被下毒。最後，他的父母總算得知他的情況，帶他回家。他再也沒有復原，餘生都在曼哈頓東村（East Village）的一間公寓度過，只與狗相伴。他有一陣子開了間小古董店，但再也沒能重拾畫筆、閱讀、穩定工作或開展戀情。

「即使在街頭藝人經常出沒的地方[54]，」一篇報導這樣說：「他那頭濃密的白髮配上結在胸前的紅黑領巾，還是十分惹眼。但大多數時候，他只是靜靜坐著，啜飲咖啡。」

如果葛利克曼的確成了洋薊計畫的實驗品，高利伯為什麼偏偏挑上他呢？當然可能是巧合。也許邀他去菁英咖啡館的那個「熟人」，只是剛好看到他在對街，圖個省事，就找他來當受試者。然而後來的調查顯示，實情並非如此。

在遭到下毒幾個月前，葛利克曼曾在美國醫院治療肝炎。而洋薊計畫的人正好想知道：肝炎患者是否特別容易受LSD影響？葛利克曼顯然是現成的實驗品。在中情局後來的一份備忘錄裡，他們摘要記錄了一九五〇年代初期的實驗結果，其中一則陳述是：「受試者的肝功能即使只有些微異常[55]，對LSD的反應都非常劇烈。」

　　高利伯的研究越走越極端，可是政局的變化反而確保了它延續下去。一九五二年十一月四日，艾森豪（Dwight Eisenhower）當選總統。他的勝出讓高利伯更有恃無恐，更肆無忌憚地進行他想做的任何實驗。

　　曾與艾森豪密切共事的華府高官並不多，中情局局長沃特・比德爾・史密斯上將是其中一個。二次大戰期間，史密斯曾擔任艾森豪的參謀長。艾森豪就任後拔擢史密斯為國務次卿，中情局局長一職出缺。考慮過幾個人選之後，他決定任命最想要這個職位的人：艾倫・杜勒斯。

　　換作別人當上局長，會縮小還是結束高利伯的心智控制計畫，我們不得而知。可是上台的既然是杜勒斯，高利伯的空間當然更大。彷彿一個好消息還不夠似地，艾森豪還任命杜勒斯的哥哥佛斯特・杜勒斯（Foster Dulles）出任國務卿。換句話說，不論高利伯想在國外做什麼，都可以指望國務院出手相助，包括為「黑牢」提供外交掩護在內。

　　受到這樣的鼓勵，高利伯摩拳擦掌，準備加速推動他受命完成的任務：盡一切可能掌握心智控制技術。他已延攬好幾個博士加入計畫，敦促他們進行精神藥物試驗，其中一個是紐約精神病院（New York Psychiatric Institute）的保羅・霍賀（Paul Hoch）。霍賀同意挑一個病人注射麥司卡林，以觀察它的效果，他挑中的是四十二歲的職業網球選手哈洛德・布勞爾（Harold Blauer）。布勞爾因為離婚深陷憂鬱，向霍賀尋求治療。

　　從一九五二年十二月五日開始[56]，霍賀的助理為布勞爾注射濃縮的麥司卡林衍生物。接下來幾個月，布勞爾又先後接受注射五次。雖然他抱怨這種藥物讓他產生幻覺，也要求改變治療方式，但霍賀堅持繼續下去。一九五三年一月八日，布勞爾再次接受注射，劑量是前幾次的十四倍之多。報告上說：上午九點五十三分注射藥物，病患表示抗議；六分鐘後，全身激烈擺動；

十點零一分，身體僵直；十二點十五分，宣告死亡。

一名醫療助理後來坦承：「我們其實不知道自己給他注射的是狗尿還是什麼。」

高利伯前一年半的實驗近乎徒勞，並沒有讓他更了解怎麼用迷幻藥控制心智。相反地，實驗結果讓他不得不面對令人失望的現實：這些藥物不但不能當「吐真劑」，它們引發的幻覺還常常有礙偵訊。另外，它們無法造成失憶，受試者往往知道自己被下藥，事後也記得這份經驗。這些實驗只證明一件事：看來除了巴比妥酸、鎮定劑、大麻萃取物、古柯鹼和海洛因之外，還有很多藥物無法用來讓人吐露祕密。

這讓高利伯必須在兩個結論之間做出選擇：一個是「根本沒有物質能當心智控制藥物」，另一個是「的確有這種物質，但還沒發現」。他是被雇來找出辦法而不是宣告放棄的，更何況他天生不愛放棄。所以他跟其他洋薊戰友一樣，寧願相信自己遲早能找出控制人類心智的方法。而在各種選項之中，他相信LSD最有希望。他認定這種物質相當複雜，更深信它對祕密工作價值極高，所以他吃了秤鉈鐵了心，非繼續研究它不可。

艾倫・杜勒斯當上中情局局長後，高利伯對於仕途的野心更上一層。他知道不管自己提什麼計畫，杜勒斯都會支持。問題是：該提出什麼計畫呢？這段時間，正是他進行LSD「自體實驗」的階段，所以他想像力豐富得很，擴大中情局心智控制計畫的念頭更揮之不去。現在正是時候，他想，是時候進一步擴大它了。

高利伯打算成立新的計畫，這個計畫除了要把洋薊併入，還要能讓他對中情局所有心智控制研究發號施令。若能取得這種授權，他就能測試所有想得到的、以及還未想到的藥物和技術，他就能隨心所欲拿人做實驗，而且不只能用國外黑牢的「消耗品」，還能在知情和不知情的美國人身上測試LSD。如果能成功跨出這一步，他將更能測試、研究、探索各種可能用來控

制心智的物質或方法。相關試驗都將在他主持的單一計畫下進行。

理查・赫姆斯此時也跟著高升，擔任中情局計畫處行動組組長，他像高利伯一樣對心智控制計畫興致高昂。他們一起向杜勒斯提出一份備忘錄，說明這個新計畫的目標。

高利伯即將開啟的心智控制計畫規模大、範圍廣，全面程度遠遠超過任何政府所曾執行的任何相關計畫。在此同時，他還得到另一個重要任務：為中情局主持製毒工作。這兩項任務搭配得天衣無縫。他本來就是中情局聘的化學專家，也主導過對活生生的人試驗未知劑量的不同藥物。拜這些實驗之賜，對於人體對各種毒素的反應，他懂得比任何一個美國人都多。如果中情局探員或美國政府任何人需要用毒，找他一定沒錯。

一九五三年三月三十日晚[57]，艾倫・杜勒斯邀他的資深同事詹姆斯・克朗戴爾（James Kronthal）來家裡共進晚餐。他們是戰略情報局的老戰友，曾一起派駐歐洲，交情一直很好。可是那天晚上，杜勒斯要談的事實在傷感情。他對克朗戴爾說，中情局保防官發現他醜陋的祕密了——就在此刻，兩名保防官也正監聽這場對話——他是戀童癖，而且老早就被拍下證據、受到恐嚇，先後擔任納粹和蘇聯的雙面諜。

杜勒斯為克朗戴爾嘆息：私情欲望害人不淺，一世英名就這樣毀了。克朗戴爾大約在午夜時離去，幾名保防官送他回家。隔天早上，他被發現在二樓臥室身亡。中情局保防室主任謝菲爾德・愛德華茲（Sheffield Edwards）在報告中說：「屍體旁發現空玻璃瓶乙只，研判為服毒自盡。」多年以後，當時擔任中情局保防官的羅伯・克勞利（Robert Crowley）重新推測事發經過——還有毒藥是誰做的。

「艾倫也許已經準備好特製毒藥[58]，那天晚上交給克朗戴爾。」克勞利說：「希德尼・高利伯博士和他那群醫學專家做過很多毒藥，一般的驗屍驗不出來。」

95

這場賜死大戲上演的時候，高利伯和赫姆斯正在寫提給杜勒斯的備忘錄，建議中情局設立新的、擴大的心智控制計畫。赫姆斯在四月三日呈交杜勒斯——就在他招待克朗戴爾最後一餐僅僅四天之後。

這份備忘錄遮蔽部分關鍵字後已經解密[59]。赫姆斯報告說：一件「極其敏感」的研究計畫「已自一九五二年中起積極進行，亦已在過去幾個月裡積聚可觀動能」。他建議擴大這件計畫，納入「性質極其敏感的實驗。這類實驗不宜、亦不容以合約方式進行，以免有心人士將此類有疑義的工作連結至中情局或政府」。備忘錄說明，這些實驗「都與兩個明確的努力目標有關」。

甲：發展祕密使用生物和化學物質之能力。相關主題包括製造各種有助於現在或未來之祕密行動的條件。化學及生物祕密作戰能力的全面發展，不但能深化我方攻擊潛力，也能讓我方洞悉敵方理論上之潛力，從而讓我方有能力防禦對相關技術不若我方克制之敵人。舉例言之：我們打算研發一種化學物質，務使其能引發可逆、無害、異常之精神狀態，而且這種特殊狀態要能合理預測人人皆然。這種物質應有助於打擊信用、獲取情報、植入暗示及其他形式的心理控制。

乙：███████

一九五三年四月十日，維吉尼亞州溫泉城（Hot Springs）[6]，仍在考慮這項提議的杜勒斯，在演講中對他的普林斯頓大學校友暗暗點出這個計畫。他巧妙包裝措辭，把它說得像是蘇聯的計畫，而非美國的計畫，當時沒人聽得出他話裡的玄機。可是現在回過頭看，他講的明顯就是中情局探員和狄崔克營科學家正在進行的實驗。不久之後，實驗內容將變得更加極端。

杜勒斯用一個提問破題：「大家知不知道，掌控人類心智的戰爭已經變得多麼邪惡？」他避免談到手下使用的方法，但確實講到「偵訊者輪番上陣，

剝奪受害者的睡眠，一輪一輪問個不停」。他說，這種手段和其他虐待的目的，是「讓被偵訊的人屈服、崩潰，神智不清，連講出自己想法的能力都沒了……把他們制約得跟鸚鵡似地，只能重複別人植入的暗示。這種情況下的大腦就跟留聲機一樣，只會播放別人放在唱針上的唱片，自己沒辦法決定要說什麼。」

　　我們也許能把這種新手法稱為「腦戰」。這種戰爭的目標是想法，個體的想法和集體的想法。它的目的是制約思考，讓人沒辦法依理性或自由意志回應，只能依外界植入的衝動反應……人心是最精細的工具，調整得非常細緻，細緻到太容易受外界影響，太容易被有心人操手。蘇聯人現在就是用這種辦法打冷戰，以扭曲人心為主要武器。對我們這種生活方式的人來說，這些手段太細膩也太邪惡，邪惡到我們望之卻步，不願正視。

　　杜勒斯以沉痛的感嘆結束這場演講。「我們西方人在腦戰上有點難以施展，」他說：「畢竟我們不會把人當白老鼠，沒辦法測試這些特殊手段。」

　　實情恰恰相反。雖然杜勒斯忙不迭地站上道德高地，表明自己、中情局和美國政府都不會如此下作，拿非自願的人做這種殘忍的實驗，可是透過青鳥計畫和洋薊計畫，他其實已經暗中進行這種實驗兩年了。他對「腦戰」最極端的面向才不「望之卻步」，赫姆斯在備忘錄裡向他建議的，正是這種他求之不得的、百無禁忌的實驗計畫。

　　「那群人以冷血無情為尚[61]，對危險、後遺症和人命滿不在乎。」多年以後，當年的中情局官員雷伊‧克萊恩（Ray Cline）說：「赫姆斯覺得反對這種事太蠢，太婦人之仁。」

　　在高利伯的主持、杜勒斯的鼓勵和赫姆斯的保護之下，洋薊成為美國政

府部門出資的計畫中，最暴力、最不人道的一個。現在是時候了，杜勒斯同意，是時候全面強化這項工作了。高利伯已經證明自己的能力，也已準備好接受新的責任，一份美國史上前所未有的責任。知道他即將接下這個任務的，只有寥寥數人。

一九五三年四月十三日，杜勒斯正式批准赫姆斯十天前提出的研究計畫。這讓高利伯成為美國心智控制研究的皇帝，坐擁三項資產[62]：起始預算三十萬美元，不受財務控制；許可自由啟動研究及進行實驗，「不需簽署一般契約或其他書面協定」；最後，是一個新的代號。諜報工作代號必須不具意義，這樣即使代號曝光，也不致透露計畫內容。可是杜勒斯實在忍不住，對這個「性質極其敏感」（ultra-sensitive）的新計畫，他實在忍不住不給它取個能反映性質的代號——高利伯的計畫要叫做「MK-ULTRA」。

註釋

1 一九五一年七月十三日：Albarelli, *Terrible Mistake*, p. 103; Weather Underground, "Weather for KDCA— July 1951," https://english.wunderground.com/history/airport/KDCA/1951/7/13/DailyHistory.html?req_city=&req_state=&req_statename=&reqdb.zip=&reqdb.magic=&reqdb.wmo=. According to Wallace et al., *Spycraft*, Gottlieb's Technical Services Staff then operated from a "covert building on 14th Street near the Department of Agriculture" (p. 47).

2 「你知道他們為什麼招募你嗎？」：U.S. District Court 2nd Circuit,"Deposition of Sidney Gottlieb," September 19, 1995, p. 11.

3 「換了位子，但原來的工作也沒放掉」：Koch and Wech, *Deckname Artischocke*, p. 63.

4 幾年以前，鮑德溫曾將他的得意門生：Gordon Thomas, *Secrets and Lies: A History of CIA Mind Control and Germ Warfare* (Old Saybrook, CT: Konecky and Konecky, 2007), p. 42.

5 「他實在很妙」：H. P. Albarelli, "The Mysterious Death of Frank Olson," *Crime*, May 19, 2003, http://www.crimemagazine.com/part-two-mysterious-death-cia-scientist-frank-olson.

6 他向負責考核他的中情局心理專家：Gup, "Coldest Warrior"; Weiner, "Sidney Gottlieb, 80, Dies."

7 從來無法正常行走：Thomas, *Secrets and Lies*, p. 63.

8 「強韌但從未提起的羈絆」：Albarelli, *Terrible Mistake*, p. 103.

9 高利伯在中情局的第一件任務：U.S. District Court 2nd Circuit, "Deposition of Sidney Gottlieb," September 19, 1995, p. 311.

10 一九五一年八月二十日：Tani M. Linville,"Project MKULTRA and the Search for Mind Control: Clandestine Use of LSD within the CIA," *Digital Commons*, April 26, 2016, https://digitalcommons.cedarville.edu/cgi/viewcontent.cgi?article=1005&contcxt=history_capstones; Susan Maret, "Murky Projects and Uneven Information Policies: A Case Study of the Psychological Strategy Board and CIA," *Secrecy and Society*, vol. 1, no. 2, February 2018, https://scholarworks.sjsu.edu/cgi/viewcontent.cgi?referer=https://www.google.com/&httpsredir=1&article=1034&context=secrecyandsociety; Colin Ross, *The CIA Doctors: Human Rights Violations by American Psychiatrists* (Richardson, TX: Manitou, 2006), p. 34.

11 之所以會取這個名字：Albarelli, *Terrible Mistake*, p. 226; Richard Gilbride, *Matrix for Assassination: The JFK Conspiracy* (Bloomington, IN: Trafford, 2009), p. 31.

12 從洋薊團隊最早得到的幾項指示：John Ranelagh, *The Agency: The Rise and Decline of the CIA* (New York: Simon and Schuster, 1986), pp. 211–13.

13 「我們的主要目標」：Ibid., p. 214.

14 「能讓最為可靠之人」：Martin A. Lee and Bruce Shlain, *Acid Dreams: The Complete Social History of LSD: The CIA, the Sixties, and Beyond* (New York: Grove, 1985), p. 13.

15 第一個受試者是一位名叫「凱利」的因犯：Jeffrey Kaye and H. P. Albarelli,"The Real Roots of the CIA's Rendition and Black Sites Program," *Truthout*, February 17, 2010, https://truthout.org/articles/the-real-roots-of-the-cias-rendition-and-black-sites-program/.

16 杭特是記者，立場堅決反共：Albarelli, *Terrible Mistake*, pp. 187–90; Marcia Holmes, "Edward Hunter and the Origin of 'Brainwashing,' " May 26, 2017, http://www.bbk.ac.uk/hiddenpersuaders/ blog/hunter-origins-of-brainwashing/; *New World Encyclopedia*, "Brainwashing," http://www. newworldencyclopedia.org/entry/Brainwashing; Matthew W. Dunne, *A Cold War State of Mind: Brainwashing and Postwar American Society* (Amherst: University of Massachusetts Press, 2003), pp. 3–56; Kathleen Taylor, *Brainwashing: The Science of Thought Control* (Oxford: Oxford University Press, 2004), pp. 3–11, 101–4.

17 「規模無可想像」：Timothy Melley, *The Covert Sphere: Secrecy, Fiction, and the National Security State* (Ithaca: Cornell University Press, 2012), p. 48.

18 「赤匪有洗腦專家」：Tim Weiner, "Remembering Brainwashing," *New York Times*, July 6, 2008.

19 「大家都很關切洗腦的問題」：Central Intelligence Agency, "An Interview with Richard Helms," https://www.cia.gov/library/center-for-the-study-of-intelligence/kent-csi/vol44no4/html/ v44i4a07p_0020.htm.

20 「應研究開發新化學物質或新藥」：Central Intelligence Agency, "Special Research for Artichoke," April 24, 1952, https://mikemcclaughry.wordpress.com/the-reading-library/cia-declassified-document-library /project-artichoke-special-research-areas-april-24-1952/.

21 每個洋薊團隊都有一名「研究專家」：Albarelli, *Terrible Mistake*, pp. 228–29; Koch and Wech, *Deckname Artischocke*, p. 75; Marks, *Search for the "Manchurian Candidate,"* pp. 31–36, 40–47.

22 「一般說來」：Albarelli, *Terrible Mistake*, pp. 228–30.

23 一九五〇年，他們花了兩年多：Chris Heidenrich, *Frederick: Local and National Crossroads* (Mount Pleasant, SC: Arcadia, 2003), p. 144; Jacobsen, *Operation Paperclip*, p. 291.

24 「從大氣生物學的角度」：U.S. Department of the Interior, "National Register of Historic Places Registration Form: One Million Liter Test Sphere," https://mht.maryland.gov/secure/medusa/PDF/ Frederick/F346.pdf.

25 他大力主張更泛地運用測謊：Marks, *Search for the "Manchurian Candidate,"* pp. 26–28.

26 「以俄國俘虜做實驗」：Alfred W. McCoy, *Torture and Impunity: The U.S. Doctrine of Coercive Interrogation* (Madison: University of Wisconsin Press, 2012), p. 77.

27 上了四天課之後，艾倫回華府拿中情局裡的祕書測試：Streatfeild, *Brainwash*, pp. 151–54.

28 「如果能對祕密行動裡的任何參與者」：Ibid., p. 154.

29 他們最早以為能達成任務的是：Lee and Shlain, *Acid Dreams*, p. 4; Marks, *Search for the "Manchurian Candidate,"* p. 7.

30 下一個選項是古柯鹼：Lee and Shlain, *Acid Dreams*, pp. 11–12.

31 「警方和情報人員經常使用」：Ibid., p. 12.

32 一九五〇年末，美國海軍：Marks, *Search for the "Manchurian Candidate,"* pp. 39–42.

33 麥司卡林是二十世紀初第一個：Lee and Shlain, *Acid Dreams*, p. 5; Marks, *Search for the "Manchurian Candidate,"* pp. 4, 11; McCoy, "Science in Dachau's Shadow."

34 中情局與特別行動組合作的 MKNAOMI 計畫：Regis, *Biology of Doom*, p. 158.

35 「我覺得像靈魂出竅」：U.S. District Court 2nd Circuit, "Deposition of Sidney Gottlieb," September 19, 1995, p. 86.

36 後來他更直接在新進人員身上測試：Streatfeild, *Brainwash*, p. 68;「他們進來的時候就知道會發生這種事，從這個意義來說他們『知情』；不過他們不知道什麼時候會發生，在這部分他們『不知情』。」U.S. District Court for the District of Columbia, Civil Action No. 80–3163, "Deposition of Sidney Gottlieb," April 19, 1983, p. 156.

37 「我們進行了大量自體實驗」：Lee and Shlain, *Acid Dreams*, p. 29.

38 「一開始的時候」：Marks, *Search for the "Manchurian Candidate,"* p. 110.

39 為了打造齊心協力的團隊：Albarelli, *Terrible Mistake*, p. 60.

40 「這能省掉不必要的簽核」：Ibid., p. 66.

41 「有中情局的人滲透」：Ibid., p. 76.

42 他大力推薦的 LSD 仍是祕密：Ibid., pp. 63–64.

43 「格林提出的想法的確令人神往」：Ibid., p. 61.

44 「最迷人的一點」：Marks, *Search for the "Manchurian Candidate,"* p. 58.

45 「雖然目前找不到蘇聯對 LSD-25 的研究」：Lee and Shlain, *Acid Dreams*, pp. 14–16.

46 就說是來「提供協助」的就好：Testimony of Charles Senseney to Church Committee, https://www.aarclibrary.org/publib/church/reports/vol1/pdf/ChurchV1_6_Senseney.pdf, pp. 160–61.

47 「你知道什麼叫『侵門踏戶』嗎？」：Albarelli, *Terrible Mistake*, p. 76.

48 「一九五一年，由高利伯博士領軍的中情局科學家團隊」：Thomas, *Secrets and Lies*, pp. 66–67.

49 特別行動組早就以 MKNAOMI 計畫的名義：Albarelli, *Terrible Mistake*, p. 65; Marks, *Search for the "Manchurian Candidate,"* p. 32.

50 「依據一九五二年與軍方達成的協議」：Letter from Stansfield Turner to Sen. Daniel Inouye, cited in Wayne Madsen, "The US Continued Biological Weapons Research Until 2003," *Strategic Culture*, August 28, 2016, https://www.strategic-culture.org/news/2016/08/23/us-continued-biological-weapons-research-until-2003.html.

51 「我星期天一早就從巴黎回到法蘭克福了」："Letters Home: Joan Eisenmann to Elmer and Frances Eisenmann," https://www.yumpu.com/en/document /view/3767896/letters-home-joan-eisenmann-to-elmer-frances-eisenmann.

52 從菁英咖啡館在一九二五年開張：Noel Riley Fitch, *Paris Café: The Select Crowd* (New York: Soft Skull, 2007), pp. 57–104.

53 史丹利‧葛利克曼從小就展露出藝術天分：Albarelli, *Terrible Mistake*, pp. 643–45; Alliance for Human Research Protection, "Stanley Glickman Was Another Human Casualty of Sidney Gottlieb's LSD Antics," http://ahrp.org /1952-stanley-glickman-was-another-human-casualty-of-sidney-gottliebs-lsd-antics/; Russ Baker, "Acid, Americans and the Agency," *Guardian*, February 14, 1999; *Glickman v. United States*, https://law.justia.com/cases/federal /district-courts/

FSupp/626/171/1398799/; José Cabranes, *Kronisch v. United States*, July 9, 1998, https://caselaw.findlaw.com/us-2nd-circuit/1364923 .html.

54 「即使在街頭藝人經常出沒的地方」：Baker, *Guardian*, February 14, 1999.

55 「受試者的肝功能」：Ibid.

56 從一九五二年十二月五日開始：Albarelli, *Terrible Mistake*, pp. 161–62; Alliance for Human Research Protection, "NYPSI an Early CIA Contracted Academic Institution under MK NAOMI," http://ahrp.org/nypsi-an-early-cia-contracted-academic-institution-under-mk-naomi/; Harris and Paxman, *Higher Form of Killing*, p. 191; J. Francis Wolfe, "10 Real Victims of the CIA's MKULTRA Program," *Listverse*, May 28, 2015, http://listverse.com/2015/05/28/10-real-victims-of-the-cias-mkultra-program/.

57 一九五三年三月三十日晚, Allen Dulles sat down for dinner: Albarelli, *Terrible Mistake*, pp. 132–34; William R. Corson, Susan B. Trento, and Joseph John Trento, *Widows: Four American Spies, the Wives They Left Behind, and the KGB's Crippling of American Intelligence* (New York: Crown, 1989), pp. 11–13; David Talbot, *The Devil's Chessboard: Allen Dulles, the CIA, and the Rise of America's Secret Government* (New York: HarperCollins, 2015), pp. 297–300; Paul Vidich, "An Honorable Man: Backstory," http://paulvidich.com/books/an-honorable-man/backstory/.

58 「艾倫也許已經準備好特製毒藥」：Peter Janney, *Mary's Mosaic: The CIA Conspiracy to Murder John F. Kennedy, Mary Pinchot Meyer, and Their Vision for World Peace* (New York: Skyhorse, 2016), p. 379.

59 這份備忘錄遮蔽：Central Intelligence Agency, "Project MK ULTRA: Extremely Sensitive Research and Development Programs," https://cryptome.org/mkultra-0003.htm (Tab A).

60 一九五三年四月十日，維吉尼亞州溫泉城："Summary of Remarks by Mr. Allen W. Dulles at the National Alumni Conference of the Graduate Council of Princeton University, Hot Springs, Va., on Brain Warfare," https://www.cia.gov/library/readingroom/docs/CIARDP80R01731R0017000300159.pdf.

61 「那群人以冷血無情為尚」：Marks, *Search for the "Manchurian Candidate,"* p. 61.

62 坐擁三項資產：Gary Kamiya, "When the CIA Ran a LSD Sex House in San Francisco," *San Francisco Chronicle*, April 1, 2016; Marks, *Search for the "Manchurian Candidate,"* p. 61; Kim Zettler, "April 13, 1953: CIA OKs MK ULTRA Mind Control Tests," *Wired*, April 13, 2010.

破壞意識
Abolishing Consciousness

在一九五〇年代初的紐約，交錯朋友的代價是精神性休克。這些交友不慎的倒楣鬼會被帶到格林威治村，走進貝德福街（Bedford Street）81號的公寓時或許還不疑有他，直到喝下一杯摻了LSD的飲料。在他們暢遊迷幻世界時，中情局探員會在一旁記錄他們的反應。這些人是MK-ULTRA實驗的第一批非自願受試者。

高利伯請來指揮行動的人叫喬治‧杭特‧懷特（George Hunter White）。儘管MK-ULTRA的陣容蛇鼠一窩，有瘋狂化學家、冷血特務、施虐狂、催眠師、電擊達人，甚至納粹醫生，懷特在這群牛鬼蛇神中還是鶴立雞群。他是熱愛工作的緝毒警探，多數時候晝伏夜出，出沒在充滿犯罪和毒品的地下世界。在高利伯邀他掌管中情局的一間「安全屋」時，他忙不迭地抓住機會，畢竟工作內容太有意思了——哄騙不知情的訪客吃下LSD，並記錄結果。他相信這份工作一定刺激，一定能為自己狂野不羈的地下生涯開啟新頁。實際情況的確如他所料，甚至超過他的預期。

懷特身高五呎七吋，體重超過兩百磅，剃個大光頭。有作者形容他「肥壯魁梧」[1]、「一身橫肉」[2]，氣勢洶洶有如「一顆來意不善的保齡球」[3]。一九四五年與他離婚的第一任妻子[4]則直接說他是「粗野邋遢的死肥豬」。他經常使用非法毒品，每次沒收贓物總會私吞一部分。他酒量大得出名[5]，

常常一頓晚餐就喝掉一瓶琴酒。他的另一個癖好是色情[6]，尤其沉迷性虐待和高跟鞋。他給第二任妻子買了一整櫃長靴，還雇妓女綑綁和鞭打他。他很少產生情感羈絆，但他的寵物金絲雀是少數例外。他喜歡把牠捧在手上逗牠玩。鳥兒死時，他哀痛莫名。「可憐的小東西還是沒撐過去[7]，」他在日記裡寫道：「我不曉得以後還會不會養鳥或寵物，牠們死的時候實在難受。」

懷特有幾年在《舊金山呼聲報》（San Francisco Call Bulletin）採訪犯罪新聞，後來加入聯邦麻醉品管理局（Federal Bureau of Narcotics），也很快成為緝毒探員。一九三七年，他因為破獲華裔販毒集團而上了全國新聞，聲名大噪（據說他親自潛入該幫臥底，發誓若洩漏祕密願「火焚而死」）。男性雜誌《真相》（True）大肆吹捧他[8]，以聳動標題報導這名緝毒新秀的新聞。懷特也特意經營形象，不放過任何出風頭的機會，有時還邀請記者參加搜查行動。

二次大戰爆發後，懷特加入戰略情報局，可是並沒有辭去麻醉品管理局的工作。他奉派前往安大略（Ontario）一處稱作「X營」的祕密基地[9]，接受準軍事訓練。他後來戲稱那裡是「殺人放火學校」。課程結束後，他自己也成了教官。在受過他的訓練的學員裡[10]，有幾個繼續在中情局裡長期任職，其中包括理查·赫姆斯、法蘭克·威斯納和詹姆斯·安格敦。他後來派駐印度，據說在那裡赤手空拳殺了一名日本間諜。他也參與過戰略情報局的「吐真劑」實驗，逼囚犯吞下各種藥物，看哪一種對偵訊最有幫助。

戰爭結束後，懷特出了另一種惡名：以麻醉品管理局的名義欺壓紐約的爵士樂手。他監視他懷疑使用毒品的音樂家，設圈套逮捕他們，再設法讓他們失去表演證，無法繼續在紐約演出。一九四九年，他以「持有毒品」罪名逮捕比莉·哈樂黛（Billie Holiday）[11]，再次登上全國新聞。哈樂黛堅稱她戒毒已經一年，指控懷特栽贓。雖然陪審團判哈樂黛無罪，但懷特持續對她施壓，讓她不堪其擾。她之所以英年早逝，恐怕與此不無關係。

一九五〇年，懷特加入參議員麥卡錫的委員會，調查國務院是否受到共

產黨的影響。他後來又以此為跳板，加入由參議員艾斯特斯·凱弗維爾（Estes Kefauver）擔任主席的委員會，調查組織犯罪。可是因為他為人輕浮，口風不嚴，洩漏對總統杜魯門和紐約州長湯瑪斯·杜威（Thomas Dewey）與黑幫勾結的指控，凱弗維爾不到一年就炒了他。所以在高利伯向他招手時，他迫不及待要接受新的冒險。

　　雖說高利伯和懷特都是祕密弄權的高手，但他們兩個人在其他方面南轅北轍。懷特衝動而放縱，性好施虐，嗜酒如命，習慣以暴力手段與社會底層交手，高利伯則是注重養生的知識菁英。可是在這個時候，他們搭配得天衣無縫。高利伯需要一個精明狡獪，懂得怎麼以執法為名扭曲、甚至破壞法律的人，而懷特的確懂，而且懂得很多。

　　懷特那些地下社會的老相識，正好能當藥物實驗的受試者。他向來待人粗暴，但他的身分很適合掩蓋祕密──他仍是麻醉品管理局的雇員，要是出事，中情局可以推得一乾二淨。這些特質讓懷特成為理想的合作對象。

　　高利伯此時已經對自願者和非自願受試者試驗過LSD，他想開始在醫院和醫學院做對照實驗。他也決定要在美國國內開設一間「安全屋」，多多觀察一般人對LSD的反應。這些受試者是新一類的「消耗品」。懷特帶來貝德福81號「安全屋」的人，很多都是毒品使用者、輕罪罪犯，或是那種對自己的遭遇不敢聲張的人。

　　對MK-ULTRA知情的少數幾個人，都認為它與美國存亡生死攸關。對他們來說，為了幾條命而處處設限不但滑天下之大稽，甚至是叛國之舉──事實上，就算為此犧牲幾百條人命也不足掛齒。紐約的「安全屋」充分反映了這種道德交易。

　　艾倫·杜勒斯給了高利伯一份龐大到近乎可笑的任務：找出足以擊敗自由之敵的仙丹，拯救世界。這堪稱科學想像力的終極挑戰，但高利伯已做好全力以赴的準備。

一九五二年五月，從技術服務處的同事那裡聽說懷特後不久，高利伯邀他來華府一敘。他們聊了不少戰略情報局的事〔12〕，談到它的「吐真劑」實驗，還有它傳說中的十九組（那個單位的技師心靈手巧，製作出滅音槍、毒鏢槍和其他諜報工具）。他們接著談到LSD，懷特對這種藥物的了解令高利伯驚艷，這也反映出麻醉品管理局的祕密實驗範圍多廣。

懷特邀請高利伯來看他的工作情形。他們驅車前往康乃狄克州紐哈芬（New Haven），懷特在那裡盯上一名商人，懷疑他涉嫌批發海洛因。高利伯後來說，這趟出差「讓我們有機會好好談談彼此關心的事」〔13〕。他大開眼界，對以往從未見識的世界留下深刻印象。他說懷特總是「全副武裝，隨身攜帶各式各樣的武器，他可以前一刻粗魯無文，近乎低俗，下一刻又彬彬有禮，能言善道」。中情局通常不會聘請這樣的人。

「我們這裡都是常春藤盟校、白人、中產階級。〔14〕」高利伯的一個同事後來解釋：「我們對那些事很無知，完全無知，而懷特感覺起來就是專家。他了解妓女、了解皮條客、了解毒蟲……他很野，也懂世界多野。」

一九五一年，懷特娶了第二任妻子艾波婷（Albertine）。她與懷特共同癖好不少〔15〕，會跟他一起參加群交、玩性虐遊戲、給他們的朋友和其他非自願受試者下藥。有一份紀錄說，她「對丈夫的偏差行為視若無睹」，而且「樂見丈夫不斷更換性伴侶」。幾十年後，有位研究者找到一份報告，裡頭提到有名女性遭到他們夫婦設計，在他們格林威治村的公寓吃下LSD，事後精神崩潰。這位研究者在文章中說，他找艾波婷對質的時候，她「脫口罵出一連串髒話，骯髒程度恐怕連水手聽了都要臉紅。這頓怒罵讓筆者深信：她絕對當得起懷特那些骯髒事的幫凶」。

一九五二年感恩節〔16〕，懷特夫婦為中情局反情報主任詹姆斯・安格敦辦了一場晚宴。懷特與安格敦是舊識，十年前，安格敦是他在戰略情報局渥太華「殺人放火學校」的學生。隔天晚上，這兩個人再次碰面，這次是為了

一起嘗嘗摻了LSD的琴通寧。他們搭計程車到一間中餐館,點了菜。可是才喝下那杯琴通寧,懷特在日記裡寫道,他們就開始「為了某件我現在已經想不起來的事狂笑」,「一口菜也沒吃」。

同一段時間,高利伯在美國和國外幾處「安全屋」之間來回跑,很多實驗用的都是他最感興趣的LSD。史丹利·葛利克曼也是在這段時間在巴黎被下藥的。可是,連這些出格的實驗,都沒能帶來高利伯想要的結果,反倒是喬治·杭特·懷特為他打開新的世界。他們見面後不久,高利伯就問懷特願不願意與他共事。懷特很感興趣,在日記裡大大方方寫下這份邀請。

「高利伯找我當中情局顧問[17],」他寫道:「我答應了。」

豈料,在與懷特正式展開合作之前,高利伯碰上出乎意料的問題:華府的中情局官員拖延他為懷特申請的安全許可。如懷特所料,部分問題出在教養。「八成是幾個留平頭抽菸斗的作梗[18]。那群痞子在戰略情報局時期就認識我,不然就是聽過我的作風,覺得我對他們那些金枝玉葉來說『太粗』,趕我走都來不及。」他後來寫道。這個小動作也反映出科層體制對高利伯的挑戰。畢竟,他得到的可以說是美國政府最重要的祕密計畫,其他人當然眼紅。科學情報室(Office of Scientific Intelligence)想掌控MK-ULTRA的幾個面向,保防室(Office of Security)也想,曾協助執行青鳥和洋薊計畫的莫斯·艾倫更無意退出。艾倫·杜勒斯在這些爭奪戰中固然支持高利伯,但也不能漠視資深官員的怨言,畢竟高利伯資歷尚淺就得到這麼大的權力,他們心有不平是很自然的。他們藉由拖延懷特的安全許可一年表達不滿。

安全許可終於核發後,高利伯親自前去紐約告知懷特這個好消息,還帶了支票支付初始開銷。懷特先用三千四百美元付定金,租下貝德福街81號當藏身處。

「中情局總算核准[19]。簽『顧問』約。與高利伯碰面。」懷特在一九五三年六月八日的日記裡寫道。

　　貝德福街這裡即將變成十分特殊的據點——中情局在紐約市中心的「安全屋」。他們會哄騙不疑有他的平民來這裡，偷偷給他們下藥，設法找出反擊共產主義的妙招。這個據點由兩間相鄰的公寓組成，一間進行試驗，另一間放監視設備，記錄試驗情形。高利伯在國外其實已經有好幾間「安全屋」，想拿人試驗什麼藥都不成問題，而現在，他在紐約也有了一間。

　　那年秋天，懷特開始在格林威治村四處晃蕩、搭訕、交朋友，尋找可以祕密試驗LSD或其他藥物的對象。他化名為摩根・霍爾（Morgan Hall），編造出好幾種人生故事。對懷特的一份調查說：「他有時候說自己是跑船的[20]，有時裝成放浪形骸的藝術家，結識地下社會各式各樣的人。他們沒一個是清白人，不是吸毒、賭博，就是賣淫或拍黃色照片的。他拐進MK-ULTRA的受害者，大多是被他捏造的藝術家身分騙來的。」

　　懷特也對自己的朋友下手，拿他們試驗LSD，其中一個是狐媚出版社（Vixen Press）的老闆（他專出戀物癖和女同性戀低級小說）。有幾個倒楣認識他的年輕女子也成了受害者，他還在日記裡記下她們的反應：「葛蘿莉亞嚇個半死……珍妮嗨翻天。」懷特對LSD的威力相當激賞，開始在日記裡稱它「暴風雨」（Stormy）。只要能把人拐進他的巢穴，他一定不放過試驗的機會。「因為這件事，我對喬治非常不爽。[21]」狐媚出版社的老闆多年後說：「你怎麼能對人這麼幹呢？我們當時根本不知道被設計了。」

　　懷特的人脈一再讓他全身而退。他的其中一個受害者事後跟蹌走進雷諾斯山醫院（Lenox Hill Hospital），說她被人下藥。但幾小時後，醫生說她搞錯了，立刻讓她出院。類似這樣的事從來沒有曝光[22]，據一份報告說，這是因為中情局「早就打點過紐約警局醫療組的人了，他們不會讓懷特沾上麻煩」。

　　開設貝爾福街的「安全屋」，讓中情局與聯邦調查局（FBI）之間的關係更加緊繃。中情局有些人覺得聯邦調查局探員頭腦簡單、四肢發達，而聯邦調查局對中情局也沒有好感，覺得他們是玩票的。有個聯邦調查局探員就這

樣講過：「中情局裡全是一些紈絝子弟[23]，除了家裡有錢之外什麼本事也沒有，鼻子倒偏偏長在頭頂上，自以為是什麼替天行道的正義使者。」在官場上，艾倫‧杜勒斯和聯邦調查局局長約翰‧胡佛（J. Edgar Hoover）也是水火不容的對手。雖然胡佛似乎沒對這間「安全屋」特別講過什麼，但他不太可能不知道它的存在。懷特付定金之後才三個星期，調查局紐約站的報告就送到了胡佛桌上。

「據本站線民七月一日密報[24]：喬治‧杭特‧懷特（該線民在麻醉品管理局的前上司）……已被中情局吸收，擔任某『極機密』任務之顧問。」報告還說：「懷特與中情局已在紐約市貝德福街81號租下兩間公寓，其中一間有吧台和臥室供休息，另一間供中情局透過X光鏡拍攝前述公寓之活動。」

高利伯密切監督這個計畫，經常在華府或紐約與懷特碰面，兩個人的私交越來越好。製作皮件是懷特的嗜好之一[25]，一九五四年八月三日，高利伯三十六歲生日這天，懷特送了他一條手工皮帶當禮物。

高利伯此時已愛上民族舞蹈，有時會找同事跟他一起跳。不是每個人都喜歡，但懷特喜歡。高利伯教他跳吉格舞（jig）[26]，兩人不時在朋友面前秀一段，自娛娛人。這對一個跛腳、一個肥胖的舞伴，就在祕密進行LSD實驗的時候翩翩起舞。在懷特為貝德福街81號「安全屋」向技術服務處提交的請款單上，總是有另一個人的會簽：「希德尼‧高利伯　技術服務處化學組組長」。

———————

一九五三年時，不只高利伯和他的中情局同志相信世界面臨毀滅，很多美國人也是如此。MK-ULTRA是美國人深沉恐懼的產物。

「一直到差不多一九五四年[27]，中情局的作風都是蠻幹。」幾十年後，一名退休中情局探員回憶說：「那時還沒脫離老戰略情報局的思路：『做就對

了。管它是好是壞，先做再說。這是打仗，什麼手段都可以。我們有情報，我們比人多數人進入狀況，我們知道威脅多緊迫，我們得祕密行動。我們不幹誰來幹？』」

朱利烏斯（Julius）和艾瑟爾‧羅森堡（Ethel Rosenberg）夫婦的間諜大戲，在這幾個月進入高潮。他們被控為蘇聯竊取核子機密，從審判到判死都引起全國震撼。他們雖在一九五三年初申請中止行刑，但艾森豪總統拒絕，最高法院也駁回，夫婦兩人遂於六月十九日伏法。美國原本便已憂心敵人滲透國內，他們的案件更加深了這種恐懼。

在此同時，國外據說也浮現新的危險。美國人得到的訊息是國家正與蘇聯陷入死戰，而戰情不甚樂觀。「大家可以看看整體國際情勢[28]，」約翰‧杜勒斯在走馬上任國務卿之前不久說：「你會看到一個個地方接連出事，一個接著一個、一個接著一個，大家必須嚴肅思考：我們是否正在這些地方節節敗退？」在杜勒斯兄弟的輪番警告下，新上任的艾森豪政府發現「第三世界」膽大包天，竟然也開始挑戰美國秩序：瓜地馬拉選出左派政府；越南人對法國殖民政權的反抗日益嚴重；伊朗總理摩薩台（Mohammad Mossadegh）將國內石油業國有化。在一九五三年的美國，第三世界對西方強權的這些挑戰，並不被看做民族主義在發展中國家崛起的徵候，反而被視為莫斯科全球征服戰的聯合布局。

在瓜地馬拉、越南和伊朗的危機日益嚴重的同時，東柏林爆發反共抗爭，工人占領政府大樓。由於當地警方拒絕介入，蘇聯決定親自動手，用坦克車鎮壓起義。舉事領袖遭到逮捕、審判和處決。美國人看在眼裡，心裡想的是：如果共產主義繼續得勢，這就是我們將來的命運。

另一件令中情局震驚的消息被嚴格保密：一九五二年末，中情局在中國進行祕密任務的飛機被擊落，約翰‧唐尼（John Downey）和理查‧費克圖（Richard Fecteau）兩名探員遭俘。「紅色中國」提出條件：只要美國公開承認他

們為中情局工作，立刻放人。艾森豪拒絕。兩名探員於是在獄中度過二十年，直到尼克森（Richard Nixon）總統終於承認事實。中情局內部既驚又怒，對中國拷問自家同袍的手段產生各種奇思異想，（錯誤地）推斷中國會對他們做中情局自己在做的事：用俘虜做心智控制實驗，測試各種匪夷所思的藥物。

這些事件坐實了艾倫・杜勒斯、理查・赫姆斯、希德尼・高利伯等人的恐懼，讓他們有理由合理化 MK-ULTRA 的極端作法。雖然這些「美國陷入重圍」、「國家有立即危險」的說法遠非事實，但華府高層深信不疑。這種世界觀帶來深遠的影響：中情局自認它發動的純粹是防禦戰爭。在中情局官員的集體認知裡，他們所作的一切都不是為了侵略。這種看法讓中情局的所有計畫都得到合理化：即使是會對個人或國家造成立即痛苦的計畫，都是阻擋共產黨蠶食鯨吞的必要之惡。

在艾倫・杜勒斯啟動 MK-ULTRA 的同時，他也安排了好幾個全球規模的祕密行動。他撥給中情局德黑蘭站站長一百萬美金[29]，要求他「以任何可能手段推翻摩薩台」。到了八月，中情局第一次發動政變就成功，把這位伊朗總理拉了下來。杜勒斯大喜過望，馬上開始盤算把這套手段複製到瓜地馬拉。他還擴大中情局越南站的規模，並在東歐加強煽動，希望能引發反蘇起義。對他來說，這些計畫相輔相成，俱為一體。MK-ULTRA 就跟這些顛覆外國政府的陰謀一樣，只是他的全球祕密戰爭的一部分。

儘管心智控制實驗更趨極端，儘管受試者越死越多，對 MK-ULTRA 知情的中情局官員卻沒有一個表示反對。他們在特別行動組的合作伙伴隸屬化學兵部隊，聽軍方指揮，但軍方也沒人提出異議。五角大廈的資深軍官對 LSD 和其他化合物很感興趣，冀望它們能改造成軍武。他們與中情局裡關注計畫的官員一樣，根本無意縮限實驗。他們在一份備忘錄裡對國防部長查理・威爾遜（Charles Wilson）說[30]：「除非使用人類自願者，否則無法取得有價值之成果。」威爾遜出身民間，接掌五角大廈前曾任通用汽車公司總裁，

有意為實驗設下限制。他要求藥物實驗合乎紐倫堡守則，亦即人類受試者必須確實出於自願，並取得知情同意。他在一九五三年中發布一道密令，要求軍方各級單位在進行人體實驗之前，必須以書面告知國防部長及相關部會首長。然而軍方陽奉陰違，命令形同具文。更離譜的是，有的單位只獲口頭告知，有的單位根本不知道有這道命令。一九五〇年代早期，陸軍部長至少收過六次簽呈，請求授權對自願者進行人體實驗。可是在同一段時期，軍方管轄的特別行動組還與高利伯合作過很多實驗，依照「威爾遜備忘錄」的要求，那些實驗也都應該事先行文呈報，然而就目前所知，他們一件也沒知會上級。

特別行動組的協助對MK-ULTRA無比珍貴。中情局探員在世界各地黑牢進行「特別偵訊」時，對犯人使用的化合物都是特別行動組的科學家製造的。他們有些還與中情局技術服務處合作，研發出多種發動藥物攻擊的道具，供情報員出任務時使用。而這些毒物背後的科學知識，很多都是從人體實驗中取得的。

「特別行動組研發塗有生物藥劑的飛鏢[31]，以及含有數種生物毒素的藥丸，毒性可維持數週至數月。」參院調查員後來在報告中說：「特別行動組亦發明一種槍枝，能發射塗有化學藥劑的飛鏢。該藥劑能讓守衛犬暫時失能，待探員完成任務離開後才恢復意識。但特別行動組未成功研發能讓人類暫時失能之類似藥劑。」

一九五三年七月，韓戰各方簽訂停戰協定，七千兩百名美國戰俘可望獲釋。美國原本應該舉國歡慶[32]，豈料子弟兵的表現令他們難以置信：很多戰俘寫聲明批判美國或讚美共產主義，有些還承認犯下戰爭罪。在獲釋的美國戰俘中，甚至有二十一名選擇留在北韓或中國，五角大廈宣布這是叛逃行為，如果捕獲將格殺勿論。

　　最令人震驚的是，有幾名獲釋的飛行員說，他們的確有從戰機上投下生物武器——與華府先前嚴詞否認使用這類武器的說法恰恰相反。「我們最常用的細菌彈是五百磅炸彈。[33]」一名飛行員說：「每個炸彈有好幾個部分，分裝不同種類的細菌。跳蚤和蜘蛛等昆蟲與老鼠和野鼠分開。」這些指證引來華府另一波駁斥，而身為化學組組長的高利伯，則奉命準備「新聞宣傳資料」回應媒體。在其中一份資料裡，兩名「深孚眾望的獨立專家」[34]（都是高利伯的朋友）表示：相信美國於韓戰中使用細菌戰手段，不啻於相信「飛碟已經降落地球」。

　　那麼，我們那些子弟兵是怎麼回事？他們怎麼變得如此不負責任，竟然汙衊祖國的名聲？目瞪口呆的美國人努力尋找解釋。《時代雜誌》調查這些叛徒的背景，認為是教養失當和情緒問題有以致之。《新聞週刊》(Newsweek)說他們「賊眉鼠眼，卑躬屈膝」[35]，八成是愛上亞洲婆娘或「搞同性戀」，為了交換好一點的待遇就背叛國家。還有幾個評論者提出警告說：這些人的表現「嬌生慣養」如「媽寶」，反映出的是美國逐漸失去男子氣概。

　　不過，在憤慨美國年輕人「娘娘腔」、「沒志氣」之餘，另一種解釋也迅速浮上檯面：「洗腦」。從宣傳大師愛德華・杭特發明這個詞三年以來，它已成為一切匪夷所思之事的最終解釋。而在大多數美國人心裡，沒有什麼事比那幾個小伙子的決定更匪夷所思——他們身強體健，年華正盛，怎麼會相信在共產異國會過得比在美國故鄉更好呢？「洗腦」顯然是最簡單、也最想當然耳的解釋。《新共和》(New Republic)雜誌一篇文章的標題，精準反映出美國普遍的恐懼：我們準備好迎接共產黨洗腦了嗎？[36]

　　看到韓戰戰俘令人詫異的表現，很多美國人相信「洗腦」的確存在，而且已經變成共產黨的武器。事實上，獲釋的戰俘還有一個沒有公開的共同點，它進一步加深了中情局內部的恐懼——「偵訊近日離開北韓、途經蘇聯重返自由的人員後[37]，我方發現：他們在通過滿洲某特定區域時，明顯出

現一段『空白』期或模糊期。」一名中情局探員在送交特別行動組的備忘錄中寫道:「由於這都發生在他們吃下第一餐或喝下第一杯咖啡之後……我方研判他們遭到下藥。」

雖然這種推測與「洗腦」一樣缺乏證據,中情局內部和華府其他情報單位卻十分看重這些報告,相信它們進一步證明了共黨科學家棋高一著,在開發和使用精神藥物上已領先西方科學家。這是「滿洲」這個地名首次與心智控制連在一起——這個連結很快就會進入公共意識,一發不可收拾。

韓戰結束後幾年,大多數美國「叛徒」陸續返鄉。有些人提到被俘虜時的遭遇,但他們說自己並沒有受到所謂「洗腦」。他們說當時之所以變節,部分是對美國不平等感到憤怒,部分是想冒險,部分是遭到傳統形式的刑求。可是對當時大多數美國人來說,「洗腦」實在是太方便的解釋,可以說明所有難以理解的人類行為。

中情局尤其沉迷這種幻想。「在論及共黨偵訊情形的無數報告中[38],有大量證據顯示:共黨會對敵人使用藥物、肉體折磨、電擊,可能也使用催眠。」在中情局醫務主管的備忘錄裡,可以看出他們當時憂心如焚:「在這些證據下,很難不對我方明顯之怠忽感到焦急。有鑒於此,我方對於此類技術之發展,實應採取更積極之態度。」

在高利伯開始灑錢請人研究LSD的同時,他遇上原已意料到的問題:原料供給。LSD的專利在山多茲手上,而中情局管不到這家瑞士公司。更糟糕的是,有情資說他們已經賣了不少給蘇聯和其他共產國家。雖然這項情報是假的,但已經足以讓中情局寢食難安。

「現在很難想像這對當時的我們有多可怕[39],」幾十年後,一名中情局官員在作證時說:「但我們當時真的如坐針氈。因為我們已經知道這種東西

的確威力驚人，如果用在不對的地方，後果不堪設想。」

一九五三年中，中情局派一名探員去巴塞爾解決這個問題。他回來報告說山多茲目前有十公斤LSD，也正確地判斷出這個數量「龐大得驚人」。杜勒斯批准花二十四萬美元全數購入——換句話說，買光全世界全部的存貨。然而，他派去收購的兩名探員很快發現：上次那位同事出了大烏龍，把公克弄錯成公斤。山多茲製作過的LSD總共還不到四十克，現在的存貨是十公克。

得知這場烏龍之後，高利伯決定MK-ULTRA需要可靠的供貨——而且要設法說服山多茲不賣給蘇聯。山多茲答應得十分爽快。這倒不是因為他們認同中情局的心智控制計畫（他們對此一無所知），而是因為他們很想擺脫這個「問題兒童」。前往巴塞爾交涉的一名中情局探員報告說：山多茲「對發明這種物質心存歉疚，因為它經常造成頭痛和其他問題」。知道山多茲無意保護LSD專利之後，高利伯立刻祕密找上美國禮來製藥公司（Eli Lilly），委託他們破解LSD的化學編碼。禮來公司的科學家隨即投入研究。

高利伯有科學家的條理，他設計出一套規劃MK-ULTRA各研究面向的方法。他把簽訂的每個合約稱作「子計畫」，以數字編碼。在一九五三年，他開啟了十多個這樣的子計畫：紐約的「安全屋」是子計畫三；委託禮來公司的科學家破解LSD是子計畫六。早期的其他「子計畫」則研究心智控制的非化學手段[40]，據一份報告說，這部分包括「社會心理學、團體心理學、心理治療、催眠、快速宗教皈依，以及睡眠與感覺剝奪」。

打從MK-ULTRA計畫開始，高利伯和團隊裡的科學家就對催眠的潛力寄予厚望。他們認為若能掌握催眠技巧，一定能讓暗殺計畫更周密難防。他們相信，被催眠的人會聽命殺害特定對象，而且行兇後根本不會記得是誰下的令，甚至連是自己下的手都忘得一乾二淨。

在冷戰早期，美國人對催眠的態度十分認真。一九五○年，柯蓋德大學（Colgate University）精神病學家喬治・艾斯達布魯克斯（George Estabrooks）在通

俗雜誌《啟航》（*Argosy*）上自稱：「我能在對方不知情的情況下催眠他[41]，甚至讓他叛國。」這番話引起中情局注意。在MK-ULTRA計畫啟動後[42]，艾斯達布魯克斯寫信給中情局，聲稱自己有辦法製造「催眠信差」。這種信差的優點是絕對不會洩漏機密，因為他們「根本不會意識到任務是什麼」。他提議中情局試試他的能耐，給他一群人類受試者，他將「以催眠賦予他們雙重人格」。收到信的中情局官員判斷此事「非同小可」，於是艾斯達布魯克斯成了中情局的顧問。

　　吳斯・艾倫也對催眠的潛力深信不疑[43]。一九五三年，他下令製作一部叫《闇黑藝術》（*The Black Art*）的短片，僅供中情局人員觀賞。這部片說的是一名美國情報員對亞洲外交官下藥，催眠他，讓他在恍惚之中進入使館，從保險箱拿出文件，再交給那名情報員的接頭人。這部片片尾的旁白渲染力十足：「你剛剛看到的任務，可以在對方不知情的情況下完成嗎？可以。違背對方的意願也做得到嗎？也可以。怎麼做呢？靠暗示和催眠的力量。」

　　這與很多科學家的看法背道而馳[44]。二次大戰期間，戰略情報局其實已經問過專家的意見，也諮詢過幾位研究催眠的精神病學家。其中一位是勞倫斯・庫比（Lawrence Kubie），他與喬治・杭特・懷特一起做過「吐真劑」實驗，他說他對催眠的效果「存疑」，認為它不能成事。他們也問過卡爾（Karl）和威廉・梅林哲（William Menninger）兄弟，但這兩位精神科名醫的態度更為保留。「沒有證據支持能指使被催眠者做出後催眠行為，即使該行為與被催眠者的道德觀念只有些微衝突，都不可能做到。」他們說：「只要一個人認為謀殺是可憎而不道德的，就不可能以催眠指使他逾越個人禁忌。」

　　無論如何，高利伯對這些結論充耳不聞，他決心要以臨床方式探究催眠的潛力。MK-ULTRA子計畫五是他最早的嘗試之一[45]，這個計畫委由明尼蘇達大學的艾登・席爾斯（Alden Sears）執行，對大約一百名受試者進行一

連串「審慎規劃的」催眠實驗。高利伯在一份備忘錄裡寫道：可以充分授權席爾斯和他的上司（精神病學系主任），因為他們「都已通過最高機密安全調查，了解這項計畫的真正目的」。在同一份備忘錄裡，高利伯也列出他希望子計畫五研究的幾個課題：

- ·以催眠方式引發焦慮。
- ·以催眠提升學習和記憶複雜書面內容之能力。
- ·催眠狀況下之測謊反應。
- ·以催眠增進觀察和記憶物體複雜排序之能力。
- ·個性與催眠難易度之關係。
- ·以極特殊之訊號喚起催眠時獲得之資訊。

雖然高利伯對催眠和其他可能控制心智的方式很感興趣，但他始終堅信最可能的辦法是精神藥物，尤其是LSD。啟動第一項催眠「子計畫」後，他決定再設立一個新的子計畫，同時結合催眠、藥物和感覺剝奪，多管齊下。他把這個案子委託給奧克拉荷馬大學心理學系主任，路易斯·裘利翁·「歡樂」·威斯特（Louis Jolyon "Jolly" West）博士。威斯特研究的是如何製造「解離狀態」[46]，從而操弄人心。在提給高利伯的計畫書裡，他說他的實驗「以操弄環境的方式（主要是感覺隔離）改變人格功能」，而且「已經取得重大進展，前景可期」。高利伯鼓勵他繼續深入，於是有了子計畫四十三。用威斯特的話來說，這個計畫測試的是「多種新藥改變心理功能狀態的方式」。中情局付威斯特兩萬零八百美元支持他的研究，供他打造一間「特殊的實驗室」。子計畫四十三裡的實驗至少有一些是在這裡做的。那座實驗室裡有間特別的房間，「能控制具有心理重要性的環境面向……在這個房間裡，不論是催眠的、藥物的或感官環境方面的變項，都能以受控制的方式加以操控」。

　　不論是藥物實驗、催眠實驗、感覺剝奪實驗，還是三管齊下的實驗，高利伯追求的都是某種魔法。他所有的「子計畫」都是為了一個目標：找出能用來誤導、混淆、控制人心的藥物或技術。而這個大方向，也讓他增設了MK-ULTRA子計畫四：把魔術帶進中情局。

註釋

1 「肥壯魁梧」：Douglas Valentine, "Sex, Drugs and the CIA," *Counterpunch*, June 19, 2002, https://www.counterpunch.org/2002/06/19/sex-drugs-and-the-cia-2/.

2 「一身橫肉」：Johann Hari, "The Hunting of Billie Holiday," *Politico*, January 17, 2015, https://www.politico.com/magazine/story/2015/01/drug-war-the-hunting-of-billie-holiday-114298_Page3.html.

3 「一顆來意不善的保齡球」：Marks, *Search for the "Manchurian Candidate,"* p. 96.

4 一九四五年與他離婚的第一任妻子：Valentine, "Sex, Drugs and the CIA."

5 他的酒量大得出名：Marks, *Search for the "Manchurian Candidate,"* p. 97.

6 他的另一個癖好是色情：Albarelli, *Terrible Mistake*, p. 411; Valentine, "Sex, Drugs and the CIA."

7 「可憐的小東西還是沒撐過去」：John Jacobs, "The Diaries of a CIA Operative," *Washington Post*, September 5, 1977.

8 男性雜誌《真相》對他大肆吹捧：*True*, December 1959.

9 他奉派前往安大略："The LSD Chronicles: George Hunter White, Part One," http://visupview.blogspot.com/2012/12/the-lsd-chronicles-george-hunter-white.html.

10 在受過他的訓練的學員裡：Ibid.

11 一九四九年，他以「持有毒品」罪名：Hari, "The Hunting of Billie Holiday."

12 他們聊了不少戰略情報局的事：Albarelli, *Terrible Mistake*, p. 67.

13 「讓我們有機會好好談談」：Ibid., p. 217.

14 「我們這裡都是長春藤盟校、白人、中產階級」：Marks, *Search for the "Manchurian Candidate,"* p. 98.

15 她與懷特共同癖好不少：Valentine, "Sex, Drugs and the CIA."

16 一九五二年感恩節：Albarelli, *Terrible Mistake*, p. 240.

17 「高利伯找我當中情局顧問」：Jacobs, "Diaries"; Marks, *Search for the "Manchurian Candidate,"* p. 96.

18 「八成是幾個留平頭抽煙斗的作梗」：Ibid., p. 97.

19 「中情局總算核准」：Jacobs, "Diaries."

20 「他有時候說自己是跑船的」：Valentine, "Sex, Drugs and the CIA."

21 「因為這件事，我對喬治非常不爽」：Ibid.

22 類似這樣的事從來沒有曝光：Ibid.

23 「中情局裡全是一些紈絝綺子弟」：Albarelli, *Terrible Mistake*, p. 98.

24 「據本站線民七月一日密報」：Internet Archive, "Full Text of George Hunter White," https://archive.org/stream/GeorgeHunterWhite/FBI_whitegeorge1_djvu.txt.

25 製作皮件是懷特的嗜好：Albarelli, *Terrible Mistake*, p. 413.

26 高利伯教他跳吉格舞：Marks, *Search for the "Manchurian Candidate,"* p. 99.

27 「一直到差不多一九五四年」：Author's interview with retired CIA officer "BD."

28 「大家可以看看整體國際情勢」："John Foster Dulles Interview: U.S. Secretary of State under Dwight

D. Eisenhower (1952)," YouTube video, 12:16, posted by the Film Archives, May 23, 2012, https://www.youtube.com/watch?v=7EJZdikc6OA.

29 他撥給中情局德黑蘭站站長：James Risen, "Secrets of History: The CIA in Iran, a Special Report," *New York Times*, April 16, 2000.

30 他們在一份備忘錄裡：Albarelli, *Terrible Mistake*, pp. 365–66.

31 「特別行動組研發塗有生物藥劑的飛鏢」：Redfern, *Secret History*, p. 158; U.S. Senate, *Final Report of the Select Committee to Study Governmental Operations with Respect to Intelligence Activities, Book I: Foreign and Military Intelligence* (Washington, DC: Government Printing Office, 1976), p. 361, https://www.maryferrell.org/showDoc.html?docId=1157&relPageId=369; U.S. Senate, *Joint Hearing before the Select Committee on Intelligence and the Subcommittee on Health and Scientific Research of the Committee on Human Resources: Project MK ULTRA, the CIA's Program of Research on Behavioral Modification* (Washington, DC: Government Printing Office, 1977), p. 389.

32 美國原本應該舉國歡慶：Lorraine Boissoneault, "The True Story of Brainwashing and How It Shaped America," *Smithsonian.com*, May 22, 2017, https://www.smithsonianmag.com/history/true-story-brain-washing-and-how-it-shaped-america-180963400/; Marks, *Search for the "Manchurian Candidate,"* p. 134; Thomas, *Journey into Madness*, p. 157; Charles S. Young, "Missing Action: POW Films, Brainwashing and the Korean War, 1954–1968," *Historical Journal of Film, Radio and Television* 18, no. 1, 1998, https://www.tandfonline.com/doi/abs/10.1080/01439689800260021.

33 「我們最常用的細菌彈是五百磅炸彈」：Thomas, *Secrets and Lies*, p. 59.

34 兩名「深孚眾望的獨立專家」：Ibid., p. 85.

35 「賊眉鼠眼，卑躬屈膝」："Korea: The Sorriest Bunch," *Newsweek*, February 8, 1954.

36 我們準備好迎接共產黨洗腦了嗎？：*New Republic*, June 8, 1953.

37 「偵訊近日離開北韓、途經蘇聯重返自由的人員後」：Ross, *CIA Doctors*, p. 35.

38 「在對於共黨偵訊情形的無數報告中」：Michael Otterman, *American Torture: From the Cold War to Abu Ghraib and Beyond* (London: Pluto, 2007), p. 21.

39 「現在很難想像」：Ibid., p. 22.

40 早期的其他「子計畫」：Ross, *CIA Doctors*, p. 60.

41 「我能在對方不知情的情況下」：Bowart, *Operation Mind Control*, p. 59; McCoy, *Question of Torture*, p. 24.

42 在MKULTRA計畫啟動後：Ross, *CIA Doctors*, pp. 152–53.

43 莫斯・艾倫也對催眠的潛力深信不疑：Streatfeild, *Brainwash*, p. 160.

44 這與很多科學家的看法背道而馳：Albarelli, *Terrible Mistake*, p. 270.

45 MKULTRA子計畫五是他最早的嘗試：Ross, *CIA Doctors*, pp. 63–66.

46 威斯特研究的是如何製造「解離狀態」：Ibid., pp. 106–17, 289.

CHAPTER
6
所有干預MK-ULTRA的行動，悉遭駁回
Any Effort to Tamper with This Project, MK- ULTRA, Is Not Permitted

　　鳥籠憑空消失[1]，裡頭的鳥也不見蹤影。凋萎的花束突然重新綻放。紙巾才被撕成碎片隨手一拋，向下飄落時卻又完整組合。橄欖眨眼之間成了方糖。接下來的表演更加少見：廣東紙牌魔術、好奇的手帕魔術、頂針倍增魔術……

　　約翰・穆合蘭（John Mulholland）的把戲出神入化，風靡數十國觀眾。師父胡迪尼（Harry Houdini）死後，穆合蘭成為全美最紅的魔術師。他的演出場場爆滿，為了看他完成不可能的任務，大批觀眾擠進無線電城音樂廳（Radio City Music Hall）之類的大表演廳。他也是社交名人的最愛，他們經常請他來私人派對表演，給客人留下難忘的回憶。他不乏崇拜者，也交遊廣闊[2]，奧森・威爾斯（Orson Welles）、珍・哈露（Jean Harlow）、桃樂絲・帕克（Dorothy Parker）、哈洛・洛依德（Harold Lloyd）、吉米・杜蘭特（Jimmy Durante）和艾迪・康托爾（Eddie Cantor）都與他私交甚篤。他擔任專業魔術雜誌《司芬克斯》（*Sphinx*）主編二十餘年，造福無數魔術師和戲法演出者。他的相關藏書超過六千本[3]，死後由魔術師大衛・考伯菲（David Copperfield）全數收購[4]。

　　穆合蘭自己也寫了十多本書，包括《幻覺的藝術》（*The Art of Illusion*）和《與眼競速》（*Quicker Than the Eye*）。他曾為羅馬尼亞國王、蘇祿（Sulu）蘇丹和愛蓮

娜‧羅斯福（Eleanor Roosevelt）表演。不表演也不寫書的時候〔5〕，他致力揭穿假招魂術和假靈媒的騙局。在魔術界，他對技巧和動作的掌握無人能及。

　　願意掏錢請穆合蘭迷惑和娛樂他們的人成千上萬，但崇拜他的不只有觀眾。一九五三年四月十三日〔6〕——MK-ULTRA正式啟動那天——高利伯邀他在紐約碰面。兩個人相談甚歡，很快就決定攜手合作。高利伯的團隊懂得怎麼合成毒物，也懂得怎麼把毒物製成藥錠、膠囊、噴霧、粉末和滴劑。對膽大無畏的中情局探員來說，把毒物帶到目標身邊不是問題。不過，他們還有最後一個挑戰需要克服：訓練探員施毒。

　　穆合蘭是他所謂的「欺騙心理學」的大師〔7〕，也一直以一次大戰時無法從軍為憾（他因為風濕熱而未達體檢標準）。他愛國心切，寫過不少魔術師以專長報國的例子，例如尚－尤金‧侯貝‧吳當（Jean-Eugène Robert-Houdin）讓阿爾及利亞部落信服法國魔法比他們的強，化解了一場叛變；賈斯伯‧馬斯克林（Jasper Maskelyne）在二次大戰時製造大規模的錯覺欺敵，掩護英軍在北非的位置。穆合蘭有報國之志，而高利伯為他提供了機會。

　　「約翰那人有血性，很愛國〔8〕，是條漢子。能為國家情報機關工作，他很自豪。」他的一個朋友多年後回憶道：「他毫不猶豫地答應了〔9〕——國家需要我，豈有推辭之理？」

　　穆合蘭答應教中情局探員怎麼引開目標注意，神不知鬼不覺地對他們下藥。「我們感興趣的是手法〔10〕，想知道怎麼偷偷下手或拿走東西。」高利伯後來說：「受過訓練的人變得十分俐落。這些訓練在某種程度上挺受歡迎，因為它讓大家暫時放下更嚴肅的工作，像是休息。」

　　高利伯也請穆合蘭考慮寫一本手冊，讓沒能來紐約或華府受訓的探員也有機會學習這些「手法」。幾天後，穆合蘭來信說他已經「好好想過我們談的那些事」，他願意著手進行。

　　不論在這一份或其他份提交高利伯的報告裡，穆合蘭都用了很多委婉說

法：「演出者」或「操作者」指的是中情局探員，「東西」指的是他們要用的毒藥，「觀眾」指下藥目標，「步驟」或「技法」指下藥的動作。這本手冊把魔術師的舞台秀改造成祕密任務行動指南，當中的把戲原本設計來愚弄甘願付錢被愚弄的觀眾，現在成了為黑暗目的服務的欺瞞技巧。

高利伯收到這封信後，寫備忘錄記下這次交易的內容：穆合蘭同意「以簡要手冊寫下適用於祕密行動的魔術相關知識〔11〕……穆合蘭先生應是這項任務的合適人選。他的各種魔術演出都很成功，在欺騙心理學上也著力甚深。」

穆合蘭有件私事原本可能被視為「偏差」〔12〕，從而影響這次合作。一九三二年，他娶了一名他追求八年的女子為妻，但同時開出條件：妻子必須接受他與另一名多年女友繼續交往。她同意了。她後來說，像穆合蘭這種功成名就的男人，「一個女人的愛滿足不了他」。不過，中情局的人多半沒那麼開放〔13〕，安全研究處（Security Research Staff）處長保羅・蓋諾（Paul Gaynor）還特別寫了一份備忘錄，警告需嚴加留意穆合蘭的「性癖」。要不是他對他被交付的工作確實成就非凡，無可取代，他的非正統婚姻協議，還有他絲毫無意隱瞞這份協議的大方態度，恐怕會讓安全官不同意這次合作。不過，高利伯本身就是特立獨行的異類，艾倫・杜勒斯也總在拈花惹草，風流韻事不斷，他們決定對穆合蘭的這等小事視而不見。

五月五日，穆合蘭收到一封中規中矩的打字信函，通知他寫作計畫已獲接受。信紙抬頭印的是「琛若菲集團」（Chemrophyl Associates）〔14〕，地址是郵政信箱，署名者是「薛曼・葛利弗德」（Sherman Grifford）。眼埋得不深，穆合蘭一定看得懂。空頭公司的字謎簡單好認—— Chemrophyl Associates；高利伯的假名也不難——名和姓的開頭字母和他的本名一樣，也是S和G。

「我們已核准您四月二十日信中所提之計畫。您往後六個月可支用三千美元以完成這項工作。」他寫道：「請簽署附件收據後寄回。」

手續完成後，中情局要求穆合蘭簽立保密協議[15]，明確聲明自己了解接下來的工作需嚴格守密，「除非特別取得授權，否則不得以文字、行為或任何其他方式洩漏、出版或揭露上述資訊或知識」。穆合蘭同意了。在協議上副署的是高利伯的副手，一位名叫羅伯・拉許布魯克（Robert Lashbrook）的化學家。

穆合蘭開始取消行程、延後稿約，甚至辭去長期擔任的《司芬克斯》主編一職，全力投入高利伯委託的任務，將畢生鑽研的魔術訣竅轉化為諜報技巧。

截稿期限接近時，穆合蘭將手冊初稿寄給「薛曼・葛利弗德」，還附上一封信，說他希望能進一步修改。

「薛曼兄惠鑒[16]，」他寫道：「敵人有意擴寫技法手冊。手冊現有以下五個部分：一、成功表現技法之基礎及其依據之心理原理；二、藥片技法；三、鬆軟固體技法；四、液體技法；五、暗中取得小型物體技法……手冊需要增加兩個部分……研擬所需技巧與道具並以文字描述的時間，約需十二工作週。」

高利伯回信表示「樂觀其成」，同時寫備忘錄向他名義上的上司、技術服務處處長威利斯・「吉布」・吉本斯（Willis "Gib" Gibbons）報告：「前項子計畫（子計畫四）已委託穆合蘭先生編寫手冊，說明如何在祕密行動中運用魔術手法，例如如何餵食不同物質予非自願受試者……在子計畫十九中，該手冊將增加兩個部分：一、為女性演出者修訂方法，或研擬不同技巧；二、研擬可由兩人以上合作之方法或技巧。」

接下來一年，穆合蘭一修再修，多次易稿，最後終於完成《詐術實作舉隅》（*Some Operational Applications of the Art of Deception*）。「本書主旨為引導讀者祕密完成多項行動[17]，而不被察覺。」他在序言中寫道：「簡言之，本書為詐術指南。」

這本手冊原本應該銷毀或逐漸被遺忘，豈料二〇〇七年意外發現一本。據目前所知，這是現存唯一一件完整留下的 MK-ULTRA 文件。重新出版時[18]它換了更貼切的書名：《中情局官方詐術與欺騙手冊》（*The Official CIA Manual of Trickery and Deception*）。它像穆合蘭寫給中情局的每一份文件一樣，用的是舞台語言，這樣即使外流，看起來也像表演者手冊，而非施毒者手冊。

不論在手冊裡還是在訓練課程上，穆合蘭都一再強調一個原則。他說，與一般流行的說法相反，手是不可能快過眼睛的。魔術技巧的關鍵不是手動得快，而是分散對方的注意力，好讓手順利完成工作。只要「演出者」能掌握這個原則，一定能學會暗中下藥而不被發現。

穆合蘭的手冊舉了好幾種「誤導」手法，例如為對方點菸來分散他的注意力，再趁機把藥片彈進對方的飲料；膠囊可以藏入皮夾、筆記本或墊板，再趁隙取出；毒液可以封進戒指；毒粉可以偽裝成鉛筆頭的橡皮擦；女性探員可以把毒藥藏進衣服上的裝飾小珠，也可以「用手帕遮住液體毒藥瓶」；還有，拜噴霧技術進步之賜，探員可以「不動聲色把液體藥物噴在固體物質（如麵包）上，完全不被發現」。

高利伯製作的毒藥原已種類可觀，有穆合蘭這本手冊更是如虎添翼，下藥方式頓時倍增。穆合蘭將高度發展的舞台魔術技藝，轉變成祕密行動的工具。

「穆合蘭受邀構思下藥技巧這件事[19]，充分反映出美國這段過去有多特別。」曾任中情局副局長、本身也是業餘魔術師的約翰·麥可勞夫林（John McLaughlin），在《中情局官方詐術與欺騙手冊》序言中說：「冷戰早期，美國領袖覺得國家正處危急存亡之秋，敵人似乎肆無忌憚，步步進逼。我們當時研究得很廣，從洗腦到超心理學無所不包。穆合蘭為藥片、藥劑、藥粉設計出這麼多投放方式，其實只是冰山一角。很多現在看來荒誕不經的計畫，只有擺在當時的脈絡才能理解。」

　　人到底能承受多大劑量的LSD？有沒有一個臨界點，超過這個劑量之後，心智將四分五裂，意識將土崩瓦解，出現能植入新的衝動、甚至新的人格的真空？高利伯很想知道。

　　想找出答案，顯然需要進行很多實驗。MK-ULTRA開始後沒多久，高利伯就找到一名能做這種實驗的醫生：哈里斯・伊斯貝爾（Harris Isbell），肯塔基萊辛頓（Lexington）成癮研究中心（Addiction Research Center）計畫主任。這所中心名義上是醫院，但實際運作更像監獄，由監所管理局（Bureau of Prisons）和公共衛生局（Public Health Service）共同管理。由於收容人大多是出身社會邊緣的非裔美人，即使遭到虐待也求告無門，所以他們成了祕密藥物實驗的最佳人選。

　　伊斯貝爾曾為海軍研究署（Office of Naval Research）進行「吐真劑」實驗，本身對LSD也很感興趣。在他的同溫層裡，中情局投入LSD研究是公開的祕密。一九五三年初，他寫信詢問中情局可否提供「合理數量的藥物[20]，以研究長期投以麥角酸二乙胺所產生之心理效應及其他藥理效應」。

　　這項請求引起高利伯的注意。伊斯貝爾既對精神藥物興致勃勃，又有數量充足的囚犯，而且願意用他們當實驗品，這讓他成為理想的MK-ULTRA承包人。一九五三年七月，高利伯親自到萊辛頓拜訪伊斯貝爾，達成交易：高利伯提供LSD及一切經費，伊斯貝爾負責設計和進行實驗，並提供受試者和繳交報告。

　　高利伯謹守官僚分寸[21]，先向伊斯貝爾的上司打招呼。他後來說自己「話說得四平八穩，對他們說我們對哈里斯・伊斯貝爾博士的研究計畫很感興趣，樂觀其成……也願意提供經費」。雖然他對「研究計畫」的細節隻字不提，但伊斯貝爾的上司沒有多問。高利伯後來在報告裡說：國家衛生研究

院院長威廉‧塞布雷爾（William Sebrell）知道這是中情局的計畫之後，「相當認可我們的整體目標，表示他會提供一切支持和保護」。

「這筆交易簡單明瞭。[22]」一名研究者後來寫道：「中情局要有地方測試危險又可能成癮的藥物，而伊斯貝爾有很多沒人在乎的吸毒者。於是從一九五〇年代早期開始，中情局不但提供他LSD，還給他很多可能有害的麻醉藥物，讓他拿人當白老鼠測試。」

伊斯貝爾拿到的MK-ULTRA合約包括[23]：子計畫七十三，測試LSD、麥司卡林和其他藥物是否讓使用者更容易催眠；子計畫九十一，「進行開發新心理化學物質所需之臨床前藥理試驗」，以及子計畫一四七，研究能引發幻覺和妄想的致精神錯亂藥物。在伊斯貝爾陸續發表或合寫的一百多篇科學論文中，很多都是藥物實驗的成果報告。雖然他在論文裡說，接受實驗的收容人是自願參與，但他們的知情同意漏洞百出。他們沒被告知吃的是什麼藥，也不知道可能有什麼副作用。伊斯貝爾為了引誘他們加入，甚至以高純度海洛因當報酬，助長他原本應該協助他們戒除的惡習。他有一篇論文提到一名受試者[24]，說他被投以一百八十微克LSD後，「覺得自己會死或永遠精神失常」，要求停止實驗，「我們費了好一番功夫才說服他同意繼續」。

「我想這個消息你聽了一定高興[25]：我們七月已經可以開始進行實驗。」與高利伯會面後不久，伊斯貝爾寫信對他說：「我們已有五名受試者同意長期服用該藥物，全都是黑種男性病人。」

一個月後，伊斯貝爾報告最新進度[26]，說他已持續增加劑量到三百微克。「LSD-25的心理效應相當驚人。」他對高利伯說：「反應包括焦慮、非現實感……覺得皮膚受到電擊、刺痛感、窒息感……據稱視覺明顯發生變化，包括視線模糊、常見物體色彩異常（例如手變成紫色、綠色等等）、光影閃爍、光點飛舞和色圈旋轉。無生命物體經常扭曲或大小改變。」

這與高利伯已經知道的差不多，沒給他帶來多少新資訊，但他樂見美國

國內也有「消耗品」可供研究。他不時去萊辛頓看伊斯貝爾做實驗，有時還帶法蘭克・奧爾森或另一個同事一起去[27]。這在在顯示：對高利伯來說，伊斯貝爾是難得可貴的合作對象。

伊斯貝爾的其中一名受害者是威廉・亨利・沃爾（William Henry Wall）。他是醫生，曾經擔任喬治亞州參議員，一次牙科治療後對止痛藥德美羅（Demerol）成癮。他在一九五三年因持有毒品被捕，進成癮研究中心服刑時成為伊斯貝爾LSD實驗的受試者，最後出現嚴重精神問題，餘生飽受幻覺、妄想、恐慌和自殺衝動之苦。他的兒子後來將父親的遭遇寫成書，叫《從治療到地獄》（Addiction Research Center）。

「哈里斯・伊斯貝爾對我父親做的就是下毒[28]，對他腦部造成永久傷害。」書裡頭說：「為了找出對付敵方領袖的心智控制藥物，中情局弄出這套千瘡百孔的冷戰計畫，讓我父親落得這種下場。」

伊斯貝爾做過的其中一項實驗，也許是LSD研究史上最極端的一個。高利伯想知道長期投以高劑量LSD的效果，伊斯貝爾便挑了七名囚犯隔離起來，進行實驗。「我有七個病人已服藥四十二天。[29]」他在進度報告裡說，並補充他多半投以「兩倍、三倍和四倍劑量」。這個實驗總共持續了七十七天。將一個人關進牢房，每天強迫他服用過量LSD這麼長一段時間，他的心智會出現什麼變化呢？這個問題光用想的都令人髮指。可是高利伯好奇得很，他很想知道多大劑量的LSD能讓心智解體。

「那是我碰過最爛的鳥事。[30]」伊斯貝爾LSD實驗的受試者、當年十九歲的非裔毒品成癮者艾迪・福勞爾斯（Eddie Flowers）回憶說。吃下LSD後，福勞爾斯好幾個小時陷入幻覺，不能自已。他為什麼同意當受試者呢？因為伊斯貝爾說能給他海洛因當報酬：「想把這打進血裡，先把這吞進肚裡。」

高利伯很倚重伊斯貝爾這樣的監所醫生，因為他們對收容人幾乎握有生殺大權，而且同樣身為政府雇員，他們對高利伯的提議相對開放。這逐漸形

成一套模式：高利伯提供LSD給監所醫生，監所醫生找收容人當受試者，收容人為了交換好處而自願接受實驗（「好處」可能是較舒適的牢房、較好的監獄工作，或是醫生承諾會讓他們「快活一下」），監所醫生實驗後再寫報告描述收容人的反應。

這些醫生裡最熱中的一個是卡爾·菲佛（Carl Pfeiffer）[31]，艾默理大學（Emory University）藥學系主任。他一個人就接了四個MK-ULTRA子計畫，全都與使用LSD和其他藥物誘發精神失常有關。菲佛找的收容人分別來自亞特蘭大聯邦監獄，以及紐澤西波登鎮（Bordentown）的少年觀護所。子計畫九和二十六研究的是「各種鎮定劑」的致病效應，觀察它們如何「透過新陳代謝或鎮靜作用」改變一個人的精神狀態。子計畫二十八是測試「影響中樞神經系統的鎮定劑」。最令人好奇的是子計畫四十七：「篩檢和評估技術服務處有意了解之致幻物質」。他有一份報告提到「化學物所致之癲癇」[32]，另一份報告說LSD「導致典型精神失常[33]……幻覺持續三天，特徵為一波又一波的人格解體、視覺幻覺和非現實感」。高利伯後來說菲佛的研究雖已跨入「超感官領域」，「容易造成誤讀或誤解」，但終究是值得的。

「亞特蘭大的實驗讓我們學到很多。[34]」高利伯總結道：「局裡現在知道那些辦法會讓一個人的精神非常不安。」

菲佛一名受試者的回憶[35]，可以證明這個結論毫不誇張。那名受試者叫詹姆斯·「白佬」·巴爾杰（James "Whitey" Bulger），是波士頓幫派份子，後來因為多項罪名（包括十一件謀殺案）而被判終身監禁。巴爾杰二十多歲時只是個街頭小混混，因為持械搶劫和劫持車輛被送進亞特蘭大聯邦監獄（Atlanta Federal Penitentiary）。他在獄中得知有個研究精神分裂症藥物的實驗，便自願參加，沒想到接下來發生的事令人難以想像：連續十五個月，他和其他十九名受刑人幾乎每天被注射LSD，但從頭到尾都沒被告知那是什麼。獲釋之後，他在筆記本裡寫下這些「恐怖的LSD經驗」[36]。他說自己「天天做

惡夢」,「不斷想自殺,嚴重憂鬱,快撐不下去了」。不過,他沒向醫療人員透露他出現幻聽,還覺得「牢房裡的月曆好像在動」,因為他怕一講出口,「他們會把我關一輩子,再也沒法出去」。他在筆記裡說菲佛有如「現代版門格勒醫生」,這個比喻一針見血,因為門格勒和其他納粹醫生在集中營裡做的實驗,正是巴爾杰碰上的這種MK-ULTRA「子計畫」的始祖。

「我是因為犯罪才坐牢的,但我覺得他們對我做的事比我犯的罪更惡劣。」巴爾杰寫道。他的這些自述非常難得,因為MK-ULTRA實驗很少看到受試者觀點的紀錄。

一九五七年我在亞特蘭大監獄坐牢[37],被艾默理大學的卡爾·菲佛醫生找去參加一個醫學計畫,說是要研究精神分裂症療法,而參加的人每個月可以過三天快活日子……我們被注射高劑量LSD-25。那種藥沒幾分鐘就會生效,然後有八、九個人會測試我們的反應(除了菲佛醫生外都不是醫生,穿西裝)。陷入恐慌和妄想的犯人有八個。每個人都沒了胃口,出現幻覺,連房間的形狀都變了。妄想和情緒激動好幾個小時。我們經歷一段活生生的惡夢,連牆都流出血來,非常恐怖。那些人一個一個在我面前變成骷髏。我看到一台攝影機變成狗頭。我覺得我快瘋了。

穿西裝的人會在房間裡給我接上一些儀器問問題,像是:你殺過人嗎?你會殺人嗎?有兩個人瘋了,什麼精神分裂症的症狀都有。他們躲到床底下咆哮、學狗叫、口吐白沫。那些人費盡千辛萬苦才把他們拉出來,關到更底下的牢房,後來我再也沒見過他們或聽到他們的事……那些人說我們是來幫忙找精神分裂症療法的,但結束後大家都想自殺,憂鬱得要死,心力交瘁,精疲力竭。時間像是靜止了一樣。我想退出,但菲佛醫生一直拜託:「我們快找出療法了,只差一步。你是我最好的受試者,拜託再拚一下。」

在支持菲佛實驗的同時，高利伯又找到幾個熱中此道的同好，史丹佛大學知名精神病學家詹姆斯・漢密爾敦（James Hamilton）很早就加入了。二戰期間，漢密爾敦曾與喬治・杭特・懷特一起為戰略情報局研究「吐真劑」，後來又為化學兵部隊的生物戰計畫提供諮詢。一九五〇年代，漢密爾敦前後拿到三份MK-ULTRA合約。他的第一件任務是高利伯的子計畫二[38]，研究「可能適合用以破壞意識之藥物之可能協同作用」，並調查「對病人下藥而不為其所知的方法」。子計畫一二四的課題，是研究吸入二氧化碳會不會讓人陷入恍惚狀態。子計畫一四〇在舊金山聖方濟各醫院（St. Francis Hospital）進行，以甲狀腺研究為幌子，研究甲狀腺相關荷爾蒙對造成精神疾病的可能效果。有一份紀錄說漢密爾敦是「計畫裡的通才之一，從心理化學物質到性怪癖到吸入二氧化碳的效果，什麼都研究」。

漢密爾敦開始著手時，高利伯也請到另一位知名精神病學家進行一系列LSD實驗——波士頓精神病院（今麻州心理衛生中心）副院長羅伯・海德（Robert Hyde）。海德有個獨一無二的身分[39]：他是第一個嘗試LSD的美國人（是奧地利一名精神病學家在二戰後不久介紹給他的）。在同事眼中[40]，海德是個「傑出而大膽的研究者」，「近乎病態地熱中開拓醫學領域」。中情局才開始出資贊助LSD研究[41]，他就迫不及待提出申請。據一份報告說，沒過多久，「幾百名哈佛、愛默生學院（Emerson）和麻省理工的學生，都在不知情的情況下，成了中情局心智控制研究的幫手」。只要喝下「一小瓶無色、無味[42]、可能造成心理狀態改變的清澈液體」，就能得到十五美元的酬勞。他們不但沒被告知即將吞下的藥物的詳情，而且就如後來一份報告所說，「參與實驗的人都沒受過適當訓練[43]，也不知道怎麼引導受試者」。有些受試者產生不良反應，有個女生在診所浴室上吊。

在四個MK-ULTRA「子計畫」加持下，海德成為最早分到LSD的研究者中數一數二多產的。高利伯交給他的任務很廣[44]，反映出他們不但興趣

相近，也惺惺相惜。子計畫八是「研究LSD的生化學、神經生理學、社會學及臨床精神病學面向」。子計畫十是「測試及評估LSD及酒精施用於各種人格類型的人的效應」。子計畫六十三研究「使用酒精作為社會現象，尤其著重於在衡鑑人類行為及操弄人類行為上證明可預測之變項」。現存對於子計畫六十六的描述是彈性最大的：「測試幾種技術以預測特定個人對LSD-25、其他心理化學物及酒精的反應」。

在執行MK-ULTRA計畫的最初幾個月，對高利伯最重要、成果也最豐碩的參與者，莫過於哈洛‧亞伯蘭森，也就是那位帶他第一次「自體實驗」LSD的紐約過敏專家。亞伯蘭森堪稱LSD研究先鋒，他先是自行向山多茲訂購，後來又有高利伯和禮來製藥公司無限供應。而且，他不但把樣品分給別的醫生，甚至還給來他長島（Long Island）家裡開派對的客人使用。他有個朋友說那些派對「狂野而瘋狂[45]，大家從頭到尾縱欲狂歡」，另一個朋友透露：「要是你知道跟著跑趴的有誰，你會非常、非常驚訝。」

一九五三年中，高利伯從MK-ULTRA 經費中[46]，撥了八萬五千美元給亞伯蘭森，要他「以LSD和其他迷幻藥進行實驗……研究以下幾個主題：（a）擾亂記憶；（b）使受試者產生異常行為，從而名聲掃地；（c）性模式改變；（d）誘出情報；（e）可受暗示性；（f）製造依賴」。主題雖多，但恰恰符合亞伯蘭森對LSD的廣泛興趣。他餵泰國鬥魚吃LSD，在一系列論文裡描述牠們的反應。更讓人坐立難安的是[47]，他居然對致幻藥物對孩童的影響特別好奇。在他密切監督的實驗中，有一個是給十二名「前青春期」男孩吃神奇蘑菇（psilocybin），另一個是找了十四個六到十一歲、被診斷為精神分裂症的孩子，每天讓他們吃一百微克LSD，連續六週。

「那是在極度保密下做的。[48]」一名曾與中情局合作的醫生多年後說：「我們經過一大堆審核，還簽了保密協議，大家都嚴格守密。」

MK-ULTRA 幾乎是高利伯一手打造的，所以它頗能反映他的想法。他

最深的信念是心智控制的關鍵在藥物——尤其在LSD。研究那段時期的一份資料說：

> 在局裡，高利伯博士[49]……領導技術服務處的化學家進行一連串LSD實驗，方式日趨大膽。他們對彼此的咖啡和飲料下藥，甚至把LSD摻進食物，結果是一個個倒在辦公室，倒在華府內外的安全屋，倒在馬里蘭州鄉間，精神恍惚長達數日。
>
> 情況有時變得像黑色喜劇。有一次，一個嗨過頭的科學家突然決定他是弗雷德‧亞斯泰爾（Fred Astaire），一把拉住身旁的一個祕書，堅持她是琴吉‧羅傑斯（Ginger Rogers）……高利伯博士不以為意，覺得這只是尋找仙丹妙藥之路上的小問題，何況他深信共產黨已經掌握了相關技術……他的推理能力讓他備受同儕敬重，而第六感告訴他：雖然也許無法很快找到答案，但唯一可以肯定的是，成功有賴不斷實驗。一九五三年夏，他鼓勵同事尋找控制心智的辦法。這時的他已不再只是赫姆斯的跟班，他成了獨當一面的大法師梅林（Merlin）。看到同事們在LSD的影響下想像力大爆發，他有時會興奮地跳上一段吉格舞。這是他在中情局裡最快樂的時刻，只有清早起來擠羊奶差可比擬。

高利伯盡力將專業追求融入個人生活。他和瑪格麗特都對形而上的問題很感興趣，都很好奇人類感知到的具體世界之外有些什麼，而他的LSD「自體實驗」正好契合他們對內在智慧的追求。多年以後，瑪格麗特寫下他們對靈性世界的非正統看法：

> 每次聽到有人把「善良」或「虔誠」跟基督教劃上等號[50]，我都感到不耐。善良的人很多，宗教也很多，穆斯林對神的虔誠與我們沒什麼

兩樣，印度教徒和佛教徒也是如此。我實在看不出來基督教比別的宗教更有愛，或是更不迷信、更沒有恐懼……神存在嗎？我覺得每一個人都感覺得到某種力量或能量，也許動物也感覺得到。每次我看到從古到今，世界上毫不相識的兩群人竟然都問了很類似的問題，也都提出很類似的答案，都覺得既驚訝又興奮。我想這代表有某種東西是每個人都感覺得到、也都覺得親切熟悉的。所以拜託千萬別再說：「我的路是唯一的路。」

高利伯從沒像太太一樣以文字吐露想法。不過，他的靈性追求增添了他的神祕感。為了加強這股神祕感[51]，也為了自我提醒，他把一句他說是《古蘭經》的句子貼在書桌牆上：「他們來的時候會被問道：在你沒有完全了解我的話時，你拒絕了它們嗎？或者你做了什麼？」

一九五二年九月十九日，柏林滕珀爾霍夫機場（Tempelhof Airport），喬治·肯楠（George Kennan）走下飛機時，記者們一擁而上。肯楠是美國鋒頭極健的外交官，當時擔任駐蘇聯大使。這個位子並不好坐，冷戰初期尤其如此。他談了談對美蘇關係的觀察之後，一名記者問他平常在莫斯科生活如何。經這一問，他火氣上來了。

「你不知道外交官在莫斯科過的是什麼日子啊？[52]」他沒好氣地回答：「大戰的時候，我剛好在德國這裡被扣了幾個月。我們現在在莫斯科的待遇呢，就跟當時在拘留所差不多。唯一的不同是在莫斯科能自由外出，逛街一定有警衛陪你。」

蘇聯領導無法忍受這種譏諷[53]——把社會主義祖國比作納粹德國，不是誹謗又是什麼？他們宣布肯楠是不受歡迎人物，請他捲鋪蓋回國。華府雖

然很多人認為他是為真理犧牲，但也有些人覺得奇怪：像他這麼精明幹練的外交官，怎麼會講出這麼不外交的話呢？

肯楠對國務院的朋友說[54]，他實在是對蘇聯的諸多限制不堪其擾，一時怒急攻心才「整個爆掉」。不過，他在莫斯科的副手理查·戴維斯（Richard Davies）有另一個解釋。他說，肯楠覺得自己緩和冷戰的任務徹底失敗，「心理壓力很大」，早就萌生退意。他在柏林講出那些話的時候其實心裡雪亮，早就知道蘇聯會因此將他驅逐出境。

中情局內部則出現更闇黑的理論[55]。尋找心智控制技術的官員原本就認為蘇聯已經領先，在他們看來，肯楠的「失言」再次證實這件事。他們不相信肯楠是一時衝動，也不相信他是為了求去而有意為之，對LSD的執迷讓他們做出另一個結論。

「赫姆斯認為他們應該有對喬治·肯楠下藥。」中情局保防室主任謝菲爾德·愛德華茲後來對一名同事說：「他相信只有這個理由能解釋肯楠的表現。」

其實，忙著想像LSD各種可能用法的高利伯，已經想到可以用它偷偷對付不友善的外國領袖。要是能讓那些領袖公開出現一些奇怪舉止，他想，應該能讓他們失去威望，甚至失去權力。這個點子與MK-ULTRA的其他很多點子一樣，也是出於對共黨陰謀的臆測和恐懼。肯楠的事似乎證明：新型態的心理戰已經開打。

雖然「肯楠被下藥」的假設得不到任何證據支持，中情局的人仍選擇往牛角尖裡鑽。美國政府有個鮮為人知的心理戰略委員會（Psychological Strategy Board）[56]，任務是協調「心理戰」，艾倫·杜勒斯也是其中一員。聽他談到肯楠可能是被下藥之後，委員會決定開始監視美國國內的政治人物，觀察他們有沒有「性格轉變的跡象」，打算扣押並調查所有舉止可疑之人。

中情局最早的心智控制計畫（青鳥和洋薊）已屬高度機密，MK-ULTRA甚至保密得更嚴，連知道梗概的人都非常少[57]。這些人包括：高利伯、他

的副手羅伯·拉許布魯克、他在技術服務處化學組的幾個科學家部屬、他名義上的長官「吉布」·吉本斯（技術服務處處長）、他實際上的上司理查·赫姆斯（敏感資訊都向他匯報）、計畫副局長法蘭克·威斯納、反情報處處長詹姆斯·安格敦、編制外的紐約LSD行家哈洛·亞伯蘭森、狄崔克營特別行動組的成員（人數不到一打），以及艾倫·杜勒斯。杜勒斯知道的細節最少，因為赫姆斯並沒有把每件事都告訴他。據參議院後來的調查，赫姆斯認為「必須把知道計畫細節的人減到最少」──這完全符合中情局的潛規則。

「知道越多越危險[58]，少知道一點才是本錢。」小說家唐恩·德里洛（Don DeLillo）對這種潛規則解釋道：「很多事情中情局局長是不知道的。知道得越少越沒包袱，越施展得開。要是什麼都知道，被調查的時候該怎麼回答？上聽證會的時候呢？在橢圓辦公室被總統問到的時候呢？……參謀首長聯席會議也不需要細節，戰場上的血腥事他們不必入耳。細節是一種汙染。部會首長要跟細節拉開距離。有些事他們不知道更好，有些事最好晚一點知道……他們必須能沉吟不語，必須能一臉困惑。官僚體系裡多的是啞謎，有些你該仔細玩味，有些你該設法解開，但也有一些該視而不見。」

在MK-ULTRA的核心圈外，有幾個中情局官員還是嗅出不對勁。他們或是開始打聽，或是提出質疑。這些人包括保防室主任謝菲爾德·愛德華茲、科學情報室主任馬歇爾·查德威爾（Marshall Chadwell）、在MK-ULTRA開始後依舊推動洋蓟計畫的莫斯·艾倫，還有退役准將保羅·蓋諾（莫斯·艾倫之前的洋蓟計畫主持人，後來擔任科學情報室主任）。他們感覺得出高利伯的權力越來越大，對此相當不以為然。艾倫寫給蓋諾的一份備忘錄說：

一九五三年入秋之後[59]，希德尼·高利伯先生去了一趟東亞，原因不明，但顯然與技術服務處的工作有關……高利伯在那裡發放致幻藥物樣品，並以該藥物對幾個人做實驗。雖然無法確定該藥物是LSD，也無

從得知高利伯先生對該化學物質的描述，但那應該是 LSD。據報，高利伯亦將該化學物質送交我們在█████的探員，指示探員將該化學物質摻入水中，讓參加█████政治集會的演講者喝下……

據報，我們在█████的人已有一些拿到有致幻效果的化學物質、藥物或針劑，但無從得知是否得自高利伯或其他技術服務處的人……最近從德國回來的█████說，他聽說有的探員已經拿到這些化學物質，也已在偵訊時使用……█████近日接獲情資說，█████已經暗中在█████為技術服務處一個叫 MK-ULTRA 的計畫工作，顯然是在試驗藥物和合併使用藥物和催眠的效果。詳情不明……

一九四二年時，戰略情報局研究過可能有助於偵訊戰俘的藥物。有個叫喬治‧H‧懷特的少校與這些實驗有牽扯……技術服務處最近不曉得是找上這個懷特，還是另一個也叫懷特的人，讓他在紐約一間公寓進行祕密藥物任務。該公寓由技術服務處出資租賃，供懷特使用……我們也得知，所有干預 MK-ULTRA 的行動，悉遭駁回。

隨著 MK-ULTRA 的走向越來越見不得光，參與其中的人不得不想方設法防止洩密，千方百計防堵安全漏洞。要是哪個菜鳥突然想法變了、生病了、經不起良心譴責了、被敵方俘虜了，或是喝得酩酊大醉，一時口風不嚴講出機密怎麼辦？因為這份憂心，他們回到他們向來關注的另一個課題：誘導失憶。他們原本想用這種技術抹除利用對象的記憶，讓後者把被暗示從事非法勾當的事忘得一乾二淨。而現在，他們開始想像誘導失憶的另一種用途：讓中情局探員忘記自己做過的事。

一九五三年中，一名退休的中情局探員在德州接受腦部手術。因為他會被麻醉，中情局除了事前調查醫生和護理師的背景，謹慎起見，手術當天還特地派了一名探員坐鎮。不料他帶回的是壞消息：病人在意識朦朧之際變得

口無遮攔，不但講起以前的工作，還說到中情局的「內部問題」。雖然他不知道MK-ULTRA的事，但這樣脫稿演出已經十分嚇人。

「局裡有些人必須接觸大量情報[60]，如果有辦法消除這類資訊，那會是天大的突破。」一名中情局探員後來這樣說明這種問題。

———

一九五三年秋，高利伯前往東亞，看探員們如何偵訊服下「P-1」的囚犯（中情局的人稱LSD為P-1）。多年以後，高利伯被問到這段時期他去亞洲時，有沒有「實地看過以LSD進行偵訊的情形」，他回答「有」。不過，被問到這些被偵訊的人是否是「不知情的受試者」時，高利伯變得不耐。

「P-1偵訊沒有『知情』這回事。[61]」高利伯說：「這種偵訊的本質就是不知情，所以當你問：『P-1偵訊有沒有知情的受試者？』這叫自我矛盾。」

去中情局在亞洲的「安全屋」為囚犯注射LSD時，高利伯會趁偵訊空檔上民族舞蹈課。他對工作和嗜好都充滿熱情，連妻子都深受感染。「希德一個半星期前從馬黎拉（作者按：原文如此）回來了[62]，有他在家的新鮮感仍未消褪。」十一月初，瑪格麗特在寫給母親的信裡說：「這次出差成果豐碩，而且過程很令他興奮。儘管他享受過人生各式各樣的經驗，但這次的所見所聞連他都覺得新奇。好多東西要看，好多東西要吸收，回家時整個人像快爆開似的。在那裡的時候，他幾乎把所有空閒時間都拿來學菲利賓（作者按：原文如此）的一些土風舞，還費盡心思準備搭配的傳統服裝。我們的興趣還是跳各國的舞，而且還教別人跳。」

在同一封信裡，除了閒聊天氣、談談她打算給孩子們辦的游泳派對，瑪格麗特也透露丈夫對她說了一件令她驚訝的事：從亞洲回來後，他對工作產生了懷疑。進入中情局二十八個月之後，他對妻子說他可能辭職。

「希德最近在考慮新計畫。」瑪格麗特寫道：「他想停職一段時間念醫科，

主攻精神醫學，然後做做那個領域的研究，也許也會接幾個病人好養家餬口。當然，這得花上五、六年，我們適應不適應得來也還不知道……希德說，大多數人都是到我們這個年紀，才知道人生真正想要的是什麼，可是到了這個階段往往被責任綁住，或是變得墨守成規，不敢停下，也不敢重新開始，於是乾脆照著原本選擇的路繼續走。中年換跑道是很大的改變，需要不少勇氣，但我真的希望他至少去試看看。」

不過，離開MK-ULTRA可不像離開一般工作那麼容易。高利伯和他的上司、同事及下屬，都像是地下祕密幫會的一員。雖然他們自認是以知識捍衛國家的科學家，但他們其實也是刑求專家，堅信共產主義的威脅足以正當化自己的一切作為。可是他們也明白，別的美國人未必是這樣想的。MK-ULTRA的祕密如果洩漏會壞了大局，如果知道這些祕密的人無法克服內心質疑，或是想退出，也可能將中情局的一切毀於一旦。

這種擔憂有一段時間只是假想，不料它很快變成恐怖的現實。在高利伯思索自己未來該怎麼走的時候，另一個MK-ULTRA成員到了臨界點。

註釋

1　鳥籠憑空消失：John Mulholland, *John Mulholland's Book of Magic* (New York: Charles Scribner's Sons, 1963), pp. 29–57.

2　他不乏崇拜者，也交遊廣闊：Ben Robinson, *The Magician: John Mulholland's Secret Life* (Lybrary. com: 2008), p. 53.

3　他的相關藏書：Michael Edwards, "The Sphinx and the Spy: The Clandestine World of John Mulholland," *Genii: The Conjurer's Magazine*, April 2001.

4　死後由魔術師大衛‧考伯菲：Robinson, *Magician*, pp. 202–3.

5　不表演也不寫書的時候：Tatiana Kontou, *The Ashgate Research Companion to Nineteenth century Spiritualism and the Occult* (New York: Routledge, 2012), p. 257; Robinson, Magician, p. 54.

6　一九五三年四月十三日：Robinson, *Magician*, p. 96.

7　「欺騙心理學」：Ibid., p. 77.

8　「約翰那人有血性，很愛國」：Ibid., p. 85.

9　他毫不猶豫地答應了：Edwards, "Sphinx and the Spy."

10　「我們感興趣的是手法」：Albarelli, *Terrible Mistake*, p. 271.

11　「以簡要手冊的形式」：Edwards, "Sphinx and the Spy."

12　穆合蘭有件私事：Robinson, *Magician*, pp. 62–63.

13　中情局的人多半沒那麼開放：Albarelli, *Terrible Mistake*, p. 253.

14　信紙抬頭印的是「琛若菲集團」：Robinson, *Magician*, pp. 88–92.

15　中情局要求穆合蘭簽立保密協議：Ibid., pp. 98–99.

16　「薛曼兄惠鑒」：Edwards, "Sphinx and Spy."

17　「本書主旨為引導讀者」：Ibid.

18　重新出版時：Ki Mae Heussner, "Secret CIA 'Magic' Manual Reveals Cold War Spy Tricks," *ABC News*, December 4, 2009, https://abcnews.go.com/Technology/secret-cia-magic-manual-reveals-cold-war-spy/story?id=9229248; Noah Shachtman, "CIA's Lost Magic Manual Resurfaces," *Wired*, November 24, 2009; Robert Wallace and Keith Melton, eds., *The Official CIA Manual of Trickery and Deception* (New York: William Morrow, 2010).

19　「穆合蘭受邀構思下藥技巧這件事」：Wallace and Melton, eds., *Official CIA Manual of Trickery and Deception* , p. xiii.

20　一九五三年初，他寫信詢問：Albarelli, *Terrible Mistake*, p. 312.

21　高利伯謹守官僚分寸：Ibid., pp. 311–12.

22　「這筆交易簡單明瞭」：Streatfeild, *Brainwash*, p. 66.

23　伊斯貝爾拿到的MKULTRA合約：Central Intelligence Agency,"MKULTRA Briefing Book: Containing Brief Summaries of Each of the 149 MKULTRA Subprojects," January 1, 1976, https://ia600206.us.archive.org/31/items/MKULTRABriefingBookListOfSubprojectsWithBriefDescriptions/January1976/MKULTRA%20Briefing%20Book%20%20List%20of%20subprojects%20with%20 brief%20descriptions%20%20January%201976.pdf; Ross, *CIA Doctors*, pp. 291, 296.

24 他有一篇論文提到一名受試者：Harris Isbell et al., "Studies on Lysergic Acid Diethylamide (LSD 25): Effects in Former Morphine Addicts and Development of Tolerance During Chronic Intoxication," *Archives of Neurology and Psychiatry*, November 1956, https://jamanetwork.com/ journals /archneurpsyc/article-abstract/652297.

25 「我想這個消息你聽了一定高興」：Albarelli, *Terrible Mistake*, p. 312.

26 一個月後，伊斯貝爾報告最新進度：Ibid., pp. 313–14.

27 有時還帶法蘭克・奧爾森：Ibid., p. 311.

28 「哈里斯・伊斯貝爾對我父親做的」：William Henry Wall, *From Healing to Hell* (Montgomery, AL: NewSouth, 2011), p. 186.

29 "「我有七個病人已服藥」：Streatfeild, *Brainwash*, p. 67.

30 「那是我碰過最爛的鳥事」：Marks, *Search for the "Manchurian Candidate,"* pp. 68–69.

31 這些醫生裡最熱中的一個：CIA, "MKUKTRA Briefing Book," https://archive.org/stream/DOC_ 0000190090/DOC_0000190090_djvu.txt.

32 「化學物所致之癲癇」：Albarelli, *Terrible Mistake*, p. 235.

33 「導致典型精神失常」：Ibid., pp. 303–4.

34 「亞特蘭大的實驗讓我們學到很多」：Ibid., p. 302.

35 菲佛一名受試者的回憶：Dick Lehr and Gerard O'Neill, *Whitey: The Life of America's Most Notorious Mob Boss* (New York: Broadway, 2013), pp. 102–22; Wolfe, "10 Real Victims."

36 獲釋之後，他在筆記本裡：Kathy Curran, "Whitey Bulger's Notebook Chronicles LSD Prison Testing," WBZ TV, July 7, 2011, https://boston .cbslocal.com/2011/07/07/i-team-whitey-bulger-volunteered-for-lsd-testing-while-inprison-in-1950s/.

37 「一九五七年我在亞特蘭大監獄坐牢」：James "Whitey" Bulger, "Whitey Bulger: I Was a Guinea Pig for CIA Drug Experiments," *Oxy*, May 9, 2017, https://www.ozy.com/truestory/whitey-bulger-i-was-a-guinea-pig-for-cia-drug-experiments/76409.

38 他的第一件任務是高利伯的子計畫二：Albarelli, *Terrible Mistake*, pp. 283–84; CIA, "MKULTRA Briefing Book"; Marks, *Search for the "Manchurian Candidate,"* p. 215; Ross, *CIA Doctors*, p. 286.

39 海德有個獨一無二的身分：Marks, *Search for the "Manchurian Candidate,"* p. 180; Ryan H. Walsh, *Astral Weeks: A Secret History of 1968* (New York: Penguin, 2018), p. 191.

40 在同事眼中：Albarelli, *Terrible Mistake*, p. 299.

41 中情局才開始出資贊助 LSD 研究：Walsh, *Astral Weeks*, p. 192.

42 只要喝下一小瓶無色、無味：Albarelli, *Terrible Mistake*, p. 299.

43 「參與實驗的人都沒受過適當訓練」：Walsh, *Astral Weeks*, p. 192.

44 高利伯交給他的任務很廣：Central Intelligence Agency, "List of MKULTRA Subprojects," https://www.illuminatirex.com/list-of-mkultra-subprojects/.

45 「狂野而瘋狂」：Albarelli, *Terrible Mistake*, p. 286.

46 一九五三年中，高利伯從MKULTRA 經費中：Marks, *Search for the "Manchurian Candidate,"* p. 66.

47 更讓人坐立難安的是：Albarelli, *Terrible Mistake*, p. 285.

48 「那是在高度保密下做的」：Marks, *Search for the "Manchurian Candidate,"* p. 136.

49 「在局裡，高利伯博士」：Thomas, *Journey into Madness*, p. 237.

50 「每次聽到有人把『善良』或『虔誠』」：Margaret Gottlieb, "Autobiographical Essays."

51 為了加強這股神祕感：Albarelli, *Terrible Mistake*, p. 103.

52 「你不知道外交官在莫斯科過的是什麼日子啊？」：George Kennan, *Encounters with Kennan: The Great Debate* (New York: Routledge, 1979), p. 42.

53 蘇聯領導無法忍受這種譏諷：George F. Kennan, *Memoirs, 1925–1950* (New York: Pantheon, 1967), pp. 145–67.

54 肯楠對國務院的朋友說：Walter L. Hixon, *George F. Kennan: Cold War Iconoclast* (New York: Columbia University Press, 1991), p. 128.

55 中情局內部則出現更闇黑的理論：Albarelli, *Terrible Mistake*, p. 104; CIA, "Interview with Richard Helms."

56 美國政府有個鮮為人知的：Streatfeild, *Brainwash*, p. 23.

57 連知道梗概的人都非常少：Albarelli, *Terrible Mistake*, p. 91; McCoy, *Question of Torture*, p. 28.

58 「知道越多越危險」：Don DeLillo, *Libra* (New York: Penguin, 1991), p. 21.

59 「一九五三年入秋之後」：Albarelli, *Terrible Mistake*, pp. 176–77.

60 「局裡有些人必須接觸大量情報」：Streatfeild, *Brainwash*, pp. 223–24.

61 「P1 偵訊沒有『知情』這回事」：U.S. District Court 2nd Circuit, "Deposition of Sidney Gottlieb," September 19, 1995, p. 195.

62 「希德一個半星期前」：Margaret Gottlieb, "Autobiographical Essays."

CHAPTER
7

墜樓或跳樓
Fell or Jumped

十一月的天氣寒峭刺骨[1]，凌晨時分，曼哈頓第七大道降下一陣玻璃雨，幾秒鐘後，一個人重重落在人行道。史達特勒飯店（Statler Hotel）的門房吉米楞了一下，回神後立刻奔進飯店大廳。

「有人跳樓！」他大喊：「有人跳樓！」

「哪裡？」夜班經理問他。

「前面！人行道上！」

夜班經理趕到現場時，旁邊已經圍了一小群人，對街的賓州站也有幾個人正衝過來。掉下來的人僅著內衣，背部著地，血不斷從他眼睛、鼻子和耳朵湧出，但他還活著，一度似乎想說什麼。

「沒事沒事，我們已經找人幫忙了。」夜班經理對他說：「再撐一下。你會沒事的。」

夜班經理其實自己都不相信自己的話。他為這名奄奄一息的人擦去臉上的血。看到牧師帶著聖經現身，他滿懷感激。緊接著出現的是兩名警察。

「是跳樓嗎？」其中一個警察問。

「應該是。」夜班經理回答。後來他還想到：救護車來的時候，那個人「微微抬頭，嘴唇動了一動，眼睛睜得好大，眼神充滿絕望。他好像想跟我講什麼，我湊過去聽，但他只是長長吐了口氣，就死了」。

夜班經理在黑暗中盯著飯店大樓察看，看了沒多久，他就發現有個房間窗子破了，窗簾透出來迎風搖動，那間是1018A，登記的房客是法蘭克・奧爾森和羅伯・拉許布魯克兩個人。

警察拔槍進入1018A，但什麼人也沒看到。窗子破了。他們推開浴室的門，只見拉許布魯克坐在馬桶上，雙手抱頭，一臉痛苦。他說事發當時他正在睡覺，但「一聽到聲音我就醒了」。

「跳窗的那個人叫什麼？」警察問。

「奧爾森，」他說：「法蘭克・奧爾森。」

「你說奧爾森先生跳窗時你沒看到？」

「對，我沒看到。」

「你也沒想下樓看看奧爾森先生的情況？」

「我從窗戶看下去，看到他躺在那裡，也看到有幾個人從車站那邊衝過來。你說我還能怎麼辦？我當然知道他需要幫忙，但我覺得我最好待在這裡。」

夜班經理無意間聽到這段對話，心裡起了疑竇。「我在飯店工作這麼多年[2]，」他後來說：「從沒聽過有人會三更半夜起床，穿著內衣衝過黑不隆咚的房間，繞過兩張床，穿過放下的窗簾和關上的窗戶跳下去。」離開警察後他回到大廳，突然心中一動，問接線員1018A有沒有撥電話出去。她說有——而且她還偷聽了。在飯店電話需要交換台轉接的年代，接線員偷聽是家常便飯。她說房裡有人撥了一個長島的電話號碼，號碼登記的是哈洛・亞伯蘭森醫生。

「呃，人沒了。」撥電話的人說[3]。亞伯蘭森回答：「唉，太糟了。」

對最早趕到的警察來說，這似乎是司空見慣的悲劇：又是一個因為一時想不開或失心瘋而自殺的人。他們不知道的是，不論是死者還是那個活著的房客，都效命於美國最高機密的情報計畫。

　　天亮後，與奧爾森相熟的一個同事開車到馬里蘭，向死者的家人告知噩耗。他對愛麗絲・奧爾森（Alice Olson）和她的三個孩子說，法蘭克從旅館窗戶「墜樓或跳樓」，不幸身亡。他們對這個消息當然震驚，可是也只能接受。法蘭克的同事還說他的遺體受損嚴重，建議他們別瞻仰遺容，愛麗絲不表反對，於是葬禮全程棺木緊閉。這場悲劇本來可能就這樣結束了。

　　豈料幾十年後出現驚人轉折，新證據一一浮現，顛覆對於奧爾森死因的解釋。首先是中情局承認：在奧爾森死前不久，他的同事曾邀他度假，在他不知情的情況下讓他吃下LSD。另一方面，奧爾森其實對妻子講過他「鑄下大錯」，想離開中情局。奧爾森之死的反敘事就這樣一點一滴逐漸現形：他對工作感到困擾，有意辭職，結果被同事當成保防漏洞。凡此種種，都讓他一步一步走進史達特勒飯店1018A號房，而他的遭遇，是MK-ULTRA最撲朔迷離的謎團之一。

　　法蘭克・奧爾森出身瑞典移民家庭，在蘇必略湖（Lake Superior）旁邊的一座窮酸小鎮長大。化學是他的出路。他雖然天資普普，但勤勉用功，一九四一年從威斯康辛大學拿到博士學位，娶同學為妻後到普渡大學農業試驗場工作。因為他大學時曾加入預備軍官訓練團以賺取學費，美國參戰後他立刻收到召集令，授階中尉，奉命到德州胡德堡（Fort Hood）報到。一九四二年十二月二十六日，他還在胡德堡受訓的時候[4]，他在威斯康辛大學的指導教授鮑德溫給他打了一通電話，他的人生從此轉向。鮑德溫當時剛剛答應軍方的邀請，開始緊急研究生物戰，他希望專研噴霧設備的奧爾森一起加入。軍方應鮑德溫之請，將奧爾森調到馬里蘭的埃奇伍德兵工廠。幾個月後，化學戰爭處接掌附近的狄崔克營，在那裡祕密建立生物戰實驗室。奧爾森是首批派往狄崔克營的科學家之一，他搬去時工程仍在進行。

奧爾森在狄崔克營的同事只有寥寥數名，但他們將一路相隨，伴他走完整段祕密生涯。其中一個是哈洛·亞伯蘭森，也就是十年後在他喪命的那個凌晨，接起電話聽到一句沒頭沒尾的「呃，人沒了」的那個人。他的同事還包括幾個透過迴紋針計畫來美國的前納粹。他們有一段時間研究的是噴霧技術（以便對敵人噴灑細菌或毒物），以及如何防禦這種攻擊。除了這幾名同事，奧爾森後來還認識了幾個在歐洲實驗「吐真劑」的美國情報官。

「我們才在想是不是跟原子彈計畫有關[5]——因為你有些朋友是專攻物理的，而他們全都跑到洛斯阿拉莫斯（Los Alamos）去了——」愛麗絲·奧爾森多年後說：「到了這裡才發現，每家太太都說他們一定是在研究細菌戰。」

一九四四年，奧爾森從軍隊退役[6]，但生活幾乎沒有改變。他以民間人士身分獲軍方聘雇，留在狄崔克營繼續研究大氣生物學。他參觀過猶他州達格維試驗場幾次（那裡專門測試「活體生物製劑、軍需品和氣膠製品），也合寫了一篇長達兩百二十頁的研究[7]〈實驗性空氣傳染〉（Experimental Airborne Infections），敘述以「高傳染性製劑機載雲粒」做的實驗。一九四九年，狄崔克營派員觀摩英軍在加勒比海安地卡島的駕馭行動（Operation Harness）[8]（試驗動物對毒氣的脆弱性），奧爾森也是其中一員。隔年，他參與海沫行動，在舊金山附近從船艦施放細菌雲，模擬炭疽攻擊。他經常到特里堡（Fort Terry）祕密軍事基地出差[9]，那裡位在長島東端的普拉姆島（Plum Island），專門測試毒性強到不容帶進美國本土的毒物。

也是在這段時期，資深軍官和中情局官員對美蘇差距日益警覺，擔心蘇聯更快掌握以微生物為武器的辦法。他們的焦急是成立特別行動組的契機，而關於它的謠言也很快傳遍辦公室和實驗室。奧爾森是有天晚上跟同事[10]約翰·施瓦布（John Schwab）玩牌時聽說的（他當時還不知道施瓦布已被任命為特別行動組第一任組長）。施瓦布邀他加入，他很快答應了。

奧爾森不到一年就當上特別行動組代理組長。對他工作內容的說明雖然

含糊不清〔11〕，卻相當吸引人：收集「有益本組的資訊，尤其是醫學生物學方面」，以及與「其他執行類似或相關計畫的單位」協調。這個「單位」就是中情局。

　　一份研究說，奧爾森的專長是「細菌之空氣傳播」〔12〕：「奧爾森博士已研發多種劇毒噴霧，可置於輕便容器之內，偽裝成刮鬍膏或驅蟲劑，其中包括：可造成嚴重食物中毒的葡萄球菌腸毒素、甚至比葡萄球菌腸毒素更毒的委內瑞拉馬腦炎病毒，以及毒中之毒炭疽……他研發的其他武器還包括：能噴出劇毒毒氣的打火機、接觸皮膚即可致死的口紅，還有一種能引發氣喘患者肺炎的噴霧。」

　　一九五三年初，奧爾森卸下特別行動組代理組長的職務（他說這個工作壓力太大，讓他潰瘍越來越嚴重），加入中情局。不過，他還是繼續待在特別行動組，因為它在名義上雖然隸屬軍方，但實際上是藏在軍事基地的中情局研究單位。在這裡，奧爾森認識了很快就要主持MK-ULTRA的高利伯，還有他的副手拉許布魯克。

　　在狄崔克營的實驗室裡，奧爾森測試過不少毒物，經常必須以毒氣或毒劑毒殺實驗動物。這些經驗讓他深感困擾。「他一早去上班〔13〕，一開門就看見一堆死猴子。」他的兒子艾瑞克（Eric）後來回憶道：「那種畫面總是讓他心煩意亂。他不適合做那種事。」

　　奧爾森也見過人類受折磨的場面。雖然他自己沒有動手，但他在好幾個國家監督過刑訊。「在中情局在德國的安全屋裡〔14〕，」一份研究說：「奧爾森看過好些恐怖、殘暴、卻屬例行的刑訊過程。被當成『消耗品』的俘虜、間諜、『內奸』、洩密者等等，被各種實驗性的刑求手段活活折磨至死。他們結合藥物、催眠和拷打，想以此掌握洗腦和消除記憶的辦法。」

　　一九五三年感恩節的前幾天，奧爾森收到一封邀請函，不熟悉中情局規矩的人看了恐怕一頭霧水。邀請函上寫的是「深溪之約」〔15〕，邀奧爾森和另外八個人十一月十八日星期三出發，去馬里蘭州西邊深溪湖（Deep Creek Lake）的別墅一聚。「別墅風格別緻──一點柏克萊風，加一點奧克蘭風」。邀請函裡有附從華府和馬里蘭州腓特烈市過去的詳細路線，底下的附註十分惹眼：「偽裝：劇作家、編輯、作者、講師及運動雜誌之冬季聚會。切記撕下車上的CD〔按：狄崔克營〔Camp Detrick〕〕貼紙。」

　　深溪湖畔的兩層樓別墅位處陡坡，旁邊當時還是森林，斜坡下去就是湖邊。據租賃公司介紹，它「可供十人住宿，有四間臥室、客廳、廚房、浴室、大壁爐、栗色嵌板、電爐和冰箱」。十一月十八日當天，奧爾森在腓特烈市的家裡，等候接替他成為特別行動組組長的文森·盧威特（Vincent Ruwet）。盧威特接他之後，兩人一起開車前往六十哩外的深溪湖。其他受邀者下午陸續抵達。

　　高利伯每幾個月都會辦一次這種聚會，名義上是兩個單位的人一起聚聚（四名中情局技術服務處執行MK-ULTRA的科學家，加上五名化學兵部隊特別行動組的軍方科學家），實際上他們合作非常密切，有如一個單位。他們同是志在破解宇宙之謎的戰友，在放鬆的環境裡討論計畫、交換意見是很正常的。

　　在深溪湖的第一天沒什麼特別。週四晚上，他們一起吃過晚餐後決定喝個幾杯。高利伯的副手拉許布魯克拿來一瓶君度酒（Cointreau）〔16〕，為每個人倒上一杯。包括奧爾森在內，有幾個人喝得特別猛。二十分鐘後，高利伯問有沒有人覺得冷。幾個人說有，高利伯說那是因為他們的飲料加了LSD。

　　此話一出，一片譁然。這些不知情的受試者──現在知情了──雖然意識改變，但也清楚自己遇上了什麼事。奧爾森尤其憤怒。據他兒子艾瑞克說，他變得「非常激動，嚴重分不清幻想和現實」。他和其他人很快陷入幻覺的

世界。高利伯後來報告：他們開始「喧鬧和大笑[17]……無法繼續開會或進行有意義的討論」。到了隔天早上，他們的情況也只稍微好一點點而已。會開不下去了。奧爾森直接回斐特烈。到家時他已變了個人。

當晚全家吃晚餐時，奧爾森顯得疏離冷漠。他隻字不提這趟深溪之旅，對孩子們愛理不理，也什麼都不吃。雖然愛麗絲特別準備了蘋果派，他也一口都不吃。愛麗絲設法讓他回神，但他一直呆滯地盯著空氣。

「我鑄下大錯。[18]」他總算開口。

「什麼錯？」她問：「你洩密嗎？」

「沒有。」

「你偽造數據嗎？」

「你知道我不會做那種事。晚點再說，等孩子們睡了再說。」

然而，他後來還是什麼也沒告訴妻子。那謎樣的「認錯」更是讓人難以釋懷——他究竟犯了什麼「大錯」？幾十年後，一生致力解開父親死亡之謎的艾瑞克·奧爾森，似乎有了答案。

我覺得在深溪湖開會的時候[19]，他們給了我爸改變想法的機會。我不曉得我爸是回了「去你的」還是什麼，總之他不願意。可是回家之後，他想法變了，他發現這可能對他自己和他的家人造成嚴重後果。他的「大錯」就是堅持己見。講得寬一點，他的「大錯」就是不懂自己在跟什麼樣的人打交道。他以為自己的意見會被重視，但他們的態度是，「誰理你啊？你怎麼想是你的事，但管事的是我們，我們才不甩你」。我想，他直到最後一刻才知道自己對抗的是什麼。

深溪之旅後的週末對奧爾森夫婦都很難熬。為了打破陰沉氣氛，他們決定星期日晚上去看電影。附近的戲院正好在放映新片《馬丁·路德》（*Martin*

Luther），情節與奧爾森的處境貼切得詭異：在良心煎熬下，一個人決定付出一切捍衛自己的信念。

「如果我說得不對，儘管反駁我。」路德在電影高潮對審訊者說：「但我不會撤回主張，將來也不會。這是我的立場，我別無選擇，願神佑我。阿門。」

這一幕深深震撼夫婦兩人。「我覺得我們選錯片了。[20]」愛麗絲在回家的路上對丈夫說。

隔天，十一月二十三日上午，奧爾森一早就到狄崔克營上班，他的上司盧威特隨後也進了辦公室。從他們在不知情的情況下服下LSD已經整整四天，但兩個人的狀況還是不太好。盧威特後來說「那是我這輩子最恐怖的經驗[21]，以前連想都想不到」。照他自己後來的說法，星期一那天他「說有多糟就有多糟」。

奧爾森開始一股腦兒地傾吐懷疑和恐懼。「他看起來很激動[22]，一直問我是不是該開除他，還是他應該辭職。」盧威特後來說：「我有點被他嚇到，問他出了什麼事。他說他覺得他把實驗弄得一塌糊塗，開會時也表現得很糟。」盧威特試著安撫他，對他說他工作做得很好，大家也很肯定他的表現。奧爾森漸漸聽進盧威特的話，也覺得為此辭職反應太過。兩個人分開時氣氛輕鬆不少。

可是隔天早上，盧威特一進辦公室就發現奧爾森又等著見他，而且狀況變得更糟。盧威特後來說他看起來「神情恍惚」，一直說自己「一團亂」、「做錯事」，覺得自己「沒能力做現在的工作」。

MK-ULTRA這時已經進行了七個月。它是政府藏得最深的機密之一，奧爾森在加入特別行動組時就被告知，這個計畫的保密工作「沒有最嚴，只有更嚴」[23]。知道計畫真實面貌的人才二十多個，參加深溪之旅的有九個，其中幾個被暗中下藥，而其中一個似乎開始失控。這一群人堅信，MK-ULTRA的成敗，將決定美國和全體人類命運，對他們來說，

有人想退出非同小可。

更令人頭痛的是，奧爾斯已經在狄崔克營工作十年，特別行動組的機密他就算不知道全部，也知道很大一部分。他多次赴德[24]，拍下很多投影片和影片，全放在法蘭克福的中情局情報站——而那裡距離舒斯特宅的黑牢不到一小時車程。他也去過美軍在海德堡和柏林的祕密偵訊室，同樣拍過不少照片。從他的護照來看，除了德國，他還去過英國、挪威、瑞典和摩洛哥。一九五一年八月十六日，奧爾森是少數派往法國聖神橋鎮（Pont-St. Esprit）[25]的特別行動組科學家之一。那裡神祕陷入集體歇斯底里和嚴重譫妄，受害居民超過兩百人，七人喪命。原因後來查明：他們是麥角中毒，而LSD正是從這種菌類萃取的。不過，以奧爾森的經歷來說，更嚴重的或許是：如果美軍在韓戰中有使用生物武器——那時只有間接證據，還無法證明——他一定知情。總之，只要他揭露任何一件他見過或做過的事，後果都不堪設想。

偏偏，「他是個非常、非常坦率的人[26]，從來不怕講出自己的想法」。他的朋友和同事諾曼・庫諾耶（Norman Cournoyer）後來說：「他才不管那麼多。法蘭克・奧爾森向來百無禁忌，有話就說……我敢肯定，他們就怕他這點。他真的什麼時候想講什麼就講什麼。」

一九五三年，奧爾森的疑慮日益加深。春天時，他到倫敦西南的波頓當（Porton Down）參觀英國微生物研究所（British Microbiological Research Establishment）。那裡由政府聘請科學家研究沙林和其他神經毒氣的效果，是英國的最高機密。五月六日，一名二十歲的士兵自願當受試者[27]，吸入沙林毒氣。他隨即口吐白沫，嚴重抽搐，一小時後身亡。奧爾森後來對協助該研究的精神科醫師威廉・薩根（William Sargant）講起這件事，說他深感不安。

一個月後，奧爾森回到德國[28]。據後來解密的紀錄顯示[29]：他在德國的時候，一名代號「病患二」的蘇聯間諜受到嚴重刑求，地點就在法蘭克福附近某個地方。我們後來重建他的行蹤，發現在同一趟旅程裡，他「造訪

斯圖加特（Stuttgart）附近的一座中情局『安全屋』[30]，親眼看見好幾個人慘死，而他們所受的折磨常常是自己製作的武器造成的」。他接著前往北歐和巴黎[31]，之後又去英國拜訪威廉‧薩根。他們見面後不久[32]，薩根寫了一份報告說明奧爾森的情況，說他「深受在中情局德國安全屋的所見所聞困擾」，而且「表現出不願對前述事項保密的跡象」。他將報告呈送上級，知道他們會轉給中情局參考。

「我沒理由不那樣做。」薩根多年後說：「我們在這種事情上跟美國人肝膽相照，我們有共同利益要保護。」

奧爾森回家後沒多久[33]，就去找老朋友庫諾耶訴苦。「他很困擾。」庫諾耶多年後回憶道：「他說：『老庫，要是你也看到他們的手段，一定當場愣住。他們逼人招供。他們給人洗腦。他們什麼藥都用，什麼酷刑都使得出來。他們用納粹、用囚犯、用俄國人——而且他們根本不在乎那些人死活。』」在另一次採訪裡，庫諾耶說奧爾森「也以某種方式參與其中[34]——他為此很不好受。可是他一點辦法也沒有。他是中情局的，而中情局做事就是那樣……他說：『老庫，你看過人死嗎？』我說沒有。他說：『你知道嗎？我有。』那些人真的死了。有些被刑訊的人真的死了。所以你想像得到那些人對他們幹了什麼……他說他想走人。他親口講的，他說：『我要離開中情局。句點。』」

被下藥五天後，奧爾森還是覺得暈頭轉向，神智不清。他特別行動組的上司盧威特見情況不對，打電話向高利伯報告。高利伯要他帶奧爾森來聊一聊。高利伯後來說，見面的時候，「我覺得他有些想法很糾結」[35]。他很快做出決定：帶奧爾森去紐約找和MK-ULTRA關係最密切的醫生——哈洛‧亞伯蘭森。

看到丈夫才中午就下班回家，愛麗絲‧奧爾森很驚訝。「我答應要去看

一下精神科。[36]他邊收行李邊說。沒過多久，盧威特來了。愛麗絲問她能不能跟著送她丈夫一程，陪一段路就好。盧威特說沒問題。於是幾分鐘後，他帶奧爾森夫婦一起出發。

在車上，奧爾森變得越來越浮躁。他問他們要去哪裡。盧威特說先到華府，然後飛去紐約做治療。因為兩天後就是感恩節，愛麗絲問丈夫會不會回家吃感恩節晚餐。他說他會。

開到貝什斯達時，他們在威斯康辛大道（Wisconsin Avenue）旁的小店停下來吃午餐。奧爾森一口也不吃。愛麗絲勸他多少吃一點，他說他怕食物裡被下藥或下毒。

被陰謀論沖昏頭的人，常常聲稱中情局在他們的食物裡下毒。這大多是無稽之談，和堅信外星人在自己的牙裡植入信號器差不多。可是奧爾森不一樣，被中情局下藥是他的親身經歷，而製毒的人就是他的同事。

到華府後，他們先停在倒影池（Reflecting Pool）旁一棟沒標誌的中情局大樓。盧威特下車進去，奧爾森夫婦留在車上，在後座手挽著手。愛麗絲要法蘭克再次向她保證感恩節會回家吃飯，他說好。盧威特這時走了出來，向法蘭克示意跟著他走。夫妻兩人道別。

依高利伯指示，盧威特和拉許布魯克兩人護送奧爾森去紐約。起飛之後，奧爾森越來越緊張不安，開始叨叨絮絮，一直說他覺得「一片混亂」[37]，覺得外面有人要抓他。

到拉瓜地亞機場（LaGuardia Airport）後，他們搭計程車到亞伯蘭森的辦公室，東58街133號的一間磚造聯排屋。他們對愛麗絲講過亞伯蘭森是特別挑過的[38]，因為法蘭克「必須看安全層級夠高的醫生，才能暢所欲言」。這有一部分是真的，只不過亞伯蘭森不是精神科醫生，挑他是因為他是MK-ULTRA計畫的自己人。高利伯知道亞伯蘭森對MK-ULTRA忠心耿耿（要是讓他自己說，他會說他是對美國國家安全忠心耿耿），這讓他成為了解奧爾

森想法的理想人選。

　　奧爾森對亞伯蘭森說，他從深溪之旅後就沒辦法好好工作，他沒辦法專心，甚至連拼字都忘了，晚上也睡不著覺。亞伯蘭森設法安撫奧爾森，奧爾森談過之後似乎真的放鬆不少。盧威特和拉許布魯克六點來接他。當天稍晚，亞伯蘭森又到他們投宿的史達特勒飯店找他們〔39〕，還帶了一瓶波旁和幾顆寧必妥（Nembutal，這種巴比妥鹽有時被用來助眠，但不建議與酒類一併服用）。他們四人一直聊到午夜。亞伯蘭森離去時建議奧爾森：要是睡不著，可以吞幾顆寧必妥試試。

　　「我覺得好多了。〔40〕」散會時奧爾森對他們說：「我就是需要這樣聊一下。」

　　隔天上午，盧威特帶奧爾森見魔術師約翰・穆合蘭。據《紐約時報》後來的一份報導〔41〕，穆合蘭「可能試圖催眠」奧爾森，讓奧爾森問了盧威特幾次：「這是要幹什麼？」另一份紀錄則說，奧爾森「覺得穆合蘭想把他像舞台上的兔子一樣變不見〔42〕，變得很激動」。結果，才與穆合蘭見面沒幾分鐘，奧爾森就從椅子上跳起來，奪門而出。盧威特趕緊追上。

　　當晚，盧威特和拉許布魯克帶奧爾森逛百老匯，一起去看音樂劇《我與茱麗葉》（Me and Juliet）。中場休息時，奧爾森說他怕散場時會被抓，想趕快離開。盧威特笑他想太多，向他「個人保證」第二天下午就能到家，一定來得及享受感恩節晚餐。但好說歹說，奧爾森還是堅持要走。

　　於是，他們兩個一道回史達特勒飯店，留拉許布魯克自己欣賞《我與茱麗葉》下半場，直到就寢都沒有再生枝節。可是隔天早上五點半，盧威特起床時發現奧爾森不見了。他立刻叫醒隔壁房的拉許布魯克，兩個人一起衝下飯店大廳，結果發現奧爾森就在那裡坐著，神情渙散，一身狼狽。他說他漫無目的地去街上遊蕩〔43〕，把皮夾和身分證都扔了。

　　那天是感恩節，離奧爾森在深溪湖被下藥已整整一週。他還是想回家與家人共進晚餐。盧威特和拉許布魯克陪他飛回華府。在國家機場（National

Airport）降落時，MK-ULTRA 的一名同事已經等著要接他們。盧威特和奧爾森上車回腓特列，但開車後沒多久，奧爾森又心情大變，要求停車。

「怎麼了嗎？」盧威特問。[44]

「我想好好談一下。」

他們把車停到貝什斯達豪生飯店（Howard Johnson）的停車場。奧爾森對盧威特說他覺得「沒臉見太太孩子」，因為他「一塌糊塗」。

「你希望我怎麼做呢？」盧威特問。

「別管我了。讓我一個人走。」

「我不能這樣。」

「不然把我交給警察吧，反正他們一定在找我。」

談了一陣之後，盧威特建議回紐約再找亞伯蘭森談談。奧爾森同意。於是他們開回華府，到拉許布魯克在杜邦圓環（Dupont Circle）附近的住處。高利伯得知早上的風波後已打消過節計畫，隨後趕到。據他後來的說法，奧爾森「當時一臉愁容，精神很差……他講話很清楚，但前言不對後語，想法很亂。他又講到無法勝任工作，誰也幫不了他，最好趕快放棄他，別再管他。」

以奧爾森知道的內情之多，還有他當時的精神狀態，這是不可能的。高利伯要盧威特開車回馬里蘭，跟奧爾森太太說法蘭克沒辦法回家吃感恩節晚餐了。然後他載奧爾森和拉許布魯克到國家機場，送他們上飛機飛回紐約。

降落後，這兩名科學家搭計程車到亞伯蘭森週末的住處，在長島亨廷頓鎮（Huntington）。亞伯蘭森先與奧爾森談了大約一個鐘頭，接著和拉許布魯克談了二十分鐘。離開之後，他們決定在冷泉港（Cold Spring Harbor）附近的一間小旅舍將就一晚，兩個人一起吃了頓淒涼的感恩節晚餐。

第二天早上，亞伯蘭森、拉許布魯克和奧爾森開車回曼哈頓[45]，在亞伯蘭森東五十八街的辦公室相談。亞伯蘭森說服奧爾森自願入院，去馬里蘭一家叫栗樹小屋（Chestnut Lodge）的療養院休養，免得之後被強制就醫。決

定之後，奧爾森和拉許布魯克一同離開，入住史達特勒飯店1018A號房，準備隔天回家。

在史達特勒飯店的餐廳吃晚餐時，奧爾森對拉許布魯克說他期待入院，喃喃細數他老早就想看的書。拉許布魯克後來說，當時的他「幾乎恢復成實驗前的那個奧爾森博士」。回房之後，奧爾森在洗手台洗了襪子，看了一會兒電視，接著上床睡覺。

凌晨兩點二十五分，他掉出窗外。

————————————

奧爾森摔落第七大道的人行道沒多久，十四分局的警員便趕到史達特勒飯店。夜班經理帶他們到1018A號房，拿萬能鑰匙開鎖後站到一旁，讓警方進入。只見窗子粉碎，只剩幾片尖利的玻璃。警察進浴室時，拉許布魯克從馬桶上緩緩抬頭。

一切發生得太快，他說。他被玻璃破碎的聲音吵醒，然後奧爾森就走了。除此之外，他不知道能多說什麼。警察想的則是不曉得有沒有不法情事，搞不好這兩個在搞同性戀？

「你知不知道奧爾森先生的皮夾在哪？[46]」其中一個警察問。

「我記得他幾天前掉了。」拉許布魯克答。

「你得來我們分局一趟。」

在西十三街的十四分局裡，警方請拉許布魯克把皮夾裡的東西全拿出來。裡頭有幾張機票，一張魔術師約翰‧穆合蘭簽字的一百一十五元收據，幾張寫著姓名、地址和電話的紙條，有文森‧盧威特、哈洛‧亞伯蘭森、喬治‧杭特‧懷特，還有奧爾森本來要去住的那家馬里蘭療養院栗樹小屋。皮夾裡還有幾張安全通行證，其中一張是中情局的，另一張是埃奇伍德兵工廠的。警方請拉許布魯克說明。

　　拉許布魯克說他是為國防部工作的化學專家，奧爾森則是軍方細菌專家。奧爾森最近精神狀況不太穩定，所以他帶奧爾森來紐約找哈洛・亞伯蘭森治療。不料奧爾森還是過不了那道檻，從飯店窗戶跳了出去。我知道的就這樣了，拉許布魯克說——其實，他略掉一個重要細節：基於國安因素，這件事必須保密。

　　警方留拉許布魯克一個人在偵訊室，打電話核對他的身分。盧威特和亞伯蘭森都確認他所言屬實。警方又問了幾個問題後，對拉許布魯克說他可以離開，但晚一點要去美景醫院（Bellevue Hospital）為奧爾森認屍。拉許布魯克回到飯店後沒多久，有人輕敲房門。中情局善後的人到了。

　　每個祕密單位都需要精通善後的探員。在一九五○年代的中情局，這樣的探員在謝菲爾德・愛德華茲的保防室。奧爾森死後幾小時和幾天的掩護工作，是善後作業的高效典範。

　　奧爾森跳出史達特勒飯店的窗戶沒多久〔47〕，拉許布魯克就撥電話向高利伯報告。高利伯隨後撥了一個祕密電話號碼，接通中情局總部的值勤探員。他說「紐約有家飯店出事，一人死亡」，需「立刻關注」。值勤探員打電話向愛德華茲報告，說「有一個在狄崔克營負責機密計畫的中情局員工」在紐約自殺。

　　「叫法蘭克・奧爾森。」他補充。

　　愛德華茲要值勤探員做兩件事。第一，打電話給拉許布魯克，叫他前往史達特勒飯店的另一個房間，「在我們的人到那裡之前什麼也別說」。第二，立刻通知高利伯和他的上司（即技術服務處處長「吉布」・吉本斯），叫他們來林肯紀念堂（Lincoln Memorial）旁邊一棟沒標示的中情局大樓開會。

　　他們在清晨五點四十分抵達，愛德華茲隨後也到了。他們向他說明紐約的情況，愛德華茲後來說他還「仔細詢問吉本斯博士和高利伯博士這起意外之前的事」。他知道該往哪個方向問，畢竟他曾協助規劃青鳥計畫，而早在

POISONER IN CHIEF
Sidney Gottlieb and the CIA Search for Mind Control

MK-ULTRA成立之前的一九五〇年，青鳥計畫便已開始進行精神藥物實驗。經他詢問，高利伯說出一件關鍵事實：奧爾森死前九天，他的中情局同事在他不知情的情況下讓他吞服LSD。

愛德華茲的冷靜與自信在中情局是出了名的，他開始說明接下來會展開什麼掩護工作。首先是說服紐約警方停止調查，並一同合作誤導媒體。第二，為拉許布魯克捏造假資歷（「編故事」）。他是唯一的證人，一定會被調查員仔細盤問，絕不能讓人發現他為中情局工作，更不能暴露MK-ULTRA計畫。第三，必須盡快通知和安撫奧爾森的家屬，設法讓他們合作。愛德華茲有人手能完成前兩項任務，第三件需要高利伯處理：找個信得過的人通知那個剛守寡的人壞消息。高利伯說他已經這樣做了。

「我差不多三點時跟文森・盧威特通過話，他是狄崔克營特別行動組的組長。我要他去奧爾森家一趟。」高利伯說：「他現在應該已經在那兒了。」

盧威特撿了個屎差，不但得親口對愛麗絲・奧爾森說她丈夫剛剛慘死，還得開始想辦法讓這家人保持低調。他開車前往腓特烈市那間木造平房時，天上降下小雪。愛麗絲得知消息震驚不已，嚎啕大哭，癱軟在地。等她終於能開口時，她說的是：「告訴我到底發生了什麼事。」

盧威特對愛麗絲說她丈夫入住紐約一家飯店，從窗戶「墜樓或跳樓」身亡。她的哭嚎聲驚醒了九歲的兒子艾瑞克。他進了客廳，盧威特告訴他：「你爸爸出了意外[48]。他從窗戶墜樓或跳樓。」這句話從此在他心頭縈繞不去。

「在那之後好多年[49]，我常常在想那句話的意思，但怎麼想也想不出來，越想越困惑。」艾瑞克回憶道：「墜樓跟跳樓差很多，但不論是哪一個，我都想不到怎麼會發生。」

愛麗絲在馬里蘭家中獲知丈夫的死訊時，拉許布魯克在紐約史達特勒飯店領中情局救兵到他房間。救兵只有一個。在內部報告中，他被稱作「詹姆斯・麥克探員」（Agent James McC.），後來知道他是詹姆斯・麥克科德（James

158

McCord)[50]──水門案裡闖空門的竊賊之一，他也因此成為美國政治史裡的一個註腳。麥克科德本來是FBI探員，專長是反情報工作，讓警方調查紀錄不翼而飛是他的看家本領。

十一月二十八日清早，麥克科德一接到愛德華茲的電話便開始行動。他搭第一班早班飛機飛往紐約，八點左右抵達史達特勒飯店。拉許布魯克當時剛從十四分局回來。麥克科德向拉許布魯克問話一個多小時，差不多九點半時建議他離開，依警方要求去美景醫院認屍。拉許布魯克認了奧爾森的屍體。他不在的這段時間，麥克科德嚴密搜索1018A號房和旁邊的幾個房間。

剛過中午，拉許布魯克回到史達特勒飯店。麥克科德正等著他。據麥克科德事後報告，拉許布魯克接下來幾個鐘頭打了好幾通電話，「表現得非常鎮定」。其中一通是打給高利伯的。講完電話之後，拉許布魯克對麥克科德說高利伯給了指示：晚上九點十五分到亞伯蘭森的辦公室，拿一份報告，帶回華府。

當晚，拉許布魯克和麥克科德離開飯店，走到第七大道對街的賓州站。一名中情局保防室的探員已經在那裡，等著跟麥克科德換班。這名報告裡稱作「沃特・P・T」的新進探員，向拉許布魯克建議搭計程車去亞伯蘭森的辦公室。到了之後，拉許布魯克說他想和亞伯蘭森單獨談一下。那名探員透過鑰匙孔偷聽。

「關上門後，亞伯蘭森醫生和拉許布魯克開始討論安全問題。[51]」他在報告中寫道：「亞伯蘭森醫生對拉許布魯克說，他『擔心計畫已陷入險地』，也認為『行動目前岌岌可危，整個計畫都該重新評估』。」

拉許布魯克帶著報告搭上午夜列車，回到華府。中情局保防室的探員留在紐約收拾殘局。調查本案的警探做出結論[52]：奧爾森因「墜樓或跳樓」所致之多處骨折身亡。這成了官方說法。

「一名在軍方狄崔克營生物戰研究中心服務的細菌學家[53]，昨日凌晨

自紐約史達特勒飯店墜樓或跳樓身亡。」奧爾森家鄉的報紙寫道:「同行者指認其為法蘭克・奧爾森,四十三歲,現居腓特烈市五區⋯⋯據指出,奧爾森因抑鬱問題需要就醫,週四與友人羅伯・拉許布魯克(任國防部顧問)前往紐約。」

葬禮上,愛麗絲・奧爾森向弔客一一致意,失魂落魄如行屍走肉。奧爾森的同事也到了。兩個她不認得的人百般安慰她,她悄悄問朋友他們是誰。

「是羅伯・拉許布魯克和他老闆。[54]」那個朋友回答:「他們也在中情局工作。」

沒過幾天,「拉許布魯克和他老闆[55]」打電話給愛麗絲,問她方不方便登門拜訪。她答應了。拉許布魯克先自我介紹,再介紹他的老闆:希德尼・高利伯。他們都對愛麗絲說他的丈夫是個好人,大家都非常懷念他。

「我實在不知道法蘭克為什麼會這樣,但只要是我知道的,我都願意告訴你。」拉許布魯克說。高利伯也一樣熱心:「如果你想多知道一點他的事,我們都樂意一起見面聊一聊。」愛麗絲後來回想才發現:他們造訪的動機恐怕不單純。

「他們大概是來探我的底[56],看看我的表現,看看我應不應付得來,看看我有沒有歇斯底里。」她說:「我想他們回去時一定大大鬆了口氣,因為我表現得好感謝他們來,把他們招待得很好——這大概正中下懷,他們總算能放心了。」

儘管善後工作做得成功,奧爾森的死對中情局來說仍舊是災難,幾乎威脅到MK-ULTRA的存續。高利伯、赫姆斯和杜勒斯原本應該以此為鑑,重新反省。同事的死原本應該讓他們知所警惕,就算不全面終止精神藥物實驗,至少也該要求往後必須取得受試者的知情同意。怎料他們依然故我,繼續進行,彷彿這件事根本沒發生。這反映出MK-ULTRA對他們多麼重要——如果它能提供未來戰爭的致勝之鑰,死一個人何足掛齒,豈能為了

這種小事改變方向？

「撇開陰謀論不談[57]，如果法蘭克‧奧爾森是被謀殺的，原因可能非常單純。」五十多年後的一份研究總結道：「深溪湖那場實驗之後，希德尼‧高利伯可能赫然驚覺團隊裡有顆不定時炸彈，對整個計畫的機密性構成威脅。法蘭克‧奧爾森死亡或許就是他們想出的解決辦法——解決MK-ULTRA所受威脅的辦法。」

雖然中情局外沒人質疑奧爾森之死的官方說法，這件事還是在局裡引起軒然大波。中情局總顧問羅倫斯‧休士頓（Lawrence Houston）與杜勒斯是老搭檔[58]，他們曾一起起草一九四七年實施的《國家安全法》，促成設立中情局。他花了兩週察看他所稱的「與法蘭克‧奧爾森博士之死有關、且本局所能取得的所有資料」，隨後寫了一份簡短的備忘錄總結看法。「我的結論是：奧爾森博士之死，是他為美國政府履行公務的過程中，某次實驗意外所導致的結果，換言之，那場意外與他的死有直接因果關連。」備忘錄裡說：「在我看來，技術服務處方面對這次實驗的態度十分輕忽，而且事後竟然表示科學實驗本來就有風險，我對此深感不悅……這場死亡意外原本應該可以預防，可是本局全體——尤其是局長——居然被蒙在鼓裡，直到意外發生都一無所知，立場無比尷尬。」

休士頓將這份備忘錄交給中情局監察長萊曼‧柯克帕特里克（Lyman Kirkpatrick）。柯克帕特里克在戰略情報局工作過，中情局成立後也隨即加入，資歷相當深。杜勒斯已交代柯克帕特里克調查奧爾森命案，但杜勒斯對來龍去脈卻說明得不清不楚。他對柯克帕特里克說，奧爾森參與了一次可能涉及LSD的「實驗」，那次經驗可能與他自殺有關。杜勒斯要柯克帕特里克負責寫調查報告，但特別提醒下筆時多加留意。要是讓麥卡錫參議員或其他中情局批評者嗅出不對勁，他們一定會窮追不捨。另外，愛麗絲‧奧爾森快要開始領撫卹金了，呈報的死因是「機密疾病」，要是結論指向別

的地方，會給她帶來麻煩。

柯克帕特里克找了牽涉其中的幾個中情局官員問話，但高利伯沒包括在內。他只需要交一份書面報告，而他回覆時只寫了八小段。他說他與法蘭克‧奧爾森「私交甚篤」，但另幾句話暴露出他們有多「熟悉」：高利伯說在過去兩年，他與奧爾森見過「十三到十四次面」，有時在狄崔克營，有時在中情局辦公室。他沒被問到有沒有和奧爾森一起出遊過，也沒被問到他們的共同計畫的內容。

哈洛‧亞伯蘭森與奧爾森相識多年，在他去世前幾天曾治療過他，也是最後看到他活著的人之一，他應柯克帕特里克要求，也寫了一份紀錄敘述會面情形。柯克帕特里克在其中兩句畫線。第一句是十一月二十四日，亞伯蘭森說與奧爾森見面時，「我試著確認我聽到的消息[59]，也就是那次實驗是**特別針對他的**」。另一段是隔天的會面，提到奧爾森「擔心自己的工作品質，對於因為潰瘍而卸下軍方的職務有罪惡感，對**洩漏機密情報**亦深感內疚」。

這兩句話顯然引起柯克帕特里克的好奇，但他沒有深究。十二月十八日，他向杜勒斯提交報告。報告雖然沒有指明究責對象，但提出了一個驚人的建議：「應立即於本局內部成立高階委員會[60]，以審查技術服務處的所有實驗。凡涉及人類受試者之實驗，皆應獲得委員會批准」。杜勒斯對於MK-ULTRA的了解遠比柯克帕特里克深，不可能同意這個建議。不過，他同意簽署三封短函，訓誡技術服務處處長「吉布」‧吉本斯、副處長詹姆斯‧莊姆（James Drum），以及希德尼‧高利伯。「親送吉本斯、莊姆及高利伯。[61]」他手寫指示給助理：「閱畢後以密件送還柯克帕特里克。非關申誡。不記錄於人事檔案。」

在前兩封信裡，杜勒斯說他認為「在你們熟悉的實驗中對不知情受試者使用LSD，誠屬不智」[62]。給高利伯的信只稍微嚴厲一點點。

　　「對不知情受試者用藥一事〔63〕，我已親自看過你辦公室的檔案。」他寫道：「在建議上級對不知情受試者用藥方面，你未充分強調醫療協助之必要，亦未適當考量受試者之權利。我認為你在這個案子裡判斷失當。」

註釋

1　十一月的天氣寒峭刺骨：Albarelli, *Terrible Mistake*, pp. 17–35; Bob Coen and Eric Nadler, *Dead Silence* (Berkeley: Counterpoint, 2009), pp. 83–102; Mary A. Fischer, "The Man Who Knew Too Much," *Gentleman's Quarterly*, January 2000, http://stevenwarranresearch.blogspot.com/2014/ 10/ January-2000-gentlemans-quarterly-man.html; Michael Ignatieff, "Who Killed Frank Olson?," *New York Review of Books*, February 22, 2018, https://www.nybooks.com/articles/2018/02/22/ whokilledfrankolson/; Regis, *Biology of Doom*, pp. 178–79; James Starrs and Katherine Ramsland, *A Voice for the Dead: A Forensic Investigator's Pursuit for Truth in the Grave* (New York: Putnam, 2005), pp. 105–55.

2　「我在飯店工作這麼多年」：Albarelli, *Terrible Mistake*, p. 14.

3　「呃，人沒了。」撥電話的人說：https://unsolved.com/gallery/frank-olson/.

4　一九四二年十二月二十六日，他還在胡德堡受訓：Jacobsen, *Operation Paperclip*, p. 371; Frank Olson Project, "Frank Olson Is Recruited to Camp Detrick," https://frankolsonproject.org/timeline/.

5　「我們才在想是不是跟原子彈計畫有關」：Albarelli, *Terrible Mistake*, p. 41.

6　一九四四年，奧爾森從軍隊退役：Ibid., p. 75.

7　合寫了一篇長達兩百二十頁的研究：Ibid., pp. 55–56.

8　一九四九年，狄崔克營派員觀摩：Ibid., p. 73.

9　他經常到特里堡祕密軍事基地出差：Ibid., p. 75.

10　奧爾森是有天晚上跟同事：Ibid., p. 88.

11　對他工作內容的說明：Ibid., p. 60.

12　「細菌之空氣傳播」：Thomas, *Journey into Madness*, p. 241.

13「他一早去上班」：Author's interview with Eric Olson, 2018.

14「在中情局在德國的安全屋裡」：Richard Belzer and David Wayne, *Dead Wrong: Straight Facts on the Country's Most Controversial Coverups* (New York: Skyhorse, 2012), pp. 7–8.

15 邀請函上寫的是「深溪之約」："Deep Creek Rendezvous," https://frankolsonproject.org /staging01/wp-content/uploads/2018/01/deep-creek-memo-1.jpg.

16 拉許布魯克拿來一瓶君度酒：Albarelli, *Terrible Mistake*, pp. 28, 259–60; Regis, *Biology of Doom*, pp. 153–54.

17「喧鬧和大笑」：Albarelli, *Terrible Mistake*, p. 28.

18「我鑄下大錯」：Author's interview with Eric Olson, 2018.

19「我覺得在深溪湖開會的時候」：Ibid.

20「我覺得我們選錯片了」：Ibid.

21「那是我這輩子最恐怖的經驗」：Corey Ransom, "Paper on the Death of Frank Olson," Seminar on American History since 1865, University of Delaware, fall semester 1999, part 6, pp. 5–6.

22「他看起來很激動」：Albarelli, *Terrible Mistake*, p. 108; Regis, *Biology of Doom*, p. 158.

23「沒有最嚴，只有更嚴」：Albarelli, *Terrible Mistake*, p. 59.

24 他多次赴德：Ibid., pp. 78, 681.

25 奧爾森是少數派往法國聖神橋鎮：Ibid., pp. 350–57; Loïc Chauvin, "En 1951, un village français a t il été arrosé de LSD par la CIA ?," *Rue 89*, March 8, 2010, https://www.nouvelobs.com/rue89/rue89-nos-vies-connectees/20100308.RUE5429/en-1951-un-village-francais-a-til-ete-arrose-de-lsd-par-la-cia.html; Mike Thomson, "Pont Saint Esprit Poisoning: Did the CIA Spread LSD?," BBC News, August 23, 2010, https://www.bbc.com/news/world10996838; TootlaFrance, "The Idyllic French Village That Went Insane," July 29, 2014, http://www.tootlafrance.ie/features/the-idyllic-French-village-that-went-insane.

26「他是個非常、非常坦率的人」：Belzer and Wayne, *Dead Wrong*, p. 7.

27 五月六日，一名二十歲的士兵：Anthony Barnett, "Final Agony of RAF Volunteer Killed by Sarin—in Britain," *Guardian*, September 28, 2003, https://www.theguardian.com/uk/2003/sep/28/military.antonybarnett; Rob Evans,"The Past Porton Down Can't Hide," *Guardian*, May 6, 2004, https://www.theguardian.com/science/2004/may/06/science.research.

28 一個月後，奧爾森回到德國：Thomas, *Secrets and Lies*, p. 155.

29 據後來解密的紀錄顯示：Deckname *Artischocke* (film).

30「造訪斯圖加特附近的一座中情局『安全屋』」：Gordon Tomas, "US Vice President Dick Cheney and Secretary of Defense Donald Rumsfeld Linked to 'Murder of CIA Scientist,' " Rence.com, June 25, 2004, https://rense.com/general54/ewerwopr.htm.

31 他接著前往北歐和巴黎：Albarelli, "Mysterious Death"; Frank Olson Project, "Frank Olson Travels to Berlin," https://frankolsonproject.org/timeline/; Deckname Artischocke (film).

32 他們見面後不久：Thomas, *Secrets and Lies*, pp. 155–56.

33 奧爾森回家後沒多久：Belzer and Wayne, *Dead Wrong*, p. 8.

34 「也以某種方式參與其中」：Albarelli, *Terrible Mistake*, p. 681.

35 「我覺得他有些想法很糾結」：Ibid., p. 119.

36 「我答應要去看一下精神科」：Ibid., pp. 107–9.

37 一直說他覺得「一片混亂」：Regis, *Biology of Doom*, p. 158.

38 他們有對愛麗絲講過：Albarelli, *Terrible Mistake*, p. 109.

39 當天稍晚，亞伯蘭森又到他們投宿的史達特勒飯店：Ibid., p. 111.

40 「我覺得好多了」：Regis, *Biology of Doom*, p. 159.

41 據《紐約時報》後來的一份報導：Michael Ignatieff, "What Did the CIA Do to His Father?," *New York Times*, April 1, 2001.

42 「覺得穆合蘭想把他」：Albarelli, "Mysterious Death."

43 他說他漫無目的去街上遊蕩：Regis, *Biology of Doom*, p. 159.

44 「怎麼了嗎？」盧威特問：Albarelli, *Terrible Mistake*, pp. 109–19.

45 第二天早上，亞伯蘭森、拉許布魯克和奧爾森：Marks, Search for the *"Manchurian Candidate,"* p. 87.

46 「你知不知道奧爾森先生的皮夾在哪？」": Ibid., p. 23.

47 奧爾森跳出史達特勒飯店：Albarelli, "Mysterious Death."

48 「你爸爸出了意外」：Author's interview with Eric Olson.

49 「在那之後好多年」："Frank Olson: Did a Government Scientist Jump to His Death from a New York Hotel? Or Was He Pushed?," https://unsolved.com/gallery/frank-olson/.

50 後來知道他是詹姆斯・麥克科德：Albarelli, *Terrible Mistake*, pp. 86–92.

51 「關上門後，亞伯蘭森醫生和拉許布魯克」：Ibid., pp. 93–94.

52 調查本案的警探做出結論：Regis, *Biology of Doom*, p. 180.

53 「一名在軍方狄崔克營生物戰研究中心」："Army Bacteriologist Dies in Plunge from NY Hotel," *Frederick News Post*, November 29, 1953, https://stevenwarran.blogspot.com/2014/10/.

54 「是羅伯・拉許布魯克和他老闆」：Albarelli, *Terrible Mistake*, p. 169.

55 沒過幾天，「拉許布魯克和他老闆」：Ibid.

56 「他們大概是來探我的底」：ABC Closeup, "Mission Mind Control," 1979, https://boingboing.net/2015/07/21/tv-documentary-about-mkultra.html.

57 「撇開陰謀論不談」：Ransom, "Paper on the Death," part 9, p. 7.

58 中情局總顧問羅倫斯・休士頓：Albarelli, *Terrible Mistake*, pp. 145–46.

59 「我試著確認我聽到的消息」：Ibid., p. 139.

60 「應立即於本局內部成立」：Ibid., p. 143.

61 「親送吉本斯、莊姆及高利伯」：Ibid., p. 144.

62 在前兩封信裡，杜勒斯說：Ibid.

63 「對不知情受試者用藥一事」：Bowart, *Operation Mind Control*, p. 102.

CHAPTER
8

午夜高潮行動
Operation Midnight Climax

　　即使是中情局這樣的機構，逢年過節還是會辦個派對。一九五四年接近尾聲時，有的人輕鬆啜飲潘趣酒，有的人忙著憂國憂民，而保防室的人有他們特殊的擔憂：希德尼・高利伯會不會在潘趣酒裡下藥？

　　這一年實在不好過。共產黨在越南擊敗了法國主子，逼他們落荒而逃。中國和蘇聯的同盟關係變得更加緊密。國務卿約翰・杜勒斯揚言對任何侵略者展開「大規模報復」。參議員約瑟夫・麥卡錫抨擊民主黨政府「叛國二十年」[1]，讓美國幾乎落入共產黨之手；被哥倫比亞廣播公司（CBS）播報員愛德華・默羅（Edward R. Murrow）嚴厲譴責後，麥卡錫反批他是「最奸滑的豺狼，只要有人揭發共產黨員或叛徒，他就撲咬那個人的咽喉」。國會通過《共產黨控制法》（Communist Control Act）[2]，將美國共產黨視為「對美國安全明顯、立即而持續的危險」，剝奪其「一切因法人資格而享有之權利、特權與豁免」。國會接著投票建立遠程預警雷達網，以便在蘇聯核子轟炸機飛越北極時得到預警。中情局雖已成功推翻伊朗和瓜地馬拉政府，可是在壞消息鋪天蓋地的時候，這點勝利顯得微不足道。

　　很多中情局探員深信自己肩負國家興亡之責，放不過任何一點風吹草動，眼裡處處都是危機。一九五四年末，他們又得知一個新威脅──十二月十五日，向來警覺的保防室發備忘錄警告[3]：關於部分探員使用LSD並在

不知情受試者身上測試的謠言，必須嚴肅看待。由於這時大多數人還不知道LSD的存在，備忘錄說明這種藥物「會造成嚴重神智不清八到十八小時，甚至可能更久」。由於LSD效果猛烈，又難以預料取得它的探員會如何使用，保防室特別預先告誡：「不建議在聖誕節宴會供應之潘趣酒中測試。」

這份備忘錄反映的是：關於高利伯本人的流言蜚語，還有他推進心智控制計畫的手段多麼極端的謠言，此時已傳遍中情局上下。法蘭克‧奧爾森死後，高利伯打消了離開中情局的主意，變得更投入他的計畫。在中情局其他人眼裡，他散發出一種怪異的氣質，不只是因為他的個性和出身背景，更是因為他的工作內容。

就算奧爾森之死曾為MK-ULTRA團隊的良知帶來一絲陰霾，幾週後的重大進展也將這些陰霾吹得煙消雲散。「過去幾週，禮來公司的化學家已成功破解山多茲持有之麥角酸製作密方[4]，亦已為本局製作大量麥角酸，可供實驗之用。」一九五三年末，高利伯的副手拉許布魯克在提交上司的備忘錄中寫道：「本項工作需嚴格守密，不可洩漏。」

照禮來公司的說法，他們此時已經有能力製作「數以噸計」的LSD。中情局是他們的主要買家。高利伯透過子計畫十八，支付四十萬美元給禮來公司，購入大量LSD。在MK-ULTRA十年的執行時間裡，這是最昂貴的一次「外包」。在他最早的十五個「子計畫」中，有十個與製作和研究LSD直接相關。在確定LSD供應無虞之後[5]，他開始設想新的計畫，希望能更接近他想像中這個藥物的祕密。

任何系統化研究都需要做對照實驗。以LSD來說，就是要對臨床環境中的人類受試者投藥，以便監控他們的反應。然而，不論是高利伯還是他在狄崔克營的伙伴，都沒有設備和專業人員進行這種規模的研究計畫，他們必須把這部分外包給現有的醫院和醫學中心。在此同時，高利伯等人又必須對大多數醫生和操作實驗的人保密，不能讓他們知道自己是在為中情局效勞，

更不能曝光這些實驗的終極目標——為美國政府打造心智控制工具。為保持機密，他們需要「白手套」，以外圍團體為中情局轉發資金給獲選的研究者。在最早同意的團體中，有兩個是慈善基金會：格許克特醫學研究基金會（Geschickter Fund for Medical Research），以及約西亞・梅西基金會（Josiah P. Macy Foundation）。依中情局指示，這些基金會通知醫院和醫學院，他們有意贊助LSD的對照研究，而拜禮來公司重大突破之賜，他們也能充分提供LSD。天上既然掉下經費，當然不愁找不到研究者。

「一夜之間，憑空冒出一整個LSD研究的新興市場。〔6〕」一份對於這段時期的研究如此寫道。

於是在一九五〇年代中期，很多美國頂尖行為心理學家和精神藥理學家都受到高利伯的補助，只不過很少有人知道這些經費其實來自中情局。這些學者無意間成了中情局的馬前卒，在很多聲譽卓著的機構裡協助執行這些「子計畫」〔7〕。這些機構包括：麻州綜合醫院（Massachusetts General Hospital）、伍斯特實驗生物學基金會（Worcester Foundation for Experimental Biology）、愛奧尼亞州立醫院（Ionia State Hospital）、西奈山醫院（Mount Sinai Hospital）、賓州大學、明尼蘇達大學、丹佛大學、伊利諾大學、奧克拉荷馬大學、羅徹斯特大學（Rochester）、德州大學、印第安那大學、哈佛大學、柏克萊大學、紐約市立學院、哥倫比亞大學、麻省理工學院、史丹佛大學、貝勒大學（Baylor）、康乃爾大學、佛羅里達州立大學、范德比大學（Vanderbilt）、約翰・霍普金斯大學、杜蘭大學（Tulane）、韋恩州立大學（Wayne State University）醫學院、波士頓大學醫學院、紐約大學醫學院，以及馬里蘭大學醫學院。

其中一些藥物實驗對受試者有健康風險〔8〕，例如有一個在麻州華特・斐南德學校（Walter E. Fernald School）做的實驗，是給精神障礙兒童吃摻了鈽和放射性鈣的燕麥。其他實驗不是強迫的，甚至還吸引了一些受試者主動參加，LSD的實驗尤其如此。例如在波士頓，在羅伯・海德醫生徵求學生當

LSD自願者不久之後〔9〕，看到實驗效果的醫生、護理師和職員也紛紛自願參加。別的研究中心也出現類似情況。

事實上，在MK-ULTRA剛剛起步的階段，LSD實驗只是高利伯有心投入的主題之一。他的野心和想像力令人咋舌，他對掌握和操控人類意識的執著，歷史上更是沒有任何一個情報員比得上。在一九五五年初的一份備忘錄裡〔10〕，他列出他正在研究或希望研究的「主題和方法」。

1. 能增進非理性思考與衝動、讓接受者公開出醜的物質。
2. 能增強心理與感知效率的物質。
3. 能防止或抵抗酒醉的物質。
4. 能增進酒醉效果的物質。
5. 能製造特定疾病之跡象或症狀的物質，反過來利用可以詐病。
6. 能讓接受者更容易受催眠暗示或提高催眠效果的物質。
7. 能增進接受者在偵訊中承受剝奪、拷打、逼供之能力，以及抵抗所謂「洗腦」之能力的物質。
8. 能讓人失憶的物質和物理方法，務使接受者不但遺忘先前的事，也遺忘被施以上述物質或方法而失憶的過程。
9. 長時間製造驚嚇和困惑的物理方法，而且必須能祕密執行而不被察覺。
10. 能造成身體失能（如雙腳麻痺、急性失憶等）的物質。
11. 能製造「純粹」的亢奮但不接著陷入低落的物質。
12. 能改變接受者人格架構、使其更加依賴另一個人的物質。
13. 能造成精神錯亂的物質，讓接受者因其影響而難以在接受盤問時說謊。
14. 能降低接受者的野心和整體工作效率的物質，用量必須小到不被察覺。
15. 能造成虛弱、視線扭曲或聽覺障礙的物質，最好不要有永久效果。
16. 能悄悄投於飲料、食物、香菸或製成噴霧的強效藥物。必須能安全使

用、極大化失憶效果，而且適合隨機應變時運用。

17. 能悄悄以上述方式投藥的物質，必須用量極小即可讓人無法施展任何
　　身體動作。

　　一九五〇年代，高利伯和他技術服務處的同事天天孜孜念念的，都是這一類計畫。許多年後，《紐約時報》重新檢視這些奇想，說它們是「對科幻世界的詭異探索」。

　　「這些中情局專家任想像飛馳[11]，」《時代雜誌》說：「有沒有什麼強效藥物，能一次搞垮一整棟屋子的人？能不能做出讓酒醉的人清醒的藥？……他們想辦法製造『可控的』頭痛、耳朵痛、抽搐、發抖和跟蹤。他們想把好好的人變成心神迷亂、自我懷疑的行屍走肉。用一份中情局文件的話來說，他們想『摧毀目標對象的原則』，引導對方改變，『從合理化背叛行為到打造新的人格』，無所不包……他們想逐行謀殺並全身而退，不留一點線索……他們雖然有意識到對不知情的人做藥物實驗是不道德的，但他們更相信：如果想得到LSD和其他物質的正確資訊，對不知情的人做測試是必要的。」

　　奧爾森死後沒多久，高利伯再度踏上他定期的東亞之旅，親身參與使用LSD的審訊。「一九五三到五四年這段時間[12]，我們的確有在遠東進行LSD相關任務。」他後來作證說。

　　一九五五年，高利伯策劃了一場暗殺行動[13]，對象是中國總理周恩來。原本要載周恩來到印尼萬隆參加亞非會議的飛機在空中爆炸，但周恩來臨時改變計畫，搭了另一架飛機。隔天，中國外交部指控這次爆炸是「美國特務主使的謀殺」。印尼政府調查後發現：飛機爆炸原因是定時炸彈，引爆炸彈的是美製MK-7雷管。

　　空中暗殺未果，中情局探員判斷接下來最好的機會，是在萬隆給周恩來下毒。高利伯擅長製毒，中情局雙面諜詹姆斯·克朗戴爾兩年前自盡的毒藥，

就是他的傑作。這次，他做了一種適合毒殺周恩來的。

這種毒藥可以下在周恩來的飯裡，四十八小時後才會發作，到時他已返回中國，病發身亡都不容易追究到美國頭上。可是，就在探員們付諸行動之前，中情局副局長小盧西恩‧特魯斯科特（Lucian Truscott Jr.）將軍得知了消息。他怕紙包不住火，中情局的角色一旦曝光，會給美國帶來很大的麻煩。他的傳記作者說他「怒氣沖沖地找杜勒斯對質〔14〕，逼他取消行動」。高利伯的致命毒藥終究沒用上。

───────────

一九五二年末某個午後，一排美國海軍陸戰隊正在韓國山路跋涉〔15〕，突然遭到迫擊砲攻擊。中情局局長之子艾倫‧梅西‧杜勒斯（Allen Macy Dulles）上尉手臂及背部受傷，但拒絕撤退，仍然帶著弟兄繼續挺進，直到另一枚砲彈在他身邊炸開。一塊彈片穿過他的頭骨，卡在他的腦部。他命懸一線，先被送到日本的醫院治療，再被送回美國。他受到永久神經傷害，雖然他還是活了很久，但往後的那些日子不是在醫院，就是需要別人照顧。

中情局局長與他那一代和那種身分的很多男人一樣，與孩子關係疏遠。可是兒子重傷還是對他影響很深，他像很多遭遇這種悲劇的父親一樣，開始關注另類療法。為了讓兒子恢復正常，他不斷與歐美兩地精神病院的專家通信。一九五四年初，他的兒子轉到紐約康乃爾醫學中心，接受神經科醫師哈洛德‧沃爾夫（Harold Wolff）治療。治療開始後，杜勒斯請沃爾夫來華府討論病情。兩個人談著談著，發現彼此有很多共同點。沃爾夫和杜勒斯一樣著迷心智控制術，他還結合各種學科提出一個理論，認為若能結合藥物和感覺剝奪，應該能抹除一個人的心智，再重新編程。他把這稱作「人類生態學」（human ecology）。杜勒斯認為沃爾夫可能對中情局有幫助，於是把他介紹給高利伯。

　　沃爾夫巴不得能得到中情局的補助，於是提了好幾個研究計畫給高利伯〔16〕。其中一個計畫是把人放進隔離室，直到他們變得「容易接受心理治療師的暗示」，「越來越想交談並脫離眼前處境」，乃至瀕臨崩潰，讓醫生能「在他們內心創造心理反應」。另一個計畫則是試驗偵訊的「特殊方法」，包括「威嚇、強迫、監禁、隔離、剝奪、羞辱、刑求、『洗腦』、『黑色精神醫學』（black psychiatry）、催眠，以及結合或不結合化學藥物使用這些方法的效果」。高利伯除了對這些計畫很感興趣之外，更滿意沃爾夫有源源不絕的病人——而且沃爾夫挑明了說他會用病人當不知情受試者。於是，他核准了沃爾夫所提的每一項計畫。這些實驗在康乃爾醫學中心進行了幾年，花掉中情局幾乎十四萬美元。沃爾夫騙病人說，那些藥物和處置是治療不可或缺的一環，更令人心驚的是，他甚至想研究「實際失去腦部組織之壓力所造成的行為改變〔17〕」。

　　雖然其他研究者也會為高利伯做同樣激烈的實驗，但沃爾夫和他建立起非同尋常的合作關係。一九五五年，他們決定創立一個貌似獨立的研究基金會，代MK-ULTRA撥經費給醫生、心理學家、化學家和其他科學家。雖然高利伯已經利用既有的基金會當白手套，但隨著他的「子計畫」帝國日益擴張，他也希望擁有自己的基金會。人類生態學研究協會（Society for the Investigation of Human Ecology）就是這樣成立的〔18〕，創會會長由沃爾夫擔任。協會的資金全部出自中情局，也刻意播出一點經費贊助無明顯情報價值的計畫，以便用來否認與中情局的關係。但它贊助的每個大計畫都是高利伯的。

　　成立這間假基金會後不久〔19〕，沃爾夫就報告說他打算用它贊助「為研發新攻／守情報技巧而設計的實驗……也會測試可能有用的祕密藥物（以及各種腦部破壞手術）」。高利伯與他如今熟識的同事、中情局首席心理學家約翰・吉丁格聯手（吉丁格就是當初負責審核高利伯的心理學家），一同規劃了協會的研究議程。吉丁格後來說，協會贊助的實驗大多是在「影響人類行為〔20〕、偵訊和洗腦的領域」。

協會最早贊助的「子計畫」之一[21]，是用一百名中國難民當受試者。該計畫以「獎助金」為名吸引他們參加，實際上是想看看能否制約他們返國從事破壞活動。一九五六年匈牙利爆發反共起義後，協會資助了一系列對匈牙利難民的訪談與測驗，想知道哪些因素會導致人民反抗政府。協會後來還贊助了一個對性變態者的研究，調查他們如何壓抑祕密，還有怎麼樣能讓他們吐露祕密。協會贊助的計畫五花八門，反映了高利伯天馬行空的想像：研究蒙古人種顱骨；研究有落塵掩蔽體對外交政策觀點的影響；研究土耳其男孩受割禮的情緒影響；試驗偵訊者能否以「隔離、焦慮、剝奪睡眠、不舒適的溫度和長期飢餓」造成「嚴重情緒騷動和極度痛苦」；研究出神狀態和「以遠端電子方式活化人體組織」。隨著MK-ULTRA進入高峰，人類生態學研究協會也變成高利伯的主要窗口，吸引傑出科學家進入他的「子計畫」地府。

一九五四年的美國心理學會（American Psychological Association）年會辦在紐約史達特勒飯店——法蘭克・奧爾森一年前度過最後一夜的地方。學者專家之間混著一名高利伯的屬下，他是來收集情報的。回去後他報告：在會議上發表的幾百篇論文裡，有一篇可能對MK-ULTRA有用。那篇論文的作者也有上場報告，他說，他做的一系列實驗是為了測試「極端隔離對心智功能的影響[22]」。他的實驗找學生當自願者[23]，由加拿大軍方出資，在蒙特婁的麥基爾大學（McGill University）進行。每個學生蒙眼、戴耳塞、雙手雙腳綁上連指手套，再鎖進小隔音室內。結果才短短幾個鐘頭，他們就已無法好好思考，絕大多數在幾天內崩潰，最多不超過一週。那篇論文的主要作者詹姆斯・賀伯（James Hebb）博士說[24]：這些實驗「直接證明一個先前未曾發現的現象：人對環境有某種依賴性。」

這項研究引起中情局的注意。保防室發備忘錄告訴偵訊者[25]：「完全

隔離」已證明是「具潛力之操作工具」。一九五五年,中情局另一個熱中心智控制的人也得到同樣結論[26]:莫斯・艾倫寄了一份報告給國家心理衛生研究院(National Institute of Mental Health)院長梅特蘭・包德溫(Maitland Baldwin),說他們找了一名軍人自願者做實驗,把他關進小隔離箱。四十八小時後,他開始「大聲嚎啕,哭得跟淚人一樣」。包德溫看了相當興奮,回信說:這個實驗顯示[27]「隔離技術可以擊潰任何一個人,不論他們多麼聰明、意志多強」。

就在中情局科學家想深入了解賀伯的實驗時,他們發現賀伯有個同儕把這套方法推得更極端──所以他們也更感興趣。那個人是大名鼎鼎的艾溫・卡麥隆(Ewen Cameron)醫生。一九五六年,他在《美國精神醫學期刊》(American Journal of Psychiatry)發表了一篇論文[28],說他「採用賀伯的心理隔離方式」,把病人關在小房間,先以催眠和藥物(包括LSD)讓他們陷入「臨床昏迷」,再不斷播放簡單的句子給他們聽。中情局科學家最感興趣的是:他把病人的反應比做「受連續偵訊的人的崩潰狀態」。

卡麥隆生於蘇格蘭,是麥基爾大學心理系主任,也是該校附設精神病院艾倫紀念醫院(Allan Memorial Institute)的院長。他住紐約上州,通勤上班。同事們多半覺得他是個有遠見的人。高利伯動念招募他的時候,他同時身兼美國心理學會和加拿大精神醫學會(Canadian Psychiatric Association)會長。他的研究重心、他的實驗的奇特性質,還有他工作地點在美國境外這件事,讓他成為MK-ULTRA的理想合作人選。

在那段時期,很多精神病學家推崇「談話治療」,認為它最可能打破形塑想法和行為的模式,但卡麥隆不以為然。在他看來,談話治療速度太慢,也太不可靠,所以他想透過實驗探究:可不可能以高溫、電擊或是更極端的方式(例如讓病人每天照射強烈紅光八小時,連續幾個月),讓有心理困擾的病人昏厥,從而擺脫煩惱?他稱這種方法為「再模式化」(re-patterning),

相信這樣能打開「大腦路徑」，讓他重塑病人的心智。

「如果我們能成功發明改變他們的態度與信念的辦法[29]，」卡麥隆寫道：「那麼只要善加利用，我們就能讓自己不受他們的態度與信念困擾。」

卡麥隆的病人大多不是罹患嚴重精神疾病，而是遇上相對輕微的問題，例如焦慮、家庭問題或產後憂鬱。可是這些人一旦選擇到艾倫紀念醫院就醫，他們就成了他不知情的受試者，有的人受的身心折磨，遠遠超過求醫時想治療的病痛。

卡麥隆的「治療」從極端感覺剝奪開始。他先對病人投藥，讓他們陷入半昏迷狀態十天到三個月，造成他所說的「不但失去空間－時間概念[30]，也失去所有感覺……更進一步，病人可能無法自行行走和進食，甚至大小便失禁」。

為了從病人心中清除不好的想法[31]，卡麥隆使用一種他稱作「心理驅動」（psychic driving）的技術：以其他精神科醫師三十到四十倍的電量，進行電擊痙攣休克治療。這樣治療幾天之後，把病人送進單人病房餵食LSD，只給最少量的食物、水和氧氣。卡麥隆還給病人戴上附耳機的頭盔，不斷播放「我媽恨我」之類的短句或訊息。

在學術論文和實驗室報告中，卡麥隆說他已成功摧毀心智，但還沒找到以新的心智取而代之的辦法。完成其中一個病人的治療之後，他得意洋洋地寫道：「電擊治療讓這名十九歲的資優生變回小女孩[32]：吸拇指、說話像嬰兒、用奶瓶餵，而且尿在地上」。不過，其他病人顯然讓他不太滿意。他在一篇報告裡寫道：「雖然我們延長感覺隔離時間（三十五天）[33]，也不斷試圖去模式化（de-patterning），甚至進行正向驅動（positive driving）一百零一天，仍然沒有得到良好結果。」

高利伯認為卡麥隆應該是很好的合作對象，但不想親自與他接觸，也不想派別的中情局官員去找他。他選擇請梅特蘭·包德溫出馬，因為他有國家

心理衛生研究院院長的身分，更顯得出專業地位。包德溫到蒙特婁之後，照高利伯給他的招募劇本走：先確認卡麥隆的確如高利伯所想，是不錯的MK-ULTRA 合作人選。確認找對人之後，再建議他向人類生態學研究協會申請補助，進行強度更高的研究。卡麥隆欣然接受。他的申請很快獲得核准，於是他開始進行高利伯的子計畫六十八。

　　卡麥隆跟很多MK-ULTRA 合作者一樣[34]，並不知道——至少一開始不知道——自己在為中情局效力。高利伯為中情局設下雙重保護：首先，他透過看似正派的基金會撥經費；其次，他請梅特蘭・包德溫出面邀請，讓「子計畫六十八」變得像民間研究。他們在合約上註明實驗內容[35]：

（1）以高強度電擊（去模式化）破壞病患目前的行為模式。
（2）密集重複預先備妥之聲音訊號（一天十六小時，持續六到七天）。
（3）密集重複期間，讓病人維持部分感覺隔離狀態。
（4）上述階段結束後，讓病人連續沉睡七到十天，以貫徹驅動期（driving period）之壓抑效果。

　　接下來幾年，中情局共支付卡麥隆六萬九千美元做這些和其他實驗，目的都是尋找消除記憶和植入想法的辦法。據歷史學者阿弗雷德・麥考伊（Alfred McCoy）研究，在這段期間，「因輕微情緒問題在艾倫紀念醫院就醫的病患[36]，約有一百名成為極端行為實驗的不知情或非自願受試者」。一九五五年某日，擔任高利伯和卡麥隆之間聯絡人的中情局探員，在日記中寫道：「G博士清楚交代[37]：我的任務，是確保我們可以合理否認蒙特婁進行的一切。」

　　這些實驗成功了嗎？幾十年後的一份研究回顧做出總結[38]：卡麥隆的方法「毫無治療效果」，倒是「堪比納粹醫學暴行」。不過，雖然這些實驗一

直沒有做出成果〔39〕，高利伯還是興味盎然。卡麥隆每完成一個，他就迫不及待撥款給他進行下一個。

───────────

雖然高利伯感興趣的實驗令人髮指，總是把受試者的身心逼到極限，甚至超過極限，可是在他贊助這些實驗的那些年，他的家庭生活一直幸福安穩。他從各方面來看都是好丈夫、好爸爸。他相當適應鄉村生活，在擠羊奶、撿雞蛋和整理花園中自得其樂。他的雙面人生極端得令人咋舌：在白天，他主持必然會造成他人嚴重身心傷害的實驗；在晚上和週末，他不但搖身一變成為模範爸爸，還是難得的心靈良伴。

不論是高利伯的同輩，或是美國史上任何一個世代，都很少有人的家庭和事業反差如此之大。高利伯不可能沒發現這種反差，可是他和化身博士不一樣，他把自己的兩個面向調和得很好。他是個人主義者，他能告訴自己：我的工作是保護人類，是對抗那些一心摧毀個人主義生活的敵人。在個人生活上，他非常與眾不同：捨都市而就鄉間，重視靈性成長，追求親近自然。在工作上，他同樣特立獨行：無視一般人在乎的規矩，拋開一切綁手綁腳的限制，大膽跟隨自己無比豐富的想像力。

「不是神祕主義者的化學家〔40〕，就不是真正的化學家。」LSD的發明人亞伯特・霍夫曼，在漫長的人生即將結束時說：「那樣的人不懂化學。」

───────────

一九五五年初，有個只有硬漢才能勝任的職位出缺：聯邦麻醉品管理局舊金山督察長。麻管局傳奇局長哈利・安斯林格（Harry Anslinger）幾經思考，決定任命他最不按牌理出牌的愛將──喬治・杭特・懷特。懷特當時已經開始與高利伯合作，為他誘騙不知情的受害者到紐約「安全屋」測試LSD或其

他藥物。他調職原本應該是MK-ULTRA的一大損失。可是，高利伯反而看到了新的機會——他打算繼續與懷特合作，請他在舊金山建立「安全屋」，讓MK-ULTRA在舊金山也能做跟紐約一模一樣的事，還能加點新花樣。這成了MK-ULTRA的子計畫四十二，懷特稱之為「午夜高潮行動」（Operation Midnight Climax）。

這個「子計畫」有多重目標。第一要務還是對不知情的平民下藥，觀察他們的反應，這部分跟在紐約時一樣。不一樣的是：這一次要加上性的面向。依高利伯指示，懷特找了一群妓女當幫手，要她們帶嫖客回「巢」，騙他們服下LSD，讓他在一旁觀察並記錄他們的反應。

懷特對這件新任務積極得很[41]，馬上在電報山（Telegraph Hill）栗子街（Chestnut Street）225號安排好「巢」（他們從不叫這裡「公寓」或「安全屋」）。「巢」的格局是L形，看向窗外，舊金山灣的美景映入眼簾。懷特租下這裡之後，找了一個開電子器材行的朋友來裝監視器，以便隨時監控裡頭發生的事。那個朋友裝了四個偽裝成插座的DD4麥克風，接到隔壁「竊聽站」的兩台F-301錄音機。一切完工後來這裡驗收的一名中情局官員說，那個地方「到處都是線路，要是不小心打翻水[42]，你可能會把自己電死」。

舊金山這間「巢」的風格或可稱作「娼館風」。牆上掛的是康康舞女的畫和土魯斯－羅特列克（Toulouse-Lautrec）畫的妓女，臥室裡是紅色窗簾和大鏡子，抽屜裡有這一行的各種道具，例如情趣玩具，或是穿黑絲襪、皮比基尼、戴手銬的女人的照片。「我們等於在栗子街弄了間圖書館[43]，」有個在那裡工作過的探員後來作證說：「那是我見過最淫穢的圖書館，色情影片、黃色書刊，應有盡有。中情局搞了這麼多東西來，就是想教那些妓女怎麼伺候男人——『來，翻到九十九頁，我們照那樣做。』」

為了讓妓女、嫖客還有自己在這裡都舒服自在，懷特把「巢」打理得很好。他幾個助手說他常常在隔壁監看過程，手裡拿瓶馬丁尼，屁股坐著行動

馬桶。在中情局後來解密的檔案裡[44]，一九五五年八月三日的支出清單上真的有這一項：「行動馬桶一個，25美元；垃圾袋二十四個（每個0.15美元），3.6美元。合計28.6美元」。

　　高利伯對書面紀錄的態度差異極大。就目前所知，對MK-ULTRA多年以來在世界各地黑牢進行的實驗，他完全沒有留下具體紀錄。可是在報帳和辦公室細節上，他非常謹慎。在午夜高潮行動的準備階段，他寫了一份很長的備忘錄，批核「巢」裡需要的每一件東西。他列了超過一百項[45]，除了窗簾、枕頭、檯燈、菸灰缸、冰桶、彈簧床墊、廢紙簍、吸塵器這些常見物品之外，還有一些較奇特的東西，例如一張繪圖桌、一張「未完成的畫」、兩個畫架、兩個小雕像、一個望遠鏡等等。高利伯還寄給懷特一份詳盡的備忘錄，以他一貫的精確說明「主要研究調查者與贊助者之共同管理責任」。這份備忘錄規定懷特必須「以獨立帳戶保管資金；盡可能取得收據或發票……定期報告酒類開支及計程車開支（需註明日期）」。高利伯唯一不想列入的是支付妓女的費用。

　　「由於這些行動極度不符常規[46]，這類人也可能引來不必要的麻煩，」他寫道：「不可能要求她們提供收據，或精確報告錢用在什麼地方。」

　　雖然懷特相當熟悉紐約地下世界，可是他在舊金山人生地不熟，需要幫手。他找上一個叫艾拉・「艾克」・費德曼（Ira "Ike" Feldman）的前軍情局探員，這人在歐洲和韓國都做過地下工作。費德曼那時剛剛金盆洗手回到加州，還沒仔細規劃未來，只模模糊糊想開座養雞場。

　　「我回來沒多久就接到懷特的電話[47]，」他後來回想：「他說：『我們知道你回美國了。我想找你來麻醉品管理局。』那時是五五年還五四年吧，懷特在當舊金山督察長。我去了。我第一次見喬治・懷特是在聯邦大樓144室。他很魁梧，很壯，頂個大光頭。人不高，可是很魁梧。胖胖的，頭剃得光亮，一對藍眼好漂亮。他說：『艾克，我們希望你加入。』」

費德曼答應了。接下來幾個月，他為麻管局做地下工作。他裝成拉皮條的設局逮人[48]（後來自己作證「有五、六個小姐幫我做事」），還利用吸毒的妓女釣吸毒者上鉤，事後給她幾管海洛英當報酬。懷特對他印象深刻。

「有一天，懷特找我去他辦公室。[49]」他回憶道：「他說：『艾克，你真他媽是幹地下工作的料。我現在有另一個任務要給你：幫忙試幾種迷幻藥……要是能搞清楚這種東西能怎麼用，你就功在國家，了不起啊。』」

做過情報工作的人很少抗拒得了愛國訴求，在冷戰高峰尤其如此。於是，高利伯下一次到舊金山的時候[50]，費德曼和他見了面。坐定之後，高利伯打開公事包，拿出一個小玻璃瓶，放在他面前。

「你知道這什麼嗎？」他問費德曼。

「靠，我哪知道。」

「這是LSD。我們需要你和你的人脈。我們知道你在舊金山很吃得開，跟妓女混得很熟。我要你們開始把這玩意兒放到別人的飲料裡。」

「你瘋了嗎？到時候被抓的是我欸！」

「這部分你不用擔心。」

「這是幹什麼用的？」

「嗯，我們其實還有大概五十種東西要試。這種呢，可以讓人任人擺布。好得不得了。」

「希德尼老兄，我不知道欸。我是做情報的，不幹這種屁事。」

高利伯開始拿出早就準備好的說詞。他知道這能讓費德曼放下猶豫，因為它也曾讓他自己放下猶豫。「要是我們能搞清楚這玩意兒怎麼用，對國家幫助很大。」他說：「事關國家安全。如果我們有東西能突破敵人心防，讓他們講出該講的東西，讓他們任我們擺布，我們可以救回我們的人，還可以完成很多事。」

於是，費德曼決定回到地下工作的行列，再次為國效力。他的第一項任

務是找幾個妓女，讓她們在不知情的情況下為MK-ULTRA打工。每次帶一個嫖客到栗子街225號[51]，就能得到五十到一百美元。額外紅利是「免逮捕金牌」——懷特的電話號碼——以後被抓只要對警察報這支電話，懷特就會幫忙疏通，放她們出來。

「我去酒吧和按摩店到處放消息[52]，那些婊子全以為我是幹敲詐的。」費德曼後來對一名訪問者說。他舉例說，如果他想知道某個參與祕密航空計畫的人會不會洩密，「我就找個婊子說，『美女，幫我個忙好嗎？你把那個張三帶到那裡，幫他口交。問他說：嘿，你懂飛機嗎？你知道飛機能飛多高嗎？』」

以美色套取祕密是情報人員行之有年的招數。高利伯想有系統地研究如何用性讓男人鬆口，尤其是性加上藥物的效果。他找得到的參考資料非常少。金賽（Alfred Kinsey）博士在《男性性行為》（Sexual Behavior in the Human Male）裡的研究多半太學術，用處不大；麥斯特（Masters）和強森（Johnson）的突破性研究《人類性反應》（Human Sexual Response）要到十年後才出版；更直白的作品像《一個妓女的驚世自白》（The Happy Hooker）、《海蒂男性性學報告》（The Hite Report on Male Sexuality），則要更晚才出現。所以高利伯決定：中情局要自行研究人在性行為當下和之後的行為。他已經為藥物實驗投入很多，午夜高潮行動將為這些實驗添入新的面向。

「我們想知道結合特定藥物與性行為的效果。[53]」中情局心理專家約翰·吉丁格多年後作證：「我們觀察妓女和其他人的各種體位……要知道，這離《慾經》（Kama Sutra）之類的東西變得遍地都是之前還很久。我們找的這些女人都是箇中好手，對這種事熟得很。」

懷特在舊金山的「巢」是一九五五年末開張的，他的街頭「手下」是費德曼找來的妓女，高利伯以他偏好的拗口方式稱她們為「某些祕密投放物質給其他人的人[54]」。這裡的「物質」通常是LSD，但他也三不五時調製新東

西，只要想知道效果就拿來試。

「如果有什麼藥我們自己不敢試[55]，我們就寄去舊金山。」後來一名
MK-ULTRA的人這樣說。

懷特倒是什麼藥都敢試，他試過的藥大概比任何一個當時活著的美國人
都多。中情局每次寄藥給他，他都自己留一份。「他一直是這樣，什麼都想
自己試看看[56]，」他的一個搭檔說：「不管寄來的是什麼藥，他都百無禁忌。
用在別人身上之前，他想先知道用在自己身上會有什麼效果。」

妓女和嫖客辦事時[57]，懷特就待在單面鏡後面，坐在他的行動馬桶上
看。費德曼偶爾也加入。他們的工作就是觀察男人對各種性愛方式的反應，
還有結合性和藥物時又會如何表現。對於男人在性和藥物一同作用下口風會
變得多鬆，費德曼相當驚訝。與他過去在軍中用慣的傳統審訊手段相比，他
覺得這種替代方式非常有趣。

「以前呐，如果是個女的[58]，就把她奶子夾進抽屜，狠狠甩上；」他說：
「如果是個男的，就拿榔頭敲他老二，他們就什麼都說了。現在呢，用藥就
能拿到情報了，犯不著整人。」

懷特、費德曼和其他在「巢」工作的探員也發現：完事之後，男人常常
會對身邊的女人透露不少事情。於是，他們開始要妓女多陪嫖客幾個鐘頭，
而非完事就走。他們希望這種作法加上LSD能效果加乘，用親密感讓男人
進一步卸下防備。

「對嫖客來說，有妓女願意留下陪你簡直是天方夜譚[59]，」一名探員說：
「效果非常驚人。當女人說你超猛，想多跟你玩幾個鐘頭，男人那個自負啊
……人在這種時候多半變得很沒心防。除了性之外，這時候還能聊什麼？當
然是聊工作。套話就趁這個時候。」

高利伯認為舊金山的行動很成功，決定擴大試驗。懷特依他指示開了第
二間安全屋[60]，地點選在舊金山郊外米爾谷（Mill Valley）的馬林郡（Marin

County），以便保持必要的隱密——畢竟，他們這時要做的實驗已經不只是性和藥物了。高利伯做了很多種化合物交給懷特試驗[61]，包括臭彈、發癢粉、噴嚏粉、腹瀉物等等，全都用在原本只想春宵一刻的嫖客、還有受邀開趴找樂子的人身上。高利伯也把一些道具交給懷特測試，例如摻了藥的調酒棒、極細的皮下注射針頭（能戳進酒瓶的木塞下毒），還有一種玻璃製的膠囊，只要一摔就能放出毒氣。

馬林郡的安全屋開張之後，懷特的手下立刻在舊金山街頭轉了幾天，到處物色能邀來開派對的人選，因為高利伯做了一種LSD噴霧罐[62]，想看看它能不能一次迷倒一屋子人。可是到了約定的日子，據其中一名探員多年後的證詞，「我們敗給了天氣」。原來客人們依約到了，房間卻熱得不得不開窗，以致實驗無法進行。雖然諸如此類的意外讓懷特頗為失望，但他還是忠於任務，用他獨特的方式進行高利伯交代的一切。

「懷特若不是在經營那間國家安全妓院[63]，就是在舊金山街頭幫麻管局抓毒販。」一份調查他職涯生活的報告說：「有時候累了一天之後，他會找幾個麻管局的死黨去其中一間安全屋『歇一歇』。他們有時玩得很瘋，搞得鄰居們很煩。他們開始申訴有些身上掛著槍的男人在那胡鬧，追著衣衫不整的半裸女人到處跑。不用說，這種聚會總是摻了很多料，從大麻到LSD，這群執法人員什麼都嗑……懷特行徑囂張，白天打擊非法毒品，晚上發毒品給陌生人。」

只有依照高利伯奇特的標準，才會認為懷特是午夜高潮行動的合適人選。他的確深諳街頭之道，可是他不會解讀人在藥物影響下無意識的行為，也沒有化學、醫學或心理學背景。雖然他們有時會帶與中情局合作的史丹佛醫學院精神病學家詹姆斯・漢彌爾頓（James Hamilton）到「巢」，但那裡通常沒有醫療專業人員待命，如果受害者發病或失控，只能自求多福。相對來說，高利伯派到國外黑牢進行實驗的人，不論是化學家或是負責催眠、電擊

的人，都接受過一些訓練，至少大概知道要注意什麼。可是在舊金山，往往是懷特一個人蠻幹，偶爾加上費德曼或另一個搭檔。

懷特的實驗品不僅限於嫖客。一九五七年末，聯邦副警長韋恩・瑞奇（Wayne Ritchie）參加了一場聖誕節派對[64]，地點就在懷特辦公的聯邦大樓。幾杯下肚之後，他開始神智不清，去自己的櫃子拿出兩把左輪手槍，走到菲爾摩（Fillmore）轄區的酒吧，舉槍命令酒保把錢拿出來。有人從背後把他打昏。他醒來的時候，身旁已站了幾個警察。

在法庭上，瑞奇認了持械搶劫的指控，但無法解釋自己為什麼突然失心瘋。法官姑念他資歷輝煌——他是海軍陸戰隊退役，曾任惡魔島監獄（Alcatraz）獄警——沒有判刑。可是他陷入憂鬱，始終沒有恢復。直到二十年後，他偶然看到高利伯去世的報導，才懷疑自己當年喝到摻LSD的飲料，於是向中情局提出告訴。雖然懷特當時已經去世，但他的搭檔費德爾在審前筆錄裡坦承：那段時間，他的確偷偷在舊金山到處下藥。「我沒追蹤後續狀況。[65]」他說：「跑去問他們『你今天覺得如何？』不是好主意，絕不能讓他們起疑。所以我總是拍拍屁股就走，讓瑞奇那種傻子自己去煩惱。」法官最後以證據不足駁回瑞奇的賠償要求[66]，但說這個案子「令人困擾」，也補充說：「如果瑞奇主張屬實，他等於為國家安全之名付出慘重代價。」

懷特是個不把法律擺在眼裡的執法人員，他自己就是法律。如果他是因為覺得折磨人沒什麼大不了的，而對沒有戒心的平民下藥，那他確實該受譴責；可是，如果他這樣做是為了協助增進國家安全，他在道德上似乎站得住腳。無論他是怎麼想的，他被延攬的主要原因都是：高利伯不管交代什麼，他都願意做。

「懷特是個王八蛋[67]，但他警察幹得有聲有色。跟他相比，胡佛那個死玻璃簡直是南茜・茱兒（Nancy Drew）*。」費德曼多年後對一名訪問者說：「LSD只是冰山一角。想知道我們還幹過什麼事嗎？寫下來吧：幹間諜、搞

暗殺、出賤招、藥物實驗、玩女人，還有為祕密行動研究妓女。我幫喬治·懷特和中情局工作時，幹的都是這些事。」那名訪問者問他有沒有和高利伯見過面，他話匣子大開。

高利伯有時候會出現。我在巢那邊碰過他，也在懷特的辦公室遇過他……希德尼看起來像正派人，可是他媽的是個瘋子。他們全都是瘋子。我問過他：「你是布魯克林長大的猶太好寶寶，跟我一樣，幹嘛跟這些神經病痞子混在一起呢？」他隨身帶個黑包包，裡頭什麼鬼東西都有。他說：「這是我的賤招百寶箱。」我們有一次沿斯廷森海岸（Stinson Beach）開到穆爾森林（Muir Woods），希德尼說「停車」。他拿出一支飛鏢槍，朝一棵大桉樹射了一支，跟我說：「兩天後來看看。」我們兩天後回來時，那棵樹死絕了，一個葉子都不剩……我回去以後看到懷特，他問我：「你覺得希德尼那個人怎麼樣？」我說：「我覺得他他媽是個瘋子。」懷特說：「嗯，也許他的確是，但這個計畫只有瘋子才幹得來，我們的工作也一樣。」

高利伯去舊金山不完全是為了公事。午夜高潮行動讓他能接觸很多妓女，艾拉·費德曼說他占盡了這種特殊福利的便宜。「那王八蛋豬哥得要死。〔68〕」費德曼在人生將盡時向法庭作證，談起高利伯時突然冒出這麼一句。他說他還對喬治·杭特·懷特抱怨過：「那混蛋簡直把我當龜公！」

「那豬哥每次來舊金山〔69〕，一定撂這麼一句——『找個女人過來。』」費德曼說：「他永遠缺女人。」

不過，費德曼還是忍不住面露驕傲補充說明：每個他找去伺候高利伯的女人，都是免費服務。「我給希德尼找的女人吶，」他說：「全都看我面

---

* 傳聞調查局長胡佛是同性戀。南茜·茱兒是推理小說《哈迪男孩》（*Hardy Boys*）和《南茜·茱兒推理故事》（*Nancy Drew Mystery Stories*）兩個系列中的女偵探。

子，一毛錢也沒跟他收。」

　　好像這還不夠勁爆似地，費德曼說高利伯跟艾波婷——懷特那個驚世駭俗的老婆——也有一腿。「高利伯跟他老婆眉來眼去。〔70〕」他說：「他們交情好得很。我常接他去懷特家裡坐。我不喝酒，但懷特喝得很兇，沒兩下子就醉倒回房。希德尼則是繼續跟那老女人坐在長沙發上，花言巧語勾引她……喬治其實都知道，可是他——唉，我想他很愛她吧。」

　　一九五五年，位於華府的喬治城大學醫院提出擴建計畫，準備興建一棟六層樓高、有一百個床位的附屬大樓，名為高曼樓（Gorman Annex）。高利伯注意到這個消息。他已透過不少假基金會資助他的MK-ULTRA「子計畫」，可是，為了不讓參與其中的科學家知道這些經費的真正來源，他必須非常謹慎，行動自由多少受到限制。他很希望美國境內能有一座自己的研究醫院——一座醫療「安全屋」——讓中情局的科學家親自進行實驗，不必假手外人。他在喬治城大學醫院的消息中看到機會。

　　興建高曼樓預計要花三百萬美元，高利伯希望能祕密資助一部分經費，交換醫療設備使用權。在呈給長官的備忘錄中〔71〕，他建議中情局資助三十七萬五千美元——當然是用別的政府基金當「白手套」，讓這筆錢以慈善捐款的名目撥過去。交換條件是院方「容許技術服務處化學組使用新醫院大樓六分之一的空間，並提供實驗室、辦公室空間、技術支援、設備及實驗動物」。他列出四個理由說明這個交易的好處（後來成為子計畫三十五的內容）：「第一，本局人員將能參與相關工作，又不讓校方或院方察覺本局目的；第二，本局將能完全否認對敏感研究計畫之資助；第三，化學組多達三名生化雇員將獲得全面專業掩護；第四，本局將能獲得人類病患及自願者供臨床對照實驗之用。」

「人體實驗為開發藥物之相對常規的程序。」高利伯總結道：「藥廠可以靠執業醫生完成最後階段的臨床實驗，而醫生之所以願意承擔這類實驗的責任，是為了推進醫學發展。然而就技術服務處化學組的製品而言，提供這種誘因要不是極為困難，就是完全不可能。雖然在實務上，我們已經能用通過安全審核的承包人，完成這種工作的初期階段，可是使用有效劑量的人體實驗部分，由於涉及安全問題，無法交給一般承包人進行。上述之████提供獨特的機會，除了能讓本局人員進行這類臨床測試之外，也能提供前述之諸多好處。此外，由於測試責任將完全由醫生和醫院承擔，前述安全問題可完全消除……多達三名技術服務處化學組生化雇員將獲得完美專業掩護，除了能讓他們公開參加科學會議之外，隨著他們在科學界的地位逐漸提升，也能提高效率與士氣。」

簡單來說，高利伯想在華府既有的醫院裡，建立中情局祕密實驗室，讓自己人在裡面做人體實驗。即使從MK-ULTRA的標準來看，這個提議還是相當出格。他非正式的上司理查・赫姆斯認為茲事體大，呈交艾倫・杜勒斯定奪。更不尋常的是，照研究者約翰・馬克斯（John Marks）的說法，杜勒斯又把這個提議「送呈艾森豪總統審核祕密行動的特別委員會[72]，委員會同意撥款給中情局」。馬克斯說，「在中情局長達四分之一世紀的心智控制活動中，這是唯一一次有文件顯示，中情局曾將相關事宜送白宮批准」。

對於中情局科學家在高曼樓做了什麼實驗[73]，我們知道的很少。但中情局後來承認，他們有用末期病人當受試者。二十年後，中情局局長斯坦斯菲德・特納（Stansfield Turner）被逼著交代更多細節時說[74]：「沒有事實證據能證明當時發生哪些事。證據就是不見了，但這並不代表沒發生那些事。」

政府最高層級的官員，幾乎沒人知道高利伯在做什麼，甚至不知道有這個人，中情局內部也只有少數資深官員知道高利伯與LSD有關。高利伯對此多少有點自豪。他很愛講那時的一件事[75]：有一次他拿著一杯雞尾酒穿

過飛機走道，有個乘客在他經過時悄悄問了一句話，讓他大吃一驚。那句話是：「那是你要喝的LSD嗎？」他撇過頭一看，問他的人是艾倫‧杜勒斯。

　　一九五五年末，杜勒斯認為時機已經成熟，該把中情局最高機密的輪廓跟另一個人分享了。他寫了一份適度透露內情的報告，寄給國防部長查理‧威爾遜。不論他是真心認為應該知會一位資深同僚，或者只是想預留後路，減少捅出妻子時自己該負的責任，這份報告都是中情局在MK-ULTRA仍進行時便提到它的少數文件。

　　過去四年，中央情報局已積極投入研究一組心理化學物質[76]，亦即能影響人類心智的強效化學物質。對於很多心理化學物質（尤其是一種稱為LSD的物質），我們已經取得廣泛的專業接觸、經驗及大量資訊。本局正持續研究該領域，亦樂於以累積至今的經驗，與國防部目前考慮研究與發展的計畫展開合作，並提供協助⋯⋯

　　對於LSD造成之異常行為的本質，以及隨劑量、個人及環境差異而變化之效果，本局自一九五一年起已執行一項研究計畫，並取得重要資訊。對於長期重複給藥對行為產生之效果，本局亦已予以研究。我們已發現人對LSD可能發展出耐受性，目前正在製作可能之解毒劑。LSD只要極小劑量即可產生顯著心理效果。由於近日發現大量合成LSD的方法，研究前景更可期待。LSD和其他心理化學物質的很多特質，目前若不是尚未獲得研究，就是需要進一步研究。

　　就目前所知，杜勒斯對MK-ULTRA的內容頂多透露這麼多（至少以書面方式只透露這麼多）。他完全清楚這個計畫只能在絕對保密下進行。不論是在海外黑牢嘗試的「特別偵訊」、在醫院和監獄裡實施的極端實驗、午夜高潮行動的「國家安全妓院」、對高曼樓的祕密資助，或是高利伯其他「子

計畫」的內容，都是美國政府的最高機密，不論哪一個曝光，恐怕都不只會引爆公眾怒火，也足以帶來MK-ULTRA的末日，甚至中情局本身的末日。雖然法蘭克・奧爾森的死解除了中情局的一次危機，可是接下來幾個月又出現了另一個，而且這次威脅來自始料未及的地方——美國國會。

註釋

1　參議員約瑟夫・麥卡錫抨擊民主黨政府「叛國二十年」：William H. Chafe, *The Unfinished Journey: America Since World War II* (Oxford: Oxford University Press, 2014), p. 127.

2　國會通過《共產黨控制法》：Richard Alan Schwartz, *The 1950s* (New York: Facts on File, 2002), p. 230.

3　十二月十五日，向來警覺的保防室：Lee and Shlain, *Acid Dreams*, p. 29; Streatfeild, *Brainwash*, p. 68.

4　「過去幾週，禮來公司的化學家」：Albarelli, *Terrible Mistake*, p. 153.

5　Assured of a steady supply: Marks, *Search for the "Manchurian Candidate,"* pp. 70–71; Ross, *CIA Doctors*, p. 59.

6　「一夜之間……憑空冒出一整個LSD研究的新興市場」：Lee and Shlain, *Acid Dreams*, p. 19.

7 在很多聲譽卓著的機構裡：Darla Jones, "MK Ultra Involved Hospitals, Universities and Government Facilities," *Zodiac Killer Site*, November 10, 2012, http://www.zodiackillersite.com/viewtopic.php?f = 102&t=2025; "List of Agencies, Institutions, and Individuals Involved in Mind Control," Global Village, http://grahamhancock.com/phorum/read.php?2,507101,507101; Colin Ross, *Bluebird: Deliberate Creation of Multiple Personality by Psychiatrists* (Richardson, TX: Manitou, 2000), p. 70.「MKULTRA計畫網羅的機構有三種：學術機構、合法商業公司和聯邦／州立機構。過去幾週，總顧問以發現七十六所機構涉入中情局藥物研究計畫。」Central Intelligence Agency, "Memorandum for Director of Central Intelligence," September 16, 1977, https://www.cia.gov/library/readingroom/docs/CIARDP79M00983A0022000700143.pdf.

8 其中一些藥物實驗對受試者有健康風險：J. Samuel Walker, *Permissible Dose: A History of Radiation Protection in the Twentieth Century* (Berkeley: University of California Press, 2000), p. 17; Zareena Hussain, "MIT to Pay Victims $1.85 Million in Fernald Radiation Settlement," *Tech*, January 7, 1998, http://tech.mit.edu/V117/N65/bfernald .65n.html.

9 在羅伯·海德醫生徵求學生當LSD自願者不久之後：Marks, *Search for the "Manchurian Candidate,"* p. 64.

10 在一九五五年初的一份備忘錄裡：Nick Redfern, *Secret History: Conspiracies from Ancient Aliens to the New World Order* (Canton Township, MI: Visible Ink, 2005), pp. 159–60; U.S. Senate, *Project MK ULTRA*, p. 123.

11 「這些中情局專家任想像飛馳」："Mind-Control Studies Had Origins in Trial of Mindszenty," *New York Times*, August 2, 1977.

12 「一九五三到五四年這段時間」：U.S. District Court 2nd Circuit, "Deposition of Sidney Gottlieb," September 20, 1995, pp. 249, 286.

13 一九五五年，高利伯策劃：Harvey Ferguson, *The Last Cavalryman: The Life of General Lucian Truscott, Jr.* (Norman: University of Oklahoma Press, 2015), p. 351; Joseph J. Trento, *The Secret History of the CIA* (New York: MJF, 2001), p. 194.

14 「怒氣沖沖地找杜勒斯對質」：H. Paul Jeffers, *Command of Honor: General Lucian Truscott's Path to Victory in World War II* (Open Library: NAL Hardcover, 2008), p. 293.

15 一九五二年末的一個午後，一排美國海軍陸戰隊：Abraham Lincoln Presidential Library Veterans Remember Oral History project, "An Interview with Allen M. Dulles," https://www2.illinois.gov/alplm/library/collections/oralhistory/VeteransRemember/koreanwar/Documents/DullesAllen/Dulles_All_4FNL.pdf.

16 提了好幾個研究計畫給高利伯：Marks, *Search for the "Manchurian Candidate,"* pp. 158–59.

17 「實際失去腦部組織」：CIA, "MKULTRA Briefing Book."

18 人類生態學研究協會就是這樣成立的：Thomas, *Secrets and Lies*, p. 72.

19 成立這間假基金會後不久：Harvey Weinstein, *Father, Son and CIA: The Riveting Account of the Destruction of One Man's Life by Secret Mind Control Experiments Funded by the CIA* (Halifax:

Goodread, 1990), p. 139.

20 「影響人類行為」：Albarelli, *Terrible Mistake*, p. 194.

21 協會最早贊助的「子計畫」之一：Marks, *Search for the"Manchurian Candidate,"* pp. 160–69.

22 「極端隔離對心智功能的影響」：Alfred W. McCoy, *A Question of Torture: CIA Interrogation, from the Cold War to the War on Terror* (New York: Henry Holt/Owl Books, 2006), p. 35.

23 他的實驗找學生當自願者：Ross, *CIA Doctors*, pp. 286–96.

24 那篇論文的主要作者詹姆斯‧賀伯博士：Ibid., p. 36.

25 保防室發備忘錄告訴偵訊者：Central Intelligence Agency, "Memorandum for the Record," January 31, 1975, in Robert Clayton Buick, Assassination (Bloomington, IN: XLibris, 2012), p. 99.

26 一九五五年，中情局另一個熱中心智控制的人：Streatfeild, *Brainwash*, p. 117.

27 回信說：這個實驗顯示：McCoy, *A Question of Torture*, pp. 37–38.

28 一九五六年，他在《美國精神醫學期刊》：Ibid., p. 43.

29 「如果我們能成功發明」：Weinstein, *Father, Son and CIA*, p. 100.

30 「不但失去空間－時間概念」："MK ULTRA Violence: How McGill Pioneered Psychological Torture," *McGill Daily*, September 6, 2012.

31 為了從病人心中清除不好的想法：Alliance for Human Research Protection, "Dr. Ewen Cameron Destroyed Minds at Allan Memorial Hospital in Montreal," http://ahrp.org/1950s-1960s-dr-ewen-cameron-destroyed-minds-at-allan-memorial-hospital-in-montreal/; McCoy, *Question of Torture*, p. 44; *McGill Daily*, September 12, 2012; Weinstein, *Father, Son and CIA*, pp. 108–30.

32 「電擊治療讓這名十九歲的資優生」：Alliance for Human Research Protection, "Dr. Ewen Cameron," http://ahrp.org/1950s-1960s-dr-ewen-cameron-destroyed-minds-at-allan-memorial-hospital-in-montreal/.

33 「雖然我們延長感覺隔離時間」：Sid Taylor, "A History of Secret CIA Mind Control Research," *Nexus*, April–May 1992, http://all.net/journal/deception/MKULTRA/www.profreedom.free4all.co.uk/skeletons_1.html.

34 卡麥隆跟很多MKULTRA合作者一樣：Streatfeild, *Brainwash*, p. 231.

35 他們在合約上註明實驗內容：McCoy, *A Question of Torture*, p. 43.

36 「因輕微情緒問題在艾倫紀念醫院就醫的病患」：Ibid., p. 44.

37 「G博士清楚交代」：Thomas, *Secrets and Lies*, p. 91.

38 幾十年後的一份研究回顧做出總結：Alliance for Human Research Protection, "Dr. Ewen Cameron."

39 雖然這些實驗一直沒有做出成果：Streatfeild, *Brainwash*, pp. 212–15; Thomas, *Secrets and Lies*, pp. 86–93.

40 「不是神秘主義者的化學家」：Roman Katzer, "Albert Hofmann und sein LSD: We eine Droge unser Weltbild revolutionierte," *Newsage* 2, 2012, https://www.newsage.de/2012/04/albert-hofmann-und-sein-lsd/.

41 懷特對這件新任務積極得很：Darien Cavanaugh, "The CIA's Operation 'Midnight Climax' Was

Exactly What It Sounded Like: Agents Lured Johns to Brothels for Drug Laced Encounters," *War Is Boring*, September 17, 2016, https://medium.com/warisboring/the-cias-operation-midnight-climax-was-exactly-what-it-sounded-like-fa63f84ad015; Channel 2 KTVU, *11 PM News* (Oakland), https://www.cia.gov/library/readingroom/docs/CIARDP8801315R0002002300065.pdf; Marks, *Search for the "Manchurian Candidate,"* pp. 101–4; U.S. Senate, *Joint Hearing*, p. 48; Jim Wood, "CIA Chief Deplores CIA Brothels," *San Francisco Examiner*, August 5, 1977.

42 「到處都是線路，要是不小心打翻水」：Streatfeild, *Brainwash*, p. 84.

43 「我們等於在栗子街弄了間圖書館」：Behmke Reporting and Video Services, *Transcript of Consensually Monitored Conversation: Conversation Between Ike Feldman and Unidentified Speakers*, Investigation No. C00 3940 MHP, January 26, 2003, pp. 66–67.

44 在中情局後來解密的檔案裡：Black Vault, MKULTRA/Mind Control Collection, pp. 42–179, http://documents.theblackvault.com/documents/mkultra/mkultra4/DOC_0000017440/DOC_0000017440.pdf.

45 他列了超過一百項：Ibid., pp. 42–144.

46 「由於這些行動高度不符常規」：Marks, *Search for the "Manchurian Candidate,"* p. 107.

47 「我回來沒多久就接到懷特的電話」：Richard Stratton, "Altered States of America," *Spin*, March 1994, http://mirror.macintosharchive.org/ca.cdn.preterhuman.net/texts/thought_and_writing/mind_control/MKULTRA/Stratton%20%20Altered%20States%20of%20America%20(Spin%201994).pdf.

48 他裝成拉皮條的設局逮人：Marks, *Search for the"Manchurian Candidate,"* p. 102; Stratton, "Altered States."

49 「有一天，懷特找我去他辦公室」：Stratton, "Altered States."

50 高利伯下一次到舊金山的時候：Behmke Reporting Services, *Transcript of Consensually Monitored Conversation*, pp. 22–25.

51 每次帶一個嫖客到栗子街225號：Alliance for Human Research Protection, "1953–1964: Operation Midnight Climax— CIA's Lurid Ventures into Sex, Hookers and LSD," http://ahrp.org/1953-1964-operation-midnight-climax-cias-lurid-ventures-into-sex-hookers-and-lsd/; Lee and Shlain, *Acid Dreams*, p. 32; Stratton, "Altered States."

52 「我去酒吧和按摩店到處放消息」："Mind Control Murder," YouTube video, 45:12, posted by Capitan Black, March 18, 2016, https://www.youtube.com/watch?v=e2ot9noqQUw.

53 「我們想知道結合特定藥物與性行為的效果」："The LSD Chronicles: George Hunter White," http://thegipster.blogspot.com/2012/12/thelsdchroniclesgeorgehunterwhite_1757.html.

54 「某些祕密投放物質」：Marks, *Search for the "Manchurian Candidate,"* p. 107.

55 「如果有什麼藥我們自己不敢試」：Ibid., p. 105.

56 「他一直是這樣，什麼都想自己試看看」：Stratton, "Altered States."

57 妓女和嫖客辦事時：Streatfeild, *Brainwash*, p. 84.

58 「以前呐，如果是個女的」：Stratton, "Altered States."

59 「對嫖客來說，有妓女願意」："Mind Control Murder," YouTube video, https://www.youtube.com/watch?v=e2ot9noqQUw.

60 開了第二間安全屋：Jo Thomas, "CIA Sought to Spray Drug on Partygoers," *New York Times*, September 21, 1977.

61 高利伯做了很多種化合物交給懷特試驗：Marks, *Search for the "Manchurian Candidate,"* p. 107; U.S. Senate, *Hearings before the Subcommittee on Health and Scientific Research of the Committee on Human Resources: Human Drug Testing by the CIA* (Washington, DC: Government Printing Office, 1977), pp. 107–8.

62 因為高利伯做了一種LSD噴霧罐：U.S. Senate, *Human Drug Testing*, pp. 101, 107–8; Jo Thomas, "CIA Sought to Spray Drug."

63 「懷特若不是在經營那間國家安全妓院」：Lee and Shlain, *Acid Dreams*, p. 33.

64 一九五七年末，聯邦副警長：Wolfe, "10 Real Victims."

65 「我沒追蹤後續狀況」：U.S. District Court, District of California, San Francisco Division, *Wayne A. Ritchie, Plaintiff, against United States of America, Defendant*, Continued Videotaped Deposition of Ira Feldman, February 7, 2003, p. 428.

66 法官最後以證據不足駁回：U.S. District Court, District of California, San Francisco Division, *Wayne Ritchie, Plaintiff Appellant, v. United States of America et al.*, 451 F.3d 1019 (9th Cir. 2006), June 26, 2006, https://law.justia.com/cases/federal/appellate-courts/F3/451/1019/627287/.

67 「懷特是個王八蛋」：Stratton, "Altered States."

68 「那王八蛋豬哥得要死」：U.S. District Court, *Ritchie v. US*, Continued Videotape Deposition of Ira Feldman, February 7, 2003, pp. 20, 26.

69 「那豬哥每次來舊金山」：Ibid., pp. 449–50.

70 「高利伯跟他老婆眉來眼去」：Behmke Reporting and Video Services, Transcript of Consensually Monitored Conversation, Investigation No. C003940 MHP, pp. 21–25.

71 在呈給長官的備忘錄中：Central Intelligence Agency, *Subproject 35 MKULTRA*, https://cryptome.org/mkultra0005.htm.

72 「送呈艾森豪總統審核祕密行動的特別委員會」：Marks, *Search for the "Manchurian Candidate,"* p. 217.

73 對於中情局科學家在高曼樓：U.S. Senate, *Joint Hearing*, pp. 40, 120, 126–33.

75 二十年後，中情局局長斯坦斯菲德‧特納：Ibid., p. 21.

75 他很愛講那時的一件事：Nicholas M. Horrock, "Destruction of LSD Data Laid to C.I.A. Aide in '73," *New York Times*, July 18, 1975.

76 「過去四年，中央情報局」："Memorandum from Director of Central Intelligence Dulles to Secretary of Defense Wilson," https://history.state.gov/historicaldocuments/frus1950-55Intel/d244.

CHAPTER

9

神聖蘑菇
The Divine Mushroom

一九五六年四月九日，蒙大拿州（Montana）參議員麥可・曼斯斐（Mike Mansfield）起身對同僚說了一席話，態度像平時一樣彬彬有禮。不過，華府有些人的反應不太尋常。得知他的發言內容之後，他們大驚失色。

「有鑑於中央情報局性質特殊[1]，本席認為：應成立參眾兩院聯合委員會，持續調查中情局的活動。」曼斯斐說：「中情局應依法在可能範圍內，向委員會完整報告其當前活動。中情局局長艾倫・杜勒斯在評估情報上或許能力過人，但不該任其獨斷。」

曼斯斐建議設立十二人聯合委員會[2]「持續評估中央情報局之活動」，並要求中情局「向委員會完整報告其當前活動」。最恐怖的是，委員會將有權「以傳喚或其他方式要求證人出席，並取得委員會認定具參考價值的書籍、報告、文件等」。這是中情局成立之後最嚴重的危機。他們雖已習於面對核子威脅，但曼斯斐的提案猶如當胸一刀。

中情局成立八年半以來，除了少數幾次被總統直接查問之外，從未接受有效監督。他們一點都不想與兩院委員會合作，對國會的傳喚權更是感冒。每一個人都很清楚：中情局在世界各地幹了不少事，這樣的委員會可能揭穿其中最見不得人的一些。曼斯斐在參議院發言時，說有報告指出中情局在德國資助新納粹、在中國組織軍事突襲、派探員去瓜地馬拉「製造革命」、監

聽哥斯大黎加總統何塞·菲格雷斯（José Figueres）的電話，還非法居留「一名日本公民」八個月——後來發現，這些報告全是真的。

不過，不論是曼斯斐或其他任何一個人，都不知道中情局正在進行一個更勁爆的計畫，其爭議性可能還超過那些海外祕密行動。MK-ULTRA 連在中情局內部都是最高機密，只有高利伯和拉許布魯克兩人掌握詳情，了解內容的也只有寥寥幾人，而他們全都認為消息絕不能外傳。他們知道，大眾還不能接受心智控制研究的必要性，更不會懂這種研究為什麼需要建黑牢、為什麼要讓那麼多人受那麼多苦。《華盛頓星報》（Washington Star）的報導標題是[3]：中情局官員對監督提案不表歡迎。事實上，這樣講太輕描淡寫了。杜勒斯很清楚：如果局裡的祕密曝光，他和中情局都會遭受重創。艾森豪也這麼想。他對助理們說曼斯斐要想通過，「得先跨過我的屍體」[4]。

在檯面上，艾森豪說他也支持對中情局強化監督。他任命了一個八人委員會——總統外交情報活動顧問委員會（President's Board of Consultants on Foreign Intelligence Activities）——說它會監督中情局，如有差錯會向他報告。隨後，中情局在國會最有力的支持者之一、喬治亞州參議員理查·羅素（Richard Russell）宣布，他擔任主席的軍事委員會（Armed Services Committee）已負責審核中情局的預算，他們會再成立一個新的小組委員會監督中情局的活動。在寫給一位同僚的信裡，他挑明了說：他不打算讓新的監督比他的委員會原本已經在做的更嚴。

「要說政府裡有哪個單位是我們必須抱持信心的[5]，」羅素寫道：「我相信就是中情局。」

麻州參議員萊福瑞特·沙通斯塔（Leverett Saltonstall）是中情局的另一個朋友，他在發言反對曼斯斐時，也提出同樣的論點：「身為軍事委員會和撥款委員會（Appropriations committee）的一員[6]，對中情局的活動，我認為他們向我報告的已經夠多了。」他說：「容我這樣說：問題不在中情局官員不

願向我們報告，而是我們不願進一步得知更多。以我個人來說，無論身為國會的一員或身為公民，對某些主題我寧可別知道那麼多。」

參院的三天辯論並未撼動對曼斯斐提案的支持，但白宮和中情局施壓奏效。原本支持提案的三十七名聯署人裡有十二名退出聯署，轉而反對提案。艾森豪對參議院領袖施壓，要他們以一切必要手段阻止提案通過。羅素參議員甚至在發言時說[7]，與其讓中情局接受不友善的監督，不如乾脆廢了它。

「我開始覺得像大衛挑戰歌利亞[8]，」曼斯斐在辯論第三天說：「但結果恐怕不一樣。」他不幸言中。參議院被反對方說服，也認為為了保護美國，有必要讓中情局保持絕對機密，以五十九票對二十七票否決了曼斯斐的提案。中情局安全了。MK-ULTRA 也是。

———

兩千年前的一個秋夜，羅馬皇帝克勞狄烏斯（Claudius）吃了一頓大餐，菜色包括一盤他最愛的蘑菇。幾小時後他出現異狀，顫抖、嘔吐、呼吸困難，天還沒亮就一命嗚呼。二十世紀的科學家證實了某些羅馬人的懷疑：下手的是克勞狄烏斯的妻子阿格里皮娜（Agrippina）。她為了確保自己與前夫所生的兒子能登上皇位，在丈夫愛吃的蘑菇裡混了一些毒菇。她的成功讓中情局最早的一些官員相當心動。

「我們該好好研究暗殺手法[9]，」其中一個在備忘錄裡寫道：「效法阿格里皮娜皇后這個榜樣，找出最有效的殺人辦法。」

人類很早就知道有些蘑菇有毒，因此能合理推論：這些蘑菇或它們的化學萃取物應該能取人性命。在高利伯啟動心智控制計畫之後，蘑菇對中情局的吸引力不減反增。古人認為，有些蘑菇能製造幻覺並扭曲感知。十六世紀到墨西哥傳教的天主教修士，就曾報告當地人在宗教儀式中使用蘑菇。對有心尋找通往人類心智之路的中情局官員來說，這些報告非常耐人尋味。

一九五二年末，莫斯・艾倫得知墨西哥有一種叫「piule」的植物[10]，它的種子有催眠效果。他派了一名探員去收集「piule」的樣本，也囑咐他留意所有「極具麻醉價值或毒性」的種子、植物、草藥和菌類，將它們一網打盡。那名探員假扮成尋找有機麻醉劑的研究者，在墨西哥待了幾個星期，回國時帶了滿滿幾袋樣本——還有另一則情報：有幾個人跟他提到一種「神奇蘑菇」，據說薩滿和女巫師會用它與神明交遊。他們稱它為「神肉」。

「對墨西哥某些印地安部落的早期紀錄顯示[11]：他們會在儀式中以蘑菇製造幻覺，進入陶醉狀態。」艾倫聽完那名探員的報告後寫道：「此外，有文獻顯示，巫醫或『占卜師』會以某幾種蘑菇讓人招供、找出被偷的東西，或預測未來……蘑菇的特性值得深究。」

高利伯找人分析那些墨西哥植物樣本，得知其中幾種的確含有可能改變精神狀態的物質。他開始思考適合這項任務的化學家，打算派他去墨西哥尋找有機毒物——如果可能的話，最好能找到「神奇蘑菇」。最後，他與總部在底特律的派克－戴維斯（Parke-Davis）藥廠聯繫，問他們有沒有合適人選。他開的條件誘人：這名化學家將接下中情局的任務，薪資也由中情局支付，但繼續留在派克－戴維斯藥廠。藥廠推薦了一名年輕認真的研究者詹姆斯・摩爾（James Moore），當年還是研究生時他就已加入曼哈頓計畫。他們詢問他的意願，他接受了。

「要是早知道那是一小群瘋子搞出來的計畫[12]，我才不會答應。」摩爾多年後說道。

摩爾沒過多久就發現，原來在找「神肉」的非墨西哥人不只他一個，有一對有名的夫妻跑在他前頭：高登・華生（Gordon Wasson）和瓦倫汀娜・華生（Valentina Wasson）。高登・華生是事業有成的紐約銀行家，瓦倫汀娜則是出身俄國的小兒科醫生。蜜月時，瓦倫汀娜對蘑菇的著迷把高登嚇了一跳[13]：她跑向一片蘑菇，「像朝拜似地」跪在它們前面，說它們是「上天的恩賜，

對敏銳的心靈有無上吸引力」。她採了一籃，堅持煮來當晚餐。她的新婚丈夫大驚失色，百般勸阻，說他可不想明天一早成了鰥夫。但瓦倫汀娜還是吃了，什麼事也沒有，於是高登也成了蘑菇迷，兩人一起栽入蘑菇的世界。

　　一九五〇年代初，華生夫婦數次前往墨西哥南部，尋找「神奇蘑菇」。他們的前兩趟旅程無功而返。到了第三次的時候，高登請了一名攝影師同行，在瓦哈卡（Oaxacan）的村莊認識一名印地安年輕人，後者領他們到一位名叫瑪莉亞・莎賓娜（María Sabina）的瑪札提克（Mazatec）婦人家裡[14]。大家都說她是古老智慧的守護者，能用蘑菇與眾神溝通。一九五五年六月二十九日晚上，她在一座質樸的祭壇前開始儀式，把蘑菇分給現場大約二十名印第安人——以及外人，這是有史可稽以來的第一次。

　　「我是牧養浩瀚無邊的女子[15]，」在眾人沉入另一種意識狀態時，瑪莉亞・莎賓娜唱道：「萬物俱有本源，我來自本源，四處來去。」

　　接下來幾個鐘頭，隨著瑪莉亞・莎賓娜的吟唱聲，華生和攝影師划入新的世界。「我們從來沒比那一刻更清醒過[16]，不論眼睛是睜是閉，異象一個個映入眼簾。」他後來寫道：「那種菇能把靈魂切開，像是整個人分成兩半，也像是某種精神分裂，你理性的一半繼續保持理性，冷靜地觀察你的另一半享受的感官刺激。你的感官層面像在流浪，可是你的心像是被一條有彈性的繩子和它綁在一起。」

　　華生不知道的是：他的體驗傳開之後，華府有一批志向和他南轅北轍的人欣喜若狂——那些人關心的不是心靈探索，而是心智控制。

　　詹姆斯・摩爾聽說華生的事之後，馬上寫了封信給他。摩爾完全沒透露他在為中情局做事，只說了一部分實話：他對「神奇蘑菇」的化學成分很感興趣，想進一步加以研究。他料到華生會重訪發現神奇蘑菇的墨西哥村落瓦烏特拉・德・西美內茲（Huautla de Jiménez），希望華生下次能帶他一起前往。為說服華生，摩爾說他認識一個基金會能贊助旅費。最後談妥[17]：中情局

以格許克特醫學研究基金會的名目,資助華生兩千美元,交換條件是華生同意帶摩爾去墨西哥。這成了子計畫五十八的目標:解開蘑菇的祕密。

於是,華生、摩爾和兩名法國真菌學家一起來到瓦烏特拉・德・西美內茲,再次求見瑪莉亞・莎賓娜。她同意再度舉行儀式。華生和上次一樣心醉神迷,他後來寫道,那些蘑菇給他一種「出神入迷感」[18],帶他升上「日常生活未曾企及的高度」。可是摩爾的反應恰恰相反:他嫌那裡場地骯髒,覺得又冷又餓,而且不但腹瀉,還「全身搔癢」。他在報告中說:儀式「從頭到尾吟誦方言……雖然我的確感到幻覺效果,但我覺得我的情況更接近『頭暈目眩』」。

「他沒有敞開心胸體驗當下。」華生後來說:「他像個死不下水的旱鴨子。胃不舒服,也恨透了那份經驗……我們的關係在那趟旅行中越來越壞。」

儘管摩爾反應不佳,高利伯和MK-ULTRA其他人還是認為,這次出擊是一大成功,因為他帶回了他們想要的迷幻蘑菇。中情局官員甚至迫不及待地勘查賓州的蘑菇田,還跟其中幾位農夫接洽,說之後可能有勞他們種植一種罕見的菌類。高利伯趕忙警告[19]:對於蘑菇致幻物質的研究,是絕對不能外流的「中情局機密」。

不過,華生的奇幻之旅還是傳出了他的圈子,也傳出了MK-ULTRA科學家的圈子。《生活雜誌》請他談談這次經驗,他洋洋灑灑寫了十七頁[20],還附上大量圖片。他說他的「靈魂飛升,我像是停在半空……我心理閃過一個念頭:神聖蘑菇,是否就是古代祕儀背後的祕密呢?」文章刊出後,好奇的美國人紛紛前往瓦烏特拉・德・西美內茲一探究竟。瑪莉亞・莎賓娜悔不當初,巴不得先前沒答應分享族人的祕密。華生也悔不當初,巴不得先前沒千方百計求她分享祕密。

中美洲原住民以「神奇蘑菇」與神靈交通已有數百年歷史,華生則有意用它進行自我探索,開啟詩人威廉・布萊克(William Blake)所說的「知覺之

門」。高利伯的目的完全不一樣。雖然他始終企求內在寧靜，也相信天地之間有科學無法理解的力量，可是在中情局裡，他念茲在茲的，是利用這些力量服務國家利益，完成一時的政治目標，而不是藉助這些力量減輕痛苦或拓展意識。雖然現在回過頭看，「中情局特務遠赴墨西哥村落，尋找能擊敗共產主義的蘑菇」這件事聽來實在古怪，可是對高利伯來說，不論是「神奇蘑菇」、LSD，還是他研究的其他物質，都是情報戰爭的祕密武器。

———

隨著高利伯掌控的祕密版圖日益擴大，他作為美國最有權勢的隱形人的地位也逐漸鞏固。不過，他和中情局的人還是格格不入。原因之一是他的背景：早期領導中情局的人大多嗜酒如命，彼此之間具有多年革命情感，形成緊密的小圈圈。高利伯根本打不進去。不過，他也沒興趣打進去。他和MK-ULTRA以外的人講上話時，往往都是在宣傳羊奶的好處。下班之後，他從不熱中同事之間的社交活動，總是回到維吉尼亞樹林的小屋，和老婆孩子待在一起。

「整個一九五〇年代和之後好一段時間〔21〕，局裡都不太接納猶太人和少數族裔。」他多年後回憶道：「在局裡工作或參與行動的少數族裔很快就會發現：在別人對某些議題高談闊論時，自己最好識相一點，不要多嘴。」

當時中情局有不少喊水會結凍的傳奇人物，像杜勒斯、赫姆斯、威斯納、安格敦等等，高利伯與他們關係淡漠的另一個原因是工作內容：他們做的是一般祕密工作——刺探敵情，想辦法削弱或消滅敵人——高利伯的任務層次更高。如果他能找出控制人類心智的辦法，那麼，中情局的其他行動——即使是顛覆伊朗和瓜地馬拉政府那樣的豐功偉業——都只是小兒科而已。

到一九五七年，高利伯已經為MK-ULTRA埋頭苦幹了整整四年。從亞特蘭大聯邦監獄到紐約和舊金山的「安全屋」，再到蒙特婁的艾倫紀念醫院，

他的「子計畫」已站穩腳步。不過,他擔任開路先鋒的時代已經過去,這時的他也即將年滿四十。中情局監察長的一份報告指出MK-ULTRA工作[22]:「某些活動據信不符專業倫理,部分案例更有觸法之虞」。高利伯這個閒不下來的人,做出了一項出人意表的職涯選擇。

在不斷測試偵訊手法的過程裡,高利伯認識了不少中情局駐外探員。一九五七年初,他決定成為他們的一員。他卸下自技術服務處化學組成立以來便擔任的組長一職,開始接受為期幾個月的外勤探員訓練。完成訓練後,他帶著妻子和四名子女搬到慕尼黑。他本來就懂德文,在為MK-ULTRA出差的過程裡也漸漸熟悉德國,而且在那裡有中情局的朋友。

「高利伯想實地操作他的闇黑手藝[23],所以請調國外當外勤。」有一本談中情局歷史的書這樣說:「可是,他先後被幾十個外站站長拒絕,他們都不想跟他扯上關係。最後,慕尼黑站站長威廉·胡德(William Hood)准他過來。中情局探員約翰·薛伍德(John Sherwood)說:『我老天吶,他那種職等的人,居然為了學情報功夫跑來慕尼黑出外勤!?』薛伍德後來與高利伯成為好友,兩家人在慕尼黑時經常一起出遊。回過頭看,薛伍德說他早該發現高利伯要用無辜的人做中情局實驗,『可是我當時真的以為那傢伙是個顧家好男人。媽的,我們還一起去爬山咧!』」

冷戰時期的慕尼黑是情報重鎮。中情局探員從這裡送出數百名游擊隊員潛入鐵幕,也在這裡策劃其他對抗蘇聯的祕密行動。慕尼黑也是自由歐洲電台(Radio Free Europe)和自由電台(Radio Liberty)總部所在,兩家電台都與中情局有關,專門向共產國家播送新聞和反蘇宣傳。另一方面,德國情報機關的總部就在慕尼黑外圍的普拉赫區(Pullach)(由第二章提過的前納粹情報官賴因哈特·格倫領導)。情報資源集中吸引了不少反蘇流亡人士,而共產黨的特務也尾隨而來。

一九五七年十月十二日,高利伯到慕尼黑才幾個星期,烏克蘭流亡領袖

列夫・雷貝特（Lev Rebet）在暗巷裡倒地身亡[24]。醫生判斷他是心臟病突發而死，但一名蘇聯特工後來坦承犯案。暗殺道具是一種特製的噴霧槍，藉擊碎內含氰化物的小玻璃瓶噴發毒氣。如果高利伯效命的是蘇聯，這正是他會設計的武器。

「就間諜活動來說[25]，慕尼黑和漢堡一樣，是歐洲數一數二的地下首都。」小說家約翰・勒卡雷（John le Carré）在《祕密朝聖者》（The Secret Pilgrim）裡說：「慕尼黑這群隱形人的規模之大，能見度之高，就連柏林都要甘拜下風……這裡三不五時爆出可怕的醜聞，原因通常是那夥小丑裡的哪個人扎扎實實『忘乎所以』，忘了自己是為哪一方效勞；或是幾杯黃湯下肚就傾心吐膽，一把鼻涕一把眼淚什麼都說；不然就是一時失心瘋對姘頭開槍、對小白臉開槍，或是對自己開槍；再不然就是在鐵幕的另一邊喝個爛醉，莫名其妙宣稱自己是為某個根本沒效命過的陣營效力。我這輩子沒見過這麼荒唐的情報窩。」

由於中情局尚未解密相關檔案，我們無從得知高利伯在慕尼黑的活動細節。但半個世紀之後，德國《明鏡週刊》發現也刊登了一份文件，內容是：一九五八年——亦即高利伯外派慕尼黑期間——德國反情報單位曾向總理艾德諾（Konrad Adenauer）報告中情局越權行事，「在未知會德國當局的情況下[26]」在德國抓人，「囚禁他們幾個月之久，並以德國法律禁止之方式進行偵訊」。然而艾德諾與美國國務卿約翰・杜勒斯合作緊密，選擇息事寧人。

「他在掩護之下與國外探員合作兩年[27]，」一份調查高利伯工作的報告說：「一名中情局探員記得，他曾協助確認一名從東德叛逃的化學家身分。那名化學家宣稱他曾為共黨情報單位提供技術協助，但中情局無法確認他就是他自稱的人，將他安置在安全屋數月之久。後來他們請高利伯偵訊他……高利伯只問一輪就確認他所言屬實，並獲得另一方仍在使用的祕密書寫系統。」

一九五八年，高利伯離開慕尼黑情報站兩趟。一趟是帶妻子去巴黎度假，另一趟是回華府中情局總部述職。回總部期間，他受邀對新進人員講話（資深官員經常接到這種任務），但其中一位聽眾多年後回憶道：「他實在不會講話，我覺得他講得一點也不好。」

一九五八年他對我們講話的時候[28]，我們全都覺得他是怪人，完全不知所云，怪得一塌糊塗。我那時心想：「希望我以後不必跟這個人打交道。」沒人想理這個怪咖，在背後嘲笑他的倒是不少，我們私底下叫他「那個瘋子」之類的。他完全沒有主流探員的樣子，我暗暗心想以後絕對不要跟他扯上關係。他做的事太奇怪了，大多數人對他敬而遠之……

我們受的訓練是：如果國家需要我們幹見不得光的事，想辦法辦好就是了。至於計畫本身是不是好主意，不關我們的事。高利伯也一樣，他必須用他的辦法完成上頭交代他的任務，不質疑命令，盡力想出達成它的辦法……LSD實驗的事我們略有所聞。我忘了是不是看過文件，但那件事基本上是洩漏了。

他那個人不像出任務的，他是科學家，比較像發明原子彈的那些人。那些人要是知道原子彈會投到日本殺平民，裡頭一定會有幾個反對。但他們多半認為自己發明的東西可能會用，也可能不用，所以繼續埋頭苦幹，一一解決技術性問題。

他非常低調，跟個隱形人似的。就算他在你眼前待了一個小時，你恐怕還是很難在人群裡認出他。他是那種脫離現實的古怪科學家，你很難認真看待這個人，但你也不會完全忽視他。

高利伯在慕尼黑情報站待了兩年。一九五九年，他回到中情局總部，接下為他設立的新職位——擔任計畫副局長理查·比瑟爾（Richard Bissell）的「科

學顧問」。比瑟爾很重視研發化學和生物藥劑，希望它們能在祕密任務中發揮更大的效果。此時已兼具技術專業和實務經驗的高利伯，即將邁入職涯生活的新階段。

在高利伯重返美國生活的同時，他的祕密世界被暢銷小說《滿洲候選人》（*The Manchurian Candidate*）撼動。這本書說的是一群美國士兵在韓國被共產黨俘虜，先送到滿洲的一處祕密基地「洗腦」，再放回美國執行暗殺任務。以內容來看，這部虛構作品的想像力，比現實發展慢了半拍，因為高利伯這時已經發現：根本找不到催眠後暗示、人為失憶或其他形式的「洗腦」確實存在的證據。可是美國一般大眾不一樣，他們聽說的是：韓戰中的美國戰俘之所以歌頌共產主義，甚至自陳曾在北韓和中國投擲生物武器，都是因為遭到「洗腦」。因此對他們來說，《滿洲候選人》的情節真實得可怕。在這本書牢牢抓住美國人對冷戰的想像之時，高利伯和他的心智控制戰士已更進一步，開始形塑曾形塑他們的虛構世界。

───────

在十九世紀的倫敦，一名青年藝術家的模特兒突然昏了腦袋，被一個不愛洗澡的狡猾猶太人控制。藝術家引誘她離開為人正派的追求者，洗去她以往的記憶，讓她從音痴變成歌唱家，甚至成為他的情人。這名猶太人的武器，是他懾人心魄的眼神。

「你的腦海裡什麼也沒有，你的心裡什麼也沒有，你的靈魂裡什麼也沒有，只有斯文加利（Svengali），斯文加利，斯文加利。」他不斷重複，直到她陷入恍惚。圍觀的人看得目瞪口呆。

「他們那種人，想讓你幹嘛就能讓你幹嘛。」一個人說。

「一點兒也沒錯，」另一個接話：「然後你怎麼死的都不知道。」

斯文加利的故事最早出現在喬治·杜穆里埃（George du Maurier）的暢銷

小說《氈帽》（*Trilby*），後來多次搬上大螢幕，膾炙人口的一九三二年版由約翰・巴里摩（John Barrymore）主演。在二十世紀上半葉，美國出現很多以心智控制為主題的作品，斯文加利的故事只是其中之一。這個主題的小說和電影一直非常有賣點，斯文加利更是把這種邪惡角色表現得淋漓盡致，以致連他的名字都成了「竊取人心」的代名詞。看看字典，對「svengali」的定義包括[29]：「操弄或過度控制別人的人」、「完全支配另一個人的人」，還有「（為邪惡目的）對他人施加控制或催眠影響的人」。

這正是高利伯夢寐以求的事，他花了好幾年尋找斯文加利控制人心的祕密。不論在中情局還是流行文化裡，這類故事都使得人們深信「心智控制確實存在，而且可以掌握」。

經歷兩件歷史創傷之後——一是一九四九年匈牙利的敏真諦樞機在公審中認罪，二是韓戰美國戰俘的「叛國」行為——中情局高層堅信，共產黨已能駕馭心智控制技術，於是他們找高利伯來開發同樣的技術。現在回過頭看，我們難免疑惑：他們都是精明幹練的人，為什麼會相信有這種技術呢？部分原因是形塑他們的文化。在那個時代，心智控制的奇想比比皆是，不但作家難以抗拒這個主題的誘惑，很多讀者也一樣。這些虛構作品讓美國人相信：世界上一定有控制其他人心思的辦法。

這種執念至少可以上溯到一八四五年，也就是愛倫・坡（Edgar Allan Poe）發表《弗德馬先生的真相》（*The Facts in the Case of M. Valdemar*）那年。故事情節是：一名瀕死病人被催眠，之後便停留在沒有心跳與脈搏的出神狀態，長達七個月。作品發表後引起騷動，雖然愛倫・坡後來承認那是虛構的，但它掀起的情緒波瀾久久不去。詩人伊莉莎白・巴雷特・白朗寧（Elizabeth Barrett Browning）說：愛倫・坡「讓恐怖的子虛烏有之事猶如近在眼前[30]」。

作家安布羅斯・比爾斯（Ambrose Bierce）也很受心智控制這個主題吸引。在一八九〇年發表的《虛幻之界》（*The Realm of the Unreal*）裡，他說在巴爾的

摩（Baltimore），有個來自加爾各答（Calcutta）的魔術師催眠了全體觀眾。那個魔術師自稱身懷絕技，有辦法「讓容易受影響的對象在虛幻之界待上幾個星期、幾個月，甚至幾年，陷在操作者不斷暗示的幻覺裡」。幾年後，比爾斯又以第一人稱的口吻發表〈催眠師〉（The Hypnotist）。在這篇短文裡，比爾斯說他已練出「非同尋常的能力」，平時喜歡「以催眠、讀心，以及一般稱作『催眠暗示』的神祕力量自娛」。

「這種力量會不會被壞人拿來做壞事呢？」比爾斯的結論是：「我不知道。」

電影的出現讓心智控制幻想深入人心。在最早出現的這類恐怖電影裡，《卡里加里博士的小屋》（The Cabinet of Dr. Caligari）影響很大。這部電影的主角是一名邪惡的表演者，能讓平凡人變成殺人兇手。電影後來揭露他真正的身分——原來他是一家精神病院的院長，一名傑出的科學家，可是他目空一切，用知識行善或作惡但憑己意。在電影結尾，卡里加里在日記裡寫下他的心得：「即使一個人在清醒狀態，也能逼他去犯他從沒犯過的罪」。

美國第一部關於心智控制的經典電影，是一九四四年的《煤氣燈下》（Gaslight），女主角英格麗・褒曼（Ingrid Bergman）還以此拿下奧斯卡獎。她在片中飾演一名被丈夫控制心智的女性，照MK-ULTRA科學家的分類方式，她的丈夫（查爾斯・鮑埃〔Charles Boyer〕飾）用的手段叫「感覺剝奪」：他禁止她離開家門、將她與訪客隔離，還設局讓她懷疑自己是否精神失常，藉此摧毀她的意志。繼「svengali」之後，這部片為行為心理學辭典再添新詞，依照一篇文章的定義：『煤氣燈效應』（Gaslighting）是一種持續的操控和洗腦手段[31]，會讓受害者開始懷疑起自己，乃至喪失自我感覺、身分認同和自我價值感……在最糟的情況下，病態的煤氣燈效應能造成嚴重的心智控制和心理虐待」。

差不多在同一段時期，還有另一部賣座電影叫《綠衣女子》（The Woman in Green），它改編自福爾摩斯系列，講的是另一種形式的心智控制：福爾摩

斯的勁敵、犯罪大師莫理亞提（Moriarty）設計了一連串精巧的詭計。他殺死幾個女人，每個人切下一根手指，再把手指偷偷放進有錢人的口袋，讓他們以為自己殺了人，再用這個祕密敲詐他們。莫理亞提到底是怎麼做到的呢？福爾摩斯苦思一段時間之後，終於恍然大悟：莫理亞提催眠他們，讓他們以為自己犯了罪，所以才敲詐成功。巧合的是，MK-ULTRA 也在尋找與此有關、但目的相反的東西——他們想讓情報員、破壞者和刺客在執行任務之後，深信自己是無辜的。

科幻小說常常寫到讓別人百依百順的辦法。很多版本的《吸血鬼》（Dracula）都以換血和大蒜改變受害者的個性；《科學怪人》（Frankenstein）裡的怪物被植入脖子的電極控制；還有一些故事把心智控制說成外星人入侵的武器。一九三六年短篇科幻小說《火星偷腦賊》（The Brain Stealers of Mars）裡的一名受害者說：「那隻老鳥打開我的頭骨，擺進一組新腦。」

這正是高利伯和他的 MK-ULTRA 戰友渴望學到的招式。他們過度放大對現實的恐懼，以致以為心思真的能被外人控制。他們從小到大聽的故事，讓這些恐懼更顯真實。他們迷失在心智控制虛實之間的模糊地帶，誤將空想當創意。他們以為凡是想像得到的事，祕密世界都能將它們化為現實——MK-ULTRA 就是用來發明新現實的。

在莎士比亞的《馬克白》（Macbeth）裡，馬克白和班柯（Banquo）遇見預言女巫時，心想：「難道我們吃了劫持神智的瘋狂之根？」MK-ULTRA 或多或少也是在找「瘋狂之根」——一種能讓他們劫持神智的藥物、毒劑或技術。儘管科學告訴他們，沒有這種操控人心的方法，他們卻聽任想像力往另一個方向飛奔。高利伯和他的化學戰士堅信自己能將傳說化為現實。在冷戰恐懼的驅使下，他們自甘陷入想像力的魔咒。

在 MK-ULTRA 如火如荼進行的那幾年，美國大眾對心智控制和「洗腦」的好奇達到顛峰。一份紀錄顯示：在一九五〇年代晚期[32]，《時代雜誌》、

《生活雜誌》和其他大眾刊物對這類主題的報導，竟然高達兩百多篇。這些文章很多都受愛德華‧杭特的作品影響，這名與中情局有關的宣傳大師不斷警告：共產黨準備發動心戰攻擊，要把美國人變成「不知思考的嘍囉，機器人一般的奴隸」。有些偽科學家跟著敲邊鼓，英國心理學家威廉‧薩根也是其中一個（法蘭克‧奧爾森對極端實驗產生疑慮時，就是找他傾吐）。在一九五七年出版的《心智之戰》（*Battle for the Mind*）裡，他細數一路走來的研究，說自己想知道的無非是「改變一個人的信念最快、最持久的辦法」。一些素孚眾望的作家也推波助瀾，在歐威爾（George Orwell）、赫胥黎（Aldous Huxley）、亞瑟‧庫斯勒（Arthur Koestler）等人的作品裡，都可以看到對心智控制的描寫。科學與文學相互餵養，讓恐怖的幻想越來越膨脹。

　　這股風潮席捲英美兩國一整代的作家。傑克‧芬利（Jack Finney）一九五四年出版的《天外魔花》（*Invasion of the Body Snatchers*），講的是外星人試圖奪取地球，用「豆莢人」（pod people）取代人類。「豆莢人」長得像人，舉動也像人，可是完全被外星人控制。一九六二年出版的《發條橘子》（*A Clockwork Orange*）和《伊普克雷斯檔案》（*The Ipcress File*），則是從別的方向搭上這股心智控制熱。《發條橘子》的主角是一名暴力犯，他被帶到內政部餵食藥物，綁在椅子上，拉開眼皮夾住，強迫他看電影，想藉此改變他的行為。《伊普克雷斯檔案》講的是英國外交官被蘇聯間諜綁架、刑求、洗腦。巧合的是，書裡描繪的洗腦方式，竟然與艾溫‧卡麥隆為 MK-ULTRA 做的「心理驅動」實驗非常相似。小說最後揭露「伊普克雷斯檔案」的命名來由——原來它是「以壓力條件反射誘發精神神經症」（Induction of Psycho-Neuroses by Conditioned Reflex with Stress）的縮寫。

　　這三本小說都被搬上大螢幕，而且票房極佳。但就影響力來說，它們都比不上李察‧康頓（Richard Condon）的《滿洲候選人》。雖然《滿洲候選人》的文學價值有待商榷，但它的出版時機堪稱完美，是一九五九年數一數二的

暢銷書。有一篇書評說它「生猛有力，是非常好讀的大雜燴〔33〕」。事實上，《滿洲候選人》不只是好讀而已，它還是美國有史以來最暢銷的「洗腦」小說。如果有任何人懷疑洗腦這種武器的恐怖威力——或是對洗腦的存在將信將疑——《滿洲候選人》是說服他的最佳解方。

這本書的情節雖然簡單，卻令人欲罷不能：在韓國作戰的一排步兵遭到俘虜，被送到共產黨的心智控制實驗室。共黨科學家讓他們相信是班長救了他們的命。這群人回到美國之後，他們感恩戴德的報告讓班長獲頒榮譽勳章。但他們不知道的是，共產黨已經暗中把那名班長變成刺客，而且把任務埋在他的潛意識深處，讓他根本不記得有這件事。不過，只要有人向他出示鑽石皇后牌，他就會聽命完成任務。最後，他的任務終於揭曉，內容令人不寒而慄：刺殺一位總統候選人，讓共黨獨裁者拿下美國。

在《滿洲候選人》問世之前，美國人已經聽了好幾年「洗腦」故事。此外，在較嚴肅的作品如《寂寞的群眾》（The Lonely Crowd）和《組織人》（The Organization Man）裡，社會科學家指出：美式生活的一些重要特徵，例如廣告和精神醫學，其實也是某種形式的心智控制。雖然中情局以外沒人知道MK-ULTRA計畫，但越來越多人相信：在美國看似平靜的表象之下，其實隱藏了很多陰謀。這有助於解釋評論家提摩西・梅里（Timothy Melley）為什麼會說：「《滿洲候選人》在心智控制傳說中扮演核心角色。」

「祕密世界的擴張〔34〕，對戰後陰謀論的發展產生深遠影響。」梅里寫道：「冷戰期間，美國的對外政策形成強烈反差：一方面大力鼓吹民主，另一方面又讓祕密機構為所欲為，肆無忌憚地執行祕密任務，不受民主社會的約束和控制。越來越多人發現一個公開的祕密：美國的政策越來越仰賴非民主的祕密手段。這種策略上的不協調，不但嚴重加深人民對政府的疑慮，也使人民轉而疑懼國內機構會對他們洗腦。」

《滿洲候選人》在一九六二年拍成電影，由安吉拉・蘭斯伯里（Angela

Lansbury）和法蘭克·辛納屈（Frank Sinatra）主演，上映後再一次挑起大眾對洗腦的憂心。不過，少數真正鑽研心智控制技術的人其實心裡清楚：一般人對洗腦的認識慢了很多拍。就在美國社會終於感到「洗腦」不但存在、也具有迫切威脅的同時，高利伯和他的MK-ULTRA戰友做出相反的結論。「到一九六一、六二年左右[35]，我終於確定根本沒有所謂『洗腦』。不論用藥物還是我們試過的各種制約手段，都沒辦法發揮改變心智的奇效。」中情局心理專家約翰·吉丁格後來說：「《滿洲候選人》上映一下子把我們帶回從前，因為它把不可能的事情講得煞有其事……到一九六二、六三年的時候，我們差不多已經有了共識：只要把人隔離，不讓他接觸任何人，再不斷用盤問和偵訊施壓，就能讓人產生不少變化，根本不用使出什麼奇怪的手段。『洗腦』頂多就是這樣。」

　　虛構預示也孕育了MK-ULTRA計畫。天馬行空的「洗腦」故事不但不符科學，也違背常理，更遠遠超出中情局科學家的能力範圍，唯一能約束它們的，恐怕只有想像力的極限。不過，MK-ULTRA的存在正好證明：很多對於政府祕密研究心智控制的荒謬揣測，其實相當接近現實。讓偏執狂的臆想顯得合理的，正是MK-ULTRA的荒謬。

註釋

1 「有鑑於中央情報局性質特殊」：Congressional Quarterly, "CIA 'Watchdog' Committee," in *CQ Almanac* 1956, http://library.cqpress.com/cqalmanac/cqal561349665.

2 曼斯斐建議設立十二人聯合委員會：*Congressional Record*— *Senate*, April 9, 1956, p. 5930.

3 《華盛頓星報》的報導標題是：Richard Fryklund, "CIA Leaders Are Cool to Watchdog Proposal," *Washington Star*, February 20, 1956.

4 「得先跨過我的屍體」：James Reston, "Washington: File and Forget?," *New York Times*, July 22, 1987.

5 「要說政府裡有哪個單位」：Central Intelligence Agency, "How Intelligence Sharing with Congress Has Evolved," March 19, 2007, https://www.cia.gov/library/center-for-the-study-of-intelligence/csi-publications/books-and-monographs/sharing-secrets-with-lawmakers-congress-as-a-user-of-intelligence/1.htm#rft4.

6 「身為軍事委員會和撥款委員會（Appropriations committee）的一員」：*Congressional Record*— *Senate*, April 9, 1956, pp. 5923–24.

7 羅素參議員甚至在發言時說：Congressional Quarterly, "CIA 'Watchdog' Committee."

8 「我開始覺得像大衛挑戰歌利亞」：*Congressional Record*—*Senate*, April 11, 1956, p. 5939.

9 「我們該好好研究暗殺手法」：Albarelli, *Terrible Mistake*, p. 323.

10 一九五二年末，莫斯·艾倫得知：Marks, *Search for the "Manchurian Candidate,"* pp. 114–16; Streatfeild, *Brainwash*, pp. 77–78.

11 「對墨西哥某些印地安部落」：Marks, *Search for the "Manchurian Candidate,"* p. 115.

12 「要是早知道那是一小群瘋子」：Ibid., p. 117.

13 蜜月的時候，瓦倫汀娜對蘑菇的著迷：Jan Irvin, "R. Gordon Wasson: The Man, the Legend, the Myth," in John Rush, ed., *Entheogens and the Development of Culture: The Anthropology and Neurobiology of Ecstatic Experience* (Berkeley: North Atlantic, 2013), pp. 565–616.

14 領他們到一位名叫瑪莉亞·莎賓娜：R. Gordon Wasson, "Seeking the Magic Mushroom," *Life*, June 10, 1957, http://www.imaginaria.org/wasson/life.htm.

15 「我是牧養浩瀚無邊的女子」："María Sabina Documental," YouTube video, 1:20:47, posted by Soy Eus, July 16, 2016, https://www.youtube.com/watch?v=30s3ZCF7E3A.

16 「我們從來沒比那一刻更清醒過」：Wasson, "Seeking the Magic Mushroom."

17 最後談妥：Marks, *Search for the "Manchurian Candidate,"* p. 122; Streatfeild, *Brainwash*, pp. 80–81.

18 他後來寫道，那些蘑菇 Marks, *Search for the "Manchurian Candidate,"* p. 123.

19 高利伯趕忙警告：Jay Stevens, *Storming Heaven: LSD and the American Dream* (New York: Harper and Row, 1987), p. 83.

20 他洋洋灑灑寫了十七頁：Wasson, "Seeking the Magic Mushroom."

21 「整個一九五〇年代和之後好一段時間」：H. P. Albarelli and Jeffrey Kaye, "Cries from the Past: Torture's Ugly Echoes," *Truthout*, May 23, 2010, https://truthout.org/articles/cries-from-the-past-tortures-ugly-echoes/.

22 中情局監察長對他 MKULTRA 工作的一份報告：Streatfeild, *Brainwash*, p. 86; *Orlikow v. United States*, U.S. District Court, September 12, 1988, p. 5, http://breggin .com/wp-content/ uploads/2008/03/civilDOrlikowPretrialstatmnt.pdf.

23 「高利伯想實地操作他的闇黑手藝」：Joseph J. Trento, *The Secret History of the CIA* (New York: MJF, 2001), p. 195.「我一九五七年春天去受訓，想派駐國外，我也真的外派了。我記得我們是八月 還九月出國的。」US District Court for the District of Columbia, "Deposition of Sidney Gottlieb," April 19, 1983, p. 77;「你從國外回華府是什麼時候？」「一九五九年。」Ibid., p. 172;「你在那裡負責 什麼？」「沒得到授權我不能說。」Ibid., p. 15.

24 烏克蘭流亡領袖列夫・雷貝特：Christopher Andrew, *The Sword and the Shield: The Mitrokhin Archive and the Secret History of the KGB* (New York: Basic Books, 1999), p. 362.

25 「就間諜活動來說」：John le Carré, *The Secret Pilgrim* (New York: Ballantine, 2008), p. 132.

26 「在未知會德國當局的情況下」：Klaus Wiegrefe, "Das Geheimnis der Villa im Taunus," *Der Spiegel*, December 12, 2015, http://www.spiegel.de/spiegel/print/d140390016.html.

27 「他在掩護之下」：Gup, "Coldest Warrior."

28 「一九五八年他對我們講話的時候，」：Author's interview with retired CIA officer "BD."

29 看看字典，對「svengali」的定義包括：*Dictionary.com*, https://www.dictionary.com/browse/ svengali; *Merriam-Webster*, https://twitter.com/merriamwebster/status /404308437888421888; *Oxford Living Dictionaries*, https://en.oxforddictionaries.com/definition/svengali.

30 「讓恐怖的子虛烏有之事猶如近在眼前」：John Henry Ingram, *Elizabeth Barrett Browning* (CreateSpace, 2017), p. 144.

31 「『煤氣燈效應』是一種持續的操控和洗腦手段」：Preston Ni, "8 Signs That Someone Is in a Relationship with a Gaslighter," *Psychology Today*, February 15, 2017.

32 在一九五〇年代晚期：Timothy Melley, *The Covert Sphere: Secrecy, Fiction, and the National Security State* (Ithaca: Cornell University Press, 2012), p. 148.

33 「生猛有力，是非常好讀的大雜燴」：Frederick Morton, "One Thing Led to Another," *New York Times Book Review*, April 26, 1959.

34 「祕密世界的擴張」：Timothy Melley, "Brainwashed! Conspiracy Theory and Ideology in the Postwar United States," *New German Critique* 103 (Winter 2008), https://www.jstor.org/stable/27669224? seq=1#page_scan_tab_contents.

35 「到一九六一、六二年左右」：U.S. Senate, *Joint Hearing*, p. 62.

CHAPTER

10

健康改造委員會
Health Alteration Committee

　　烏拉山脈（Ural Mountains）上方十三哩高空[1]，刺眼的橘光劃破一九六○年春天的清晨。一枚蘇聯防空飛彈發現了它的目標。它瞄準的飛機開始劇烈翻滾，雙翼都被炸飛。飛行員法蘭西斯·蓋瑞·鮑爾斯（Francis Gary Powers）奇蹟似地及時彈射，打開降落傘。他正在執行中情局的最高機密任務，開的是當時幾乎沒人知道的偵察機U-2。他後來說，往下飄的時候，他滿腦子都是被俘後得面對多少「酷刑和未知的恐怖[2]」。好在他有辦法解脫──他出發時拿到一枚銀幣，現在像護身符一樣掛在脖子上。銀幣裡有一根抹上劇毒的針。那是高利伯和他的伙伴送的禮物。

　　一九五○年代，高利伯派了不少探員去世界各地蒐集天然劇毒，作為MK-ULTRA的一部分工程。他們先閱讀植物和動物毒性的報告，評估哪裡可能找得到它們，到了當地再向原住民打聽，最後帶著可能有用的樣本回來。高利伯對新化學物質一向著迷，收到之後，他也會送一些給狄崔克營的伙伴──不過那裡已經成了永久機構，改名狄崔克堡（Fort Detrick）了。其中一些物質毒性強烈，足以致命。

　　高利伯也升官了，成為技術服務處研究與發展主任。他對毒藥的淵博知識，讓他很適合負責一項祕密任務。

　　主持U-2計畫的是中情局計畫副局長理查·比瑟爾，他認為U-2既然能

以那麼高的高度飛行，應該不會被蘇聯防空系統擊落，甚至不會被雷達偵測到。不過，他還是得未雨綢繆，做好萬全準備。畢竟，不論是U-2中隊的存在，或是它的任務——拍攝蘇聯軍事設施——都是美國的最高機密。只要有一架U-2被擊落，或是有一個飛行員落入敵人手中，都會帶來數不清的麻煩。於是，比瑟爾交給技術服務處一項特殊任務：為U-2飛行員準備毒藥，好讓他們在被俘之前迅速自盡。

專家們的第一個反應，是向比瑟爾提起納粹戰犯戈林（Hermann Goering）的結局：他早就藏了一小瓶氰化鉀，在上絞架前取出，放進嘴裡，嚼破，才十五秒就死了。比瑟爾覺得這是好主意，要高利伯做六個和戈林一樣的小毒藥瓶。對高利伯來說，這是小事一樁。他挑好適合的毒藥，請狄崔克堡特別行動組的一位同事製作小玻璃瓶。一九五六年六月二十日，第一次U-2任務的飛行員準備從德國維斯巴登（Wiesbaden）美軍基地出發時，其中一瓶交到了他手上。往後幾週，艾森豪總統又批准了好幾次任務，每個飛行員身上都有高利伯的毒藥。

七月五日清晨，飛行員卡明・維托（Carmine Vito）從維斯巴登出發後險些鑄下大錯[3]。維托的綽號是「檸檬糖小子」，因為他老愛扔顆檸檬糖進嘴裡嚼。那天起飛之後，他又隨手掏了一顆放進嘴裡，可是馬上覺得它平滑得出奇，而且沒有味道。吐出之後，他驚駭地發現那不是喉糖，而是氰化鉀。他之所以倖免一死，只是因為他還沒嚼就發現不對勁。回到基地後，他向上級報告這場與死神擦身而過的意外。中隊長要求以後要把玻璃瓶裝在小盒子裡。往後四年，U-2飛行員的飛行裝裡都塞著這種小盒子，再也沒有發生類似虛驚。

由於飛入蘇聯領空偵察極其敏感，艾森豪總統要求每一次任務都需由他親自批准。雖然比瑟爾和他的上司艾倫・杜勒斯都向總統保證，這種飛機實際上不可能被擊中，可是對於預計在一九六〇年五月一日進行的那次任務，

艾森豪有些猶豫。因為兩週之後，他就要在柏林與蘇聯領導赫魯雪夫（Nikita Khrushchev）進行等待已久的高峰會，他可不想讓會議泡湯。但他最後還是被說服風險微乎其微，批准了這次行動。

高利伯和他在狄崔克堡的伙伴，這時已發明一種新的自殺道具。他們不再提供氫化鉀給U-2「司機」（他們這樣稱呼飛行員），反而設計出中情局有史以來最精巧的裝置——藏在銀幣裡的毒針。他們只做了一個，因為每個人都同意：如果真的需要用上，代表U-2計畫一定出了大差錯，到時候計畫非終止不可。

那年春天，U-2繼續從巴基斯坦白夏瓦（Peshawar）附近的中情局祕密機場起飛。每一位「司機」出發之前，都先拿到這枚銀幣。

「銀幣裡有一根針，看似普通[4]，」法蘭西斯·蓋瑞·鮑爾斯後來寫道：「實則不然。仔細看的話，可以看出針體其實是護套，頂部沒有密合，可以拉出一根更細的針。這根針也不是普通的針，它的底部有凹槽，凹槽裡是一種黏黏的棕色物質。」

那種物質是麻痺性毒藥，叫蛤蚌毒素（saxitoxin），是從被感染的貝類裡萃取出來的，與引發赤潮和其他水傳染的藻類有關。像狄崔克堡製作的這種高濃縮劑量，能在幾秒內讓人喪命。

被飛彈擊中的時候，鮑爾斯正在現在稱作葉卡捷琳堡（Yekaterinburg）的俄國城市上空（巧合的是，一九一八年時，布爾什維克也是在這裡處決末代沙皇尼古拉二世一家）。原來蘇聯軍方早就對無法擊落U-2耿耿於懷，在中情局沒發現的情況下改進了防空系統。這次攻擊來得突然，鮑爾斯根本來不及按下飛機自毀按鈕。墜地的時候，他的心思已經轉向那根自殺毒針——該拿出來用了嗎？

在二〇一六年的電影《間諜橋》（Bridge of Spies）裡，有一幕是在白夏瓦基地的機庫，中情局探員威廉斯向鮑爾斯等「司機」做行前簡報：

威廉斯：這些任務必須嚴格保密，相關設備不能落入敵人手中。

鮑爾斯：那我們可以嗎？

威廉斯：中尉，我不曉得你是不是在開玩笑，但我不是。你對這架飛機知道的一切，就跟飛機本身一樣機密。要是研判會被俘虜，就跟飛機一起栽吧。如果你離邊界夠近，覺得自己能甩開敵人逃走──好，你知道彈射裝置怎麼用。可是要逃的話（打開拳頭出示銀幣），記得帶這個一起。它裡面有根針（把針抽出）。往皮膚上一劃，立刻一了百了。覺得會被俘虜的時候就拿出來用。各位司機，懂我意思吧？該用就用。

事實上，這一幕完全是虛構的，上級其實沒有明確指示「司機」們被擊落時該怎麼做。鮑爾斯後來作證說[5]，要不要用自殺毒針「或多或少由自己決定」。他決定不用。

鮑爾斯的飛機斷訊之後，中情局航空管制員認為他已機毀人亡，馬上對外編了個故事：一架研究高空氣候模式的研究用機，在飛過土耳其時發生問題，飛行員因缺氧失去意識，飛機繼續以自動駕駛模式飛行，不幸在深入蘇聯領空後墜毀。

「我方絕非故意侵犯蘇聯領空[6]，絕無此事。過去沒有，這次當然也不是。」國務院發言人對記者們說。

中情局和艾森豪以為這件事能到此為止，可是能否善了要赫魯雪夫說了算。擊落事件一週後，赫魯雪夫在最高蘇維埃（Supreme Soviet）上語驚四座：U-2大部分殘骸已被尋獲，飛行員鮑爾斯生還，目前在押。接著，他拿出一張放大的毒針照片。

「為了掩蓋罪行[7]，他們要飛行員絕對不能被蘇聯當局活捉。」赫魯雪夫對同志們說：「所以他們給他配備這根毒針，特製的，只要往身上一刺，馬上斃命。這麼野蠻的事也幹得出來！」

艾森豪不得不承認他授意發言人對U-2的事說謊，迎來他總統任內最沒面子的一刻，與赫魯雪夫的高峰會也告吹。鮑爾斯則在莫斯科接受審判。檢察官的開場陳述說得振振有詞：「要是鮑爾斯的任務光明正大[8]，不是犯罪，他的主子當然不必給他毒針。」出庭證人包括一位法醫學教授，他受命檢查那根毒針。他的證詞，或許是對高利伯的道具最詳盡的公開分析之一：

查驗該針之後，我們確認以下事實[9]：此針為白金屬製成，外觀如一般針類，含頂部及尖端，長二十七公釐，直徑一公釐。針體結構複雜：內部為管狀，除尖端之外全部貫通，管內有另一根針，抓住針頭可用力抽出。內針尖端有多條傾斜深溝，被一層濃稠、具有黏性的棕色物質完全包覆。

檢驗人員取出內針後，以其戳刺實驗犬左後腳前三分之一處。該犬於戳刺後一分鐘內倒地，胸部呼吸動作迅速趨緩，舌頭與黏膜明顯發紺。戳刺後九十秒內呼吸完全停止，三分鐘後心臟停止運作，隨即死亡。檢驗人員以同一根針戳刺白老鼠，白老鼠於戳刺後二十秒內因呼吸麻痺而死⋯⋯

經過上述調查及動物實驗，並考慮其毒性及物理性質之後，研判內針所含之物質屬箭毒類，即所有已知毒物中毒性最強、作用最快速的一種。

箭毒必須從熱帶植物提煉，取得不易。不過，高利伯能掌握的早已超過箭毒。蛤蚌毒素是一種自然產生的水生毒物，一份研究說它的毒性「多次勝過番木鱉[10]、箭毒、真菌毒素、氰化鉀等已知物質」。自殺毒針的毒性之劇烈，以及連頂尖蘇聯毒物學家都不識其毒的事實，正足以證明高利伯在用毒方面的天分。

一九六二年，蘇聯與美國換俘，用鮑爾斯換回一名蘇聯間諜。鮑爾斯剛回國的時候，很多人批評他沒有自盡，等到大眾情緒平息之後，輿論轉而讚

美他為國效力。中情局頒勳章給他，艾倫‧杜勒斯也說他「不畏危險，盡忠職守[11]，表現可嘉」。

高利伯與這次事件的關連雖然不能曝光，但他在中情局裡的聲望水漲船高。他是中情局的化學大師，已為局裡做出不少成績。據一位同事說，變節探員詹姆斯‧克朗戴爾一九五三年自殺的毒藥，是他配的。兩年後，原本要用來暗殺中國總理周恩來的毒藥，也是他調的。到了這個時候，連準備給U-2飛行員自殺的毒藥，都是出自他手。他作為中情局毒藥頭子的地位，此時已然鞏固。

頂著非洲的高溫，坐進機場計程車，「巴黎的喬」忍不住再次反芻他即將投入的戰爭。剛果共和國，他剛剛降落的地方，三個月前才從比利時獨立，卻立刻陷入暴力衝突。軍隊譁變，四處作亂，國土分裂，政府崩潰。美國與蘇聯虎視眈眈，隨時準備介入。在冷戰即將攤牌的時刻，「巴黎的喬」帶著美國的祕密武器到來。

在剛果首都利歐波德維勒（Leopoldville），中情局情報站站長賴瑞‧德夫林（Larry Devlin）正等著他。幾天前，德夫林接到華府的電報，說有一位訪客很快會到。「他會自稱『巴黎的喬』[12]，」電報說：「在他和你通過電話之後，你要盡快見他。屆時他將完整揭露身分，並向你說明他的任務。」

一九六〇年九月二十六日下午，以美國使館雇員掩護身分的德夫林放下工作，走向他的車。對街咖啡廳有人從椅子上起身。「他是資深官員，也是很受敬重的化學家[13]，我認識他一段時間了。」德夫林後來寫道。「巴黎的喬」就是希德尼‧高利伯，他不遠千里飛到剛果，是為了遞送二十世紀最特殊的一件包裹——他親自設計的、世上獨一無二的毒藥。目標是總理帕特里斯‧盧蒙巴。

　　高利伯走向德夫林，伸出手。「我是巴黎的喬，」他說。德夫林邀他上車。高利伯在路上對他說：「有一件極為敏感的任務要交給你，我是來教你的。」

　　到剛果出任務時，高利伯已在中情局工作整整十年。他一手打造的MK-ULTRA計畫，是有史以來規模最大、也最全面的心智控制研究。他派駐德國兩年期間，不但親自對「消耗品」做極端實驗，也充分證明自己的本事。回國後接下的研發工作，更讓他成為美國諜報工具的主要發想者、製造者和測試者。而且在設計這些工具的同時，他並沒有將MK-ULTRA計畫交給別人主持。在這段時期，他也是中情局非正式化學小組的一員〔14〕。這個小組就是後來眾所周知的「健康改造委員會」。這群人在一九六〇年初湊在一起，為的是回應艾森豪總統重新燃起的信念——對某些不友善的外國領導人，最好的辦法是宰了他們。

　　一九六〇年八月十八日中午〔15〕，艾倫・杜勒斯和理查・比瑟爾臨時前往白宮，求見總統。他們剛剛收到賴瑞・德夫林從剛果發的緊急電報。「使館與情報站一致認為〔16〕：剛果正面臨典型的共黨奪權，當局岌岌可危。」它說：「反西方勢力迅速擴張，時間恐怕所剩無幾。」這封電報似乎證實了美國的恐懼：剛果總理盧蒙巴打算讓他資源豐富的國家倒向蘇聯。據官方速記員的紀錄：艾森豪看完電報後轉向杜勒斯，說：「看來我們得做點什麼除掉盧蒙巴。」

　　「全場陷入沉默大約十五秒〔17〕，」速記員寫道：「然後繼續開會。」

　　比瑟爾一回到辦公室，就拍電報給利歐波德維勒站，要當地探員提出執行總統暗殺令的方案。他們考慮過用狙擊手（一名探員寫道：「只要時間地點挑得好，打獵一定成功。〔18〕」），但最後還是排除這個選項，因為盧蒙巴深居簡出，而且找不到可靠的狙擊手。於是，下毒成了最合理的替代方案。

　　高利伯的資歷讓他成為這項任務的不二人選。他一手打造中情局化學組，也是中情局首屈一指的製毒和下毒專家。身為MK-ULTRA的主持人，

他已對囚犯、毒癮者、醫院病人、被俘間諜和一般人試過多種藥物，甚至連自己的同事都沒放過。他也製作過多種致命劇毒。對他這種身懷絕技的化學家來說，給盧蒙巴配毒易如反掌。

比瑟爾對高利伯說，奉「最高層」之令，他得為某個非洲領導人調製毒藥，無論能造成失能或死亡都好。雖然他沒明說目標是盧蒙巴，但從那年夏天的新聞熱潮來看，高利伯不難猜到要殺的是誰。

「高利伯建議：就這次任務來說[19]，用生物藥劑最好。」科學史家艾德·瑞吉斯（Ed Regis）寫到這一段時說：「因為生物藥劑無色無味，難以追查，而且如果挑選和投放得當，事後甚至不會被懷疑是謀殺。從發病到死亡，目標看起來就和得傳染病一模一樣。高利伯對比瑟爾說，不論目的是造成失能還是死亡，都有很多病菌可供選擇，而且對中情局來說很容易到手。比瑟爾非常滿意。」

高利伯接下任務後，開始思考該用哪一種病菌造成「失能或死亡」。第一步是調查：在剛果，哪幾種病最常造成非預期的死亡？是炭疽病、天花、結核病，以及三種動物傳染病。下一步是想出對應的方法：哪一種毒所造成的死亡，看起來最像其中一種病造成的？幾經盤算，他決定用肉毒桿菌。這種細菌有時會長在保存不當的罐頭裡，進入人體後要幾個小時才發作，但作用猛烈，濃縮後只要十億分之一克就能致命。

高利伯把毒藥存放在狄崔克堡，與那裡的伙伴討論之後，他開始製作暗殺工具。這套工具包括一管液態肉毒桿菌、一根極細的皮下注射針、一小瓶氯（情況緊急時可混入肉毒桿菌，讓它失效），還有幾件執行任務時會用到的「輔助材料」——防護手套和面罩。九月中，高利伯對比瑟爾說工具已經備妥。關於怎麼送去，他們意見一致：由高利伯親自跑一趟利歐波德維勒。就目前所知，他是唯一一個，帶毒藥到外國暗殺該國領袖的中情局官員。

高利伯和德夫林在利歐波德維勒的美國使館前碰面後，兩人匆匆離開，

不到一個小時就進了德夫林家的客廳。高利伯在那裡對德夫林宣布任務：他帶了一套工具來，要暗殺總理盧蒙巴。

「我老天吶！[20]」德夫林驚呼：「誰下令的？」

「艾森豪總統。」高利伯回答：「總統下令時我不在場，但比瑟爾說艾森豪想除掉盧蒙巴。」

兩人一時不語，默默吸收這一刻的重量。德夫林後來說，他當時點了一根菸，盯著鞋子消化這件事。過了一會兒，高利伯打破沉默。

「任務由你負責。一個人負責。」他對德夫林說：「細節由你決定，但要乾淨俐落，絕不能被查出和美國政府有關。」接著，他拿出精心製作、千里迢迢親自送來的毒藥組。

「用這個。」他說：「用這裡頭的東西，沒有人會知道盧蒙巴是被暗殺的。」

高利伯一臉淡定，開始向德夫林一一解釋毒藥組裡的東西和用法。他要德夫林找個機靈一點的探員下手，用皮下注射針把肉毒桿菌打進盧蒙巴吃的東西（照高利伯後來的說法：「只要是他會放進嘴裡的東西都行[21]，可以是食物，也可以是牙膏。」）德夫林後來寫道，毒物組裡就有一管已經下好毒的牙膏。這種毒要幾個鐘頭才會發作，不會讓人立刻斃命。高利伯向德夫林保證：就算進行解剖，「也只會發現因病而死的正常跡證。[22]」

高利伯移交毒藥組後，繼續留在利歐波德維勒，沒有馬上返回華府。他待著的時候，德夫林找到一個據信能接近盧蒙巴的探員，而且照他拍給華府的電報說，這個人是「臥底」[23]。於是，在親自送毒藥組來剛果十天之後，高利伯總算放心，覺得可以回美國了。據德夫林的電報說，高利伯離開時「留下了一些以後能用的東西[24]」。

德夫林原本以為那名臥底能順利給盧蒙巴下毒，或是調換他的牙膏，不料他根本無法突破安全人員。德夫林只好另尋他途。他知道比利時的國安單位跟中情局一樣，必欲除盧蒙巴而後快，而且他們的探員與上加丹加礦業公

司（Union Minière du Haut-Katanga）合作密切（這家礦業公司是比利時政經實力的基石）。後來，盧蒙巴認為自己在首都有送命之虞，於是逃亡。十一月二十九日，他的敵人逮到了他，在一處偏遠的監獄裡折磨了他六個星期。一九六一年一月十七日[25]，一組由六名剛果人、兩名比利時人組成的人馬把他拉出監獄，帶到叢林裡的空地，槍斃他，用強酸銷毀屍體。

中情局那些毒藥的下落呢？德夫林後來說，從高利伯那裡拿到毒藥後，「我覺得心亂如麻[26]，發現自己根本下不了手，這可是殺人呐……所以我決定以拖待變，能拖多久是多久，希望盧蒙巴能漸漸失勢，不再有政治威脅，或是剛果人自己起來推翻他。」德夫林說，為了保管毒藥，他把它鎖在辦公室的保險箱裡，讓它漸漸失效。但高利伯後來作證說，他在離開利歐波德維勒前就已處理好毒藥，摧毀了它的「活性」，把它扔進剛果河裡。

中情局想在剛果達成的目標，就這樣出乎意料實現了，而且他們甚至沒有動手。艾森豪要中情局殺了盧蒙巴，盧蒙巴也的確被殺。雖然中情局與下手的剛果人和比利時人合作密切，但他們沒有參與或旁觀行刑，高利伯的毒藥組也沒用上。儘管如此，回到華府的高利伯還是威風八面——雖然他沒真正毒死外國領導人，但他再次證明他有的是辦法。

———————

沒問題。黑幫老大「帥強尼」·羅塞利（"Handsome Johnny" Roselli）對前來拜訪的中情局探員說，他在古巴有的是想幹掉卡斯楚的朋友。可是不行，他覺得把卡斯楚亂槍打死或是找狙擊手不是好主意，因為下手的人必死無疑，就算沒有被當場格斃，也一定會被抓。羅塞利說他希望辦法[27]「乾淨俐落，完全不必派人埋伏什麼的」。他和他的拜把兄弟山姆·姜卡納（Sam Giancana）向中情局提出另一個建議：拿毒藥來，不會立刻發作那種，讓我們的人能在卡斯楚一命嗚呼前脫身。中情局資深官員覺得這點子不錯，便

交給希德尼‧高利伯處理。

　　一九六〇年五月十三日，聽完艾倫‧杜勒斯簡報後，艾森豪總統下令「拔掉」卡斯楚[28]。雖然他沒把中情局保防室主任愛德華茲後來說的「難聽話」講出口[29]，但在場的人都明白總統已經下了指示：用一切手段把卡斯楚趕下台，就算是暗殺也在所不惜。這讓比瑟爾和他的祕密行動處又多了一件殺人差事，而既然它跟毒藥和下毒工具有關[30]，比瑟爾決定把它交給此時改名「技術服務組」的單位，亦即原來的技術服務處。希德尼‧高利伯是這項任務的最佳人選。

　　高利伯和他的化學小組原本想用非致命方式把卡斯楚弄下台。他們想出兩個辦法。第一個與高利伯對LSD的長期執迷有關[31]。在午夜高潮行動裡，他曾策劃一個實驗：在開派對的房間裡噴LSD，看看那些不知情的客人會有什麼反應。可是由於氣候因素，這個實驗後來取消。不過，他曾在喬治‧杭特‧懷特在舊金山的「巢」裡試過這種噴霧，此時他想故技重施：在卡斯楚發表現場演講的廣播間裡噴LSD，只要他開始神智不清或胡言亂語，他就會在幾百萬名古巴聽眾前威信掃地，失去民心。然而經過一番討論，他們認為這個計畫不切實際，決定作罷。中情局從來沒有送LSD噴霧到古巴。

　　高利伯團隊接下來想出一個更古怪的點子[32]。他們自顧自地認定：卡斯楚的魅力部分來自毛髮——尤其是他那把大鬍子。如果他鬍子掉光，應該就會失去權力，像舊約裡的參孫剃了頭髮就失去力量一樣。對高利伯來說，調製能讓人掉鬍子的化學物質有趣得很，他喜歡這種挑戰。他選了一種以鉈鹽為主的化合物，幾個人腦力激盪之後，大致想出計畫：等卡斯楚下次出國訪問，先安排幾個人在他下榻的旅館埋伏，等他離開房間之後，再拿他的靴子來放鉈。這樣一來他的鬍子一定會掉光，到時候就等著看他顏面盡失、狼狽下台吧。設法取得鉈後，高利伯的團隊開始在動物身上實驗。可是在進入下一步之前，他們發現這個計畫有明顯漏洞：誰知道卡斯楚什麼時候出國？

誰知道他會不會入住中情局滲透的旅館？還有，他的隨扈會讓不認識的外人碰他的靴子嗎？除此之外，有些官員無法苟同卡斯楚的魅力會隨鬍子消失，他們覺得這個推論太過牽強。於是，高利伯等人再次打消這個主意。

他們很快發現，不殺卡斯楚但讓他失去權力不切實際，因此轉而思考暗殺手法。他們的第一個計畫是把一整盒雪茄下毒，再讓行動探員設法送到卡斯楚手上。據後來調查這件事的中情局監察長報告，有一名中情局探員「的確曾給一整盒雪茄下毒，總共五十根[33]。用的是肉毒桿菌，一種會在吞食後幾小時造成致命疾病的劇毒。███清楚記得他曾對外盒和每一根雪茄動手腳，並設法消除動過手腳的痕跡……這些雪茄下的毒非常劇烈，只要放進嘴裡，就算不吸也能致命」。這份報告有提到高利伯涉入其中，但沒有說明他負責哪個部分。

「技術服務組的希德尼・高利伯聲稱[34]，他清楚記得有個計畫有用到雪茄。」報告中說：「為了強調他記得很清楚，他提到一名探員的名字，說他當時在西半球組（Western Hemisphere Division），是該探員向他說明這個計畫的。不過，雖然的確可能有這個計畫，但高利伯提到的那名探員當時在印度出任務，而且他不但從來沒在西半球組待過，也從未參與任何一件與古巴有關的行動。高利伯說這個計畫當年常被提起，但知情者不多，內容涉及謀殺，不只是影響行為而已。」

他們用的是卡斯楚最喜歡的Cohiba雪茄[35]，處理好後交給中情局反卡斯楚計畫的探員雅各・艾斯特林（Jacob Esterline），可是一直沒機會送出，始終擺在中情局的保險箱裡。七年後，他們抽出一根測試——毒性仍高達百分之九十四。

由於最早的這些點子一個比一個離譜，比瑟爾看不下去，決定請教殺人經驗更豐富的專家。這讓他找上「帥強尼」・羅塞利，還有他那一票在古巴靠賭博、私娼、販毒發財的江湖朋友。他們與卡斯楚勢不兩立，一心想在他

實現將犯罪趕出古巴的諾言之前解決他。羅塞利在哈瓦那地下世界人脈很廣，是中情局理想的合作對象。

羅塞利的毒殺建議給對了人。雖然他不知道有高利伯這號人物──外頭沒人知道高利伯的存在──但他想得一點也沒錯：中情局裡一定有精通下毒的人。冥冥中彷彿有天意：中情局找上一群巴不得卡斯楚死的黑幫；黑幫想要毒藥；高利伯能提供毒藥。

高利伯從剛果回國後，以不用槍械的方式殺掉卡斯楚成了他的一大任務。在計畫進行的某些階段，他們甚至想一併除掉卡斯楚的弟弟勞爾（Raúl）和游擊英雄切・格瓦拉（Che Guevara）。即使對高利伯這種想像力異於常人的人來說，暗殺卡斯楚都是一大考驗。而這件事之所以成為他的第一要務，與比瑟爾和杜勒斯特別看重它的原因一樣──它是美國總統親自下令的。

這條起於艾森豪的指揮鏈短而直接：艾森豪將任務交給杜勒斯和比瑟爾，比瑟爾交給老練強悍的保防室主任、中情局所有最高機密的守護者：謝菲爾德・愛德華茲。愛德華茲找了個看似與中情局無關的中間人與黑幫接觸：羅伯・馬赫（Robert Maheu），這名前FBI探員當時是私家偵探，正為孤僻的億萬富翁霍華・休斯（Howard Hughes）工作。馬赫成為中情局與黑幫間的管道，為中情局傳達指示，並轉交工具給想刺殺卡斯楚的黑幫。

高利伯的角色是提供暗殺用具。透過MK-NAOMI合作協議，高利伯可以取得狄崔克堡科學家的協助。他們一起想出不少暗殺卡斯楚的計策。據參議院多年以後的調查[36]，他們想出的東西包括「毒藥、毒筆、毒菌粉末，還有很多將想像力發揮到極致的工具」。

艾森豪於一九六一年初卸任，但謀刺卡斯楚的計畫並未就此而止，因為新任總統約翰・甘迺迪（John F. Kennedy）同樣想「除掉」卡斯楚。一九六一年的豬玀灣事件更加深了他的決心。中情局入侵古巴未成，反而輸得難堪，這無論如何也要雪恥。於是，甘迺迪和他的弟弟司法部長羅伯・甘迺迪

（Robert Kennedy）緊迫盯人，不斷向中情局施壓，催促他們盡快拉下卡斯楚，也一再追問為何遲遲沒有完成。當年身在祕密行動處高層的山繆・哈爾本（Samuel Halpern）說[37]：「甘迺迪兄弟盯得我們喘不過氣……他們滿腦子想著搞垮卡斯楚。」理查・赫姆斯更直接受到這股壓力。

「白宮那邊逼得很緊[38]，總統催，羅伯・甘迺迪也催——不然咧？他是他的人馬、他的左右手，在這些事情上當然跟他哥哥一個鼻孔出氣。他們想弄掉卡斯楚想瘋了，要我們盡一切可能，什麼方法都要試。」赫姆斯後來作證說：「豬玀灣事件也是為了推翻卡斯楚，慘敗之後他們變得更急，一心一意想弄垮這個離美國九十哩的共產政權……推動這件事的主要是司法部長羅伯・甘迺迪，這點毋庸置疑。」

將近四年的時間，高利伯和他的中情局長官因為白宮的壓力，幾乎把精力全都集中在刺殺卡斯楚。雖然他們還是保留以狙擊手行刺的選項，但似乎不太可行。技術服務組一度考慮使用「誘餌」，模擬製作一種罕見的貝類，放入炸彈，再擺到卡斯楚常去潛水的水域。幾經討論之後，他們放棄了這個點子。中情局的一份報告說：「在加勒比海所能發現的貝類中[39]，沒有一種既美到足以吸引注意，又大到可以填入足量炸藥。此外，由於原訂用以放置貝類之微型潛艇操作範圍有限，不適合執行這項任務。」

所以還是得靠下毒。高利伯等人肩負雙重任務：一是調製毒藥，二是構思下毒方式。

由於已經確知卡斯楚喜歡潛水，除了上述貝殼炸彈計畫之外，他們還想出另一個點子。為了與古巴交涉釋放豬玀灣事件中被俘的古巴裔美籍公民，甘迺迪總統請律師詹姆斯・唐納文（James Donovan）出馬（亦即《間諜橋》中湯姆・漢克〔Tom Hanks〕飾演的那位律師）。中情局打算請唐納文送一件下過毒的潛水裝給卡斯楚。準備這種潛水裝正是技術服務組的看家本領，他們就是為了做這種東西才成立的。

「技術服務組買了一套潛水裝[40]，在呼吸器裡抹結核菌，在內裡灑上會造成鏈絲菌足腫病（Madura foot）的真菌，那是一種慢性皮膚病。」一名中情局探員多年後寫道：「可是律師決定送卡斯楚另一套潛水裝，所以計畫取消。」

這些失敗讓中情局、技術服務組和高利伯回到羅塞利最初的提議：做好毒藥，再想辦法讓卡斯楚放進嘴裡。

技術服務組當時的組長是康尼流斯・羅斯福（Cornelius Roosevelt），據後來的一份正式訪談摘要，當時的中情局「有四個方案在考慮[41]：第一，準備劇毒（例如貝類毒素），用針下毒（羅斯福說，就是給蓋瑞・鮑爾斯的那種針）；第二，以液態方式投放病菌；第三，在雪茄或香菸裡放病菌；第四，在手帕上抹病菌。就羅斯福記憶所及，他們認為以液態方式投放病菌最佳，因為卡斯楚常喝茶、咖啡和肉湯，所以很適合用液態毒藥……不過，雖然他們判斷以液態方式下毒最合適，後來準備和投放的卻是固體毒藥：大小如糖錠的小藥片。」

另一方面，中情局從未完全放棄以槍械暗殺卡斯楚。有證據顯示，他們曾經為了這個目的走私長槍到古巴，也至少走私過一支滅音器。不過，下毒還是他們最鍾情的選項。從一九六一到一九六二年[42]，為中情局效力的中間人多次穿梭，把好幾包高利伯製作的肉毒桿菌藥片送交黑幫，讓他們轉交古巴的內應。他們把這種藥片叫「L錠」，因為它們可以致命（lethal）。第一批L錠沒用上，因為原本可以在卡斯楚的食物裡下毒的古巴官員調職，不再有機會接近他。另一批L錠原本要送到他常去的餐廳，準備在他的飲料或食物裡下毒。但不曉得出於什麼原因，他後來不去那家餐廳了。

高利伯對卡斯楚暗殺計畫的貢獻，不只有挑選毒藥而已，他和組員還做了兩種下毒工具。依中情局報告描述，第一種是「可以藏藥片的鉛筆[43]」，另一種比較複雜，是「內含皮下注射針的原子筆[44]，按下筆桿露出針頭即可使用」。根據另一份報告，那根針「設計得相當精巧[45]，目標（按：卡斯楚）

即使被注射也不會有感覺，讓探員有時間在藥效發作前離去」。為了把這枝筆送到古巴的內應手上，中情局特地派探員到巴黎轉交。不過，交貨的日子實在令人感傷——一九六三年十一月二十二日，甘迺迪總統遇刺當天。

繼任的詹森總統延續打擊古巴的政策，除了政治和經濟制裁之外，他也繼續沿用暗中破壞等祕密手段。不過，他認為「我們在加勒比海開殺人公司真他媽夠了[46]」，停止暗殺計畫。雖然還有一名古巴裔探員從中情局拿到槍械和炸藥，也持續與局裡保持聯繫到一九六五年，但他終究沒有發動攻擊。以化學方式進行暗殺的討論漸漸消失，高利伯的工作不再包括製毒謀殺外國領導人。

註釋

1 烏拉山脈上方十三哩高空：Christopher Moran, *Company Confessions: Secrets, Memoirs and the CIA* (New York: St. Martin's Press, 2015), pp. 89–90; Francis Gary Powers and Curt Gentry, *Operation Overflight: A Memoir of the U-2 Incident* (Lincoln, NE: Potomac, 2003), pp. 61–63; Villon Films, "Counterpoint: The U-2 Story," http://www.villonfilms.ca/counterpoint-the-u2-story/.

2 「酷刑和未知的恐怖」：Michael Dobbs, "Gary Powers Kept a Secret Diary with Him After He Was Captured by the Soviets," *Smithsonian*, October 15, 2015, https://www.smithsonianmag.com/smithsonian-institution/gary-powers-secret-diary-soviet-capture-180956939/.

3 七月五日清晨，飛行員卡明・維托：Norman Polmar, *Spyplane: The U 2 History Declassified* (Minneapolis: Zenith, 2001), pp. 103–4.

4 「銀幣裡有一根針，看似普通」：Powers and Gentry, *Operation Overflight*, p. 50.

5 鮑爾斯後來作證說：Dobbs, "Gary Powers Kept a Secret Diary."

6 「我方絕非故意侵犯蘇聯領空」：Howard Jones, *Crucible of Power: A History of American Foreign Relations from 1945* (Lanham, MD: Rowman and Littlefield, 2008), p. 94.

7 「為了掩蓋罪行」：Union of Journalists of the USSR, "Aggressors Must Be Sent to the Pillory: The Truth about the Provocative Intrusion of the American Plane into the Air Space of the USSR" [CIA Translation], https://www.cia.gov/library/readingroom/docs/CIARDP80T00246A074400420001-9.pdf.

8 「要是鮑爾斯的任務光明正大」：Powers and Gentry, *Operation Overflight*, p. 152.

9 「查驗該針之後，我們確認以下事實」：Francis Gary Powers, *The Trial of the U2: Exclusive Authorized Account of the Court Proceedings of the Case of Francis Gary Powers* (Whitefish, MT: Literary Licensing, 2011), p. 93; Powers and Gentry, *Operation Overflight*, p. 151.

10 「多次勝過番木鱉」：Neil Edwards, "Saxitoxin: From Food Poisoning to Chemical Warfare," *The Chemical Laboratories* (University of Sussex at Brighton), http://www.bris.ac.uk/Depts/Chemistry/MOTM/stx/saxi1.htm; Vladyslav V. Goncharuk, *Drinking Water: Physics, Chemistry and Biology* (New York: Springer, 2014), p. 13.

11 「不畏危險，盡忠職守」：Powers and Gentry, *Operation Overflight*, p. 296.

12 「他會自稱『巴黎的喬』」：Loch Johnson, ed., *Strategic Intelligence: Understanding the Hidden Side of Government* (Westport, CT: Praeger, 2007), p. 209.

13 「他是資深官員，也是很受敬重的化學家」：Larry Devlin, *Chief of Station, Congo: Fighting the Cold War in a Hot Zone* (New York: Public Affairs, 2007), p. 95.

14 在這段時期，他也是中情局非正式化學小組：Leonard Mosley, *Dulles* (New York: Dial, 1978), p. 459; David Wise, "The CIA, Licensed to Kill," *Los Angeles Times*, June 22, 2009.

15 一九六〇年八月十八日中午：The President's Appointments, July–December, 1960, *President's Daily Appointment Schedules: Dwight D. Eisenhower: Records as President, 1953–1961*, Dwight D. Eisenhower Library.

16 「使館與情報站一致認為」：William H. Worger et al., *Africa and the West: A Documentary History*, vol. 2, *From Colonialism to Independence, 1875 to the Present* (New York: Oxford University Press, 2010), p. 136.

17 「全場陷入沉默大約十五秒」：Martin Kettle, "President 'Ordered Murder' of Congo Leader," *Guardian*, August 9, 2000.

18 「只要時間地點挑得好，打獵一定成功」：Johnson, *Strategic Intelligence*, p. 219.

19 「高利伯建議：就這次任務來說」：Regis, *Biology of Doom*, p. 183.

20 「我老天吶！」：Devlin, *Chief of Station*, p. 95.

21 「只要是他會放進嘴裡的東西都行」：U.S. Senate, *An Interim Report of the Select Committee to Study*

Governmental Operations with Respect to Intelligence Activities: Alleged Assassination Plots Involving Foreign Leaders (Washington, DC: Government Printing Office, 1975), p. 25.

22 「也只會發現因病而死的正常跡證」：Ibid.

23 「臥底」：Ibid., p. 27.

24 「留下了一些以後能用的東西」：Ibid., p. 29.

25 一九六一年一月十七日：Brian Urquhart, "The Tragedy of Lumumba," *New York Review of Books*, October 4, 2001.

26 「我覺得心亂如麻」：Devlin, *Station Chief*, pp. 96–97.

27 羅塞利說他希望辦法：U.S. Senate, *Alleged Assassination Plots*, p. 80.

28 艾森豪總統下令「拔掉」卡斯楚：Jim Rasenberger, *The Brilliant Disaster: JFK, Castro, and America's Doomed Invasion of Cuba's Bay of Pigs* (New York: Scribner, 2011), p. 83.

29 雖然他沒把中情局保防室主任：Central Intelligence Agency, "Memorandum for the Record, Subject: Report on Plots to Assassinate Fidel Castro," May 22, 1967, in Fabian Escalante (Introduction), *CIA Targets Fidel: The Secret Assassination Report* (Melbourne: Ocean, 2002), p. 34.

30 而既然它跟毒藥和下毒工具有關：Thomas Powers, *The Man Who Kept the Secrets: Richard Helms and the CIA* (New York: Pocket, 1979), p. 184.

31 第一個與高利伯對LSD的長期執迷有關：U.S. Senate, *Alleged Assassination Plots*, p. 72.

32 高利伯團隊接下來想出一個更古怪的點子：Ibid.

33 「的確曾給一整盒雪茄下毒，總共五十根」：Escalante, *CIA Targets Fidel*, p. 37.

34 「技術服務組的希德尼·高利伯」：Ibid., p. 30.

35 他們用的是卡斯楚最喜歡的Cohiba雪茄：Ibid., p. 37.

36 據參議院多年以後的調查：U.S. Senate, *Alleged Assassination Plots*, p. 71.

37 當年身在祕密行動處高層的山繆·哈爾本：Seymour Hersh, *The Dark Side of Camelot* (Boston: Back Bay, 1998), p. 268.183

38 「白宮那邊逼得很緊」：Central Intelligence Agency, "Summary of Facts: Investigation of CIA Involvement in Plans to Assassinate Foreign Leaders," p. 54, https://www.fordlibrarymuseum.gov/library/document/0005/7324009.pdf.

39 「在加勒比海所能發現的貝類中」：Escalante, *CIA Targets Fidel*, p. 77.

40 「技術服務組買了一套潛水裝」：Wallace et al., *Spycraft*, p. 275.

41 「有四個方案在考慮」：Escalante, *CIA Targets Fidel*, p. 38.

42 從一九六一到一九六二年：Ibid., pp. 55–57.

43 「可以藏藥片的鉛筆」：Ibid., p. 40.

44 「內含皮下注射針的原子筆」：CIA, "Summary of Facts," p. 63.

46 「設計得相當精巧」：Wallace et al., *Spycraft*, p. 275.

46 「我們在加勒比海開殺人公司真他媽夠了」：Evan Thomas, "The Real Cover Up," *Newsweek*, November 21, 1993.

CHAPTER
11

我們永遠得感謝中情局
We Must Always Remember to Thank the CIA

「逮綠蟲給未來參考[1]，」克萊兒・布思・魯斯（Clare Boothe Luce）大使在一次LSD探險時寫道：「你們有聽到鼓聲嗎？」

嘗試LSD的人，很多都會冒出這種片段而前言不對後語的字句。由於不斷觀察到這個現象，高利伯最後不得不承認：LSD的效果太不可靠，不能當他一心尋找的「吐真劑」或心智控制藥物。在投入大量心血之後，儘管心有不甘，他也只能把LSD與海洛因、古柯鹼、電擊、「心理驅動」一起作廢，為失敗的紀錄再添一筆。然而為時已晚，LSD已脫離中情局控制，先是流向菁英階層，又傳到參加中情局實驗的學生手裡，最後更在美國反文化運動中大量散播。而中情局捍衛和看重的許多價值，恰恰是這場運動攻擊的目標。

中情局外最早出現的那些LSD派對，很多是高利伯器重的哈洛・亞伯蘭森醫生辦的。他邀人在週五晚上來長島家裡狂歡，一開始只約少數幾個醫生，消息傳開後人人躍躍欲試，他邀約的對象馬上擴大到紐約其他專業人士。據《時代雜誌》一九五五年的報導：「冷泉港生物實驗室的哈洛・亞伯蘭森別出心裁[2]，發明新的待客之道——在晚餐酒裡加進四十微克LSD。」照小說家戈爾・維達爾（Gore Vidal）的說法，到一九五〇年代晚期，LSD已在紐約上流社會「蔚為風潮」[3]。

克萊兒・布思・魯斯曾任駐義大利大使，夫婿為《時代雜誌》和《生活

雜誌》的發行人，據說她長期與艾倫・杜勒斯關係曖昧。拿LSD給她的是希德尼・科漢（Sidney Cohen）[4]，一名在埃奇伍德兵工廠的精神病學家。最早嘗試LSD的名人還包括電影導演希德尼・盧梅（Sidney Lumet），以及從游泳選手蛻變為演員的以斯帖・威廉斯（Esther Williams）。第一位公開談論LSD的名人[5]，則是一九五〇年代的男人味標竿卡萊・葛倫（Cary Grant）。他讓好萊塢八卦專欄作家喬・海姆斯（Joe Hyams）做了一連串訪問，後來刊在《展望雜誌》（Look）的那篇掀起熱議，標題是：〈新卡萊・葛倫背後的神奇故事〉（Curious Story Behind the New Cary Grant）。葛倫說，他在服用LSD六十多次之後，覺得自己「再次年輕」，有生以來第一次「近乎幸福」。

「我那一系列報導刊出之後[6]，電話接個沒完。」海姆斯後來回憶道：「朋友們打來，是想知道哪裡可以弄到那種藥；精神科醫生打來，是抱怨病人現在個個想開LSD……我收到的信超過八百封。」

在LSD流入上流社會的同時，年輕人也開始注意到它。在醫療院所自願參加實驗的學生，到處吹噓自己的經驗，於是他們的朋友也像上流社會那些人一樣，對LSD趨之若鶩（事實上，那些醫療院所很多都在背地裡接受MK-ULTRA「子計畫」的資助）。

「研究者對藥品管制得越來越鬆。[7]」一份學術研究說：「他們開始在家裡與朋友分享LSD……LSD在大學生之間散播開來。」

小說家肯・克西（Ken Kesey）是早期參加LSD實驗的學生之一[8]。他當時是史丹佛大學創意寫作計畫的一員，剛開始嶄露頭角。一九五九年，他聽別人講起在門洛公園榮民醫院（Menlo Park Veterans Administration Hospital）自願參加實驗的事，知道他們試了一種能改變心智狀態的藥物，遂興沖沖報名參加。那次經驗讓他深受震撼，興奮不已。此後，他不但頻繁參加相關實驗，甚至應徵在醫院值夜，以便潛入辦公室偷貨。他原本是為了自用，但沒過多久，他開始與朋友分享。據一份對他的研究說，他家變成「二十四小時幻覺

派對[9]，朋友和鄰居都來嗑藥，電音搖滾震天價響，一個個隨音樂起舞」。

在榮民醫院，克西為他的小說《飛越杜鵑窩》(*One Flew Over the Cuckoo's Nest*) 收集到不少資料。這本書把叛逆精神發揮得淋漓盡致，是反文化早期暢銷經典。克西拿大筆版稅買了新房子，廣邀各路人馬，用LSD辦「迷幻大會」，詩人、音樂家和地獄天使幫 (Hells Angels) 的重機車手都是他的座上賓。他有時候還會把LSD混到雞尾酒裡——與傳聞中高利伯在中情局派對上的作法如出一轍。

克西讓LSD在美國社會中有了新的角色。他和一九六○年代的另一些人一樣，將這個時代變成青年文化、自由戀愛、嬉皮反叛和反對越戰的象徵。他不只辦LSD派對，還帶著他的LSD同好「快樂搗蛋鬼」一起上路，開著一台彩繪巴士周遊美國，轟動一時。不論是他的派對，還是這趟引人側目的壯遊，都把毒品帶到社會大眾眼前。

在壯大LSD反文化方面，死之華樂團 (Grateful Dead) 的音樂也扮演關鍵角色[10]。死之華的巡迴演唱會猶如LSD移動馬戲團。他們用音樂和歌詞提升吸毒體驗，參加者一個個渾然忘我，心醉神迷。死之華很多別具深意的歌詞是詩人羅伯·杭特 (Robert Hunter) 寫的，他不但和克西一樣將創作靈感歸功LSD，也和克西一樣，一開始是自願參加由中情局祕密資助的LSD實驗。

在LSD從MK-ULTRA流向反文化的過程中[11]，有不少「迷幻旅行家」發揮了中介作用，杭特也是其中之一。他的一本傳記寫道：「他靠參加史丹佛的心理實驗賺錢[12]，四節就能賺一百四十塊美金，每週一節，工作是去榮民醫院吃迷幻藥。事後證明，背後贊助那些實驗的是中情局。他第一個星期吃的是LSD（麥角酸二乙胺，俗稱「酸」），第二個星期吃神奇蘑菇，第三週吃麥司卡林，第四週三種混和一起吃。」每次藥性發作之後，他都被帶去見一位催眠師。他後來說，那些實驗似乎是想調查這些藥能否「讓我更容易被催眠」[13]。

杭特第一次服用LSD之後，洋洋灑灑寫了六頁筆記，詳述他的體驗。「放鬆，想像你衝向紫色的貝殼[14]，水晶般的水滴形成泡沫波峰，輕輕湧來，落在清晨薄霧柔柔籠罩的海面。」他這樣寫道。這些文字與〈China Cat Sunflower〉只有一步之遙，據說那是他在LSD影響下為死之華寫的第一首歌：「一片五顏六色的葉子，向我背後的雙e瀑布彈奏金弦琴」。

激進詩人艾倫・金斯堡（Allen Ginsberg）也是拜高利伯之賜，接觸到LSD。一份研究中情局歷史的資料說：「為美國海軍和情報單位工作的精神醫學家[15]，在一九五九年給了艾倫・金斯堡生平第一劑LSD——這是MK-ULTRA實驗的一部分。」另一份資料說：「他自願參加史丹佛大學的實驗[16]，兩名祕密為中情局研發心智控制藥物的心理學家給了他LSD。」在最早的幾節實驗中[17]，他們讓金斯堡用耳機聽華格納的《崔斯坦與伊索德》（Tristan und Isolde），還有葛楚・史坦（Gertrude Stein）朗誦詩的錄音。金斯堡顯然驚艷不已，後來大力鼓吹以迷幻藥進行「健康的個人探索[18]」。

LSD福音最有名的傳教士提摩西・李瑞（Timothy Leary），則是從另一個方向輾轉走上這條路，不過多少也與高利伯有關。李瑞對迷幻藥的興趣始於一九五七年，他在《生活雜誌》上讀到高登・華生寫「神奇蘑菇」的文章。當時他是青年才俊，在哈佛大學擔任臨床精神醫學教授。三年後，趁著到墨西哥度假，他想辦法親身體驗了一次。「那絕對是我這輩子最深刻的宗教經驗。[19]」他後來回憶說。他回到哈佛，開始資助迷幻藥實驗，被炒魷魚，接著走上成為LSD教主的路。不過，當時不論是他還是其他人，都不知道華生的墨西哥神奇蘑菇之旅另有內情——那是高利伯以MK-ULTRA經費偽裝的基金會贊助的。因此，李瑞、肯・克西、羅伯・杭特、艾倫・金斯堡等人對LSD的終生痴迷，可以說都與高利伯有關。

高利伯和他的中情局同僚原本想用LSD控制人，豈料造成反效果，它掀起美國史上前所未見的世代反抗。一九六六年，加州頒布LSD禁令，聯邦

政府隨即跟進。尼克森總統甚至說提摩西・李瑞是「美國最危險的人[20]」。

幾年後，麻醉藥物與危險藥品管理局（Bureau of Narcotics and Dangerous Drugs）展開調查，想查明LSD究竟怎麼從政府實驗室裡流出，結論是：「早期主要在東西岸大學知識份子小圈圈裡使用[21]，然後傳給大學生，再傳向其他校園。經常是由地位高的人推薦給使用者。老師影響學生。」

雖然這樣講也沒錯，但第一位讓大眾注意到MK-ULTRA的研究者約翰・馬克斯更進一步，點出遺漏的環節。「寫報告的人對LSD如何傳遍全國的分析大致上是正確的[22]，」馬克斯寫道：「可是他們漏了一個關鍵因素，因為這部分他們沒辦法查證：一定有人影響了這些老師。在LSD散播系統頂端，看得到MK-ULTRA那些人的影子。」

一開始把LSD劫出實驗室的顛覆份子，後來看出了其中的諷刺。詩人羅伯・杭特說：「在某種程度上，『迷幻大會』和死之華可以說是美國政府創造的[23]，整個迷幻反文化也是。」艾倫・金斯堡也開始想：「我，艾倫・金斯堡，難道是中情局可悲[24]、愚蠢的心智控制實驗的產物？或者該說這些實驗其實極其成功？讓LSD流入美國社會和全世界，到底是他們的精心盤算，還是不小心打開了潘朵拉的盒子？」

肯・克西一直難以接受金斯堡的看法，不願相信他們參加的藥物實驗都是由中情局主使，直到MK-ULTRA的存在在一九七〇年代曝光。他總算承認金斯堡是對的，這場實驗的確有不可告人的目的──「他們想知道怎麼把人搞瘋[25]，」他說：「他們在乎的是怎麼把人變脆弱，怎麼把人變得容易被偵訊者控制。」

有些反文化英雄同意他們的成就得歸功MK-ULTRA。「LSD運動是中情局帶頭的[26]，」提摩西・李瑞在人氣最旺時說：「要不是那些中情局科學家有眼光，我不可能有今天。」約翰・藍儂（John Lennon）的表達方式更具詩意：「大家經常忘記一件事[27]：我們永遠得感謝中情局和他們的LSD大隊。凡

事都有反面，對吧？哈利。放輕鬆點！他們想用LSD控制人，結果反而給了我們自由。世事發展有時候很神祕，總是會冒出一些奇蹟。」

———

莫斯科一座老舊公寓的樓梯間[28]，光線昏暗，一名身穿大衣的中情局探員彎身翻探散熱器後方，摸到了他要找的東西：一個用金屬鉤吊著的火柴盒。火柴盒裡是最高機密文件的微縮照片，由奧列格·潘科夫斯基（Oleg Penkovsky）上校取得。在中情局策反的蘇聯情報官裡，他是軍階最高的一個，到這個時候已經為美國提供情資超過十年。一九六二年十一月二日，前述的中情局探員才掏到潘科夫斯基的「死轉手」（dead drop），幾個蘇聯警察就從暗處跳出來。雖然探員被當場活逮，但因為他檯面上的身分是美國國務院雇員，享有外交豁免，所以只被驅逐出境。潘科夫斯基就沒那麼幸運了：他以叛國罪名遭到處死。

中情局對潘科夫斯基失事的檢討[29]，有一些把重點放在局裡提供的工具不良。他的米諾克斯三型相機（Minox III）在市面上就能買到，雖然小到可以單手握持，照出來的影像也夠清晰，可是需要雙手操作，不適合祕密行動。他拿來裝微縮相片的火柴盒雖然好用，但過於粗糙。他的國際牌收音機只能接受信息，無法傳送情報，而且破譯不難。技術服務組顯得既外行又落伍，雖然懂得監聽，也可以製作一些簡單的東西（例如假文件），可是態度消極，不太思考怎麼把最新科技應用在祕密行動上。

在折損潘科夫斯基之前，中情局已頻栽跟頭，其中最顏面無光的有U-2偵察機失事、豬玀灣入侵大敗，還有未能預見東德築起柏林圍牆。好像這些打擊還不夠似地，豬玀灣事件讓甘迺迪總統將艾倫·杜勒斯拔官。杜勒斯領導中情局的時間很長，很多探員只認他這個局長。新局長約翰·麥科恩（John McCone）原本是原子能委員會主席，對中情局來說是個外人。

麥科恩從人事調整著手[30]，換掉該為中情局近來失敗負責的主管。一九六二年初，他安排計畫副局長理查‧比瑟爾提早退休，因為豬玀灣事件就是在他手上搞砸的。取代他而高升的是理查‧赫姆斯，高利伯最堅定的靠山和保護者。幾個月後，赫姆斯出手整頓技術服務組，指派高利伯擔任副組長，負責讓技術服務組改頭換面，迎向新時代。

「那時候接掌技術服務組並不輕鬆[31]，有不少挑戰。」一名一九五〇年代在那裡任職的探員說：「其中一項挑戰是提升技術，組裡的技術能力當時爛得可以。」

高利伯一九五一年加入中情局時，技術服務處有幾十名職員，到他十一年後升任這個部門的副手時，職員已有好幾百名。中情局總部此時已遷往維吉尼亞州蘭利（Langley），但技術服務組沒跟著搬過去，還是留在更具歷史意義的華府東街2430號——中情局原本的總部，更早以前是戰略情報局所在地。那裡地近林肯紀念堂，空間充裕，能讓高利伯放手發揮[32]。他把監聽部門安排在東棟，祕密書寫部門在南棟，偽裝部門在中棟。

技術服務組還有很多職員派駐海外情報站，他們往往只負責監聽電話、裝竊聽器、裝隱藏攝影機，或是把罐頭或磚頭改裝成微縮膠片容器。高利伯希望技術服務組能做更多。他看出科技對祕密行動將越來越重要[33]，開始大力延攬工程、化學、藝術、印刷等各個領域的能工巧匠。而且他改變中情局的習慣作法，不再只認常春藤盟校的招牌，反而把焦點放在職技學校和州立大學。他找了不少有抱負的學生來華府實習。如果碰上聘僱資格限制，他就拐個彎用「臨時工」身分雇用他們，再不斷展延合約。

「這些技術雇員往往從小就愛動手實作，後來拿到工程或理科學位。」一位技術服務組探員後來寫道：「他們常常是家裡第一個或唯一一個上大學的，很多出身中西部或西南部鄉村，來中情局尋找應用技術的機會，開創新的人生。這些初生之犢沒過多久就開始開正式探員玩笑，叫他們『白面書生』。

對工程師來說，這可不是恭維。不過，不論從探員們的教育背景，或是從局裡招募新血的不精確、不科學標準來看，這種稱呼還真是一針見血。」

在高利伯主掌技術服務組的那段日子，組員個個積極進取，勇於任事。他們不願坐等外勤探員提出技術需求，反而主動提出建議，協助構思突破防護、挖掘機密和保護探員的新方法。派駐拉美的蘇聯外交官會在使館樹下討論機密是吧〔34〕？沒問題：技術服務組研發可以裝入發射物的迷你麥克風和發報器，再設計一種能射擊這種發射物的槍，讓外勤探員能射進那顆樹竊聽。有探員覺得目前拍攝機密文件的方式太危險？沒問題：技術服務組發明鏡頭只有四毫米的「超小型」相機〔35〕，一台可以照一百張相片，而且小到可以藏進筆、手錶或打火機。有我方間諜覺得與其被俘虜不如自殺〔36〕，要拿到「L錠」才願意出任務？沒問題：技術服務組做出一種眼鏡，鏡腳套裡就藏著一顆，要是不幸失事，被偵訊時可以假裝緊張拿下眼鏡咬，一嚼斃命。

如果反情報官想知道哪些藥有助於偵訊，當然該找高利伯商量。一九六二年，蘇聯情報官尤里·諾森科（Yuri Nosenko）向西方投誠，但反情報處處長詹姆斯·安格敦懷疑有詐，下令嚴查。諾森科被關在馬里蘭州的一間安全屋三年，受盡高利伯想出來逼他招供的各種苦刑，頭上捆著電極，熬過十七輪嚴酷審訊。在押的一千兩百七十七天，他被關在狹小、沒有窗戶的混凝土牢房。最後，中情局總算相信他是真的投誠，也承認對付他的手段「超過合理範圍，判斷有欠妥當」。即使如此，高利伯和他的團隊非但沒被責問，反而被認為又一次證明他們的價值。

高利伯在技術服務組繼續發展許多特殊興趣，其中一項是筆跡學（graphology），或稱筆跡分析。雖然有些歐洲人對筆跡學看得認真，但大多數美國人對它嗤之以鼻，覺得它並不可靠。高利伯例外，不論多新奇、多冷門的領域，只要與透視人心有關，他都興致勃勃。一九五八年他還派駐德國的時候，趁著回華府述職時提出一項「對於筆跡分析的特殊研究〔37〕」，後來成

為MK-ULTRA子計畫八十三。

「筆跡學家的任務[38]，是收集大量筆跡樣本，再依它們透露的性格面向加以分類。」他寫道：「其他筆跡分析專家（如筆跡學家、筆跡鑑定專家和實驗心理學家）則檢驗上述筆跡樣本，判斷其是否具有可資辨識的特徵。」

高利伯總愛追求可能可以運用在祕密行動的怪異知識，這項「子計畫」充分反映他天馬行空的範圍。子計畫八十三還在進行，他便迫不及待為筆跡學的後續研究設定目標，也已認定它會成為中情局的有力工具。他在備忘錄中寫道：

> ███已就筆跡分析進行詳盡研究[39]……更重要的是，他已收集足夠資料，足以為筆跡分析於情報活動之應用設計相關而有意義的研究……此外，███將開始調查其他有爭議或被誤解的領域，預計明年進行（但仍待確定）的項目包括：（一）修正及調整現已開發之詐術（魔術、手法、暗號等）；（二）超自然現象及超感官知覺；（三）下意識知覺；（四）催眠；（五）「吐真劑」；（六）表達動作（體態、臉部特徵等）。

到一九六〇年代初，高利伯的工作已遠遠不限於設計和監督祕密極端實驗，而是協助統領一座哨兵遍布全球的迷你帝國。這讓他的注意力漸漸離開MK-ULTRA，也讓他對心智控制的懷疑越來越深。

高利伯當初爭取成立MK-ULTRA的目的，是尋找控制人類心智的辦法。多年以來，他為此拚命探索科學前緣，甚至跨越科學邊界。他時常用LSD刺激自己的想像（他自己估計至少多達兩百次），也從不吝於測試自己想像得出來的點子。然而，他畢竟是科學家。經年累月的MK-ULTRA實驗，讓他不得不做出令人失望的結論：世上沒有操控人心的辦法。

就目前所知，高利伯動念放棄MK-ULTRA的第一個跡象，是他一九六

〇年的備忘錄:〈祕密行動之科學與技術問題〉(Scientific and Technical Problems in Covert Action Operations)。這份文件尚未解密,但後來的一份中情局報告有摘錄它的內容,洩漏了其中一句:「至一九六〇年為止[40],仍未發現任何能立竿見影的吐真劑、催情藥或策反藥。」承認進行多年的 MK-ULTRA 實驗其實一無所獲,或許是接受所有心血付諸東流的開始。

其他 MK-ULTRA 成員的看法也是如此。「製造『滿洲候選人』在心理學上完全行不通。[41]」以人類生態學研究協會會長的身分,轉發中情局經費多年的大衛・羅德斯(David Rhodes)說:「不過,這個主意的確很吸引人,過程也很有趣。」

高利伯從德國回來的頭幾年,雖然繼續主持 MK-ULTRA,但它的規模已大幅縮水。「子計畫」陸續結束,LSD 實驗漸漸落幕,MK-ULTRA 也不再補助電擊或感覺剝奪的研究。試過各種夠猛的藥,也用過各種極端手段之後,高利伯發現:雖然有辦法摧毀一個人的心智,卻不可能為剩下的軀殼填入新的性格。一個人的想法即使全被洗掉,也不可能完全任人擺布。

雖然 MK-ULTRA 行將結束,它在中情局裡還是受到最嚴密的保護。麥科恩一九六一年當上局長後得知它的存在,為了讓它專業化,也為了給它劃下句點,便設立科學與技術處(Directorate of Science and Technology),下令由新部門接手技術服務組正在進行的「行為」研究。消息一出,高利伯和赫姆斯相當頭痛。他們設法說服麥科恩茲事體大[42],知道 MK-ULTRA 的人越少越好,連機密權限最高的人也不例外。最後,MK-ULTRA 總算沒有移交新部門,還是繼續留在祕密行動處,受赫姆斯友善的監督。

官僚的勝利固然守住 MK-ULTRA 過去的祕密,它未來的命運仍在未定之天。麥科恩與前任局長不同,他對心智控制興趣缺缺。他下令:將來如果還要做這個領域的實驗,必須讓新成立的科學與技術處負責,不再交給高利伯和技術服務組。

MK-ULTRA就像高利伯的孩子。它的框架是他一手規劃的；它之所以能在一九五三年誕生，是因為他協助理查·赫姆斯向艾倫·杜勒斯提案；它的一百四十九個「子計畫」是他想出來的，要不是這樣一步步推進，心智控制研究根本不可能踏入迄今無法想像的領域；它在四大洲黑牢取得的極端實驗結果，也經過他一一過目。無奈十年心血一場空，他沒有做出「吐真劑」，沒有找到能改寫人心的辦法，也沒有發現能改變精神狀態的魔藥。

倒是麥科恩對MK-ULTRA日益疑心，要中情局監察長J·S·伊爾曼（J. S. Earman）展開調查，查明它的性質和先前做過的事。一九六三年七月二十六日[43]，伊爾曼提交報告。上面註明：「由於內容極為敏感，僅備一份。」

「MK-ULTRA計畫與研究和開發祕密行動手法有關，旨在發現可控制人類行為之化學、生物及放射物質，」報告說：「計畫進行十年期間，技術服務組管理層設計多項人類行為控制實驗，透過MK-ULTRA計畫執行。方法涵蓋心理學、精神醫學、社會學、人類學、筆跡學等眾多領域，使用工具包括電擊、放射物質、侵擾物質、準軍事用具等等。」

報告雖未直接點名高利伯和他的副手羅伯·拉許布魯克，但有帶到他們：「技術服務組裡只有兩個人完全了解計畫之實質內容，但他們對所知事項大多沒有留下紀錄。這兩名人士經驗豐富，動機也強，專業能力毋庸置疑……對MK-ULTRA物質的測試進入最後階段後，計畫人員會以不知情的一般人為受試者，將這些物質應用在他們身上……事實上，MK-ULTRA計畫主持人有嚴密監督這些測試計畫，亦定期視察相關地點。」在評估完高利伯的「測試計畫」之後，監察長提出四點結論：

（一）依醫學及相關領域多數權威的看法，操控人類行為之研究不符專業倫理。因此，參與MK-ULTRA的專業人士有聲譽受損之虞。

（二）部分MK-ULTRA活動之原始契約有法律疑義。

（三）測試MK-ULTRA製品的最後階段，對美國公民之權利和利益構成傷害。

（四）MK-ULTRA活動的部分面向若遭公開披露，恐引起美國公眾強烈反感，也可能刺激外國情報機構在這個領域採取防守或攻擊行動……權衡這類測試之可能益處、曝光風險，以及對中情局可能造成的損害之後，監察長建議終止執行MK-ULTRA的這個階段。

報告接著提出一連串收緊控制MK-ULTRA的步驟：合約應予稽核；要求高利伯定期報告工作進度；敦促計畫主持人更新其「顯然不完整」的資料。結論說得含蓄，但意味深沉：「重新界定MK-ULTRA之範圍，目前正當其時。」

MK-ULTRA的運作向來交由高利伯指揮，上級幾乎從不過問，豈料現在突然面臨監督。更嚴重的是，這樣一來不可能保住MK-ULTRA的祕密。他該怎麼辦呢？換作個性較為強硬的官僚，也許會選擇力爭到底，設法頂住監察長的要求，為MK-ULTRA的價值辯護，強調它必須繼續暗中運作。可是高利伯不是這樣，他決定以佛家風格逆來順受，不但表示虛心接受監察長的指教，還進一步指出報告的批評已手下留情。他提出的建議或許既是承認失敗，也是一種保護手段：與其重新界定MK-ULTRA，不如讓整個計畫功成身退。

過去幾年日益明顯的是[44]：整體而言，這個領域與當前祕密行動的需求，已越來越不相關。儘管原因很多也很複雜，但其中兩項或許值得簡單報告。首先是科學層面：現在已經很清楚的是，這些物質和技術在特定環境中對人產生的效果，太不可預測，無法在行動中應用。其次，我們的行動探員，尤其是新的一批資深行動探員，對使用這些物質和技術表現出明確厭惡。這種態度或許值得稱許，他們似乎了解：除了道德

和倫理考慮之外，由於這些行動極為敏感，安全要求也相當高，因此不宜使用這些物質或技術。

於是，在一九六三年的最後幾個月，MK-ULTRA緩緩地、有尊嚴地吐出最後一口氣。剩下的「子計畫」到期後不再續約。紐約和舊金山的「國家安全妓院」雙雙關閉，不再哄騙倒楣鬼去那裡當實驗品。高利伯把焦點轉向別的任務，讓自己改頭換面，從藥物實驗者和製毒家變成諜報工具設計師。一九六三年他對中情局新進人員講話時，只間接點到MK-ULTRA的存在。

「我記得他說蘇聯在做很多心智控制研究〔45〕，我們得迎頭趕上。」其中一名新血後來回憶道：「據大家所知，那就是他在做的事。『因為得趕上蘇聯，所以他得做那些事』。這種說法聽起來再合理不過，沒有人覺得『好可怕』什麼的，你根本不會覺得他是瘋狂科學家或變態虐待狂。」

整整十年，高利伯密集地、全面地、有系統地主導一連串心智控制研究。但最後，他和他的戰友不得不承認他們一敗塗地。他們的研究證明心智控制是神話，洗掉一個人的心智再重灌一個根本不可能。

漫長的旅程就此結束，以後再也沒有MK-ULTRA這種計畫。高利伯有十足理由相信該把這場探險拋諸腦後。

註釋

1　「逮綠蟲給未來參考」：Jefferson Morley, "Clare Boothe Luce's Acid Test," *Washington Post*, October 22, 1997.

2　「冷泉港生物實驗室的哈洛・亞伯蘭森別出心裁」："Medicine: Artificial Psychoses," *Time*, December 19, 1955, http://content.time.com/time/subscriber/article/0,33009,861768 2,00.html.

3　LSD已在紐約上流社會「蔚為風潮」：Morley, "Clare Boothe Luce's Acid Test."

4　拿LSD給她的是希德尼・科漢：Online Archives of California, Sidney Cohen Collection, 1910–1987, https://oac.cdlib.org/findaid/ark:/13030/kt0d5nf1w1/entire_text/.

5　第一位公開談論LSD的名人：Stevens, *Storming Heaven*, pp. 64–65; Geoffrey Wansell, *Haunted Idol: The Story of the Real Cary Grant* (New York: William Morrow, 1984), pp. 232–33.

6　「我那一系列報導刊出之後」：Bob Gaines, "LSD: Hollywood's Status Symbol Drug," *Cosmopolitan*, November 1963.

7　「研究者對藥品管制得越來越鬆」：Steven J. Novak, "LSD before Leary: Sidney Cohen's Critique of 1950s Psychedelic Research," *Isis* 88, no. 1 (March 1997), https://www.jstor.org/stable/235827?seq=1#page_scan_tab_contents.

8　小說家肯・克西是早期參加LSD實驗的學生之一：Lee and Shlain, *Acid Dreams*, pp. 119–26; Stevens, *Storming Heaven*, pp. 226–51; Wolfe, "10 Real Victims."

9　「二十四小時幻覺派對」：Lauren Marie Dickens, "Driving Further into the Counterculture: Ken Kesey On and Off the Bus in the 1960s," Master of Arts thesis, Middle Tennessee State University, 2015, http://jewlscholar.mtsu.edu/bitstream/handle/mtsu/4737/Dickens_mtsu_0170N_10481.pdf?sequence=1.

10　在壯大LSD反文化方面，死之華樂團的音樂：Steven Gimbel, ed., *The Grateful Dead and Philosophy: Getting High Minded About Love and Haight* (Chicago: Open Court, 2007), pp. 52–54.

11　在LSD從MKULTRA流向反文化的過程中：*Acid Dreams*, p. 143.

12　「他靠參加史丹佛的心理實驗賺錢」：Dennis McNally, *A Long Strange Trip: The Inside History of the Grateful Dead* (New York: Three Rivers Press, 2003), pp. 42–43.

13　他後來說，那些實驗似乎是：David Browne, "Robert Hunter on Grateful Dead's Early Days, Wild Tours, 'Sacred' Songs," *Rolling Stone*, March 9, 2015, https://www.rollingstone.com/music/musicnews/robert-hunter-on-grateful-deads-early-days-wild-tours-sacred-songs-37978/.

14　「放鬆，想像你衝向紫色的貝殼」：McNally, *A Long Strange Trip*, p. 42.

15　「為美國海軍和情報單位工作」：John L. Potash, *Drugs as Weapons against Us: The CIA's Murderous Targeting of SDS, Panthers, Hendrix, Lennon, Cobain, Tupac, and Other Leftists* (Waterville, OR: Trine Day, 2015), pp. 58–59.

16　「他自願參加史丹佛大學的實驗」：Steve Silberman, "The Plot to Turn On the World: The Leary/Ginsberg Acid Conspiracy," *NeuroTribes*, April 21, 2011, https://blogs.plos.org/neurotribes/2011/04/21/the-plot-to-turn-on-the-world-the-leary-ginsberg-acid-conspiracy/.

17 在最早的幾節實驗中：Lee and Shlain, *Acid Dreams*, p. 59.

18 「健康的個人探索」：Don McNeill, "Why Leading Beatnik Poet Allen Ginsberg Was a Crusader for Legalizing LSD," *Alternet*, March 8, 2017, https://www.alternet.org/books/why-leading-beatnik-poet-allen-ginsberg-was-crusader-legalizing-lsd.

19 「那絕對是我這輩子最深刻的宗教經驗」："Playboy Interview: Timothy Leary," *Playboy*, September 1966, https://archive.org/details/playboylearyinte00playrich.

20 「美國最危險的人」：Ari Shapiro, "Nixon's Manhunt for the High Priest of LSD in 'The Most Dangerous Man in America,' " NPR, January 5, 2018, https://www.npr.org/2018/01/05/575392333/nixons-manhunt-for-the-high-priest-of-lsd-in-the-most-dangerous-man-in-america.

21 「早期主要在東西岸大學」：Marks, *Search for the "Manchurian Candidate,"* p. 129.

22 「寫報告的人對LSD如何傳遍全國的分析」：Ibid.

23 「在某種程度上，『迷幻大會』」：Gimbel, *Grateful Dead and Philosophy*, p. 53.

24 「我，艾倫・金斯堡，難道是中情局」：Allen Ginsberg, *Poems All Over the Place* (Cherry Valley, NY: Cherry Valley Editions, 1978), p. 53.

25 「他們想知道怎麼把人搞瘋」：David Bianculli, "Ken Kesey on Misconceptions of the Counterculture," *NPR*, August 12, 2011, https://www.npr.org/templates/transcript/transcript.php?storyId=139259106.

26 「LSD運動是中情局帶頭的」：Lee and Shlain, *Acid Dreams*, p. xx.

27 「大家經常忘記一件事」："Playboy Interview: John Lennon," *Playboy*, January 1981, http://www.beatlesinterviews.org/dbjypb.int3.html.

28 莫斯科一座老舊公寓的樓梯間：Jeremy Duns, *Dead Drop: The True Story of Oleg Penkovsky and the Cold War's Most Dangerous Operation* (London: Simon and Schuster, 2013), p. 169; Wallace et al., *Spycraft*, pp. 25–34.

29 中情局對潘科夫斯基失事的檢討：Wallace et al., *Spycraft*, p. 37.

30 麥科恩從人事調整著手：Marks, *Search for the "Manchurian Candidate,"* p. 210; Jeffrey T. Richelson, *The Wizards of Langley: Inside the CIA's Directorate of Science and Technology* (Boulder, CO: Westview, 2001), pp. 42–46.

31 「那時候接掌技術服務組並不輕鬆」：Wallace et al., *Spycraft*, p. 58.

32 空間充裕，能讓高利伯放手發揮：U.S. Department of the Interior, "National Register of Historic Places Registration Form: E Street Complex (Office of Strategic Services and Central Intelligence Agency Headquarters)," p. 33, https://osssociety.org/pdfs/oss_nr_final_to_hpo.pdf.

33 他看出科技對祕密行動將越來越重要：Wallace et al., *Spycraft*, p. 54.

34 派駐拉美的蘇聯外交官：Ibid., pp. 197–98.

35 技術服務組發明鏡頭只有四毫米：Ibid., pp. 89–90.

36 有我方間諜覺得與其被俘虜不如自殺：Eyeglasses displayed at International Spy Museum, Washington, DC, 2017.

37 「對於筆跡分析的特殊研究」：Marks, *Search for the"Manchurian Candidate,"* pp. 182–83.

38 "「筆跡學家的任務」：Central Intelligence Agency, "Memorandum for the Record," December 16, 1958, pp. 83–91, https://ia601202.us.archive.org/33/items/DOC_0000017485/DOC_ 0000017485.pdf.

39 「██已就筆跡分析進行詳盡研究」：Sidney Gottlieb, "Memorandum for the Record," April 18, 1958, http://www.all.net/journal/deception/MKULTRA/64.224.212.103/Mkultra/subproject.html.

40 「至一九六〇年為止」：Central Intelligence Agency, *Report of Inspection of MKULTRA/TSD*, https://cryptome.org/mkultra0003.htm.

41 「製造『滿洲候選人』在心理學上完全行不通」：Streatfeild, *Brainwash*, p. 169.

42 他們設法說服麥科恩：Powers, *Man Who Kept the Secrets*, pp. 436–37.

43 一九六三年七月二十六日：J. S. Earman, "Memorandum for Director of Central Intelligence," July 26, 1963, https://cryptome.org/mkultra0003.htm.

44 「過去幾年日益明顯的是」：Hilary Evans and Robert E. Bartholomew, *Outbreak!: The Encyclopedia of Extraordinary Social Behavior* (Charlottesville, VA: Anomalist, 2015), p. 411.

45 「我記得他說蘇聯在做很多心智控制研究」：Author's interview with retired CIA officer "HD."

CHAPTER
12

這些事得帶進墳墓
Let This Die with Us

　　一九六〇年代，高利伯事業家庭兩得意，不只在中情局裡步步高升，家庭生活也精采豐富。他把維吉尼亞的木屋改建成樓中樓式，換上大面窗戶，添購現代設備。房子座落在長長的碎石車道盡頭，遠離主要道路，四周森林圍繞。他還蓋了一座大游泳池，入夏之後的週末，他會穿著短褲，在跳水台邊盤腿打坐。

　　高利伯這時坐四望五，身強體健，相貌堂堂，目光如炬，彷彿能看透人心。他每天天還沒亮就起床活動筋骨，享受戶外時光。如果天氣許可，他會花好幾個鐘頭修剪草木，整理庭園。他喜歡游泳，每次一到飯店，總是直奔泳池。他也迷上駕帆船和打網球。長時間的戶外活動，讓他曬出一身健康的古銅色。

　　他的兩個女兒和兩個兒子都已進入青春期，漸漸開始叛逆，但也沒有特別令他煩惱。太太瑪格麗特經常寫信向親戚們報告家中瑣事，聊聊兩個成天闖禍的青少年，也聊聊兩個老是鬧彆扭的青少女。她希望他們學會自由思考，懂得耕耘靈性生活。

　　「我們都很重視孩子們的靈性成長。[1]」瑪格麗特多年後寫道：「我和希德的成長背景很不一樣，但我們的父母都很虔誠。所以，我們希望孩子對兩種宗教傳統都有些認識，知道每一個人在潛意識裡是相通的，都渴望了解超

249

越界。我們以前每年都去希德家過逾越節……去德國待了兩年之後，回來時希德的爸爸病了，後來去世，以後我們就沒再回他家了……我們覺得與古老傳統連結很重要，也都覺得人必須感受到自己是更大的群體的一部分。你必須感受到自己是家庭、社群、學校、城市或教會的一員。我希望我的孩子熟悉聖經，把那些話埋在心裡。我希望他們讀過偉大的書，聽過偉大的音樂和民間故事，懂得民俗，知道他們的祖先怎麼活過，說了什麼話，為什麼樣的事情感動。」

　　一九六六年夏天，十七歲的大兒子彼得帶了女朋友回家。她是他在詹姆斯・麥迪遜中學（James Madison High School）的同學。五十年後回想交往的日子，她說他們「關係穩定，天真無邪，是初戀那種純純的愛」。她的回憶讓我們能近距離看見高利伯一家，十分難得。

　　在訪問中，彼得的女友希望被稱作伊莉莎白。她說她很喜歡高利伯家的氣氛，與他們處得很好。

　　「我算是聰明的孩子[2]，但出身大家庭，家裡天主教氣氛濃厚，每個人的生活壓力也不小，大家繃得很緊。」她說：「高利伯家很不一樣。他們會聊政治和世界大事，家裡還有一大堆書。希德尼在飯廳旁邊的房間有一整櫃書。他們無所不談，非常坦誠開放，我們家從不是那樣。我記得有一次聽彼得的姊姊喊：『靠！我大姨媽又來了！』我當時就想：『哇，這家人還真是特別。』」

　　伊莉莎白記得有天晚上，希德尼和瑪格麗特換上一身巴伐利亞傳統服裝。希德尼是及膝長靴加吊帶褲，瑪格麗特是刺繡緊腰闊擺裙（dirndl），兩個人準備去舞蹈社團的晚會。「他們的民族舞蹈是玩真的，」伊莉莎白說：「不是什麼方塊舞。」

　　那年夏天讓伊莉莎白大開眼界。「他們家雖然沒有宗教氣氛，但看得出來希德尼有神祕主義傾向，」她說：「他太太也是。他們會談一些深奧的話題，我家晚餐桌上絕對不會出現那種話題。我覺得我被他們家的氣氛迷住了。他

們非常與眾不同，給我一種很奇特的感覺。他會打坐，可是不會讓你覺得這個人怪怪的還是什麼的。我覺得他們家有些什麼，但說不上來。」

浪漫暑假快結束時，那個「什麼」突然出現在伊莉莎白眼前。

　　那年暑假有一天，我們在泳池游泳，兩個大人去買晚餐要吃的東西，彼得神祕兮兮對我說：「來一下，我給你看個東西。」他帶我到他爸爸的書房，跟我說：「轉過去一下。」他不想讓我看到他是怎麼做的，但放書的那面牆開了。裡面全是傢伙──武器。我不知道哪種是哪種，反正全都是槍。後面還有其他東西。像個祕室。我問他：「這是幹什麼啊？」他很快又把那裡關上，說：「有人懸賞要我老爸的腦袋。」我問：「為什麼？他是什麼逃犯嗎？」他說：「不是，可是他為中情局做事。」他頓了一下，繼續說：「我老爸殺過人。他用牙膏殺過人。」後來他又跟我說：「別對任何人說你看過那裡，也別跟任何人說我爸會殺人。」

　　回想這件事的時候，伊莉莎白說她認為瑪格麗特‧高利伯「一定知道」丈夫在做什麼。「我想他們家每個孩子都知道那間祕室。」她說：「你感覺得出來，他們都知道有些事必須照做，像沒有明說的協議。例如：車開進車道就按個喇叭；可以邀客人來家裡，但只有某些時間可以。這些小規矩一定要遵守。這可以解釋書櫃後面為什麼有那麼多武器。他有安全顧慮，他認為有人想追殺他。」

　　一群中情局探員默默圍在手術台邊[3]，專注地看著獸醫麻醉一隻灰白相間的貓。這裡是一間現代化的獸醫院，圍觀的是高利伯技術服務組的人。隨著第一刀劃下，鮮血汩汩流出，一名音訊工程師一陣頭暈，退了一步，其

他人則繼續盯著獸醫的每一個動作。獸醫在貓的耳道植入一枚迷你麥克風，用極細的線把它連上貓顱骨底部的四分之三吋發報器，裝上迷你電池組，最後縫合。貓醒過來後花了一段時間恢復，之後動作如常。

「竊聽貓」是中情局為惱人的監聽問題想出的點子。雖然在外國使館藏竊聽器不是問題，但它們經常收進太多背景雜音。後來不知是行動探員還是高利伯的技術人員心生一計：既然貓的耳朵和人的耳朵一樣有耳蝸，是過濾雜音的天生利器，何不用貓當竊聽器？就算最後發現貓耳過濾雜音效果有限好了，對不在乎貓在辦公室或會議室晃蕩的人來說，用貓竊聽還是一記奇招。他們為這個點子做了好幾個月實驗，最後，「竊聽貓」終於在一間中情局簽約的手術室誕生。

「竊聽貓」是現代科技的奇蹟。牠在手術之後沒有留下外部傷疤，而且行動自如，別的貓做得到的事牠都做得到，植入的麥克風和發報器也運作良好。中情局的人帶牠到公園訓練，指示牠去兩個正在說話的人旁邊，命令牠說：「聽那兩個人在講什麼[4]。不要理別的東西，不管是鳥、貓或狗，都別理牠們。專心聽那兩個人在講什麼就好。」每個養過貓的人都知道接下來會發生什麼事：貓朝著那兩個人走了幾步，然後就逛到另一個方向。

「就技術而言[5]，竊聽設備是成功的，有接收到可茲辨識的音訊。」這個實驗的報告說：「然而，儘管事前已進行訓練，實驗證明貓的行動難以控制，能否用以執行任務令人存疑。隨後幾週，研究人員雖已嘗試提供不同情境供竊聽貓練習，但未見改善。」

這項計畫最後作罷。事實上，中情局試過用很多動物進行電子監聽——他們試過鳥、蜜蜂、狗、海豚和其他動物——沒有一次成功。可是，也沒有人認為這是失敗。一九六七年結束計畫的正式指令雖然承認訓練動物「不切實際」，但也補了一句：「幾年來對這個問題做的工作[6]，反映出計畫參與者的技能確實優異。」

　　若是以前，這等於是給高利伯和他的技術服務組戴高帽子，現在雖然還是如此，但「竊聽貓」計畫已非技術服務組獨力進行，還有科學與技術處的人參與。科技處成立後即穩定擴張，此時已跨入原本屬於高利伯的領域。雖說拜赫姆斯力保之賜，技術服務組仍能維持獨立，並繼續守住MK-ULTRA的祕密，但它的職權已經縮小。以前歸它負責的任務，現在漸漸交給科技處處理，其中也包括誘發失憶、植入電擊、製造假記憶等「行為」實驗。

　　隨著高利伯的許多任務轉給其他中情局探員負責，MK-ULTRA逐漸停止活動。一九六四年，「MK-ULTRA」這個代號正式退休，接續它的新計畫取名「MK-SEARCH」，目標是「推展以可預測的方式使用藥物操控人類行為的能力[7]」。高利伯開拓的研究仍在繼續，不過是在較正常的科學環境進行，不再使用殘酷的極端手段。

　　就算高利伯曾為MK-ULTRA終止而心生惆悵，他的遺憾也被中情局高層接連異動帶來的驚喜一掃而空：先是約翰・麥科恩在一九六五年請辭局長，接任的海軍上將威廉・拉彭（William Raborn）則是做得不愉快，一年後便提出辭呈。一九六六年，總統詹森讓理查・赫姆斯接下拉彭的位子，高利伯的長年靠山終於爬上頂點。好處來得很快：赫姆斯任命高利伯為技術服務組組長。這個被某些同事稱作「那個猶太跛子[8]」的化學家，就這樣成了中情局的諜報道具頭子，掌管其遍布全球的分支網絡。

　　一九七〇年二月十四日，白宮的一道命令讓高利伯的世界地動天搖：總統尼克森擔心生化物質貽害無窮，下令摧毀所有政府機構貯存的生物武器和化學毒劑。軍方科學家聽命配合，高利伯遲疑了[9]。他請化學組組長內森・高登（Nathan Gordon）盤點中情局庫存，高登回報：在狄崔克堡中情局「健康改造委員會」的藥箱裡，還有十種能造成天花、結核病、馬腦炎、炭疽病的

生物藥劑，以及包括蛇毒和麻痺性貝毒在內的六種生物毒素。高利伯和高登都不甘心失去這些致命劇毒。高登建議將它們祕密帶出狄崔克堡，甚至在馬里蘭州找到一家研究中心，願意以每年七萬五千美元的費用代為貯存。

　　然而沒過幾天，高登、高利伯、赫姆斯和中情局計畫副局長湯姆·卡拉梅辛（Tom Karamessines）開會討論後，還是不得不承認：除了遵照總統命令銷毀毒劑之外，別的作法都不務實。於是，他們聽令毀了毒劑，只有一種麻痺性貝類毒素逃過一劫——蛤蚌毒素。這是高利伯最珍貴的毒物之一，製作步驟繁複而艱辛。由於每個石房蛤裡的毒素極少，他們必須萃取成千上萬個石房蛤，再不斷精煉。濃縮後的成品毒性猛烈，只要一克就能殺死五千個人。高利伯曾以這種毒製作「L錠」，交給寧可自盡也不願被俘虜的探員。抹在U-2偵察機飛行員的自殺針上的，也是這一種毒。

　　高利伯的冰庫裡有兩小罐蛤蚌毒素，總量將近11克——能殺死五萬五千人。在軍方技術人員取走它們之前，特別行動組的兩個人搶先把它們藏進後車廂，載往位於華府的海軍內科與外科局（Bureau of Medicine and Surgery），中情局在那裡有個小型化學庫。高登後來作證[10]：這次行動是他自行下令，沒有徵詢高利伯。他說他從沒見過摧毀毒劑這種命令，而且無論如何，他相信中情局應該保留一些以備萬一，讓「更高層」在需要時用得上。不過，到這11克蛤蚌毒素在一九七五年被發現並銷毀時，高利伯已經退休。

　　高利伯執掌技術服務組長達七年，是它任期最久的組長。這段時間，中情局全球活動蓬勃，探員們天天都有任務，出沒在世界上幾乎每一個國家，對諜報工具的需求隨之大增。高利伯的下屬提供他們[11]：量身訂製的偽裝，讓探員甩開監視；藏在鑰匙鏈、領帶夾、手錶或打火機裡的照相機；拇指大小的單發手槍；藏進無線電接收機的菸斗；有祕密空間的汽車，能將探員從敵國偷渡出來；能將蘇聯貨幣壓縮成小包的壓縮機，讓他們能用很小的空間攜帶大量貨幣。

　　高利伯的「藏匿技師」還做過另一個精巧的裝置[12]，是用來應付菲利普・亞吉（Philip Agee）的。亞吉是中情局退休探員，可是對中情局的批判十分激烈。一九七一年，他在巴黎寫書爆料時認識了一個女人（他後來說她「一頭金髮，胸部豐滿，出手闊綽，自稱是委內瑞拉一個美國商人的繼承人」）。她鼓勵他好好寫，給他錢，把她的公寓借他當工作室，還送了他一台手提打字機。不過亞吉也不是省油的燈，身為訓練有素的祕密行動探員，他很快發現那台打字機有蹊蹺：它裡面藏了很多電子設備，除了好幾個麥克風之外，還有一台發報器和五十顆迷你電池。於是真相大白：那個看似伯樂的女人是為中情局做事的。那台打字機設計得很好，可謂高利伯工藝的經典之作，連亞吉都對它相當激賞，用它當他的《「公司」內情：中情局日記》（*Inside the Company: CIA Diary*）*的封面。把打字機外殼內裡掀開之後，便能看見藏在底下的電池組。

　　有些時候，行動探員之所以會請高利伯製作奇特的道具，原因十分有趣。在高利伯執掌技術服務組的那段時間，諜對諜戲劇當紅，《祕密特工》（*Secret Agent*）、《紳士密令》（*The Man from U.N.C.L.E.*）、《我是間諜》（*I Spy*）、《糊塗情報員》（*Get Smart*）、《不可能的任務》（*Mission: Impossible*）等電視影集大受歡迎，〇〇七熱潮也在那時爆發。為了給虛構的間諜錦上添花，編劇們爭相發想最誇張的道具，而真實的間諜注意到了。行動探員對電視和電影裡的諜報工具很感興趣，紛紛詢問可不可能製作出來實地運用。由於這類詢問經久不衰，有一段時間，技術服務組甚至會在《不可能的任務》播出的隔天早上增派人手，專門處理這類電話。對影集裡的某種道具感興趣的探員會打電話來問：「那種東西你們做得出來嗎？[13]」高利伯的屬下認真回應每一個需求，而且真的做出了不少。

＊ 中情局內部常以「公司」稱中情局。

　　由於時代的關係，高利伯和技術服務組無可避免地深深涉入越戰。中情局西貢情報站編制很大，裡頭也有不少技術服務組的人。其中一個後來推估：高利伯的人做的工具，「在寮國和越南一天被用上三、四十次」[14]。

　　技術服務組的技師設計出可攜式「三管火箭發射筒」[15]，讓突擊隊摧毀敵方燃料庫。另一個團隊做出能裝在巡邏艇上的木製外殼，讓巡邏艇看起來像無害的帆船。變造專家為越南探員製作假文件。技師設計裝在胡志明小徑的感應器，用以引導空襲。他們還做出能藏進槍托的迷你發報器，然後故意把槍枝遺落在戰場，希望敵軍會中計撿去，讓他們更容易追蹤去向。有個團隊為潛伏北越的探員做了一種精巧好用的羅盤，外表看起來像香菸盒，但裡頭是微微背光的迷你地圖，方便夜間行動使用。

　　「整個一九六八年，高利伯博士繼續率領他的科學人馬開疆闢土[16]，潛行不為人知的角落，到處尋找能用來做殺人毒藥的根和葉子。」一份對這段時期美國情報活動的研究說：「在他們的行為實驗室裡，精神病學家和心理學家繼續做實驗。他們再次走回老路，把電極植入受試者腦部……一九六八年七月，中情局一組人飛到西貢，裡頭包括一名神經外科醫生和一名神經學家……他們在邊和醫院（Bien Hoa Hospital）一處對外關閉的場地進行實驗。中情局情報站挑了三個越共俘虜（目前仍無法確定人是怎麼挑的，還有為什麼挑他們），神經外科醫生依序麻醉他們，切開頭骨，在每個人的腦部接上電極。他們恢復意識之後，由行為學家接手……把俘虜關進房間，給他們刀子。行為學家猛按手裡的控制鍵，試圖誘發他們的暴力行為。可是什麼事也沒發生。整整一個星期，這些醫生不斷嘗試要讓他們彼此攻擊，但始終沒有成功。於是，就像先前規劃的一樣：要是實驗失敗，就把實驗品全部報銷。這些中情局醫生還在飛回華府的半空上，特種部隊就已斃了俘虜，也埋了屍體。」

　　在越南進行的這項實驗沒有成功，在以色列進行的另一個實驗也以失敗告終。拜詹姆斯・安格敦積極牽線之賜，以色列情報局摩薩德（Mossad）與

中情局過從甚密，雙方經常分享情報。而身為中情局反情報處處長，安格敦對 MK-ULTRA 知之甚詳。摩薩德對 MK-ULTRA 的一項主要目標很感興趣：將人洗腦為殺手。摩薩德認為若能掌握這項技術，應該有助於暗殺巴勒斯坦領袖阿拉法特（Yasir Arafat）。「一九六八年，以色列花了三個月[17]改造一名巴勒斯坦俘虜，想把他洗腦成殺手。」一份調查摩薩德暗殺計畫的研究說：「結果他被放出來執行任務不到五個鐘頭，就跑去跟當地警方自首，交出手槍，說以色列情報局想給他洗腦，要他暗殺阿拉法特。」

高利伯的事業在一九六〇年代晚期到達顛峰。主持 MK-ULTRA 的多年經驗磨練出他的領導力，讓他對指揮全球探員網路遊刃有餘。他的管理長才讓他備受賞識。他工作勤奮，每天只睡五個鐘頭也甘之如飴。他總是自備午餐[18]，吃的往往是生紅蘿蔔、花椰菜或其他蔬菜、自家烘焙的麵包，還有羊奶。大家都說他是個和藹可親的上司，樂於傾聽部屬的意見。「高利伯把技術服務組同仁當『一家人』，他對部屬的關心是出了名的。」他的一名繼任者說。他愛拿自己開玩笑，喜歡偶爾秀一段民族舞蹈，也會記住每個部屬和他們的配偶的名字、他們的生日，還有他們的嗜好。

「也許聽起來有點做作[19]，但他真的挺留意這種事。」一位曾為他做事的化學家說：「他會讓你覺得：『老闆重視我。』」

到了一九七〇年代初期，高利伯已經穩穩成為中情局的高層主管。MK-ULTRA 時代對他的疑慮似乎消失了。他的管理風格讓他備受愛戴，他見風使舵的敏銳也讓他左右逢源。雖然 MK-ULTRA 的往事可能威脅他的地位，但只要赫姆斯當中情局局長一天，這段過去就能好好守住。

一九七二年六月十七日凌晨，祕密開始露餡。華府水門綜合大廈的警衛發現：民主黨全國委員會的門鎖貼了膠帶，顯然有人潛入。他馬上報警處理，幾個闖入者被當場活逮。偵訊之後發現，這幾個人居然與白宮和中情局有關。其中霍華·杭特（Howard Hunt）和G·高登·利迪（G. Gordon Liddy）兩

個人的身分證件〔20〕，是高利伯的技術服務組提供的。技術服務組還為杭特準備了一些間諜工具，包括變聲器、藏於菸草袋的相機，還有假髮和眼鏡等易容道具。水門大廈闖入事件所引發的一系列調查，不但為美國政壇連連投下震撼彈，最後更迫使總統尼克森辭職。在此同時，它也啟動最終導致高利伯去職的一連串事件。

眼見水門案的政治傷害一發不可收拾，尼克森向中情局求助，但赫姆斯拒絕為白宮編故事脫罪。於是在一九七三年二月一日，尼克森乾脆炒了他。高利伯突然沒了靠山，頓時勢單力薄。

赫姆斯準備離開的時候，召高利伯一敘。MK-ULTRA此時雖已被人淡忘，可是記錄實驗結果和審訊過程的檔案都在。他們的話題漸漸轉向這裡，也做出了重大決定。他們都認為：絕對不能讓任何人發現這些檔案。要是它們被公諸於世，不但一定會引爆公眾怒火，很可能也會被用來當成起訴高利伯和赫姆斯的證據。

「一九七三年初，時任技術服務組組長的高利伯博士找我和████去他辦公室〔21〕，要我們檢查我們這組的東西，確認沒有多年前結束的藥物研究計畫的紀錄。」一名中情局心理專家兩年後在備忘錄裡寫道：「高利伯博士說，赫姆斯先生卸下中情局局長職務時找過他，對他說『我們得把這些一起帶走』或『這些事得帶進墳墓』之類的……那時沒有展開相關調查，對刪減文件也沒有限制。赫姆斯先生的想法似乎是：『我們的殘局自己收拾。』」

赫姆斯在中情局局長任內下的最後幾道命令之一，就是銷毀所有MK-ULTRA的紀錄。維州沃倫頓（Warrenton）中情局紀錄中心主任覺得不對勁，打電話向高利伯確認。高利伯慎重其事，親自開車到檔案中心出示命令，要求立刻執行。於是，一九七三年一月三十日，七箱檔案化為碎紙。

「儘管我已明表反對〔22〕，MK-ULTRA檔案仍依局長（赫姆斯先生）之令，在其卸任前不久盡數銷毀。」紀錄中心主任在備忘錄中寫道。

　　差不多在同一段時間〔23〕，高利伯要祕書打開他辦公室裡的保險箱，取出所有標示「MK-ULTRA」或「敏感機密」的檔案，全部銷毀。祕書聽命行事。她後來說，她沒有記錄銷毀了哪些資料，也「從沒想過該質疑長官指示」。在一連串善後措施之後，整批重要的歷史資料沒了。

　　接下中情局局長一職的詹姆斯・施萊辛格（James Schlesinger）決心做出改變。「施萊辛格新官上任三把火。〔24〕」後來一位中情局局長在回憶錄中寫道：「他對中情局的問題已有定見，對怎麼撥亂反正也已經想好。他到蘭利時氣勢洶洶，態度堅決，一臉凶悍，鐵了心要貫徹他的想法，一舉革除積弊。」

　　高利伯是明顯的目標。以中情局標準來說，他是老鳥中的老鳥，中情局成立才四年就已加入，到這時已服務二十二年。他涉入最深的MK-ULTRA計畫已不再受重視。他的靠山赫姆斯已經走人。最重要的是：他的技術服務組扯上水門案那樁醜聞。

　　上任沒多久，施萊辛格就把技術服務組改名為技術服務室（Office of Technical Services）。雖然高利伯暫時沒被調職，但他一定嗅出山雨欲來的味道。

　　四月某個午後，曾參與U-2計畫的資深中情局官員約翰・麥克馬洪（John McMahon）接到施萊辛格的電話〔25〕。新局長要他隔天上午九點半到他辦公室。施萊辛格與他見面之後沒多寒暄，直接進入正題。

　　「有個位子給你。」施萊辛格說。

　　「什麼位子？」麥克馬洪問。

　　「我要你下樓接手技術服務室。」

　　「可是我對技術服務室什麼也不懂。」

　　「你下去接手就對了。好好幹，一定要弄清楚那裡在做什麼。」

　　高利伯下、麥克馬洪上就這樣定案，接下來只剩什麼時候正式交接。施萊辛格不是個有耐心的人，他不想拖到五月一日。他看了看手錶，問：「十點如何？」

「我們就這樣直接走進技術服務室，」麥克馬洪多年後回憶道：「我進去跟大家說：『嗨，我是你們的新上司。』場面有夠尷尬。」

對高利伯來說，這不只是尷尬而已。他其實可以忍下職權驟然縮減，繼續留在中情局。但這非他所願，也非人事已非的中情局所願。一刀兩斷對大家都好。

高利伯離開之前，被要求寫下一份備忘錄，列出技術服務組曾為其他執行祕密任務的政府部門提供哪些協助。這份備忘錄讓我們能一窺他多年工作的概況。

國防部：文件、偽裝、藏匿工具、祕密書寫、旗與印、反叛亂與反破壞課程。

聯邦調查局：應FBI之請，與對方就監聽美國國內敏感目標一事數度合作。

麻醉藥物與危險藥品管理局：信標、相機、海外行動之音頻與通話設備、身分證明、車輛追蹤裝置、短程通信設備、旗與印，以及訓練獲選操作上述用具之人員。

移民及歸化局（Immigration and Naturalization）：分析外國護照與簽證、指導研發可防篡改之外國人登記卡、█████。

國務院：新版美國護照之製圖技術指導、分析外國護照、使節車輛裝甲與人員定位（信標）。

郵政單位：郵務稽查局長（Chief Postal Inspector）曾選派人員參加基礎照相監視課程；本單位曾提供外國郵政資訊及郵件炸彈分析……本單位亦曾與郵局合作，檢查及重新包裝少數進入美國之外國郵件。

特勤局：門禁卡、安全通行證、總統選舉通行證、總統座車標誌、證照相片防偽。

美國國際開發署（US Agency for International Development）：本局曾為國際開發署於████舉辦之（反恐）技術調查課程提供指導人員。

白宮：文具、便箋、國璽模具。

華府、阿靈頓（Arlington）、費爾法克斯（Fairfax）與亞力山卓（Alexandria）等地警局：一九六八到一九六九年，本局為上述地區選派人員提供一系列基礎課程，教授監視照相、基礎監聽、開鎖、反破壞及祕密潛入技巧。

一九七三年六月三十日〔26〕，希德尼・高利伯自中情局退休。離去之前，他獲得中情局最高榮譽之一〔27〕──傑出情報工作獎章（Distinguished Intelligence Medal）。獲得這枚獎章的中情局官員必須「服務表現優異，或取得特殊卓越成就」。依照規矩，典禮不公開，高利伯擁有獎章一會兒就必須交還。表揚內容尚未解密。

註釋

1 「我們都很重視孩子們的靈性成長」：Margaret Gottlieb,"Autobiographical Essays."

2 「我算是聰明的孩子」：Author's interview with "Elizabeth."

3 一群中情局探員默默圍在手術台邊：Richelson, *Wizards of Langley*, p. 145; Wallace et al., *Spycraft*, pp. 200–201.

4 「聽那兩個人在講什麼」：Charlotte Edwardes, "CIA Recruited Cat to Bug Russians," *Telegraph*, November 4, 2001, https://www.telegraph.co.uk/news/worldnews/northamerica/usa/1361462/CIA-recruited-cat-to-bug-Russians.html.

5 「技術上來說」：Wallace et al., *Spycraft*, p. 201.

6 「幾年來對這個問題做的工作」：Edwardes, "CIA Recruited Cat."

7 「推展以可預測的方式」：General Counsel of the Department of Defense, "Memorandum for the Secretary of Defense," September 20, 1977, http://www.unwittingvictim.com/DeclassifiedHumanExperimentationMKULTRAAndMore.pdf.

8 「那個猶太跛子」：Author's interview with retired CIA officer "LD."

9 高利伯遲疑了：Regis, *Biology of Doom*, pp. 213–17.

10 高登後來作證：Nicholas M. Horrock, "A Mass Poison, Linked to C.I.A., Reported Found at Army Base," *New York Times*, September 9, 1975; U.S. Senate, Select Committee to Study Governmental Operations with Respect to Intelligence Activities, *Unauthorized Storage of Toxic Agents* (Washington, DC: Government Printing Office, 1975), pp. 52–91, https://www.intelligence.senate.gov/sites/default/files/94intelligence_activities_I.pdf.

11 高利伯的下屬提供他們：Wallace et al., *Spycraft*, pp. 74, 285, 393, 418.

12 高利伯的「藏匿技師」：Christopher Moran, *Company Confessions: Secrets, Memoirs, and the CIA* (New York: St. Martin's Press, 2015), p. 125; Christopher Moran, "Turning Against the CIA: Whistleblowers During the 'Time of Troubles,' " *History: The Journal of the Historical Association*, March 27, 2015, https://onlinelibrary.wiley.com/doi/full/10.1111/1468229X.12099; Wallace et al., *Spycraft*, pp. 195–96.

13 「那種東西你們做得出來嗎？」：Wallace et al., *Spycraft*, p. 112.

14 「在寮國和越南」：Ibid., p. 295.

15 技術服務組的技師：Ibid., pp. 279–84.

16 「整個一九六八年，高利伯博士」：Thomas, *Journey into Madness*, pp. 399–400.

17 「一九六八年，以色列花了三個月」：Ronen Bergman, "How Arafat Eluded Israel's Assassination Machine," *New York Times Magazine*, January 28, 2018.

18 他總是自備午餐：Thomas, *Secrets and Lies*, pp. 29, 34–35.

19 「也許聽起來有點做作」：Wallace et al., *Spycraft*, p. 83.

20 其中霍華‧杭特和G‧高登‧利迪兩個人：Richelson, *Wizards of Langley*, p. 164; Harry Rositzke, *CIA's Secret Operations: Espionage, Counterespionage, and Covert Action* (Pleasantville, NY: Reader's

Digest Press, 1977), pp. 220–21.

21 「一九七三年初，時任技術服務組組長」：Central Intelligence Agency, "Memorandum for Director, OTS," August 19, 1975, https://www.cia.gov/library/readingroom/docs/DOC_0005444840.pdf.

22 「儘管我已明表反對」：Bowart, *Operation Mind Control*, p. 108.

23 差不多在同一段時間：Albarelli, *Terrible Mistake*, pp. 451–52; U.S. District Court 2nd Circuit, "Deposition of Sidney Gottlieb," September 22, 1995, p. 623; Marks, *Search for the "Manchurian Candidate,"* pp. 219–20; Powers, *Man Who Kept the Secrets*, p. 348.

24 「施萊辛格新官上任三把火」：William Colby with Peter Forbath, *Honorable Men: My Life in the CIA* (New York: Simon and Schuster, 1978), p. 329.

25 四月某個午後，曾參與U2計畫：Central Intelligence Agency History Staff Oral History Program, "Tough, Unconventional, and Effective: An Interview with Former DDCI John N. McMahon," https://www.cia.gov/library/readingroom/docs/DOC_0001407025.pdf; Richelson, *Wizards of Langley*, p. 164; U.S. Congress, Select Committee on Intelligence, *Nomination of John N. McMahon* (Washington, DC: Government Printing Office, 1982), p. 18; Wallace et al., *Spycraft*, p. 460.

26 一九七三年六月三十日：U.S. Senate, *Hearings before the Subcommittee on Health and Scientific Research*, p. 208.

27 離去之前，他獲得中情局最高榮譽之一：Scott C. Monje, *The Central Intelligence Agency: A Documentary History* (Westport, CT: Greenwood, 2008), pp. 133–38.

CHAPTER
13

我們有些人那陣子失控了
Some of Our People Were Out of Control in Those Days

一九七三年五月九日，中情局業務探員收到一道奇特的局長指令，要求之驚人是他們前所未見。上任不到四個月、剛剛開革高利伯的詹姆斯·施萊辛格，決定給中情局下劑猛藥，徹底導正陋習。水門案醜聞已引發眾怒，要求政府公開透明的呼聲勢不可擋。施萊辛格乘著民氣使出雷霆手段，希望能置之死地而後生，讓中情局一舉脫胎換骨。不過，連他都沒有料到這會帶來什麼後果。

「我決心讓法律得到尊重[1]，」施萊辛格寫道：「為達成此一目標，我已採取若干相應步驟。我已要求本局全體資深行動探員：不論是過去發生或正在進行的行動，若有違反本局法律規章之虞，需立即向我舉報。我在此指示：中情局目前所有雇員，若對此等情事有所知聞，需向我舉報。我也邀請所有前中情局雇員踴躍舉報。有相關資訊者請電本人祕書（分機6363），告知有意說明『違反中情局規章之活動』。」

兩天後，尼克森宣布將施萊辛格調為國防部長。為反駁外界對他利用中情局當政治工具的指控，尼克森任命威廉·寇爾比（William Colby）擔任局長。寇爾比做了一輩子情報工作，以嚴苛無情著稱。會有這種名聲，主要是因為他在越南的鐵腕作風。美國曾在越南實施「鳳凰」計畫，目的是「中立化」被認為通敵的平民。「鳳凰」計畫經常使用酷刑，而寇爾比不但主導這個計

畫多年，也親口證實手下探員殺害的越南人超過兩萬。不過，到尼克森任命他當中情局局長時，他已性格大變。他揭露中情局肆意妄為的決心，一點也不輸施萊辛格。

「他是天主教徒[2]，大女兒因為癲癇和神經性厭食症死了以後，他似乎變了個人。變得更虔誠，也更愛省思。」一名情報史專家說：「寇爾比的同事也發現他變了。他們認為他會這樣是因為女兒的死，也是因為鳳凰行動讓他於心難安。回過頭看，他們說他那時『迷上宗教』，成了『軍人神父』，一心想用自己的方式讓中情局往好的方向走。他相信中情局若能將祕密和盤托出，就能把那些不堪入目的事留在過去……他之所以會有這種決心，恐怕也是隱隱覺得這些事遲早會曝光，乾脆把美國政界高層一起拖下水，要丟臉大家一起丟臉。」

寇爾比就任沒多久，就拿到一疊厚厚的活頁資料，這些資料將永遠改變中情局。它們是中情局探員遵施萊辛格之命提交的舉報，有的是他們自己涉入的，有些是他們知道的。這些不法舉報已用打字機謄打，密密麻麻693頁。裡頭有提到「行為藥物研究」和「人類受試者」，高利伯的名字出現一次。

「一九七三年一月，希德尼・高利伯博士下令銷毀所有與藥物研究和測試有關的紀錄[3]，並表示這是依局長理查・赫姆斯指示而行。」其中一項舉報說：「一九七三年一月三十一日，檔案室交出七箱資料銷毀，內含一九五三至一九六七年之進展報告。此外，二十五份名為『LSD-25：部分非致幻意義』的手冊亦遭銷毀。」

這些資料後來被稱為中情局「家醜」（family jewels）。寇爾比仔細看過之後，寫了一份摘要給參眾兩院軍事委員會主席，因為檯面上中情局歸它們監督。兩位主席照例同意「家醜」必須保密。水門案醜聞此時已越滾越大，華府政情日益詭譎。一九七四年八月九日，尼克森辭職下台，副總統傑拉德・福特（Gerald Ford）繼任。但「家醜」仍被好好藏著。

　　幾個月後，曾以美萊村（My Lai）屠殺拿下普立茲獎的調查記者西莫・赫許（Seymour Hersh）致電寇爾比，說他發現一件「比美萊村更大的事」：他得知「家醜」裡有個MH-CHAOS計畫（範圍廣及全球的計畫都以「MH」開頭），內容是中情局對美國記者和反戰人士建立情蒐檔案，人數數以千計。寇爾比並不否認。於是，一九七四年十二月二十二日星期天，這條新聞上了《紐約時報》頭版。

　　「尼克森執政期間，中情局直接違反規章[4]，針對美國反戰運動和其他異議團體，進行大規模非法國內情蒐行動。」赫許在文章開頭這樣寫道。雖然這篇報導完全沒有提到藥物實驗，或其他與MK-ULTRA有關的事，但它所掀起的調查行動最後掃到了希德尼・高利伯。

　　MH-CHAOS曝光後，多名眾議員提案設立特別委員會調查中情局不法情事。中情局資深官員堅決反對，總統福特也不表贊成。從麥可・曼斯斐試圖以國會機制監督中情局失敗後，這是中情局的祕密首次受到外部勢力威脅。

　　雖然華府的政治氛圍長期傾向保護中情局，但此時已形勢大變。媒體鋪天蓋地都是中情局恣意妄為的劣行，美國大眾想知道更多。福特心知進一步的調查勢不可擋，決定先下手為強，搶在國會之前行動。

　　「如果我讓國會主導調查[5]，幾乎一定會有不必要的資訊揭露。」福特在回憶錄中寫道：「我決定搶先開始。」一九七五年一月四日，福特宣布成立自己的中情局調查委員會。他打算虛晃一招，讓委員會查出一些小錯交差，對重大違紀輕輕放過。他希望這樣能安撫國會，讓他們打消自行調查的想法。他說美國「隨時面臨國安威脅[6]」，而中情局是「捍衛國家利益的根本」，稱讚它「功在國家，成績斐然」，建議國會「考慮委員會的發現及建議」，「避免聽證會氾濫」。

　　為確保委員會輕放中情局，福特任命副總統納爾遜・洛克斐勒（Nelson Rockefeller）為主席。洛克斐勒是政治菁英圈的人，與中情局素有淵源，早在

一九五〇年代，便與艾倫・杜勒斯在行動協調委員會（Operations Coordinating Board）共事（行動協調委員會是國家安全會議下的祕密小組委員會，負責規劃和發展祕密行動計畫）。

福特宣布成立洛克斐勒委員會後才幾個鐘頭，便召見當時轉任美國駐伊朗大使的理查・赫姆斯。赫姆斯長年服務情治單位，他知道的美國祕密行動內情，不會比任何人少——他甚至連 MK-ULTRA 都知道。「實話實說，我們現在一團亂。[7]」福特對他說。福特還說他打算縮限洛克斐勒委員會的任務，並事先告誡他們超過範圍將是「悲劇」。

「要是大眾吵著要我們更進一步，甚至傷到中情局的聲譽，那就太糟糕了。」福特說：「除非出現相反的證據，否則我自動假定你做的是對的。」

這等於是向赫姆斯擔保：他會在可能範圍之內保住赫姆斯，設法開脫他對中情局行動的責任。赫姆斯聽了雖然高興，但仍舊不安——要是「家醜」公諸於世，公眾反應恐怕不是他們控制得住的。

「我想會遇上很激烈的攻擊[8]，」赫姆斯提醒總統：「局裡的事我不是全都知道。恐怕也沒有人全都知道。但我知道的已經夠我保證：要是真的被攻擊，我知道怎麼應付。」

「洛克菲勒委員會」的正式名稱是「美國國內中情局活動總統委員會」（President's Commission on CIA Activities Within the United States），成員全是份量十足的政治菁英，知道該怎麼做來保護中情局。他們是：李曼・雷姆尼澤（Lyman Lemnitzer）上將，參謀長聯席會議前主席；勞工領袖連恩・柯克蘭（Lane Kirkland），他的美國勞－產聯（AFL-CIO）是中情局資助國外反共工會的主要管道；剛做完兩任加州州長的隆納・雷根（Ronald Reagan），以及前財政部長 C・道格拉斯・狄倫（C. Douglas Dillon）。他們一起調查了五個月，洛克斐勒也盡責地引大家避開敏感問題。不過，即使洛克斐勒熱心相助，他還是管不了中情局局長威廉・寇爾比的大嘴巴。面對詢問，寇爾比就是不願以「不知

道」或「不記得」帶過，反而知無不言，言無不盡，坦白得驚人。才第一次聽證，他就作證中情局有用 LSD 做實驗，而且實驗有造成死亡，隨後又提到局裡的暗殺陰謀。他的坦白讓根本無意追究的委員會相當困擾。洛克斐勒後來把他拉到一邊。

「威廉老弟，你真的有必要把這些事全告訴我們嗎？[9]」洛克斐勒問：「你好像覺得你非全部回答不可。我們也知道你們有些機密不能說，所以，要是有些問題你覺得不能全部回答，不必回答沒關係，我們不會覺得那有什麼不對。」

一九七五年六月十一日[10]，洛克斐勒委員會公布報告，內容在情況允許下已盡量回護。它的結論是中情局確實執行過「顯然非法」的行動，包括監控抗議團體、監聽電話、盜竊和拆閱郵件。雖然華府已開始傳言中情局曾策劃暗殺國外領袖，但委員會報告只用「時間不允許全面調查」一筆帶過。

雖然報告沒有提到 MK-ULTRA 這名稱，但它指出中情局有項計畫「對不知情的美國公民測試有潛在危險的藥物」，另一項計畫涉及對犯人下藥，還有一項計畫在兩處祕密地點對「不知情自願者」投以 LSD。報告表示無法進行進一步調查，因為這些行動的紀錄已被銷毀，而且「參與這項計畫早期階段的人員不是不在國內，就是無法接受訪談或已死亡」。

不過，報告裡頭有段話觸目驚心，連枯燥的陳述都減低不了它的力道。

在計畫早期階段，一名國防部雇員在參加中情局 LSD 計畫人員之私人聚會時，在不知情的情況下被施以此藥。服下 LSD 之前，該員正與其他人員交談，討論對不知情之對象施以此類物質是否合乎原則。該員在被施以 LSD 約二十分鐘後才獲告知，之後由於副作用嚴重，在中情局護送下前往紐約接受精神治療。數日後，該員自其下榻之十樓房間的窗戶跳樓身亡。

　　隔天，洛克斐勒報告占盡美國各大報紙頭版，甚至吸引國外媒體注意。大部分報導把焦點放在MH-CHAOS新曝光的內容。《華盛頓郵報》刊了四篇文章，其中一篇的標題是：自殺疑雲真相大白[11]。

　　在哈佛大學附近的一間公寓，艾瑞克・奧爾森一大清早被電話吵醒。他正在讀心理學研究所，打電話來的是他妹夫。

　　「你看到今大的《華盛頓郵報》了嗎？[12]」他問。

　　「沒有。怎麼了？」奧爾森答。

　　「趕快去看。有個報導跟你爸有關。」

　　「我爸？怎麼會扯到我爸？」

　　「趕快去看就對了。看完打電話給我。」

　　奧爾森換上衣服，小跑步到哈佛廣場報亭，買了一份《華盛頓郵報》，看到標題：自殺疑雲真相大白。

　　「據昨日公布之洛克斐勒委員會報告，一名國防部公務人員在不知情的情況下服下LSD，成為中情局LSD測試的實驗品，不到一週後自十樓跳樓身亡。」報導以這句話開頭，但有兩處不正確：首先，受害者是中情局官員，而非軍方雇員；其次，雖然他在史達特勒飯店的房號是1018A，但那裡其實是十三樓。無論如何，艾瑞克・奧爾森一眼就看出講的是他父親。

　　「太詭異了[13]，」他多年後說：「真的太詭異了。他們給他貼的標籤是『軍方科學家』。他們說這位『軍方科學家』在一九五三年被中情局下LSD，反應不良，被送去紐約治療，然後不幸跳樓喪生。看到這裡你當然會想：『下藥？LSD？什麼跟什麼啊？』我覺得一下子什麼都懂了，也什麼都搞不清楚了，那種既懂非懂的感覺太詭異了。你一方面會想：『怎麼連毒品都用上了呢？』，另一方面也會懷疑：『這講的真的是我爸嗎？』，我還冒出另一個問

題：一九五三年，紐約是有幾個科學家跳樓啊？」

這個故事結合了毒品、死亡和中情局，當然吸睛。接下來幾天，記者緊咬中情局不放，要求多公布一些那個先被下藥、後來「自十樓跳樓身亡」的科學家的事。奧爾森家召開記者會。記者會前一天，艾瑞克・奧爾森邀西莫・赫許到他們在腓特烈市的家。赫許不改其有話直說的本色。

「你家真他媽是美國最沒好奇心的一家子。[14]」赫許嘆道：「你們怎麼會接受那種狗屁說詞二十二年，都不來找我爆料？」

在自家後院召開的記者會上，愛麗絲・奧爾森念出聲明，說家人已經決定「向中情局提告，也許兩週內就告，要求幾百萬美元賠償金」。她堅稱丈夫在世的最後那幾天，並沒有表現「不理性或生病」，但他「非常憂鬱」，「說他要離職」。

「從一九五三年起[15]，我們一直設法說服自己：法蘭克・奧爾森是自殺死的，原因不得而知。」她說：「沒想到，他死亡的真相被藏了二十二年。」

除了宣布提告中情局之外，奧爾森家也請紐約警局重啟調查。曼哈頓區檢察官羅伯・摩根索（Robert Morgenthau）立刻回應，承諾他的團隊會開始調查這個案子的「某些面向」。紐約警局局長麥可・寇德（Michael J. Codd）也說，他會命令下屬詳加調查，釐清「奧爾森先生之死的全貌[16]」。

有些報導提到羅伯・拉許布魯克，奧爾森死亡當晚與他同處 1018A 號房的人。「我真的不知道什麼該講[17]、什麼不該講。」拉許布魯克在電話訪問中對《華盛頓郵報》說。接著他提到：發現奧爾森喪生之後，他馬上打電話向一名「中情局員工」報告——那名員工叫希德尼・高利伯。

《華盛頓郵報》刊登這篇專訪的同一天[18]，《紐約時報》也刊出了高利伯的名字，說他是「中情局 LSD 測試的主使者」，也引用洛克斐勒委員會一名匿名調查員的話，說他「為隱匿可能觸法的行動細節，在一九七三年銷毀藥物計畫的紀錄」。《時代雜誌》也說：高利伯曾「親自參與致命實驗」，

導致法蘭克‧奧爾森身亡。

　　洛克斐勒委員會先前提及LSD的相關紀錄盡遭銷毀，但沒有寫出高利
伯博士的名字。報告裡也提到另一項計畫：中情局曾透過聯邦藥物濫用
管制局（Bureau of Drug Abuse Control）行動，在東岸和西岸對「不知情自
願者」進行LSD測試。洛克斐勒委員會消息人士透露：該計畫亦由高利
伯博士指揮……（消息人士）曾試圖與高利伯博士面談，但中情局說找
不到人。《紐約時報》亦聯絡未果。

　　這些事首次揭破高利伯層層裹著的隱身外衣。雖然他已退隱江湖，但令
他大失所望的是：別人並沒有忘記他。

　　奧爾森家宣布要告中情局的時候，白宮開始緊張。要是訴訟成立，這家
人（以及紐約重案組）將可循法律途徑逼中情局公布機密。福特的幕僚長唐
納‧倫斯斐（Donald Rumsfeld）[19]和副手迪克‧錢尼（Dick Cheney）都意識到
這個危險。錢尼在一份備忘錄中提醒倫斯斐：訴訟恐將迫使中情局「揭露高
度機密之國安資訊」。為防止這種大禍，他建議福特公開「表達歉意」，並「展
露願意親自與奧爾森太太及其子女懇談的態度」。

　　福特接受了他們的建議。他邀愛麗絲和她的三名成年子女到白宮。一九
七五年七月二十一日，他們在橢圓辦公室會面。這是歷史性的一刻：是美國
總統唯一一次，召見死於非命的中情局探員家屬，為美國政府致歉。

　　福特問候奧爾森一家後說：「在此，我謹向奧爾森的家屬致上最誠摯的
歉意[20]，並承認過錯……在這麼長的一段時間裡，他們辛苦承受了不安和
煎熬，我為此深感抱歉。」他說他已指示中情局全力配合，提供可能讓案情
明朗的所有資料。之後，奧爾森一家又在蘭利中情局總部與威廉‧寇爾比會
面。寇爾比說奧爾森之死是「不該發生的慘劇」，並為此道歉。

「我們有些人那陣子失控了[21]，」寇爾比說：「他們完全越界。監督和
管理顯然出了問題。」

白宮律師向奧爾森家開出七十五萬美金的賠償，交換條件是不提訴訟。
猶豫了一陣子之後，他們接受了。國會通過特別法案核准這筆支出。如果法
蘭克·奧爾森願意靜靜躺在墳墓，這件事本來可以就此了結。

———

從中情局退休後，高利伯很難找一般的工作。二十多年來，他的身分受
到重重保密，他規劃並指揮觸角遍及全球的心智控制計畫、監督極端審訊、
調製暗殺外國領導人的毒藥，還為情報員製作各種諜報工具——這樣的人接
下來要做什麼？

在老友理查·赫姆斯的協助之下，高利伯悄悄成為緝毒局（Drug
Enforcement Administration）顧問。這個職位被歸為「性質敏感」，所以他得填
完一份冗長的申請書。他寫自己五十五歲[22]，六呎高，體重一百七十五磅，
淡褐色眼珠，灰髮，德語流利，亦通法語，「有最高機密權限，已通過許多
安全審核」。申請書有一部分請他簡述前一份工作的內容。

「負責範圍廣泛，包括研究、發展、製造科學及工程各領域之工具與軟
體，並將相關產品部署及應用於全球。」他寫道：「曾全權負責數百萬美元
經費，並指揮或親自參與行動。」

高利伯在緝毒局待了七個月[23]，大多數時間都在做局長約翰·巴特爾
斯（John Bartels）所稱的「研究設備管理研究」，直到一九七四年五月離職。
這段插曲讓他有時間思考未來。他覺得自己正值壯年，活力依舊充沛，就這
樣退休享清福實在沒意思。他天生好動，喜歡追尋、探索和流浪。公職生涯
雖然沒讓他家財萬貫，但也讓他在維州有屋子、在銀行有存款，每個月還有
一千六百二十四美元的退休金。他的孩子都高中畢業了，他和他想法開通的

太太瑪格麗特都渴望冒險。他們一起想像新的生活。雖然他們的決定十分另類，但與他們悸動的心靈相當一致。

「希德從公職退休得早[24]，我們得好好想想接下來的日子要做什麼。」多年以後，瑪格麗特在寫給家人的文章中說：「既然我們物質生活無虞，做起決定也就沒那麼多顧慮。於是我們把房子、土地、車子、羊和雞全都賣掉，讓孩子拿走他們想要的。然後訂了船位，從舊金山出發，航向澳洲伯斯（Perth）。接下來兩年我們一直旅行，有時走陸路，有時走海路，有時坐飛機。我們去了非洲、澳洲、印度，還有這些地方之間的很多地方。我們跟著感覺走，到處當志工，想待多久就待多久。」

在印度，他們到北方邦（Uttar Pradesh）的一間醫院當志工，照顧那裡的痲瘋病人和重症病人。雖然瑪格麗特在北方邦的宣教站出生，也在這裡長大，但她適應不良，對印度的感覺充滿矛盾。幾個月後，她病了。

「我從來不想回印度[25]，」她在家書裡寫道：「也從來不想念這裡，我一直覺得這個地方看不到希望……結果我和希德還是跑來了。我在一間教會醫院工作了三個月，然後病了。我就是受不了這裡，什麼都受不了。我離開這裡四十年了，可是什麼也沒變——一點都沒有……村裡的生活還是一樣髒亂，到處都是猴子、流浪狗、垃圾。下水溝沒加蓋，人隨處大小便。收賄是家常便飯，到處有人找碴。每件事都莫名其妙——可是好像只有我們覺得莫名其妙！英國人和傳教士花了這麼多年，這裡卻一點都沒變。好吧，我現在懂了也接受了。我覺得他們自有一套生活方式，日子也過得去，而且比我們那套生活方式的歷史還久得多。讓他們照自己的方式過日子好了。」

在瑪格麗特養病和思考帝國主義對印度的影響時，他的丈夫成了家鄉議論紛紛的人物，惹來他避之唯恐不及的關注。壯遊兩年之後，過去突然撲了上來。

中情局醜聞纏身。洛克斐勒委員會不痛不癢的報告未能平息眾怒。參院

決定繼續追究，組成政府情報活動調查特別委員會（Select Committee to Study Governmental Operations with Respect to Intelligence Activities），由愛達荷州參議員法蘭克·徹奇（Frank Church）擔任主席。調查員發現幾份文件提到暗殺外國領袖的計畫，收發這些文件的探員名字多半被遮蔽，但有個名字出現了好幾次：希德尼·高利伯。

徹奇委員會調查員請中情局許可與這位神祕人物一談。中情局回覆此人已退休，目前不在美國。調查員堅持要見他。最後，在中情局協助下，他們總算找到高利伯。

一九七五年夏，高利伯人在印度的時候，接到了這個令他錯愕的消息：徹奇委員會想和他談談。他的世界之旅結束了。

───────────

在白宮幾哩外一處人煙罕至的地點[26]，高利伯第一次與能保住他的未來的辯護人見面。從印度返國後，他發現華府已經陷入調查狂熱。他那些被圍剿的中情局老同事紛紛警告他，說他可能變成下一個箭靶，催他趕緊請個律師。其中一個推薦泰瑞·蘭斯納，說這人積極、有鬥志，而且了解華府生態，前陣子才來蘭利談過中情局探員的法律權利。

沒過多久，蘭斯納便接到一位「聲音沙啞、明顯口吃」的男士來電。高利伯自我介紹後，表明見面之意，並「特別強調必須謹慎安排」。蘭斯納建議在他家轉角的羅斯代爾公園（Rosedale Park）見面。

「我坐在公園長椅上，」蘭斯納後來寫道：「有個人一跛一跛朝我走來。他穿著輕便，跛的那隻腳拖著走。他小心翼翼接近我，目光悄悄掃向四周。動作很輕，看得出來他受過很不錯的反監視訓練。坐到我旁邊之後，他伸出手說：『我是希德尼·高利伯。』」

蘭斯納回他「很高興能一起聊聊」，高利伯開始說明來意。他說中情局

「盡心盡力保衛國家」，看到美國民眾這樣攻擊它，他非常火。至於那些說他行為失當的流言蜚語，根本是一派胡言，他打算開記者會公開駁斥。蘭斯納說這樣做恐怕不智，因為「公開發言會被放大檢視，等於討打」。高利伯想了一會兒，接著說他有意請蘭斯納擔任辯護律師——不過，他提了一個匪夷所思的條件。

「開始合作之前，」他對蘭斯納說：「我要先跟你要筆跡樣本。」

「要那個幹嘛？」

「我在局裡有人可以分析筆跡，分析完就知道我能不能信任你。」

蘭斯納當然一頭霧水。他不知道的是，筆跡分析是高利伯從MK-ULTRA時期就有的老興趣。蘭斯納隨便寫了幾個句子。高利伯折好放進口袋，說「我再跟你聯絡」，默默離去。幾天後，他再次致電蘭斯納。

「你過關了。」高利伯對他說：「沒人格缺陷。」

高利伯的迫切問題是新成立的徹奇委員會，他就是他們召回國的。他們的調查員想問他在暗殺計畫裡扮演什麼角色。高利伯說願意和他們談，但蘭斯納告誡他：「跟任何委員會或任何人談之前，一定要先要到追訴豁免。」

「我不幹。」高利伯對他說：「我才不要縮在第五修正案後面。*」

「希德，你聽好〔27〕：我們的目標是讓你別上新聞，起碼別進監牢。」蘭斯納回答說：「你不曉得情況可以多糟。到時候你很可能變成待罪羔羊。」

蘭斯納曾經擔任激進派神父菲利普‧貝里根（Philip Berrigan）的辯護人，自由派友人不少，這些朋友知道他同意為高利伯辯護，都相當震驚。不過，他倒是很快贏得新當事人的信賴，兩個人一談就談了好幾個鐘頭。雖然高利伯不能把他做過的事全講出來，可是從蘭斯納事後寫下的紀錄，還是能看見高利伯的一些想法和記憶。

---

* 第五修正案規定被告不得自證己罪，保護被告不必做出不利於己的證詞。

高利伯說：由於他的毒藥長才[28]，他被局裡指派負責暗殺任務。他曾嘗試暗殺外國領導人數次……令人驚訝的是，希德大部分的工作不是針對美國的外敵。中情局也曾以美國公民做實驗。整體來說，希德對LSD計畫毫無辯解之意，事實上，他認為那對美國安全至關緊要……他說在他曾監督的LSD實驗中，不知情受試者就超過二十人。他也親自試過LSD。在談到個別案例時（說他們是受害者也好、受試者也罷，端視觀點而定），他看起來很難過。如果把這些實驗看做學術研究，他對自己做過的事問心無愧。可是談到個別案例和實際的人時，他顯得很不自在。所以毫不意外的是，他不太想談奧爾森的事。

蘭斯納聽完之後，整理出他看到的法律挑戰。首先，徹奇委員會正在調查高利伯參與的暗殺計畫。其次，紐約檢察官在重新調查法蘭克・奧爾森之死。第三，高利伯在中情局已沒有權力，還在局裡任職的朋友也不多。最後，蘭斯納寫道：「希德口吃、跛腳、出身移民家庭，不易取得大眾認同。」總之，他看起來就像「肥美多汁的靶」。

「他們可能會把奧爾森的死怪到你頭上。」蘭斯納警告他。

這將高利伯一棒打醒。他總算同意對徹奇委員會提條件：沒有追訴豁免就不作證。

委員會這時忙得昏天暗地，為了調查中情局所有「不法或不當作為」，他們正在為一個比一個重要的聽證會作準備。第一次聽證會時，威廉・寇爾比就揭露MK-NAOMI的存在，說明那是中情局和軍方狄崔克堡特別行動組的合作計畫。他還提供了一份一九六七年的工作摘要[29]，而技術服務組那時正由高利伯執掌。摘要說MK-NAOMI有兩個目標：「儲存可造成嚴重失能或致死之物質，專供特別行動組使用」，以及「備妥特殊及獨特物件，供散播化學及生化物質之用」。寇爾比作證說[30]，雖然他在中情局服務了四

分之一世紀，也是到當上局長才知道MK-NAOMI的存在。

蘭斯納十分難纏，有同事說他是「加強版的巴頓將軍[31]」。一連串聽證會讓徹奇委員會備多力分，沒餘力應付蘭斯納的死纏爛打，於是答應了高利伯的豁免要求。一九七五年十月七日，高利伯開始答覆參議員和委員會調查員的詢問。後來他說自己「在參院情報特別委員會作了四十個鐘頭的證[32]，莫名其妙——我不是說證詞莫名其妙」。

委員會在國會山莊聽證室閉門取證，不開放旁聽，也准許高利伯以化名掩蓋身分。高利伯取的化名是「約瑟‧許艾德」（Joseph Scheider），不得不說他取得真妙。約瑟‧許艾德是十九世紀紐約的一名菸草商，因為菸草包裝圖片感覺詭異，他的名字成了大眾文化的註腳。包裝上畫的是一名穿連帽長袍的修道人[33]，一手拿著國王王后的撲克牌，另一隻手拿著正在冒煙的長菸斗，以銳利的眼神朝著你看。他看起來像祕教教士，也像能掌控看不見的力量的大師。圖片下方是粗體大寫的「約瑟‧許艾德」。這名菸草商的名字就這樣跟圖片連在一起，讓人聯想到莫測高深的修道人。高利伯也是這樣看自己的：祕傳智慧的神祕守護者，既充滿魅力，又讓人不安，在菸草裡找靈感，一眼就能看透人的靈魂。

依參院規定，徹奇委員會將「約瑟‧許艾德」的證詞封存五十年。不過，後來的委員會報告有引用若干段落。

「約瑟‧許艾德作證[34]：一九六〇年，他曾與理查‧比瑟爾就中情局暗殺外國領袖之能力談過『兩或三次』。」一份報告說：「許艾德告知比瑟爾：中情局已取得致命或有致命可能的生物物質，可用於此類任務……會後，許艾德察看藏於馬里蘭州狄崔克堡化學兵部隊營內之生物物質清單（皆可致病，「造成目標對象死亡或嚴重失能，失去行動能力」），選出其中一種「可造成該地區原生致命疾病」之物質……中情局〔剛果〕情報站官員證實有收到許艾德交付之『橡膠手套、面罩、注射器』，以及致命生物物質，由

許艾德說明使用方式。」

委員會也問到藥物實驗的事。蘭斯納做了筆記，後來公諸於世。

「希德說他負責執行一個代號MK-ULTRA的計畫。[35]」他寫道：「研究重點是迷幻藥LSD，他們認為它有潛力成為強效諜報工具……MK-ULTRA提供資金給相關實驗，受試者多半是囚犯、精神病患者和其他沒立場抗拒的人（例如去中情局在舊金山和紐約開的兩處妓院的尋芳客）。中情局也在國外進行實驗（有時與軍方合作），在陌生人和邊緣人的飲料裡下各種藥。」

詢答進行得中規中矩[36]，行禮如儀，直到賓州參議員理查・許威克（Richard Schweiker）傾身向前，遞給高利伯一份多處遮蔽的厚文件。「高利伯博士，」他問：「你能告訴我這份備忘錄在講什麼嗎？」

高利伯看了一怔，臉色大變。那是他在一九五〇年代寫給中情局高層的，標題觸目驚心：「健康改造委員會」。明顯看得出高利伯神情有異，全場一片沉默。蘭斯納用手遮住麥克風，低聲問當事人。

「希德，什麼狀況？」他問。

「我得跟你談一下。」高利伯小聲回答。

蘭斯納說他的當事人不太舒服，希望能休息一下。他們找了間隱密的空房間。蘭斯納關上門，轉頭正要和高利伯說話，卻當場愣住。「他呼吸得很慢，依舊面無血色。」蘭斯納回憶道：「他眼睛閉著，開始像是跳起一支很慢很慢的舞，手臂伸展。這是演哪一齣？他好像知道我在想什麼，說：『太極拳。能幫我放鬆。』」

聽證會開到一半，高利伯涉入中情局藥物實驗和暗殺計畫的程度尚未釐清，在國會山莊的房間裡，他輕輕閉上眼睛，讓手臂以古老的方式伸展、收回。過去與現在融為一體。蘭斯納看了一陣，終於忍不住開口。

「希德，你好歹跟我講一下，」他說：「那個備忘錄裡到底是什麼？」

「那個……」高利伯在放鬆狀態中低語：「……成功了。」

蘭斯納催他別賣關子。高利伯說裡頭的計畫是對付「一個阿拉伯國家的共黨官員，中情局想除掉他」。高利伯的角色呢？送那個官員當禮物的頭巾，是他準備的。

「那個頭巾怎麼了嗎？」蘭斯納問。

「附帶結核桿菌。」高利伯回答：「幾個星期後他死了。」

這是蘭斯納絕對不能讓客戶承認的事。「我跟希德坐下，開始絞盡腦汁拚命想。他必須答得圓滑，既不揭露這個新資訊，又不變成作偽證。」他回想：「回到聽證室後，希德說局裡送了一條『經過處理』的手帕，上面有一些『意在騷擾收禮人的物質』。參議員聽不出來他話中有話，沒對這部分窮追猛打。希德過關了，聽證會算是沒對他造成傷害。」

看高利伯退休後的作證內容，可以發現他有一個模式：什麼都賴給記憶不好。如某位作者所說，「照他的講法〔37〕，他幾乎把過去二十五年研究的一切全都忘了」。聽證會快結束時，委員會首席顧問菲特烈・史華茲（Frederick Schwarz）說他有「最後一個問題」想問。問題雖與高利伯在剷除盧蒙巴計畫裡的角色有關，但也帶著更大的道德質問。

「他們要你殺盧蒙巴的時候〔38〕——或是除掉、幹掉，隨便怎麼說——你有想過要拒絕嗎？」史華茲問：「如果沒有，為什麼？」

「我對這個任務的想法和責任感〔39〕，要擺回當時的脈絡來看。大家當時覺得，一場無聲的戰爭已經開打。」高利伯回答：「雖然我知道自己也有……反戰的一面，也可能成為反戰良心犯，但我當時不是這樣看的。我覺得最高層已經做好決定，事情都討論過了，不論我對任務再怎麼反感，都有責任做好我的部分。」

祕密聽證會過關，高利伯全身而退。紐約警方對奧爾森案的調查得不到確定結果，無疾而終。可是新威脅出現了：司法部對他有了興趣。起因是《華盛頓郵報》的一篇報導。

「希德尼・高利伯博士長期擔任中情局技術服務組組長[40]，負責局內所有藥物測試，直到一九七三年退休。消息人士指出他最近返回國內，聘請參議院水門案委員會前顧問泰瑞・蘭斯納為律師。」《郵報》說：「高利伯，五十七歲，曾銷毀一百五十二份檔案，幾乎是中情局全部藥物實驗紀錄……委員會消息人士表示：從中情局藥物實驗檔案遭到銷毀，到高利伯缺席洛克斐勒委員會調查，可以看出中情局早已意圖掩蓋其藥物實驗活動，阻止委員會調查相關實驗詳情。」

文章見報第二天，FBI華府和維州亞歷山卓分處傳得沸沸揚揚。毀壞政府財產是重罪。如果查出高利伯銷毀中情局檔案，就有機會起訴他。FBI展開調查，從高利伯的背景查起，但發現他在華府和周邊轄區都沒有犯罪紀錄。調查碰壁。

一九七五年十月十四日，FBI局長克拉倫斯・凱利（Clarence Kelley）[41]寄了一份備忘錄給亞歷山卓分處，標題是「高利伯博士：毀壞政府財產」，內容澆了探員們一頭冷水：司法部律師來電，告知高利伯已向徹奇委員會提供祕密證詞。「據報高利伯在作證前已取得豁免，」備忘錄說：「並於聽證會中道出銷毀紀錄一事。」

FBI的調查原本可能對高利伯提起公訴，這一來只能徒呼負負。蘭斯納的策略奏效：先讓當事人取得豁免，再讓他將犯行和盤托出。事先堵住起訴可能，就不必擔心後患無窮。

FBI想賭最後一把[42]。他們找上蘭斯納，問他能不能讓高利伯自願接受詢問。蘭斯納同意，但說要等高利伯在參議院作證結束。結果高利伯一作完證[43]，蘭斯納就撤回前言。一份日期是十二月八日的FBI內部備忘錄提到[44]：高利伯「現在可能已返回印度」，建議對這個案子「做出合理的結論」。五週後，凱利給亞歷山卓的探員下了一道簡短的指示。

「司法部刑事司建議[45]：由於高利伯博士的律師不讓其接受會談，不宜

再調查此事。」他寫道:「停止繼續嘗試與高利伯博士會談。」

　　蘭斯納對這樣的成果仍不滿足,還想再下一城。他找上聯邦法官傑哈德・吉塞爾(Gerhard Gesell),請他下令禁止徹奇委員會在中情局暗殺計畫調查報告上,刊出高利伯的名字。委員會首席顧問菲特烈・史華茲反對,他多年後回憶道:「我說不行,他的層級夠高[46],首席科學家辦公室的層級也夠高,應該用真名。」吉塞爾同意他的看法。兩天後,蘭斯利又到法院提出上訴。那天正好是參議院閉門討論徹奇委員會的暗殺報告的日子——史華茲不能缺席。既然沒辦法來法院與蘭斯納再較高下,史華茲決定讓步,同意以高利伯的化名刊出他的段落。幾天後,參議院調查報告出爐[47],裡頭只看得到一位「約瑟・許艾德」,身分是理查・比瑟爾的前顧問,「有生物有機化學學位」。

　　報紙就沒那麼克制了。蘭斯納和助手才去法院向吉塞爾法官提出上訴,《紐約時報》的報導就跟著出來:「雖然兩名律師拒絕在公開庭透露當事人姓名[48],但他們代表的是希德尼・高利伯博士,中情局退休官員,曾任局內技術服務組組長。今年秋天,高利伯博士曾在參院委員會中祕密作證,答覆他在中情局暗殺計畫中的角色。據信中情局曾試圖暗殺古巴總理菲德爾・卡斯楚,以及一九六一年剛果危機中的領袖帕特里斯・盧蒙巴……他也被問到一九五三年一名軍方科學家的死亡事件。資料指出,該科學家應是在中情局藥物實驗中服用LSD過量而死。高利伯博士在一九七三年自中情局離職前不久,銷毀大量他在中情局的行動紀錄。委員會亦就此事加以詢問。」

　　對高利伯來說,一九七五年秋天是他最不順遂的日子。他的新人生被硬生生打斷。他被拉回他以為已經永遠逃離的世界。在嚴密掩蓋身分一輩子之後,他的名字突然上了報紙,而且常常和聳人聽聞的中情局計畫連在一起。

　　然而,儘管這段時間風波不斷,危機連連,他還是應該慶幸,畢竟他躲過制裁,沒有落得更悲慘的下場。在起訴豁免的保護下,他招了所有可能的

犯行，讓司法部無法起訴他。他甚至成功讓自己的名字不出現在官方紀錄上（雖然媒體已讓他身分曝光），只留下化名「約瑟·許艾德」。化險為夷後，他多年來第二次決心隱姓埋名，消失在眾人面前，簡單生活，投身公益，安度餘生。無奈，命運這次還是不讓他稱心。

註釋

1 「我決心讓法律得到尊重」：Monje, *Central Intelligence Agency*, p. 174.

2 「他是天主教徒」：Ranelagh, *Agency*, pp. 554, 557.

3 「一九七三年一月，希德尼・高利伯」：Albarelli, *Terrible Mistake*, p. 468.

4 「尼克森執政期間，中情局直接違反規章」：Seymour Hersh, "Huge CIA Operation Reported in US Against Antiwar Forces, Other Dissidents in Nixon Years," *New York Times*, December 22, 1974.

5 「如果我讓國會主導調查」：Gerald R. Ford, *A Time to Heal: The Autobiography of Gerald Ford* (Harper and Row, 1979), p. 224.

6 「隨時面臨國安威脅」：Gerald R. Ford, "Statement Announcing Establishment of Commission on CIA Activities within the United States," January 4, 1975, https://www.presidency.ucsb.edu/documents/announcing-establishment-commission-cia-activities-within-the-united-states.

7 「實話實說，我們現在一團亂」：Jussi M. Hanhimaki and Odd Arne Westad, eds., *The Cold War: A History in Documents and Eyewitness Accounts* (Oxford: Oxford University Press, 2004), p. 477.

8 「我想會遇上很激烈的攻擊」：White House, *Memorandum of Conversation*, January 4, 1975, https://www.fordlibrarymuseum.gov/library/document/0314/1552899.pdf.

9 「威廉老弟，你真的有必要把這些事全告訴我們嗎？」：Colby, *Honorable Men*, p. 400.

10 一九七五年六月十一日：*Report to the President by the Commission on CIA Activities within the United States, June 1975*, p. 227, https://www.fordlibrarymuseum.gov/library/document/0005/1561495.pdf.

11 其中一篇的標題是：自殺疑雲真相大白：Thomas O'Toole, "Suicide Revealed," *Washington Post*, June 11, 1975.

12 "「你看到今天的《華盛頓郵報》了嗎？」：Albarelli, *Terrible Mistake*, p. 478.

13 「太詭異了」：*Crazy Rulers of the World: Episode 3, The Psychic Foot Soldiers* (film), https://www.youtube.com/watch?v=EQKTMjApnkI&t=1029s.

14 「你家真他媽是美國最沒好奇心的一家子」：*Wormwood* (film), https://www.netflix.com/title/80059446.

25 「從一九五三年起」：Eric Olson et al., "August 8, 2002, Press Conference, Family Statement on the Murder of Frank Olson," http://stevenwarranbackstage.blogspot.com/2014/11/august-8-2002-press-conference.html.

16 "「奧爾森先生之死的全貌」：Albarelli, *Terrible Mistake*, p. 500.

17 「我真的不知道什麼該講」："Former CIA Agent Tells of Olson's Last Days," *News* (Frederick, MD), https://newspaperarchive.com/news-jul-18-1975p1/.

18 《華盛頓郵報》刊登這篇專訪：Horrock, "Destruction of LSD Data."

19 「福特的幕僚長唐納・倫斯斐」：Maureen Farrell, "Dick Cheney, Donald Rumsfeld and the Manchurian Candidate," May 18, 2004, https://www.scribd.com/document/61308378/Dick-Cheney-Donald-Rumsfeld-and-the-Manchurian-Candidate; Thomas, "US Vice President."

20 「在此，我謹向奧爾森的家屬」：Edward C. Schmultz files, "Olson, Frank, Meeting with Olson's Family 7/22/75," Gerald Ford Presidential Library.

21 「我們有些人那陣子失控了」：Albarelli, *Terrible Mistake*, p. 511.

22 他寫自己五十五歲：U.S. Civil Service Commission, "Security Investigation Data for Sensitive Position— Sidney Gottlieb," released by National Personnel Records Center, May 15, 2016.

23 高利伯在緝毒局待了七個月：Horrock, "Destruction of LSD Data."

24 「希德從公職退休得早」：Margaret Gottlieb, "Autobiographical Essays."

25 「我從來不想回印度」：Ibid.

26 在白宮幾哩外一處人煙罕至的地點：Lenzner, *The Investigator*, (2013), pp. 190–92.

27 「希德，你聽好」：Ibid., p. 196.

28 「高利伯說：由於他的毒藥長才」：Ibid., pp. 194–95.

29 他還提供了一份一九六七年的工作摘要：Redfern, *Secret History*, p. 158.

30 寇爾比作證說：Nicholas M. Horrock, "Colby Describes CIA Poison Work," *New York Times*, September 17, 1975.

31 「加強版的巴頓將軍」：Richard Leiby, "Terry Lenzner, the Private Eye Who Has Seen It All, from Watergate to Microsoft," *Washington Post*, October 9, 2013.

32 「在參院情報特別委員會」：U.S. Senate, *Human Drug Testing*, p. 170.

33 包裝上畫的是一名穿連帽長袍的修道人："The Left Bower Smoking Tobacco Manufactured by Joseph Scheider, 100 Walker St., N.Y.," Pickryl, https://picryl.com/media/the-left-bower-smoking-tobacco-manufactured-by-joseph-scheider-100-walker-st.

34 「約瑟・許艾德作證」：U.S. Senate, *Alleged Assassination Plots*, pp. 20–24.

35 「希德說他負責執行」：Lenzner, *The Investigator*, p. 198.

36 詢答進行得中規中矩：Ibid., pp. 198–200.

37 「照他的講法」：Streatfeild, *Brainwash*, p. 65.

38 「他們要你殺盧蒙巴的時候」：Testimony of "Joseph Scheider," October 9, 1975, cited in Loch Johnson, *Strategic Intelligence: Covert Action; Behind the Veils of Secret Foreign Policy* (Westport, CT: Praeger, 2006), p. 208.

39 「我對這個任務的想法和責任感」：Ranelagh, *Agency*, p. 343.

40 「希德尼・高利伯博士長期擔任」：Bill Richards, "Ex CIA Aide Set to Talk of Drug File," *Washington Post*, September 2, 1975.

41 一九七五年十月十四日，FBI局長：Federal Bureau ofInvestigation, "Airtel to SAC, Alexandria," October 14, 1975, FBI Release #52 101074 13, http://documents.theblackvault.com/documents/fbifiles/historical/sidneygottlieb-FBI1.pdf.

42 FBI想賭最後一把：Ibid.

43 結果高利伯一作完證：Federal Bureau of Investigation, "Doctor Sidney Gottlieb: Destruction of Government Property," November 3, 1975, FBI Release #52 2392 28; Federal Bureau of Investigation, "Doctor Sidney Gottlieb: Destruction of Government Property," January 14, 1976, FBI Release #52 101074 18, http://documents.theblackvault.com/documents/fbifiles/historical/sidneygottlieb-FBI1.pdf.

44 一份日期是十二月八日：Federal Bureau of Investigation, "Airtel to Director, FBI," December 8, 1975, FBI Release #52 101074 16, http://documents.theblackvault.com/documents/fbifiles/historical/sidneygottlieb-FBI1.pdf.

45 「司法部刑事司建議」：Federal Bureau of Investigation, "Airtel to SAC, Alexandria," January 21, 1976, FBI Release #522392 84, http://documents.theblackvault.com/documents/fbifiles/historical/sidneygottlieb-FBI1.pdf.

46 「我說不行，他的層級夠高」：Katherine A. Scott, ed., *Church Committee Members and Staff, 1975–1976, Oral History Interviews* (Washington, DC: U.S. Senate Historical Office, 2016), p. 462.

47 幾天後，參議院調查報告出爐：U.S. Senate, *Alleged Assassination Plots*, p. 20.

48 「雖然兩名律師拒絕」：Nicholas M. Horrock, "Bid to Cut Name in Report on C.I.A. Fails," *New York Times*, November 18, 1975.

CHAPTER

14

我覺得自己成了犧牲品
I Feel Victimized

在一九七五年短暫成為新聞焦點、生活大亂、又與法律頻頻過招之後，高利伯搬到北加州重新過退休日子，岳母和一個女兒也住附近。他再次享受默默無聞的時光，比起成為目光焦點，他更習慣藉藉無名。

在此同時，華府對中情局的調查進入高峰。徹奇委員會成立十五個月來[1]，舉辦了一百二十六場公聽會，詢問八百名證人，檢視超過十萬份文件。他們把焦點放在重大濫權行為，例如國內監控和暗殺計畫。然而大功告成之後，參議員們對MK-ULTRA和高利伯的所作所為還是不甚了了。

「情報單位侵犯公民的憲法權利。[2]」徹奇委員會在一九七六年四月發布的最終報告這樣作結：「不論總統或任何情報單位，在憲法上都沒有違法的固有權力。」

厚達六卷的委員會最終報告藏了這樣一節[3]：「情報單位對生物與化學藥劑之測試與使用」。裡頭原原本本寫下法蘭克·奧爾森的故事：奧爾森「為中情局做生物研究」，在度假時被同事在飲料中摻入LSD，「似乎造成嚴重憂鬱」，以致從紐約一間飯店「跳樓身亡」。報告也大致整理出委員會對中情局心智控制計畫的發現[4]。

· 中情局最早涉及生物和化學藥劑之使用的大規模計畫，是青鳥計畫

287

……該計畫研究運用特殊偵訊技巧以控制個人的可能性。

‧一九五一年八月，上述計畫更名洋蔥計畫……內容包括在國外拘留所檢驗對象之生理與心理情況後，結合硫噴妥鈉和催眠進行偵訊。

‧MK-ULTRA是中情局研發化學和生物藥劑的主要計畫……LSD是MK-ULTRA計畫測試的物質之一。

‧由於MK-ULTRA紀錄已遭銷毀，無法重建中情局在海外行動中使用MK-ULTRA物質的情形。

四分之一世紀以來，MK-ULTRA一直是諱莫如深的行動代號，連在中情局內部都鮮為人知，現在終於出現在公開資料上。不過，徹奇委員會對它了解得很淺，掌握的資訊不多。報告沒有任何一處直接點到高利伯，對他毫不構成威脅。

徹奇委員會發布報告後幾個月，大眾對中情局違法濫權的興趣開始消褪。另一方面，由於反中情局人士手段過激，憤而公布雅典站站長的姓名地址，導致他被殺害，對中情局的進一步的調查也就此打住。熱潮結束。高利伯似乎勝利在望。

參議員也以為他們已查清MK-ULTRA的事。從「約瑟‧許艾德」在祕密聽證中供出它後，兩年悄悄而逝。由於檔案已經銷毀，少數知道內情的人也決心保持沉默，危機似乎解除。

不料，一次意外發現讓它再次成為焦點。一九七七年，總統吉米‧卡特（Jimmy Carter）任命斯坦斯菲德‧特納為中情局局長，要求他整頓風氣，讓中情局運作透明。特納上任沒多久，接到一項依《資訊自由法》（Freedom of Information Act）提出的要求，請中情局提供所有可能逃過銷毀的MK-ULTRA檔案。特納將要求轉給一名檔案管理員，鼓勵他詳加徹查。這名管理員不負所託，在中情局放置財務紀錄的倉庫中，找出一堆MK-ULTRA支出報表（特

納後來誇他「像福爾摩斯一般勤奮細心[5]」），其中好些載明各種「子計畫」。以《資訊自由法》提出要求的，是在華府工作的研究者約翰‧馬克斯。他拿到資料後，召開記者會公布了一批文件。

「中情局昨天釋出的文件[6]，揭露出以不知情的公民進行實驗的新細節。這些實驗的目的是控制受試者的行為，手段包括藥物、電擊、放射線等等。」《華盛頓郵報》報導：「依《資訊自由法》從中情局取得的文件超過一千頁，內容透露代號MK-ULTRA之極機密計畫的細節。」

這些新發現的文件讓MK-ULTRA首次受到大眾關注，也驚動參議院健康與科學研究小組委員會（Senate Subcommittee on Health and Scientific Research），以及為延續徹奇委員會任務而成立的參議院情報特別委員會（Senate Select Committee on Intelligence）。兩個委員會共同召開聯合聽證會，請中情局局長說明他對這個「極機密計畫」的了解。

一九七七年八月三日早上大霧濛濛，在多家電視台的鎂光燈下，此時已接掌中情局五個月的特納在參議員面前就坐，開始報告：MK-ULTRA是個「大型計畫[7]，提供經費給多項主題敏感的子計畫」。新發現的文件有描述部分「子計畫」的內容，例如其中一個旨在製造「特殊病原體」，另一個是測試「結合催眠和藥物」的效果。這些文件也顯示MK-ULTRA實驗曾以不知情對象為受試者，實驗地點包括監獄和「舊金山及紐約的安全屋」。這類實驗也曾交由研究者在八十所學院、大學、醫院和藥廠進行，很多研究者並不知道經費由中情局提供。

特納話音剛落，麻州參議員愛德華‧甘迺迪（Edward Kennedy）就不客氣地給他吃了頓排頭。

「特納上將，這個報告實在讓人渾身不舒服。[8]」甘迺迪說：「我實在沒什麼心情在這樣的早上，來這裡聽你報告以前這些混帳事。可惡透了。我相信美國人民對這些事的態度，一定是強烈譴責，我相信你也一樣。」

特納馬上回答。「確實如此。拿人當白老鼠做損害健康的實驗，不論理由有多崇高，在我看來非常可惡。」他說：「我無意評判前幾任局長的作為，但我可以肯定地向您報告：我認為這種作法完全不可接受。不論是中情局或我國其他情報單位，都不該做出這樣的事。」

聽特納親口承認 MK-ULTRA「完全不可接受」之後，甘迺迪轉向責任歸屬問題。他的調查員已經知道 MK-ULTRA 主事者的名字，但無濟於事。

「高利伯先生的大名似乎無所不在[9]，但他好像記憶不行，對整個計畫都不太清楚，啊？」甘迺迪說。「一個計畫主持人，對計畫細節卻不了解或不知道，可能嗎？高利伯博士對計畫內容一知半解，可能嗎？」

「我想不太可能。」特納回覆：「我不知道高利伯先生怎麼想。」

「局裡有沒有人跟高利伯先生談過，把事情問清楚呢？」

「這些事披露後沒有。」

「這些事披露後沒有？這樣啊。為什麼沒有？」

「因為他離職了，參議員先生。」

「你的意思是說，離職的人就一輩子不受追究嗎？」

「不是的，參議員先生。」

甘迺迪開始激動。「這真讓我大開眼界！」他對特納說：「我們的人在每份文件上都看到高利伯先生的名字，而你告訴我們他不重要？最後結果就是這樣？不必找高利伯先生談談？」

特納連忙澄清他絕沒講過這是 MK-ULTRA 調查的「最後結果」，又補充說「如果委員會不反對」，他的探員會設法找到高利伯。甘迺迪總算稍微滿意。

「不找高利伯來聽證會[10]，我不認為我們對這些事和藥物實驗有盡到責任。」甘迺迪說：「有件事很清楚：高利伯一定知道些什麼。」

詢答接近尾聲時，擔任主席的夏威夷參議員丹尼爾・井上（Daniel Inouye）再次申明委員會立場，請甘迺迪和其他同儕放心。「為持續進行調查[11]，

我們已準備約談幾十名對象。」井上說：「包括高利伯博士在內。」

高利伯在MK-ULTRA歲月所做的事仍高度保密，連他的存在都沒幾個人知道。雖然他的身分在徹奇委員會調查時已經曝光，但時間很短，也沒有留下多少線索。豈料兩年之後，中情局局長在大庭廣眾下講出他的名字──還有MK-ULTRA這名稱。參議員一個個好奇心起。

「小組委員會的人都聽到了命令──[12]《紐約時報》寫道：「找到這個叫高利伯的。」

────────────

高利伯一得知自己又得去華府接受委員會盤問，立刻撥電話給泰瑞·蘭斯納。蘭斯納建議用上一次奏效的招數。在高利伯預計出席前三天，排定擔任主席的甘迺迪參議員突然宣布延期，因為高利伯向他開出條件：不豁免起訴就不作證。

「相關藥物實驗計畫是一九五〇到一九七三年進行的[13]，大多數都已超過聯邦罪五年追訴期。」《紐約時報》報導：「至截稿為止，記者仍未能與高利伯先生的律師泰瑞·蘭斯納取得聯繫，無法請其說明要求豁免的原因。但熟悉高利伯先生活動的消息人士指出，五年追溯期不適用於某些有共謀的犯罪。」

甘迺迪面臨抉擇。如果接受高利伯的豁免要求，也許能聽見有價值的證詞，可是這樣一來，以後就很難或無法起訴高利伯。

在參議院的律師權衡利弊的同時[14]，調查員在出乎意料的地方，發現珍貴的MK-ULTRA化絮。喬治·杭特·懷特兩年前過世後，他的遺孀把文件全捐給舊金山南方的山腳專科學校（Foothill Junior College），裡頭包括懷特的日記。他的紀錄不僅為午夜高潮行動，也為高利伯和拉許布魯克的角色提供豐富的新細節。

懷特終於嘗到沉迷酒色的苦果。一九六三年，也就是MK-ULTRA結束那年，五十七歲的他被診斷出肝硬化，魁梧的身材暴瘦到一百三十五磅（編按：約六十一公斤）。他有一段時間在加州斯廷森海岸當消防隊長[15]，據一位研究者說，他在那裡「繼續酗酒，被一群崇拜他的狐群狗黨圍繞，直到一九七五年去世」。人生結束之前，他寫了封信感謝高利伯讓他加入計畫，報效國家和恣情縱慾一舉兩得。這封信是對MK-ULTRA相當獨特的讚詞。

「我只是個非常渺小的傳教士[16]——其實是異端——但我還是全心全意辛勤耕耘這塊葡萄園，因為這實在太好玩、太好玩、太好玩了。」懷特寫道：「哪裡能有這麼好的差事？讓個血氣方剛的美國小子能盡情偷拐搶騙、姦淫擄掠，還得到至高者的恩准和祝福？爽翻啦，老弟！」

中情局應約翰・馬克斯依《資訊自由法》所提的要求而交出的大批檔案，已經引起參議院的興趣。懷特的日記又提供了更多細節。甘迺迪決定：了解MK-ULTRA更多內情的最好辦法，就是接受高利伯的起訴豁免條件。蘭斯納則乘勝追擊，要求更多讓步。

「我堅持聽證會閉門祕密進行[17]，並保護證人不在媒體和公眾面前曝光。」他在回憶錄中寫道：「我對他們說高利伯有心臟問題，難以承擔大量旁聽者的壓力。希德的心臟醫師也幫我們寫了一份證明，警告他不能受過度刺激。最重要的是，我說，為了他家人的安全，高利伯的名字絕不能外洩，也不能拍他照片。」

一九七五年，高利伯向徹奇委員會作證時，參議員對MK-ULTRA幾乎一無所知。一九七七年他再次出席聽證會，參議員對這項祕密計畫已略有所聞。知道高利伯即將現身說法，參議院和社會大眾都相當期待。《紐約時報》慎重其事，甚至在九月二十日以「新聞人物」專欄介紹高利伯，因為「這次露面，是這位長相神祕的科學家在一九七三年從中情局退休後[18]，首次出現在大眾面前」。

　「希德尼・高利伯已尋獲。」《紐約時報》說：「據稱，先前披露之藥物實驗，是他主持的中情局計畫的一部分，該計畫代號MK-ULTRA。如果他確實知道實驗細節，明天，在甘迺迪小組委員會召開聽證時，他將有機會吐露詳情。」

　據「新聞人物」介紹，高利伯是生化學家，在技術服務組工作多年。而技術服務組就是傳聞中的中情局「道具店」，「負責製作手錶收音機、爆破領結、毒鏢等諜報工具」。它還說在高利伯任職中情局期間，他的官方簡歷將他列為國防部顧問。最有趣的是，這篇報導還訪問了高利伯以前的幾個朋友。一個說他總是奉命行事，「從不自作主張」，「不是會挑戰權威的人」。另一個說：「希德是個誠實的人，喜歡自己動手做東西。」最後一個就沒那麼友善了：「一名前中情局官員說，在他看來，高利伯博士雖是科學家，但他有時看不到他的工作對人的影響，實在不該讓他負責這個單位。」

　《紐約時報》「新聞人物」專欄幾乎都會附上照片，可是高利伯這篇沒有。報導裡說目前沒人看過他的照片。

　這篇報導見報那天，高利伯依約出席，向參議院健康與科學研究小組委員會作證。他不動聲色溜進不對外開放的房間，讓磨刀霍霍的記者空等一場。

　「希德尼・高利伯博士，中央情報局祕密藥物實驗計畫中神祕的關鍵人物[19]，今天在參議院小組委員會面前說出他的故事。但他成功躲過了在聽證室外等待他的鎂光燈、麥克風和大群記者。」《紐約時報》報導：「高利伯博士以健康情況不允許公開作證為由，要求隱私，並如願以償。小房間大門緊閉，只能隔著門聽見他的聲音通過擴音器傳出，偶爾似乎帶著緊張或怒意。」

　上午時間大部分是高利伯在講。他先用幾句話介紹MK-ULTRA[20]，說它是中情局「最緊迫的計畫」，目的是「研究可不可能以祕密手段改造一個人的行為，如果可能，該怎麼做」。他沒承認任何濫權行為，甚至沒提到MK-ULTRA是他主持的，只說他對自己做過的某些事也深感痛苦。

我希望委員會了解[21]：我也認為這些事極為令人不快、極為艱難、極為敏感，但最重要的是，從當時的情勢來看，它們非常急迫，也非常重要。我明白今天，在這個房間裡，我很難重現那段時間的局勢和氣氛……我們那個時候的感覺是，我們潛在的敵人──那些當時已經露出惡意的敵人──真的可能已經具備這方面的能力，而我們對這個領域一無所知。所以我們當時認為，如果他們已經具備、或是可能具有這種能力，而我們對此一竅不通，這對國家生存會是很大的威脅。

高利伯作證到某個階段陷入沉思──因為甘迺迪議員問起法蘭克‧奧爾森之死對他的影響：他有沒有「因此重新思考這個實驗計畫」呢？

「對我來說，那是很悲痛的一段日子。[22]」高利伯回答：「那是一場很大的悲劇……我個人非常痛苦。我甚至想轉行，辭去中情局的工作。我們每一個人都深受影響，但我們最後還是決定繼續。因為我們得到最嚴謹的醫學看法是：LSD和實際自殺之間沒有絕對的因果關係。」

「換句話說，你們決定一切照舊[23]，什麼也不變？」羅德島州（Rhode Island）參議員約翰‧查菲（John Chafee）問。

「嗯……」高利伯答：「某種程度上，是可以這樣說吧。」

十多年前結束MK-ULTRA計畫的時候，高利伯已向中情局長官報告過結論[24]。到了這個時候，他更在聽證會上公開承認：沒有心智控制這種東西。他對小組委員說，經過一番詳盡而艱辛的研究，他們發現藥物對人的效果「變化很大，非常不可預測」，不論是藥物或其他工具，都沒辦法用來「細膩調整行為」。

「我們從所有實驗得到的結論是，」他說：「想以這種方式在可預測的範圍內控制人類行為，非常困難。」

高利伯事先已得到警告：甘迺迪可能會問銷毀MK-ULTRA檔案的事。

真的被問到的時候，他拿出準備好的聲明，照著念。他說，在一九七三年離開中情局之前[25]，他的確決定「清理檔案，把我們認為淺薄、沒用、不相關或對我繼任者沒意義的文件和報告毀掉」。他還說，他之所以這樣決定「完全與掩蓋非法活動無關」，而是有其他三個理由。

- ·「為解決紙張暴量的問題，銷毀檔案一向是中情局的重要工作。」所以他循例處理。
- · 銷毀的那些檔案有的是「對中情局不實用」，有的是「可能讓不完全熟悉背景的人產生誤解」。
- ·「我得保護與我們合作的優秀科學家、研究者和醫生」；「我覺得他們的名譽和職業生涯可能嚴重受損——現在這種調查氣氛正說明這個考量並非杞人憂天，如果他們的名字跟中情局連在一起，會遭受什麼眼光可想而知」。

聽證會對高利伯來說很順利。沒有人問他主持了哪些實驗、有沒有在國外設立審訊室，或是他的受試者有沒有任何一個死亡。他把自己塑造成受害者，而非主使者。

「我覺得自己成了犧牲品[26]。看到依《資訊自由法》公布的這些文件，我嚇到了：中情局裡不曉得是哪個人或哪些人，居然刻意沒有塗掉我的名字，讓我成了箭靶。」他說：「在這些文件裡，別人的名字幾乎全被塗掉，只有我的被刻意留了下來。」

甘迺迪問到其中一些文件，它們顯示高利伯的長官對他做的每一件事都知情也許可。「這個計畫至少一年送審一次[27]，後來還更頻繁。」他回答，並補充說他「記得很清楚，一直有向中情局局長簡報這些事」，同時點名艾倫·杜勒斯、約翰·麥科恩和理查·赫姆斯。

高利伯不必明講的是：在MK-ULTRA全盛時期，杜勒斯和他的國務卿哥哥佛斯特·杜勒斯，會定期去白宮向艾森豪簡報。許多年後，一份學術研

究做出結論：「由於艾森豪與杜勒斯兄弟有許多非正式對談[28]，幾乎可以肯定他一定知道MK-ULTRA的部分細節……從他願意藉中情局進行半非法活動看來，他至少有為這件事定調。」不過，參議員對於高利伯講出曾向中情局長官簡報，似乎已經滿意，沒有繼續追問艾森豪是否知情。

　　參議員們其實沒從高利伯身上問出多少。只要他們問到稍微敏感的問題，高利伯的記憶一定出問題。但他明顯是在閃躲：「我記不得了……我想不起來……我記得不是很清楚……這部分我不太了解……我記憶有點模糊。」

　　即使他完整回答問題，他的答案還是空洞得驚人，講了跟沒講一樣。例如被問到毒菇實驗時，他用冗詞贅句不著邊際地帶過。「嚴格來說[29]，」他說：「我的確聽人講過蘑菇的事。就我所知，有個計畫似乎跟它有關，那部分我的確聽說──但我要再強調一下，這是用最嚴格的標準來說。可是就我記得的情況，那個計畫只是研究一些最基本的東西，好像跟化學結構還是什麼的有關。」

　　第二天的《華盛頓星報》說，高利伯展現出「優異的回答技巧[30]……講的話模糊到聽證會都結束了，參議員還是沒從他身上挖出多少東西」。不過，他倒是為參議員們補了點歷史脈絡，他希望這能幫助他們了解他為什麼做了這些事。

　　「當時有具體證據顯示[31]，蘇聯和紅色中國可能已經超前，正在使用美國還不知道的人類行為改變技術。」他說。被問到為什麼在藥物實驗中使用不知情受試者時，他說：「的確，這些人事先並不知情[32]，也沒有保護措施。現在回過頭看，大家也許覺得很魯莽，可是那個時候是國家存亡的問題，我們認為這種程序和風險雖有瑕疵，但可接受。」

　　高利伯那天留下的不只是證詞而已──新聞記者成功拍到他的照片。雖然蘭斯納已預作準備，但記者們的功力更勝一籌。他們鑽進高利伯作證的房間時，他並沒有提出抗議。於是，他的照片成了隔天許多報紙的頭版，《紐

約時報》也不例外。照片上的他短髮、微禿、五官端正、眼神銳利、身材勻稱，穿西裝，打了條鋸齒圖案的領帶。

雖然高利伯沒能保住外貌的祕密，但其他的都保住了。從他的角度來看，一九七七年這場聽證會，就與兩年前以化名答詢的那一場一樣，是成功的。沒有一名調查員或參議員碰觸到祕密核心。他們很多人以為MK-ULTRA雖然瘋狂，但不是什麼龐大的計畫，嚴重性不如暗殺陰謀和國內監控。這讓高利伯和中情局守住了這個祕密——而它可能是所有祕密中最具爆炸性的一個。

「我想他們是故意把我們引開。[33]」徹奇委員會律師伯頓·懷茲（Burton Wides）多年後說：「法蘭克·奧爾森的事恐怕是原因之一。依我看，應該是奧爾森心裡不安，他們怕他講出去，所以把他推出窗戶。」

徹奇委員會成員蓋瑞·哈特（Gary Hart）參議員另有看法[34]。「我覺得那個計畫之所以沒得到更多注意，也沒被查得更深，是因為三個原因。」他推測：「第一，時間和人力資源不足；第二，委員會裡的溫和派和保守派不重視，覺得那只是偶然失控的小事；第三，不管是那兩年或後來那些年，他們都想維持好兩黨關係，不想把這些極端、甚至怪異的事情鬧大，免得外面在冷戰，裡面還弄得中情局灰頭土臉。共和黨那邊尤其會這樣想。對委員會裡比較保守的人來說，有一好沒兩好，何必對這種丟人現眼的事窮追猛打？這是對抗共產主義必須付出的代價，探員們血氣方剛，哪有不闖點禍的？⋯⋯要是全面調查MK-ULTRA所有敏感的層面，恐怕得付出更嚴重的代價。」

高利伯作完證後，MK-ULTRA的另外三名成員也在甘迺迪小組委員會前作證。他們全都同樣健忘，也同樣語焉不詳。羅伯·拉許布魯克承認他曾是高利伯的副手[35]，但堅稱「我不清楚實際執行細節」。此外，依喬治·杭特·懷特日記的紀錄，心理學家約翰·吉丁格常去參觀午夜高潮行動在舊金山的「安全屋」，但吉丁格作證時說他「一點也不知道」裡面做了些什麼[36]。

隔天，向來毒舌的瑪莉·麥格羅利（Mary McGrory）在她的綜合專欄裡說，這些人簡直是「中情局退休白癡大集合[37]」。

「他們上司的表現，正足說明他們為什麼這麼無腦。」麥格羅利寫道：「高利伯博士的身體脆弱得很，經不起電視報導的折磨。他堅持不讓神祕的長相曝光。天知道為什麼。反正，他始終待在後面房間，只讓聲音傳進聽證室，永遠只聞其聲不見其人。他顯然是這群蠢蛋裡最腦殘的一個，幾乎什麼都不記得。」

註釋

1 成立十五個月來：Moran, *Company Confessions*, p. 108.

2 「情報單位侵犯公民的憲法權利」：U.S. Senate, "Select Committee to Study Governmental Operations with Respect to Intelligence Activities," https://www.senate.gov/artandhistory/history/common/investigations/ChurchCommittee.htm.

3 厚達六卷的委員會最終報告：U.S. Senate, *Final Report of the Select Committee to Study Government Operations with Respect to Intelligence Activities* (Washington, DC: Government Printing Office, 1976), pp. 39–97.

4 報告也大致整理出：Ibid., pp. 385–95.

5 「像福爾摩斯一般勤奮細心」：U.S. Senate, *Human Drug Testing*, p. 124.

6 「中情局昨天釋出的文件」：John Jacobs,"CIA Papers Detail Secret Experiments on Behavior Control," *Washington Post*, July 21, 1977.

7 MKULTRA 是個「大型計畫」：U.S. Senate, *Joint Hearing before the Select Committee on Intelligence and the Subcommittee on Health and Scientific Research*, pp. 8–15.

8 「特納上將，這個報告」：Ibid., pp. 15–16.

9 「高利伯先生的大名似乎無所不在」：Ibid., pp. 45–47.

10 「不找高利伯來聽證會」：Nicholas M. Horrock, "80 Institutions Used in CIA Mind Studies," *New York Times*, August 4, 1977.

11 「為持續進行調查」：U.S. Senate, *Project MKULTRA*, p. 49.

12 「小組委員會的人都聽到了命令」："Key Witness in C.I.A. Inquiry," *New York Times*, September 20, 1977.

13 「相關藥物實驗計畫」：John Crewdson and Jo Thomas, "Ex CIA Aide Asks Immunity to Testify," *New York Times*, September 7, 1977.

14 在參議院的律師權衡利弊的同時：Jacobs, "Diaries."

15 他有一段時間在加州斯廷森海岸：Valentine, "Sex, Drugs and the CIA."

16 「我只是個非常渺小的傳教士」：U.S. Court of Appeals 2nd Circuit, Plaintiff's Confidential Exhibits, Volume III of III, p. E1383; Troy Hooper, "Operation Midnight Climax: How the CIA Dosed S.F. Citizens with LSD," *SFWeekly*, March 14, 2010.

17 「我堅持聽證會閉門祕密進行」：Lenzner, *The Investigator*, p. 201.

18 「這次露面，是這位長相神祕的科學家」：*New York Times*, "Key Witness."

19 「希德尼・高利伯博士，中央情報局祕密藥物實驗計畫」：Jo Thomas, "Key Figure Testifies in Private on C.I.A. Drug Tests," *New York Times*, September 22, 1977.

20 「他先用幾句話介紹MKULTRA」：U.S. Senate, *Human Drug Testing*, pp. 170–71.

21 「我希望委員會了解」：Ibid., p. 174.

22 「對我來說，那是很悲痛的一段日子」：Ibid., p. 185.

23 「換句話說，你們決定一切照舊」：Ibid., p. 188.

24 高利伯已向中情局長官報告過結論：Ibid., p. 190.

25 他說，在一九七三年離開中情局之前：Ibid., pp. 195–96.

26「我覺得成了犧牲品」：Ibid., p. 173.

27「這個計畫至少一年送審一次」：Ibid., pp. 179–80.

28「由於艾森豪與杜勒斯兄弟」：William L. d'Ambruoso, "The Persistence of Torture: Explaining Coercive Interrogation in America's Small Wars," doctoral dissertation, University of Washington, 2015, p. 114, https://digital.lib.washington.edu/researchworks/bitstream/handle/1773/37225/DAmbruoso_washington_0250E_16413.pdf?sequence=1.

29「嚴格來說」：U.S. Senate, *Human Drug Testing*, p. 204.

30「優異的回答技巧」：Jeremiah O'Leary, "CIA's Drug Tests Are Defended in Cold War Context," *Washington Star*, September 22, 1977.

31「當時有具體證據顯示」：U.S. Senate, *Human Drug Testing*, p. 170.

32「的確，這些人事先並不知情」：Ibid., p. 172.

33「我想他們是故意把我們引開」：Author's interview with Burton Wides, 2018.

34 徹奇委員會成員蓋瑞・哈特：Author's interview with Gary Hart, 2018.

35 羅伯・拉許布魯克承認：U.S. Senate, *Human Drug Testing*, p. 114.

35「一點也不知道」：U.S. Senate, *Project MKULTRA*, p. 62.

37「中情局退休白癡大集合」：Mary McGrory, "Getting Absurdity Out of the CIA," *Sarasota Herald Tribune*, September 24, 1977.

CHAPTER

15

如果高利伯被判有罪，
那將是破天荒頭一遭

If Gottlieb Is Found Guilty, It Would Be a Real First

「媽的！」一九七九年夏天某個上午[1]，國防部長哈洛・布朗（Harold Brown）對助理吼道。「這些計畫全曝光了！隨時會冒出一本書來！」

布朗清楚他和他的華府同事即將面臨什麼。約翰・馬克斯，那名以《資訊自由法》要求中情局釋出殘存MK-ULTRA檔案的研究者，已經收到超過一萬六千頁資料。他和四名助理花了將近兩年耙梳它們，為它們編目。到他準備好出書時，除了當年實際參與MK-ULTRA的人之外，他對這個計畫的掌握已無人能及。

馬克斯三十四歲，留鬍鬚，是康乃爾大學畢業生，曾為逃避徵兵自願擔任國務院駐越南探員。在越南一年半後，他回到美國，為傳奇人物雷・克萊恩（Ray Cline）工作（克萊恩是中情局資深官員，曾任國務院情報與研究辦公室主任）。馬克斯離開國務院後，認識了與中情局鬧翻的前探員維克多・馬爾切蒂（Victor Marchetti）。一九七四年，他們合寫了一本《中情局與情報邪教》（*The CIA and the Cult of Intelligence*），披露中情局的許多運作方式。馬克斯自此對中情局的祕密行動產生濃厚興趣。讀過洛克斐勒委員會一九七五年的報告之後，他好奇MK-ULTRA的檔案是否真的全遭銷毀，於是向中情局提出了那個最後讓他挖到寶的要求。

《尋找「滿洲候選人」：中情局與心智控制實驗》（*The Search for the "Manchurian Candidate": The CIA and Mind Control*）是馬克斯的研究結晶，也是第一本全面探討MK-ULTRA的作品。情報史家湯瑪斯・鮑爾斯（Thomas Powers）[2]在序言中說它「展現出兩種主要態度：第一，對心理研究發現的興趣；第二，對中情局為狹隘而道德可議的目的誤用這些發現的憤怒」。他也稍微談到高利伯。

> 化名「維克多・許艾德」（作者按：原文有誤，此處照錄）的希德尼・高利伯，雖然將因提供毒藥供政治謀殺而留下惡名，可是在這個方面，他的角色只不過是藥師而已。他更邪惡的部分是資助研究，試圖找出將暗殺常態化的辦法，把一般人變成百依百順的殺人機器。
>
> 對我們來說，光是正視情報單位做過這種嘗試，已經十分難受；想到這種嘗試若是成功，將會帶來何種災難，更令人不寒而慄。要是高利伯和他的研究者遂其所願，最後沒有任何事瞞得過中情局，沒有任何「敵人」能保住一命，世界會是什麼樣子？過去四十年裡，中情局想追殺的作對者多得是──卡斯楚、胡志明、蘇卡諾（Sukarno）、盧蒙巴、格達費、戴高樂、納瑟（Nasser）、周恩來、何梅尼。要是美國有辦法悄悄除掉這些不合作的對象，政府當局克制得住這種誘惑嗎？雖然打造只知聽命的探員在理論上很吸引人，但那會有太多事情需要後悔、否認和隱瞞。好在上天慈悲，用這項計畫的失敗給予我們祝福。

《尋找「滿洲候選人」》明確指出高利伯是MK-ULTRA的負責人，裡頭講到他和他工作的地方多達幾十處。這本一九七九年出版的書，讓高利伯的名字永遠無法被歷史遺忘。

「高利伯雖然口吃又跛腳[3]，但他成功克服這些缺陷，在中情局內一路高昇，才三十三歲就執掌化學組。」馬克斯寫道：「雖然高利伯拒絕為本書

受訪，但他很受以前的同事尊敬。他們說他是人本主義者，博學、謙虛、精力充沛、樂於親力親為。一位前同事說：『非做不可的麻煩事，他絕不推諉。』」

馬克斯出版《尋找「滿洲候選人」》時，中情局內部也成立「受害者專案組」（Victims Task Force），編制兩人。在MK-ULTRA曝光後，有些人看到實驗內容的描述，認為自己或親友也是受害者。據中情局一份內部備忘錄說，詢問信件「蜂擁而來」。局長斯坦斯菲德・特納看過備忘錄後，決定成立專案組處理。然而，專案組無法提供令人滿意的答案，只能簡單回覆：「很遺憾，目前能取得的檔案不含任何受試者姓名。[4]」特納向司法部長格里芬・貝爾（Griffin Bell）報告[5]：「紀錄片斷、記憶不清」讓確認MK-ULTRA受害者的工作「近乎不可能」。

雖然專案組沒能發現受害者名單，但當中一位名叫法蘭克・羅賓傑（Frank Laubinger）的中情局探員，倒是從高利伯那裡得到了一點新資訊。一九七九年專案組收尾時，羅賓傑去信高利伯，問了他八個關於MK-ULTRA的問題。那些問題都是泛泛之問，沒什麼威脅性。接到信十天之後，高利伯用電話回覆。羅賓傑寫下筆記。

「之所以要用不知情的受試者進行實驗[6]，是為了完整探究LSD在行動上的使用範圍。」他寫道：「研究關注的是偵訊技術及其引發的錯亂行為……（高利伯）不記得實驗次序及詳情。他記得實驗大約四十次左右，但不記得任何與特定實驗或地點有關的事。」

《尋找「滿洲候選人」》一書出版，破壞了高利伯重塑新生活的心願。「我沒看那本書[7]。我打算把不看那本書當修練。」他後來作證說：「我是有看過一些馬克斯先生寄來的校樣。錯誤連篇，我看得一肚子氣，馬上把它寄了回去。他希望我做些必要的更正，我完全沒做。我在信裡跟他講過原因：如果想讓這本書更接近實情，我與其做更正，不如重寫一本，但我不想。」

差不多在這本討人厭的書出版時，高利伯下了一個讓自己離舊日時光

更遠的決定。花甲之年的他，準備去聖荷西州立大學（San José State University）讀語言治療碩士學位。由於自身深受口吃之苦，他打算用晚年幫助具有相同困難的孩子，以助人延續活躍的人生。

「希德每週兩天去聖荷西上課[8]，每門課都拿 A。」瑪格麗特寫信對親戚說：「他今天也開始學開船。天知道接下來還會學什麼。我們現在每週跳舞四到五天，什麼舞都跳。更好玩的是，我們還織了一張五呎乘九呎的地毯，不過大部分是希德織的……我們去聖克拉拉谷（Santa Clara Valley）品酒，每星期跟高山協會（Sierra Club）爬一到兩次山，去了蒙特雷（Monterey）和喀美爾（Carmel）幾次，還開車到納帕谷（Napa Valley）。我們有幾個大學時代的朋友住舊金山，偶爾會一起見個面。」

高利伯維持這種愜意的步調兩年。一九八〇年拿到語言治療文憑後，他和瑪格麗特決定回維吉尼亞，他們婚後度過大半輩子的地方。他們的新家是幢五千平方呎的生態屋，座落於藍嶺山脈（Blue Ridge Mountains），接近長而蜿蜒、名為特齊嶺路（Turkey Ridge Road）的石子路盡頭。

「整幢房屋由太陽能發電[9]，門口寬敞，可供輪椅通過。」高利伯的一位中情局同事多年後回憶道：「高利伯一直想在自己蓋的房子裡去世。他花了不少時間解決機械和物理問題，也留了很多空間放藝術品。那幢屋子基本上有兩套房間，空間各自獨立，一間高利伯夫婦住，另一間給一對年輕夫婦住。共用區域可以一起晚餐。他們本來的想法是老了以後，那對年輕夫婦可以就近照顧他們，雙方還打了約。可是實際上有困難，他們相處得不太自在。」

高利伯給新家命名「黑水莊」（Blackwater Homestead），以流經那裡的小河為名。他們夫婦和那對年輕夫妻一起養羊[10]、養雞，種蔬菜、水果和草藥。高利伯還搭了一座日晷。看顧整幢房屋的是一座東方武士雕像。據一份紀錄，黑水莊「變得像靈修勝地，來找高利伯的人越來越多。他們覺得他深具靈性魅力，很愛與他深談」。

　　高利伯很喜歡這裡，不論是享受生活樂趣或滿足日常需求，他都樂在其中。他每天很早起床，先跪在座墊上焚香禪坐，再騎腳踏車去鎮上買報紙和收信。他開的車是二手的，平時一雙涼鞋到處走。他有個朋友說他活像「銀髮嬉皮」。

　　「他變了個人[11]，」《華盛頓郵報》幾年後的一篇報導說：「像是活了回去，用樹葉掃去足跡，拋開以往的自己。他前半生埋頭研究如何控制別人的心思，後半生卻洗去自己的記憶，重新來過……拉帕漢諾克郡（Rappahannock County）的人多半不知道他曾是中情局官員。他們敬重他的人品、尋求他的建議、珍惜他的陪伴。」

　　高利伯積極融入人群，不讓自己沉溺在過去。他加入地方規劃協會和藝術協會，在聖誕表演裡演出，鎮上有慶典都會去幫忙。瑪格麗特也一樣活躍。

　　「因為我們已經受夠郊區生活[12]，幾個交情最好也最久的朋友又住在附近，我們刻意挑了一個位在鄉下、但開車就到鬧區的地方——我希望距離夠遠，死前別再看到郊區擴展過來。」她在給親戚的信中寫道：「我住在都市裡老是覺得不自在，與世隔絕的鄉間生活讓我覺得安心，覺得平靜。我們在這裡朋友很多，人家感情也很好，能做的事很多。我和識字志工（Literacy Volunteers）一起去教中學沒畢業的人和不識字的人，每個星期也去監獄一次，做同樣的事。我還去小學兼差。希德在一所綜合中學當了三年語言治療師，還去安寧病院做事。空閒的時候，我們種自己吃的東西，數量不少。」

　　一九八二年，高利伯的哥哥大衛去世，讓他有機會反思自己沒走上的人生路。小時候參觀紐約博伊斯‧湯普森植物研究所（Boyce Thompson Institute for Plant Research）之後，大衛‧高利伯就以科學為志，在自家地下室隔了一間實驗室研究植物學。他對植物的興趣感染了希德尼，他也比弟弟先一步進入紐約市立學院就讀，後來更在伊利諾大學任教。在出色耀眼的職業生涯中，大衛‧高利伯與同儕一同創立伊利諾大學植物病理學系、發現新的抗生

素、到世界各地講學、擔任學術期刊編輯委員，作育農業生物學英才無數。

「我的學術同儕給了我很多榮譽[13]，被看重的感覺確實令我欣喜。」大衛‧高利伯在一場典禮上說：「雖然我很高興能得到這些榮譽，但我也經常在想：為什麼它們沒能讓我更加感動？我想，也許是因為我總覺得生命是不完美的，以後也必然如此。」

儘管經歷失去兄長之痛，希德尼‧高利伯的人生還是進入豐收的秋季。他的生活重新接近大自然，他的朋友讚賞他對公共事務懷抱熱情。為眾人福祉奉獻一生，他本可心滿意足安度晚年。然而，過去仍對他窮追不捨。一九八四年，中情局在外界不斷詢問下，公開發布〈MK-ULTRA聲明〉[14]。聲明裡雖然沒提到高利伯的名字，但承認曾進行「具有疑義的」實驗。「一九八三年，在監察長於本局內對子計畫之適切性提出質疑之後，子計畫已全部終止。」聲明說：「隨後，本局嚴格遵照總統行政命令頒布保障措施。」

幾年後，一名電視記者守在高利伯家附近[15]，等他現身就遞上麥克風，問他對MK-ULTRA是否有任何悔意。

「我不想談。」一臉憔悴的高利伯邊避開鏡頭邊說：「你有權利問，我也有權利不回答。我已經邁入人生另一個階段，過去的事就留在過去。」

在法蘭克‧奧爾森的葬禮上，高利伯曾向他家人說，如果有任何事情想問，他都樂意回答。一九八四年末，二十多年後，他們決定接受他的提議，打電話與他約時間見面。高利伯表示歡迎。當愛麗絲、艾瑞克和尼爾斯‧奧爾森（Nils Olson）出現在他家門口，高利伯的第一個反應是鬆了口氣。

「真高興你們沒帶武器。[16]」高利伯說：「我昨晚做了個夢，夢到我一開門你們就開槍打我。」

艾瑞克往後一縮。「我們不是來傷害你或任何人的。我們只是想跟你談

談，問你幾個關於我爸的問題而已。」事後，他才意識到這是高利伯操縱人心的手腕。「我們人都還沒進門，就已經開始向他道歉、要他安心。」他嘆道：「這一手真是既高明又老辣！我們的立場一下子倒過來了。」

進屋後，他們稍作寒暄。瑪格麗特·高利伯和愛麗絲·奧爾森發現她們的父親都曾去亞洲傳教，聊了一下彼此的經驗。然後瑪格麗特先行告退。高利伯請他們到客廳坐，開始講一九五三年十一月十九日在深溪湖的事。他說，之所以讓法蘭克·奧爾森和另外幾個人喝下LSD，是實驗的一部分，他們想知道「如果科學專家被俘虜又被下藥[17]，會發生什麼情況？會不會吐露機密研究和情報？」他接著懷念起奧爾森。

「你父親和我在很多方面很像。[18]」他對艾瑞克說：「我們進入這行都是因為愛國。但我們也都做得有點過火，做了一些或許不該做的事。」

這是高利伯最接近認錯的一次，但他還是沒說MK-ULTRA的哪些面向「有點過火」，也沒說他和奧爾森做了哪些「或許不該做的事」。另一方面，對於奧爾森家對法蘭克之死提出的疑點，他還是沒有回答。只要艾瑞克稍微逼問，他就反應激烈。

「他繃得很緊。[19]」艾瑞克回憶道：「你感覺得出來他非常警覺，隨時都在盤算該怎麼應對。我是在跟世界級的情報老手打交道──城府之深也是世界級的。感覺像是在跟他玩貓捉老鼠，但他永遠先你一步。他很擅長帶開話題……他那個人非常有魅力，你幾乎會喜歡上他。不過從頭到尾，他想強調的只有『那個時候的高利伯做了些讓我慚愧的事，但我不再是他，我變了。我離開中情局，去了印度，現在還去教有學習障礙的小朋友。我醒悟了，不再是那個人。』」

「你說你變了、醒悟了[20]，現在成了全新的人。」艾瑞克問：「可是，那個舊的高利伯呢？如果我們讓舊的你和新的你見面，重新談談這整件事，他會怎麼說呢？」

「如果你們不相信我〔21〕，就不必來這裡了，是不是？」高利伯對客人們說：「我沒辦法無所不答。我答應和你們見面，是想要把我知道的事情告訴你們。」

奧爾森家起身告辭時〔22〕，高利伯把艾瑞克拉到一邊。「你爸爸自殺的事，顯然讓你十分困擾。」他說：「你有沒有考慮過參加治療團體？我知道有治療團體是給父母自殺的人辦的。」

艾瑞克沒接受這個建議，但這段插曲對他影響極深。多年來，父親自殺的事的確讓他百思不解，也讓他悲痛萬分，可是直到與高利伯見面之後，他才決心以挖掘真相為人生重心。

「我本來對他的說法半信半疑〔23〕，不敢完全否定。可是他講到治療團體時演過頭了，」他說：「我就是那時看破他的手腳，明白我對他威脅多大，他根本處心積慮在誤導我。我也是在那個時候決心查明真相，一定要證明我爸被殺有他的份。」

艾瑞克・奧爾森又等了十年。等到母親去世，他才進行下一步：為他爸爸開棺驗屍。一九九四年六月二日，挖土機刨開馬里蘭州腓特烈市林登山墓地（Linden Hills Cemetery）時，幾個記者與他一同見證。

「我不曉得能不能查出我爸爸出了什麼事〔24〕，」他對記者說：「但我希望能無愧於心，知道自己已盡己所能。」

負責驗屍的是喬治・華盛頓大學（George Washington University）法學院法醫病理學家詹姆斯・史塔爾斯（James Starrs），他花了一個月研究奧爾森的遺體。工作完成後，他召開記者會報告：藥物檢驗並無異狀，但傷口模式有疑點——如果奧爾森是破窗跳樓自殺，頭部和頸部應該有玻璃碎片，可是這兩個部位實際上沒有。更耐人尋味的是，雖然奧爾森據報是背部著地，但他左眼上方顴骨碎裂。

「我大膽推測，這塊水腫可以證明〔25〕：奧爾森博士從1018A號房墜落之

前，可能有遭某人或某物重擊頭部。」史塔爾斯這樣作結。隨後他進一步強調：「我認為法蘭克・奧爾森是遭人惡意推出窗外。這是一場有預謀的蓄意行動。」

除了驗屍，史塔爾斯也訪問了幾個與案件有關的人，其中一個是高利伯。他們在某個週日上午在高利伯維州的家碰面。史塔爾斯後來寫道[26]，「這是我做過最沒頭緒的一次訪談」。高利伯對自己在奧爾森死亡前後的作為交代不清，「說好聽是不令人滿意，說難聽是難以置信……我對這次訪談的整體評估對高利伯博士完全不利，完全無法排除他共謀造成奧爾森死亡的嫌疑」。

在我與高利伯博士的對談中，最令我不安、甚至悚然的時刻，或許是接近結束時，他主動對我說起一件事。他說我可能對當時的背景不夠了解。他說在一九五三年的時候，蘇聯的威脅明顯可見……我邊聽他說，邊看著他牆上掛的南非屠圖（Tutu）主教照片，心裡不知是驚是畏。我鼓起勇氣問他，在深溪湖那場實驗裡，他怎麼能這麼滿不在乎、這麼倨傲地用LSD毀掉那麼多自己人的人生？「教授，你不懂。」回答的時候，他一臉認真，毫不做作：「那個時候，這個國家的安全在我手上。」他沒有多說，也不必多說。我怔住了，沒有回話。他對手段和目的的看法夠清楚了：在深溪湖拿不知情的人當實驗品、不把他們的生命當一回事，只是保護國家安全的必要手段，為了更大的善，這種代價必須要付。

由於奧爾森家一九七五年已接受七十五萬美元的和解金，放棄法律救濟權利，他們沒辦法告中情局。但艾瑞克・奧爾森與紐約檢察官密切合作，由他們繼續調查他父親的死。一九九九年，他們說服紐約法醫改變法蘭克・奧爾森的死亡分類，從「自殺」改成警探口中的「CUPPI」——「原因不明，

待警方調查」（Cause Unknown Pending Police Investigation）。然而儘管有這些努力，區檢察官摩根索最後仍判定證據不足，無法起訴，沒有將奧爾森案送交大陪審團審理。

可是，奧爾森家的疑慮並沒有因此化解。新的線索不斷浮現，雖然沒有一個具有決定性，但每一個都增加了間接證據的份量。最令人詫異的是一份叫〈暗殺研究〉（Study of Assassination）的中情局手冊，總共八頁，一九五三年寫成——正是奧爾森身亡那年——一九九七年解密。雖然沒有署名〔27〕，但曾在MK-ULTRA工作的一名中情局探員後來指出，它的作者是高利伯。其中有些暗殺建議與奧爾森案離奇相似。

「最有效的辦法是人為意外。〔28〕」手冊寫道：「若能成功執行，不但不太容易引起注意，調查往往也草草了之。就簡易暗殺行動而言，最方便製造的意外是從七十五呎以上的高度墜落堅硬表面……這種辦法通常需要在推落目標之前將其擊昏，或下藥迷昏。需注意確保目標身上沒有不可歸因於墜落之外傷或其他情況，以免驗屍時啟人疑竇……工具使用石頭或棍棒即可，不需事先取得、攜帶或隨後處置槍枝之類武器。應直接重擊太陽穴。」

艾瑞克·奧爾森原已強烈懷疑父親的死另有隱情，諸如此類的發現讓他更加疑心，可是他就是無法證明。最後，他和弟弟不得不痛苦地接受缺乏證據這個事實，將父親的遺體再次埋葬。二〇〇二年八月八日，重新安葬的前一天，他請記者來家裡，宣布他對父親的遭遇有了新的看法。

「一九五三年十一月二十八日發生的法蘭克·奧爾森死亡事件〔29〕，是他殺，不是自殺。」他說：「一九七五年時，這起事件一度被視為LSD實驗意外，事實上，它牽涉到的是生物戰爭。法蘭克·奧爾森之所以身亡，不是因為被當成實驗品，對藥物產生不良反應，而是因為他有意揭穿中情局不可告人的機密——一九五〇年代早期一個叫『洋薊』的偵訊計畫，也可能道出美國在韓戰中使用生物武器的祕密。」

現在還知道高利伯的人，大概都是看了奧爾森命案的相關影片。他的角色在兩部電視紀錄片裡出現過，但因為製作團隊沒有他中情局時期的照片，只好憑空想像。第一部是國家地理頻道二〇〇八年播的，叫《中情局祕密實驗》（*CIA Secret Experiments*），裡頭的高利伯一頭白髮[30]，動作俐落地把LSD倒進奧爾森的君度酒裡。這部片有兩個地方錯了：一是高利伯當時才三十五歲，二是根據目擊者敘述，那天晚上在酒裡下藥的是拉許布魯克[31]，不是高利伯。

高利伯的角色還出現在另一部影片[32]：艾洛‧莫理斯（Errol Morris）的四小時劇集《苦艾》（*Wormwood*），二〇一七年播映。飾演高利伯的提姆‧布萊克‧尼爾森（Tim Blake Nelson）年輕自信。《苦艾》從對艾瑞克‧奧爾森的訪談逐漸開展，由艾瑞克道出他父親的死，還有他一生尋找答案的過程。這部片的立場是奧爾森之死是謀殺，而高利伯涉入其中。

二〇一七年，紐約退休助理檢察官史蒂芬‧薩拉科（Stephen Saracco）首次勘驗現場[33]。薩拉科調查過奧爾森案，對案情一直很感興趣。攝影團隊隨他來到奧爾森度過最後一夜的1018A號房，推門進入。雖然有些家具已經換新，但房間大小和布局還是和一九五三年一樣。

「在這裡實地看過之後，我好奇奧爾森要怎麼跳出去。」薩拉科邊看邊說。照他觀察，如果奧爾森是破窗自殺，他必須在小小的房間裡高速衝刺，越過窗前三十一吋高的散熱器，撞破平板玻璃，穿過散熱器上方僅有二十九吋的窗框，才可能成功。薩拉科說，如果奧爾森有意自殺，他大可不必做出這種「超人似的動作」，只要打開窗戶往外一翻就好了。

「如果是自殺的話，這種方式非常困難。」薩拉科的結論是：「他知道冷戰最深、最黑暗的祕密，這就是殺人動機。你想想看：一個為中情局和軍方工作的科學家，而美國政府認為他會洩密，他們會不會殺掉他呢？我想很多人會說：『一定會。』」

　　法蘭克‧奧爾森不是唯一一個回來糾纏高利伯的受害者。MK-ULTRA的真相開始露出之後，他成了好幾件訴訟的目標，不得不坐上法庭接受嚴厲質問。他應了莎士比亞的名言：惡行終將敗露，縱以大地掩蓋，終不能逃世人之眼。

　　一九八〇年代初，高利伯即將官司纏身的第一道警訊出現：亞特蘭大聯邦監獄以前的三名囚犯提出訴訟，控告中情局及局長威廉‧卡西（William Casey）。他們說：從二十年前卡爾‧菲佛醫生用他們當藥物實驗受試者之後，他們就深受精神折磨，恐怖經驗一再重現，也不斷出現幻覺、妄想等種種症狀。他們主張政府有容許這類實驗進行的過失，依《聯邦侵權賠償法》（Federal Claims Tort Act）提出損害賠償。雖然高利伯沒有被列為被告，但是法庭一旦開始審理，他幾乎一定會被傳喚作證。然而事態沒有這樣發展。一九八三年四月二十九日，聯邦法官以追溯時效已過為由，宣布不受理這三名前囚犯所提的訴訟。

　　不過，這項裁決並沒有讓高利伯多高興，因為十天之前，他才在另一件訴訟中受激烈詰問。這次的原告是薇爾瑪‧奧利科（Velma Orlikow）的親屬，這名加拿大女性是艾溫‧卡麥隆醫生在蒙特婁艾倫紀念醫院的受害者。奧利科在一九五七年去那裡治療產後憂鬱症，沒想到被拽入另一場夢魘，從此再也沒有恢復。多年後，她的加拿大國會議員丈夫大衛決定追究到底，控告中情局指示卡麥隆對他妻子進行「恐怖」治療[34]，讓她的身心功能「只剩兩成」，無法閱讀，無法使用刀叉，也認不得親人。

　　奧利科家聘來打官司的，是美國極為強悍的民權律師約瑟夫‧勞（Joseph Rauh）。勞成功獲令逼使高利伯接受審前詢問。一九八三年春，高利伯在維州克佩伯（Culpeper）黃楊汽車旅館（Boxwood House Motel）被問了三場。

　　高利伯的記憶差得讓人難以置信。勞問他一九五一年加入中情局時是在哪一組，高利伯說：「我真的不記得那種細節。[35]」你有沒有實驗過電擊效果呢？[36]「我不記得了。」中情局派人調查法蘭克・奧爾森之死的時候，你是怎麼說的呢？「我想不太起來。[37]」你一九七〇年代去國會作證之前，中情局有沒有派人教你該怎麼說？「我對這部分記憶模糊。[38]」最誇張的是：理查・赫姆斯，那個和你一起構思MK-ULTRA計畫、後來又罩了你二十年的長官，你和他關係如何？

　　「我不記得赫姆斯先生做了什麼。[39]」高利伯作證說：「我真的不記得他的角色。」

　　勞毫不掩飾鄙夷之意。問到某個階段時，他挖苦說：「高利伯博士充分展現對人命的輕忽與漠視。[40]」高利伯的律師——這時不是泰瑞・蘭斯納，而是中情局的律師——立刻起身抗議。

　　「這是干擾證人！[41]」他說：「你只是在羞辱他而已。[42]」

　　這場盤問耗了一整天，接下來兩場也是，但高利伯提供的資訊乏善可陳。被問到MK-ULTRA的目的時，他倒是給了挺正確的回答：「MK-ULTRA計畫研究的[43]，是在情報任務中運用不同行為控制技術的潛力，最早側重於守，後來也研究攻。」他承認，在看到MK-ULTRA解密文件中別人的名字被塗掉、他的名字卻留下時，他覺得「被整了」[44]，「相當生氣」[45]。被逼問奧爾森案的時候，他變得忿忿不平。

　　「出了人命，我也很鬱悶。[46]」他對勞說：「我不希望發生這種事。那完全是意外。認定那件事是蓄意的人很少，你偏偏是其中一個。」

　　高利伯承認，有些中情局探員「不願意」使用他開發的技術[47]，因為「他們覺得這些方法很怪，心裡很排斥，良心上過不去」。被問到身為MK-ULTRA計畫主持人，認不認為自己該為艾溫・卡麥隆的惡行負責時，他回答：「我覺得這個問題很難回答。[48]」

「你們想過要採用紐倫堡守則之類的規定嗎?[49]」勞問他。

「沒有。」他答。

奧利科案拖了五年,最後在一九八八年達成庭外和解。中情局同意支付總共七十五萬美元的賠償金給奧利科家[50],還有其他八個曾受艾溫・卡麥隆之害的加拿大家庭,但中情局不承認罪責。

高利伯的法律糾紛並沒有至此而止。他還面臨另一件訴訟,原告是史丹利・葛利克曼,一九五二年在巴黎被下藥的那位年輕藝術家。從他在菁英咖啡館見到那個跛腳美國人之後,他的人生完全走調。MK-ULTRA在媒體上曝光時,葛利克曼住在紐約。在他喝下那杯苦澀的夏翠絲二十五年後,他第一次明白自己當年出了什麼事。

在妹妹催促下,葛利克曼開始寫信給司法部,還有其他他認為可以求助的單位,但沒有一個向他伸出援手。一九八一年,他依《聯邦侵權賠償法》提出告訴,控告中情局侵犯隱私和故意傷害,並點名兩個官員為被告:高利伯和理查・赫姆斯。

中情局的律師成功讓這場官司拖延好幾年。葛利克曼於一九九二年因心臟衰竭去世後,這個案子原本可能不了了之,但他的妹妹決心討回公道。最後,法官命令高利伯接受質問。一九九五年九月十九日上午,他抵達華府聯邦地方法院,開始接受整整四天的密集詢問。

高利伯再度堅稱以前的事他多半不記得了。他加入中情局時,局裡正如火如荼進行第一項「特別偵訊」計畫——青鳥。可是問到青鳥計畫時,他卻說:「我完全不知道什麼青鳥[51],無法作答。」被問到他在MK-ULTRA中的副手羅伯・拉許布魯克,他的答覆同樣不可思議。

「他是你副手嗎?[52]」律師問高利伯。

「我真的記不太清楚我副手是誰。」他說。

可是對最主要的問題——你是否在巴黎菁英咖啡館對史丹利・葛利克曼

下藥？——他的答覆精確得多。他說一九五八年以前他從沒去過巴黎〔53〕，當然不可能涉入那裡一九五二年發生的下毒案。

「絕對沒這種事。」〔54〕他堅稱：「我真不敢相信，我被叫來這裡四天，結果是一直在這個絕對——絕對子虛烏有的事情上打轉。」

雖然高利伯矢口否認涉案，葛利克曼的律師們並不罷休。他們繼續奮戰，最後總算取得一項重大勝利。一九九八年，聯邦上訴法院裁定：理查·赫姆斯既未直接涉入下藥，不予起訴——對高利伯的訴訟則可繼續進行。

法庭意見書寫道：「若陪審團認定，高利伯有保存其下令銷毀之MK-ULTRA文件之義務〔55〕，陪審團有權做出對高利伯不利之推論。陪審團既有做出此項推論之可能，原告又以間接證據主張其遭中情局下藥——並具體指稱遭高利伯下藥，上述理由已足以裁定原告有權訴請陪審團審判。」

高利伯面臨他幾乎無法想像的挑戰，生平第一次，他似乎再也逃不過被起訴的命運。他即將成為被告、出庭宣誓，公開為MK-ULTRA作證。

「如果高利伯被判有罪〔56〕，那將是破天荒頭一遭。」報導此案的記者寫道：「中情局對自己人向來保護得很周密——不只對高利伯如此，對其他參與MK-ULTRA的人也是如此。審判預定在一月三日開始。」

———

高利伯申請延後葛利克曼案的審判，獲得同意。一九九九年初的頭幾個星期，在高利伯等待審判開始的同時，紐約警方也再次設法重啟法蘭克·奧爾森案的調查。考驗接二連三而來，高利伯前方一片黯淡。差不多在這段時間，他和大學時代的一個老朋友碰面〔57〕。那個朋友很喜歡馬修·阿諾德（Matthew Arnold）的抒情詩〈多佛海灘〉（Dover Beach），高利伯當年還為此笑過他。可是兩個人見面的時候，高利伯說他現在也很欣賞這首詩，甚至把它背了下來。

……世界在我們眼前展開，

好似夢境，

如此繽紛，如此美麗，如此新穎，

實則了無歡樂，了無情愛，了無光明，

沒有篤定，沒有平靜，沒有援手，痛苦無助；

人生在世猶如身處黑暗曠野，

時而搏鬥，時而遁逃，驚懼難安，

蒙昧的大軍黑夜混戰。

雖然希德尼和瑪格麗特年事日高，但他們在交友圈裡依然活躍。「我們最近手頭比較緊[58]，」瑪格麗特寫信對家人說：「希德每個星期去克佩伯的學校上兩天班，做語言治療，和孩子們處得很愉快。他現在在安寧病院陪一位病人，設法在他離開人世的時候幫助他……我去一個成人閱讀計畫當志工，還去小學和監獄。我們的生活多采多姿。與其坐等寒冬過去，不如及時耕耘花園。」

從未停止挖掘祕密的記者西莫・赫許，在這段時間也前來拜訪高利伯[59]。「感覺很怪。」他後來說：「高利伯像是在印度修行似的，住的地方沒電、沒自來水，廁所在屋子外面，而且是堆肥式的。他在想辦法饒了自己，贖罪。要是他是天主教徒，我看他八成會住進修道院裡。他整個人被罪惡感毀了。」

在高利伯人生最後幾年認識他的人也有同感。在他當過志工的兒童照顧與學習中心（Child Care and Learning Center）裡，一名幼教老師這樣說：「希德晚年的日子多半在贖罪[60]，為他在大眾眼裡那種萬惡科學家的身分贖罪。不管他需不需要這樣做，他選擇如此。」與他交情不錯的拉比卡拉・希奧鐸（Carla Theodore）也有類似觀察（希奧鐸拉比和高利伯一樣有冒險精

神，在成為拉比之前，她曾在南方擔任工會組織者）。高利伯對她提過子女不再願意和他說話，還說：「我做了很多我真的很後悔的事，但我學著自己承擔。」

「我覺得他在贖罪[61]，不曉得是有意如此，還是無意識地那樣做。」希奧鐸拉比說：「他聽過太多哀嚎，這是他過去的人生中極其龐大的事實。他帶著那些過了一輩子，像夢魘一樣甩也甩不開。我有一次問他願不願意跟我談談，他說：『願意。沒多少人問過我。』可是他找我談的時候，還是繃得很緊，戒心很重，我聽了幾分鐘就放棄了。他有一道牆，我沒辦法碰到真相。他其實是很愛跟人互動的人，可是我感覺得出來他很悲傷、很痛苦，那塊石頭永遠壓在那裡。回過頭看，他也許和我們這些聽到那些事的人一樣，也為自己做過那些事大惑不解吧。」

一九九九年三月七日[62]，高利伯在維吉尼亞的家中去世，享年八十。瑪格麗特沒公布死因。

接下來幾天的報導，把已經公開的高利伯和MK-ULTRA的事，全部重講了一次。其中一篇報導訪問到中情局心理專家約翰・吉丁格，他說高利伯是他「認識的人裡頭相當傑出的」，「願意為發現新東西做任何嘗試」。

「我們當時的態度跟二次大戰時一樣。[63]」吉丁格：「雖然是冷戰，但我們和中情局都把它當真正的戰爭在打。既然是打仗，難免會做一些平常不會做的事。」

在高利伯外派慕尼黑期間當過他上司的威廉・胡德[64]，對他的評論同樣寬容。「他們有些事完全越界，這我同意。」但胡德馬上補充：「可是，沒親身參與過的人不可能懂。情報工作跟童子軍不一樣，不能混為一談。」

約翰・馬克斯，《尋找「滿洲候選人」》的作者，讓大眾首次關注MK-ULTRA的人，也有類似看法。

「我想毫無疑問的是[65]，他非常愛國，也足智多謀。」馬克斯對報導高

利伯死訊的一名記者說：「他做這些事從來不是出於不人道的原因，而是他真心認為這是美國最需要進行的工作。放回當時的脈絡，誰能說這有什麼不對？可是用不知情受試者做實驗的確過頭，顯然違反紐倫堡守則。當年二次大戰結束後，我們就是以這些原則判納粹違反人道罪。」

高利伯的每篇報導，都談到他的明顯矛盾：他顯然是個具有同情心的人，怎麼會為中情局做出那麼傷天害理的事？大多數報導都想給個說法，有一篇說：「有些人也許不解[66]：他明明熱心公益，樂於助人，為什麼會變成這麼怪異的生化學家，把冷戰的戰場擴大到不知情受試者的腦袋裡？年輕時的他猶如納粹醫生門格勒，晚年的他卻成了眾人景仰的隱者，將他的過去與現在連起來的，或許是他的愛國心，以及對實驗和進步的信仰。」

高利伯死後不久，艾瑞克・奧爾森去拜訪承接葛利克曼案的紐約律師希德尼・班德（Sidney Bender），兩人舉杯慶祝他們眼中的老魔頭之死。他們的看法不謀而合：高利伯是自殺死的。

「除了我這件官司之外[67]，紐約區檢察官辦公室那邊也有動作，他們在調查高利伯是否涉入法蘭克・奧爾森命案。」班德說：「對他來說問題嚴重。如果查出來他有罪，對整個中情局打擊多大？從他可以順藤摸瓜揪出一大串，他栽了中情局也會跟著栽。只要上了法庭，中情局的醜事一定露餡，他幹了什麼也一定會被攤開，裡頭違法的多的是。高利伯這個人控制欲強，什麼事都想自己作主，所以到最後，他還是搶先決定了自己的命運。他的死也能保護中情局，幫中情局甩掉民事和刑事訴訟。雖然他在國會聽證時順利瞞天過海，可是接下來不論是我這個快開庭的案子，還是紐約那個奧爾森命案調查，上了法庭什麼都瞞不住，而他無論如何不想為自己做過的事負責，所以乾脆自我了斷。」

在高利伯最後幾年為他辯護的華府律師湯姆・威爾森（Tom Wilson），雖然並不認為他的當事人是自殺，但也同意為葛利克曼案受審一事讓高利伯

「極為抑鬱」。「他心煩意亂，覺得這輩子不太可能重獲平靜[68]，」威爾森對訪問者說：「最後完全失去鬥志。」高利伯的另一位朋友說，他「變得越來越憂鬱[69]，很難說是因為心臟問題，還是因為沒完沒了的官司。總之在最後幾年，他像是變了個人」。

高利伯遺體火化，瑪格麗特要求葬儀社對骨灰如何處理保密[70]。幾週後一個陰天的週六下午，大約一百個人到拉帕漢諾克中學（Rappahannock High School）體育館參加他的追思會。「高利伯的兩個世界聚到了一起。[71]」一名記者後來寫道：「致詞的人多半是他第二人生的鄰居和朋友，蘭利也來了一些白髮老人。他們沒有上台致詞，會後散入人群。」

高利伯「第二人生」的朋友一一分享他們的回憶。有人讚美高利伯晚年寫的詩，有人感謝他為禪宗研究會貢獻的智慧。有個穿連帽外套的年輕人走向前，問悲傷的遺孀他是否可以講幾句話。瑪格麗特不認得他，但她點頭同意。年輕人在麥克風前站定。

「認識希德的人都知道[72]，他一直被某些事糾纏。」他說。接著，他請追悼者和他一起念〈主禱文〉，希望這能「除掉那些事，讓瑪格麗特和她的家人能平靜生活」。

高利伯去世後[73]，原已牛步進行的MK-ULTRA調查變得更為遲滯。少數幾個知道內情的中情局老兵保持沉默，直到去世。漫長的掩蓋行動終於寫下最後一章，標題是：「一切都是高利伯的錯。」

高利伯早就知道，以前的同事都不想與MK-ULTRA扯上關係，一個個只想為自己脫罪，只想為中情局卸責。一談到MK-ULTRA，他們眾口一辭，不是宣稱知道的很少，就是對調查員發誓自己什麼也不曉得。林姆斯是其中之最，他知道的最多，但講的最少。他裝作只聽過MK-ULTRA最概括的情況，其他一概不知。

「林姆斯是騙子[74]，但是個有魅力、懂門道的騙子。」徹奇委員會首席

顧問菲特烈‧史華茲說：「重要的事情他全部說謊。」

　　把高利伯描繪成不受監督的失控官員，是高明的一著。這掩蓋了中情局高官許可並鼓勵高利伯的工作的事實，讓杜勒斯和赫姆斯等人不受牽連。同樣重要的是，這轉移了大眾的注意，讓他們忽略中情局、白宮和國會的制度性責任。

　　「過去幾年談到高利伯的人都說[75]，」一篇對他去世消息的報導寫道：「這位化學家相信中情局上下其手，讓他成為整個計畫的待罪羔羊。」

註釋

1 「媽的！」一九七九年夏天某個上午：Albarelli, *Terrible Mistake*, p. 552.

2 情報史家湯瑪斯‧鮑爾斯：Marks, *Search for the "Manchurian Candidate,"* pp. xvii–xviii.

3 「高利伯雖然口吃又跛腳」：Ibid., pp. 59–60.

4 「很遺憾，目前能取得的檔案」：Central Intelligence Agency, "Memorandum for Director of Central Intelligence," September 16, 1977, Approved for Release January 5, 2002.

5 特納向司法部長格里芬‧貝爾報告：H. P. Albarelli, "Government Linked 'Suicide' Probed," WND, September 8, 2002, https://www.wnd.com/2002/09/15128/amp/.

6 「之所以要用不知情受試者進行實驗」：Albarelli, *Terrible Mistake*, p. 577.

7 「我沒看那本書」：U.S. District Court 2nd Circuit, "Deposition of Sidney Gottlieb," September 22, 1995, p. 546.

8 希德每週兩天去聖荷西上課：Margaret Gottlieb, "Autobiographical Essays."

9 「整幢房屋由太陽能發電」：Author's interview with retired CIA officer "LD."

10 他們夫婦和那對年輕夫妻：Gup, "Coldest Warrior."

11 「他變了個人」：Ibid.

12 「因為我們已經受夠郊區生活」：Margaret Gottlieb, "Autobiographical Essays."

13 「我的學術同儕給了我很多榮譽」："David Gottlieb, 1911–1982," https://www.apsnet.org/publications/phytopathology/backissues/Documents/1983Articles/phyto73n01_32.pdf; P. D. Shaw and R. E. Ford, "David Gottlieb, 1911–1982," *Mycologia*, 75 (2), March–April 1983, https://www.jstor.org/stable/3792802?seq=1#page_scan_tab_contents.

14 公開發布〈MKULTRA聲明〉：Central Intelligence Agency, "Statement on MKULTRA," March 1, 1984, https://www.cia.gov/library/readingroom/docs/CIARDP86M00886R0008000100394.pdf.

15 「幾年後，一名電視記者」：Albarelli, "Mysterious Death"; *Crazy Rulers of the World* (film).

16 「真高興你們沒帶武器」：Author's interview with Eric Olson, 2018.

17 「如果科學專家被俘虜又被下藥」：Albarelli, *Terrible Mistake*, p. 593.

18 「你父親和我在很多方面很像」：Author's interview with Eric Olson.

19 「他繃得很緊」：Ibid.

20 「你說你變了、醒悟了」：Ibid.

21 「如果你們不相信我」：Albarelli, *Terrible Mistake*, p. 594.

22 奧爾森家起身告辭時：Ibid.

23 「我本來對他的說法半信半疑」：Ibid.

24 「我不曉得能不能查出」：Brian Mooar, "Digging for New Evidence," *Washington Post*, June 3, 1994.

25 「我大膽推測，這塊水腫」：National Geographic Channel, *CIA Secret Experiments* (film), https://www.youtube.com/watch?v=7Afjf2ZgGZE.

26 史塔爾斯後來寫道：Starrs and Ramsland, *Voice for the Dead*, p. 144.

27 雖然沒有署名：Thomas, *Secrets and Lies*, p. 17.

28 「最有效的辦法是人為意外」：Central Intelligence Agency, "A Study of Assassination," https://archive.org/details/CIAAStudyOfAssassination1953.

29 「一九五三年十一月二十八日發生的」："Family Statement on the Murder of Frank Olson," https://frankolsonproject.org/descent/; Stephanie Desmon, "In Reburial, Olsons Hope to Lay Saga of Father to Rest," *Baltimore Sun*, August 9, 2002.

30 裡頭的高利伯一頭白髮：National Geographic Channel, *CIA Secret Experiments*.

31 那天晚上在酒裡下藥的是拉許布魯克：U.S. District Court for the District of Columbia, "Deposition of Sidney Gottlieb," April 19, 1983, p. 192: "Who put the LSD?" "Dr. Lashbrook." "Under your instructions?" "Yes, under my general instructions."

32 高利伯的角色還出現在另一部影片：*Wormwood* (film).

33 二〇一七年，紐約退休助理檢察官史蒂芬·薩拉科：Science Channel, *CIA Drug Conspiracy* (film), https://www.sciencechannel.com/tv-shows/deadly-intelligence/full-episodes/cia-drug-conspiracy.

34 控告中情局指示卡麥隆：Thomas, *Journey into Madness*, pp. 257–63; Thomas, *Secrets and Lies*, pp. 185–90; Kristin Annable, " 'She Went Away, Hoping to Get Better': Family Remembers Winnipeg Woman Put through CIA Funded Brainwashing," *CBC News*, December 15, 2017, https://www.cbc.ca/news/canada/manitoba/mkultra-cia-velma-orliko-1 .4449922; *Toronto Star*, May 25, 1990.

35 「我真的不記得那種細節」：U.S. District Court for the District of Columbia, "Deposition of Sidney Gottlieb," April 19, 1983, p. 10.

36 你有沒有實驗過電擊：Ibid., p. 333.

37 「我想不太起來」：Ibid., p. 213.

38 「我對這部分記憶模糊」：Ibid., p. 70.

39 「我不記得赫姆斯先生做了什麼」：Ibid., p. 132.

40 「高利伯博士充分展現」：Ibid., p. 44.

41 「這是干擾證人」：Ibid., p. 41.

42 「你只是在羞辱他而已」：Ibid., p. 207.

43 「MKULTRA 計畫研究的」：Ibid., p. 107.

44 「被整了」：Ibid., p. 204.

45 「相當生氣」：Ibid., p. 43.

46 「出了人命，我也很鬱悶」：Ibid., p. 206.

47 高利伯承認，有些中情局探員：U.S. District Court for the District of Columbia, "Deposition of Sidney Gottlieb," May 17, 1983, p. 263.

48 「我覺得這個問題很難回答」：Ibid., p. 363.

49 「你們想過要採用紐倫堡守則之類」：U.S. District Court for the District of Columbia, "Deposition of Sidney Gottlieb," April 19, 1983, p. 149.

50 中情局同意支付總共七十五萬美元：Helen L. McGonigle, "The Law and Mind Control: A Look at the Law and Government Mind Control through Five Cases," *Smart*, August 15, 1999,

https://ritualabuse.us/mindcontrol/articles-books/the-law-and-mind-control-a-look-at-the-law-and-goverment-mind-control-through-five-cases/.

51 「我完全不知道什麼青鳥」：U.S. District Court 2nd Circuit, "Deposition of Sidney Gottlieb," September 22, 1995, p. 648.

52 「他是你副手嗎？」：U.S. District Court 2nd Circuit, "Deposition of Sidney Gottlieb," September 21, 1995, p. 492.

53 他說一九五八年以前：U.S. District Court 2nd Circuit, "Deposition of Sidney Gottlieb," September 22, 1995, p. 557.

54 「絕對沒這種事」：Ibid., p. 610.

55 「若陪審團認定高利伯」：U.S. Court of Appeals 2nd Circuit, *Gloria Kronisch, Executrix of the Estate of Stanley Milton Glickman, Plaintiff Appellant, v. United States of America, Sidney Gottlieb, in his individual and in his official capacities, Richard Helms, in his individual and in his official capacities, and John Does, unknown agents of the Central Intelligence Agency*, no. 97–6116, July 9, 1998, https://caselaw.findlaw.com/us-2nd-circuit/1364923.html.

56 「如果高利伯被判有罪」：Sarah Foster, "Meet Sidney Gottlieb— CIA Dirty Trickster," *WND*, November 19, 1998, https://www.wnd.com/1998/11/3426/.

57 他和大學時代的一個老朋友：Gup, "Coldest Warrior."

58 「我們最近手頭比較緊」：Margaret Gottlieb, "Autobiographical Essays."

59 從未停止挖掘祕密的記者：Author's interview with Seymour Hersh, 2018.

60 「希德晚年的日子多半在贖罪」：Gup, "Coldest Warrior."

61 「我覺得他在贖罪」：Ibid.

62 一九九九年三月七日：Weiner, "Sidney Gottlieb, 80, Dies."

63 「我們當時的態度跟二次大戰時一樣」：Ibid.

64 在高利伯外派慕尼黑期間：Gup, "Coldest Warrior."

65 「我想毫無疑問的是」：Weiner, "Sidney Gottlieb, 80, Dies."

66 「有些人也許不解」：Davidson, "Polarity of Sidney Gottlieb."

67 「除了我這件官司之外」：Author's interview with Sidney Bender, 2018.

68 「他心煩意亂，覺得這輩子」：Albarelli, "Mysterious Death."

69 「變得越來越憂鬱」：Gup, "Coldest Warrior."

70 瑪格麗特要求葬儀社：Thomas, *Secrets and Lies*, p. 37.

71 「高利伯的兩個世界聚到了一起」：Gup, "Coldest Warrior."

72 「認識希德的人都知道」：Regis, *Biology of Doom*, p. 231; Thomas, *Secrets and Lies*, p. 36.

73 高利伯去世後：CIA, "Interview with Richard Helms."

74 「林姆斯是騙子」：Author's interview with Frederick Schwarz, 2018.

75 「過去幾年談到高利伯的人都說」：St. Clair and Cockburn, "Pusher, Assassin and Pimp."

CHAPTER

16

你們永遠不會知道他是什麼樣的人
You Never Can Know What He Was

　　七千磅重的公象塔斯可（Tusko）[1]，是高利伯資助的LSD實驗中最壯實的受害者。攻擊牠的人是「歡樂」‧威斯特，負責MK-ULTRA子計畫四十三的精神病學家。他身材肥胖，臉上一把大鬍子，做的實驗是關於「暗示性」和引發「解離狀態」的辦法。一九六二年八月的一個早晨，與奧克拉荷馬市林肯公園動物園園長做好安排之後，威斯特往塔斯可腹部射了一鏢，鏢裡有三十萬微克的LSD。根據威斯特的報告，五分鐘後，大象「嚎叫，癱軟，往右側重重倒下，失禁，進入癲癇狀態」。威斯特趕緊拿出其他藥物急救，但回天乏術。被下藥一小時四十分後，塔斯可死亡。

　　雖然LSD對大象效果不佳，威斯特還是堅信能用它重塑人類心理。MK-ULTRA結束後，有幾個曾與高利伯合作的科學家仍不死心，繼續進行已經著手的研究，威斯特是其中之一。儘管高利伯的結論是心智控制技術不存在，他們仍不願接受。

　　威斯特在舊金山海特－艾許伯里（Haight-Ashbury）*開了幾年診所，他讓自願者嘗試LSD，並監控他們的反應。一九六九年，他成為加州大學洛杉磯分校精神醫學系主任，同時兼任該校神經精神醫學研究中心主任。擔

---

*　此地是嬉皮文化大本營，反文化運動發源地。

任這些職務期間〔2〕，他曾提議重新利用聖莫妮卡山（Santa Monica Mountains）的廢棄飛彈基地，建立「門禁森嚴」的研究設施，讓它成為「世上第一座、也是唯一一座人際暴力研究中心」。這項提議雖然獲得州長雷根支持，但引發激烈爭議，最後作罷。威斯特說這個計畫之所以功敗垂成，是因為「反對它的聲音認為，研究暴力就是對下層階級做實驗，就是動腦部手術，就是把電極裝進他們腦袋，或是用他們當白老鼠」。不過，威斯特研究行為改變技術的生涯倒是相當成功。從一九七四年到他退休，他從國家心理衛生研究院拿到的研究經費，超過五百萬美元——而中情局有時會透過國家心理衛生研究院撥款。

卡爾·菲佛，另一個深受高利伯賞識的研究者，不但在 MK-ULTRA 進行期間拿到至少四個「子計畫」，對精神藥物的興趣也持續終生。一九六〇年代，菲佛在食品與藥品管理局的一個委員會任職，透過委員會發放 LSD 給研究者。後來，他因為精神分裂症的研究出名。他曾以亞特蘭大聯邦監獄的囚犯進行 LSD 實驗，可是在一九七一年，他銷毀了那些紀錄。不過，他要是以為這樣就能抹除所有證據，他錯了。

以囚犯為受試者的 LSD 實驗是一九五〇年代做的，菲佛對受試者說，實驗目的是尋找治療精神分裂症的辦法，但實際上，那是中情局祕密計畫的一部分。一九七五年的洛克斐勒委員會報告雖然披露真相，但埋在字山句海之間並不顯眼，是《亞特蘭大立憲報》（*Atlanta Constitution*）看出新聞價值，以大標題加以報導。菲佛的一名受害者、波士頓黑幫詹姆斯·「白佬」·巴爾杰，也聽說了這個消息。一九七九年《尋找「滿洲候選人」》出版時，巴爾杰讀了這本書。據一位為他寫過小傳的作者說，「看到這個祕密計畫毀了那麼多人的人生，他勃然大怒」。得知菲佛害他受苦不是為了科學，而是為了中情局的興趣，他決定報仇。他對幫裡的一個人說他打算找到菲佛，殺了他。

「我整天開著燈〔3〕，連睡覺都開，因為我參加過那個叫 MK-ULTRA 的

醫學計畫，弄出心理問題，不斷做惡夢。」巴爾杰寫道：「到一九七九年為止，我一直覺得我瘋了。」

菲佛從不知道巴爾杰說過要殺他，最後自然死亡。巴爾杰則是在聽說FBI要為他犯的其他罪抓他時失蹤（其中包括涉嫌十一件謀殺案），二〇一一年落網。兩年後，他被判終身監禁。開庭期間，沒有人提到LSD、MK-ULTRA或中情局。為黑幫辯護經驗豐富的波士頓律師安東尼・卡迪納爾（Anthony Cardinale）後來說[4]，如果他是巴爾杰的律師，他會把焦點放在當事人曾接受LSD實驗上，「這樣應該能把他弄出來」。

「辯護策略很簡單，」卡迪納爾對訪問者說：「長達兩年的LSD實驗毀了他的腦袋。找一些專家證人和精神科醫師來，再找些人細說中情局祕密實驗裡的人的遭遇，後來自殺或是進療養院之類的。我會叫巴爾杰坐在那裡喃喃自語，最好再流點口水。他是受害者，被自己的政府弄瘋的……他陷在妄想裡，不能分辨是非，所以才會殺人……你信不信，我能讓陪審團可憐這個『白佬』・巴爾杰。『各位先生女士，他是受害者。他之所以會做出這些事，都是因為他們——我們的政府。他真的以為他躲得過懲罰，真的不知道對錯。這是他們造成的。是他們傷害他、操控他，把他變成精神異常的殺手。』」

肯塔基萊辛頓成癮研究中心的哈里斯・伊斯貝爾，唯一一個與菲佛同樣熱中以囚犯做MK-ULTRA實驗的美國醫生，同樣生涯輝煌。一九六二年，司法部長羅伯・甘迺迪頒給他美國公衛服務優異獎章（U.S. Public Health Service Meritorious Service Award），稱讚他是「傑出的研究者」。不久之後，他離開成癮研究中心，成為肯塔基大學醫學與藥理學教授。

MK-ULTRA計畫曝光後，伊斯貝爾以囚犯做實驗的真相跟著曝光。一九七五年他被國會傳喚，在參議院司法委員會（Judiciary Committee）和勞動與公共福利委員會（Committee on Labor and Public Welfare）的小組委員會作證，協助他們調查「國防部與中央情報局之人體實驗計畫」。不過，參議員們好奇

大過憤怒。有人問伊斯貝爾是否曾以海洛英為報酬，引誘海洛英成癮者擔任受試者？他的回答是：「這是那時候的慣例。[5]」

「時代不一樣，」伊斯貝爾說：「那時倫理規範沒這麼發達。而且為了保護大眾，評估麻醉藥物的潛在使用效果，我們很需要知道這些事⋯⋯這是很必要的工作，我自己認為我們做得不錯。」

紐約過敏專家哈洛・亞伯蘭森，高利伯最仰賴的 MK-ULTRA 醫生，同樣逃過撻伐。在一九五〇年代，亞伯蘭森是少數與高利伯一樣執迷 LSD 的美國人之一；在中情局和狄崔克堡特別行動組之外，他更是唯一知道 MK-ULTRA 實情的人。不過他和高利伯不一樣，他對 LSD 的鍾愛始終不減。從一九六〇到七〇年代，他辦了好幾場 LSD 國際研討會，還在一九六七年出版《心理治療與酒癮中之 LSD 運用》（The Use of LSD in Psychotherapy and Alcoholism）。除了 LSD，他也在他真正受過專業訓練的過敏領域耕耘（他從沒受過精神醫學和藥理學正式教育），與人一同創辦《氣喘病期刊》（Journal of Asthma）。一九八〇年去世前不久，他曾在法蘭克・奧爾森喪命前治療過他的往事被披露，讓他的聲譽多少蒙上陰影。可是他過世時基本上名望不錯，頗具好評。

「熟悉哈洛和他一生志業的人[6]，」《氣喘病期刊》的訃告說：「一定都會承認：這位臨床科學先進、人本主義者、醫學教育家、精神分析家和博學之人的逝世，意味著對人類存在、渴望與痛苦的奧祕，迸發知性悸動與進行跨學科探索的時代，已邁入尾聲。」

艾溫・卡麥隆，執行過 MK-ULTRA 計畫中最駭人的實驗的醫生，死於一九六七年。《多倫多星報》（Toronto Star）說他「在跌落懸崖後身亡[7]，現場疑點重重」。卡麥隆一生備受敬重——直到 MK-ULTRA 公諸於世。MK-ULTRA 的存在和性質被披露後，他的「心理驅動」實驗受害者開始發聲。其中兩個在一九八〇年一部加拿大電視紀錄片中現身，內容嗆辣。別的受害者也一一出面。報紙大幅報導他們的慘痛故事，標題一個比一個聳人聽聞，

例如「中情局心智實驗毀了我健康、高功能父親的聰明腦袋」，還有「『她以為去那裡能治好』——家屬回憶遭中情局資助之洗腦實驗傷害的溫尼伯市（Winnipeg）女子」。加拿大政府見群情激憤，訴訟接二連三而來，連忙公布「艾倫紀念醫院去模式化人士協助計畫」（Allan Memorial Institute Depatterned Persons Assistance Plan），最後支付十萬元補償金給七十七名卡麥隆以前的病人。二〇〇四年，加拿大法官又裁定另外兩百五十名受害者有補償資格。

「對艾溫・卡麥隆醫師的病人來說[8]，我校有如人間煉獄。他們在這裡遭受謊稱為醫學實驗的酷刑虐待，幾個月的折磨彷彿永無盡頭。」《麥吉爾日報》（*McGill Daily*）在二〇一二年的一篇長篇報導中說：「一所聲譽卓著的教學與研究機構，竟淪為這些駭人惡行的主場，協助醞釀往後多年的刑求手法。」

高利伯兩名最重要的戰友在二〇〇二年秋相繼去世，前後僅僅相隔幾個星期。他在MK-ULTRA中的左右手羅伯・拉許布魯克，在加州歐亥谷社區醫院（Ojai Valley Community Hospital）因肺病去世，享年八十四歲。地方報紙只發布短短一則消息[9]，說他在二次大戰期間在軍中服役，「曾任化學教授」，其他隻字未提。拉許布魯克死後沒有舉行告別式。

在中情局服務四分之一個世紀、後來升任局長的理查・赫姆斯，最後以八十九歲之齡在華府家中去世。他的死訊得到的關注遠比拉許布魯克的多。《紐約時報》報導他過世的消息時[10]，除了說他曾「悍然掩蓋冷戰中最黑暗的祕密」，也引述他為說謊提出的辯白——他曾奉命交代自己在一九七三年智利政變中的角色，可是他並沒有向國會委員會吐露實情，事後他說：「我已宣誓要保護某些祕密。」

赫姆斯和一九七〇年代其他醜聞纏身的中情局官員一樣，也必須在兩種誓言之間做出選擇。他向國會作證時，宣誓會「道出真相，交代全部真相，非真相不言」。可是他也和所有中情局探員一樣簽了保密協議[11]，承諾「絕不吐露、出版或以文字、行為或其他方式，揭露任何機密情報或資訊」。最

後，他與高利伯和拉許布魯克做了一樣的選擇：守住局裡的祕密，向圈外人撒謊。他們相信這才是愛國——而且正好也是最可能脫罪和避免受辱的辦法。

赫姆斯對後來的局長威廉‧寇爾比十分不滿，很氣他坦白講出 MK-ULTRA 和其他中情局祕密計畫。「我必須說，寇爾比在攪局方面的表現真是搶眼[12]，」他退休後接受訪問時說：「華府本來就很複雜，我們這些人在他眼裡一定是混蛋中的混蛋。可是他呢？把這些事講出來他也是混蛋。可悲。對這些事他其實只該做一件事——閉嘴。」赫姆斯對他這位老同事最好的評語是[13]：「我不覺得寇爾比是 KGB 來臥底的。」由於中情局官員恨透了寇爾比，他一九九六年划獨木舟意外身亡時，有些人相信是中情局下的手，懲罰他的坦白，也防止他講出更多。連為他寫傳的人都這樣認為。

赫姆斯死前不久寫完自傳。這本自傳雖然厚達四百九十六頁，卻沒有提到 MK-ULTRA。有訪問者問他為什麼漏掉這部分，他說：「篇幅有限[14]，這個議題我沒辦法處理。」隨後，他為老朋友的遭遇嘆息。

「唉，希德‧高利伯倒楣透了[15]，」赫姆斯說：「他被追殺過頭。可是他的事很複雜，一時半刻交代不完，我看我也沒辦法講得清。這個國家瘋了，什麼事不喜歡就窮追猛打，非置之死地不可。他成了眾矢之的。」

MK-ULTRA 曝光了點燃大眾對中情局的怒火。「回過頭看，高利伯的事[16]，顯然引爆了一九七〇年代的這顆定時炸彈。東窗事發後，中情局形象大傷，社會大眾不再把它當成美國價值的捍衛者。」情報史家約翰‧拉內拉夫（John Ranelagh）說：「走到這一步，中情局近二十年的勾當已經注定暴露。大家遲早會發現：為了研發遠距殺人或操控人的方法和工具，中情局竟然做過這麼多不可告人的勾當，涉入人數多達幾百個，其中一些還是中情局外的人。」

一九七〇年代中期爆發的這顆「定時炸彈」，促成參議院成立情報特別委員會，「對美國情報活動進行審慎之立法監督」，眾議院也設立情報常設委

員會（House Permanent Select Committee on Intelligence），任務相同。接著在一九七八年，國會通過《外國情報監控法》（Foreign Intelligence Surveillance Act），規範監聽和其他形式的監控活動。這段時期的最後一項重大改革，是一九八〇年的《情報監督法》（Intelligence Oversight Act），要求中情局和其他情報單位將其活動「隨時完整告知」國會。雖然這些改變為監督祕密行動提供了法律基礎，但國會依舊畫地自限，不願深入調查。很多國會議員還是認為，中情局的活動不宜嚴密監督或橫加干涉，以免威脅國家安全。二〇〇一年九一一恐怖攻擊後，持這種看法的人更多。國會對情報單位的監督，並沒有讓這些單位的行動方式產生深刻改變。

「我的感覺是，一九七五年採取的新監督措施[17]，在接下來二十年有得到進一步的強化，美國在自由與安全方面的平衡是有改進。」曾為徹奇委員會工作的洛奇・強森（Loch Johnson）說：「但我要馬上加一句：向情報單位問責的品質和一貫性，遠遠不符徹奇委員會時期改革者的期待。」

高利伯和少數了解MK-ULTRA全貌的中情局官員守口如瓶，直到去世。他們的凋零和MK-ULTRA紀錄的銷毀，讓計畫裡的許多內容永遠成謎。高利伯妻子也口風極緊，始終沒有透露一絲線索。

高利伯從中情局退休多年之後，有位律師在一場民事訴訟中問過他：有沒有向中情局以外的人講過MK-ULTRA的事？他回答：「我對我太太講了不少。[18]」瑪格麗特完全沒向任何人洩露分毫。有記者在高利伯死後兩年打電話想訪問她，她拒絕。

「你們永遠問不出來的。[19]」她說：「你們永遠不會知道他是什麼樣的人。我也差不多快不必回答了。」

二〇一一年十一月二日，守寡十二年後，瑪格麗特・高利伯在維吉尼亞去世，享年九十二歲。「她熱愛民族舞蹈[20]，與希德尼・高利伯在地方社團教舞多年。」《拉帕漢諾克新聞》（*Rappahannock News*）報導：「瑪格麗特・高

利伯及其夫婿的冒險精神,將長留愛他們的人心中。」

高利伯的四名子女活得充實,人生多采多姿。拉結與她的學者丈夫在尚比亞住了一段時間,後來在加州開幼兒園。潘妮變成小學老師。彼得寫了一本非裔美國人的書[21](獻給「我的父母,希德尼與瑪格麗特·高利伯」),在威斯康辛州當檔案管理員。最小的史蒂芬成為吉他手和音樂老師。

高利伯家兄弟姊妹四人都深具人道情懷。最能反映這種精神的是二〇一三年[22],彼得、潘妮和潘妮的一個孩子一起參加志工團,去薩爾瓦多為貧窮家庭蓋房子。但他們對父親都三緘其口。高利伯去世後,瑪格麗特要他們承諾絕不公開談父親的事。他們緊緊守住諾言。

「他們之前就決定好了[23],不會對你這種工作的人談家裡的事。」二〇一八年,他們的親戚對一名作家說:「如果由我決定,我其實願意跟你談談,但這樣一來會打破他們跟媽媽的多年約定,所以我還是不講比較好。」

瑪格麗特·高利伯活得比她認識的其他同輩都久。隨著他們一一去世——而高利伯家的子女顯然無意再談他的人生——高利伯終於走入歷史。他工作過的地方也是一樣。

華府東街2430號,中情局最早的總部,中情局遷往蘭利後希德尼·高利伯工作的地方,二〇一四年一度面臨拆除的命運。曾在那裡工作過的情報官自發動員,希望能保住它。他們成功了。這幾棟典雅莊嚴的建築現在供國務院使用,好幾個單位進駐這裡。

馬里蘭州狄崔克堡,法蘭克·奧爾森和他特別行動組的同袍製作毒藥的地方,現在仍是軍方主要的生物研究中心。科學家在密閉實驗室內培養和研究劇毒細菌,實驗室外是一排又一排的溫室。這裡存放了一些珍貴罕見的解藥,以便緊急情況發生時立刻送到災區。曾用來對人類和動物測試毒氣的巨大球體「八號球」,現已不再使用,杵在那裡生鏽,逐漸被人遺忘。

高利伯在紐約的「安全屋」和舊金山的「巢」都已拆毀。哈洛·亞伯蘭

森在曼哈頓的屋子——他開派對做 LSD 實驗的地方，法蘭克‧奧爾森死前幾天與他相談的地方——也已拆毀。奧爾森墜樓身亡的史達特勒飯店仍在原地俯瞰賓州站，但已改回一九一九年的原名「賓州飯店」（Hotel Pennsylvania）。

黑水莊，高利伯度過大半晚年的維吉尼亞別墅，現在仍靜靜座落於僻靜的山頂，四周的自然景觀更襯出它的現代感。一九九〇年代末向高利伯買下這裡的屋主，二十年後對一名訪客說：「它的太陽能設備應該是當時最先進的。」他說他記得高利伯，與他的遺孀也交情不錯，他覺得他們是「你見過最棒的那種人」。

青鳥和 MK-ULTRA 偵訊者在德國進行極端實驗的那些地點，不是不復存在，就是改作他用。金恩營、「火爆小子」、高利伯的人馬和他們的前納粹顧問虐囚的地方，在一九九三年關閉。舒斯特宅仍在原地，外觀與過去折磨間諜和其他倒楣鬼時看起來差不多。二〇〇二年，兩名德國研究者出了一本考證詳實的《代號「洋薊」：中情局祕密人體實驗》（*Code Name Artichoke: Secret Human Experimentation by the CIA*），讓舒斯特宅喧騰一時。有報紙說它是「藏有黑暗祕密的大宅[24]，中情局曾在此進行人體實驗……是那個瘋狂時代血淋淋的印記」。德國最大新聞雜誌《明鏡週刊》也有報導。在調查過中情局在德國的行動之後，它說：「舒斯特宅出了窮凶極惡之事[25]。在克朗堡村這幢建於世紀之交的別墅裡……多人死亡，人數成謎。」

一九五〇年代中期，中情局關閉了舒斯特宅的黑牢，將這裡交給西德政府。它成了政府雇員的度假別墅。二〇一六年，一名年輕德國商人買下這裡，重新整修，隔成出租公寓，還在車道上建了大門。一度用來對受害者下藥和電擊的地下室，現在改為儲藏室。

「中情局在這棟屋子做過一些實驗[26]，內容跟納粹在集中營裡做的沒什麼兩樣。」新屋主帶一名訪客參觀時說：「這不是祕密，住附近的人都知道。他們說被害者的屍體就埋在附近的野地或樹林——那些地方後來都蓋了購物

中心或公寓。我買下這裡沒多久後，有一天正在院子裡幹活，有個住在那條街的老太太來找我，說她可以燒些藥草還是什麼的，做些淨化儀式，把屋子裡的邪靈趕出去。我跟她說我不信這些胡說八道。」

二十一世紀赫赫有名的虛構殺手傑森·包恩（Jason Bourne），不但精通多國語言，也精通各種殺人方式。不過，他不曉得這些本事是怎麼來的，也不知道自己為什麼會這些招數。但慢慢地，他想起自己曾是中情局祕密計畫「絆腳石行動」的一員，而這個計畫已經研發出抹除記憶的辦法。逐漸浮現的真相讓他痛苦不已。

這名虛構殺手出現時，另一位虛構探員也在四處奔走，設法找出見過外星生物的美國人，讓他們完全忘記這件事。這名探員消除記憶的工具很特別，它只有口袋大小，只要在目標眼前強光一閃，就能消除對方的記憶，然後這名探員會植入假的記憶，取代消除的那個。他的搭擋是新徵募的「星際戰警」（Men in Black），菜鳥探員對這個工具顯然很感興趣。

「我什麼時候能拿到這個閃一下就能消除記憶的玩意兒？」

一九六○年代初，希德尼·高利伯結束MK-ULTRA前曾向長官報告：找不到能消除記憶、泯滅良心，或是讓人犯罪後忘得一乾二淨的可靠辦法。後來去國會作證時，他又把這個結論重講一次。儘管如此，編劇和其他流行文化商人對這個主題的熱中，並沒有就此而止。隨著MK-ULTRA曝光，他們發現中情局的確研究心智控制多年，而且還做了各種稀奇古怪的實驗。原本看似天馬行空的情節突然變得有憑有據，他們的想像更一發不可收拾。MK-ULTRA裡的心智控制實驗、「洗腦」受試者、打造殺人機器和其他種種政府陰謀，成了湯瑪斯·品瓊（Thomas Pynchon）、E·L·多克托羅（E. L. Doctorow）、約瑟夫·海勒（Joseph Heller）、伊希梅爾·里德（Ishmael

Reed）等作家筆下的題材。

　　MK-ULTRA的很多靈感來自虛構故事，豈料幾十年後方向逆轉，變成MK-ULTRA為小說、故事、電影、影集、電玩啟發許多新的次類型。它們攫取大眾的想像，一方面反映出人類幾百年來對心智控制的著迷，另一方面也帶入新的特色。事實上，現代版的斯文加利和卡里加里博士比原版的更恐怖──因為他們服務的是政府。

　　在大衛・福斯特・華萊士（David Foster Wallace）的《無盡的玩笑》（*Infinite Jest*）裡，有個角色忙著製作一種藥物[27]，說那是「中情局時代軍方實驗用的」。被問到那個實驗是不是為了找心智控制的辦法，他說：「比較像是讓敵人以為他們的槍是繡球花，以為我們是他們的血親之類的。」同時代的另一位小說家凱西・阿克（Kathy Acker），則是在《無感帝國》（*Empire of the Senseless*）裡對MK-ULTRA做出另一番詮釋：「讓中情局頭痛的是[28]：被拷問的人不但記得被問了什麼問題、記得自己洩露了什麼，也記得該向什麼人報告自己洩露了什麼。中情局別無選擇，非毀掉他們的記憶不可。殺人滅口通常掩蓋不住，很多時候並不是好辦法。腦葉切除手術的情況也差不多⋯⋯MK-ULTRA的目的是找出讓人完全失憶的辦法。」

　　電影把心智控制講得更煞有其事，讓美國人對它的印象進一步加深。在二〇〇二年上映的《神鬼認證》（*The Bourne Identity*）裡，絆腳石計畫中的失憶探員包恩由麥特・戴蒙（Matt Damon）飾演。這部電影很紅，很快就拍了兩部續集。由湯米・李・瓊斯（Tommy Lee Jones）和威爾・史密斯（Will Smith）主演的《MIB星際戰警》（*Men in Black*）同樣賣座，我猜部分原因是它創造了一種有趣的道具──那個「閃一下就能消除記憶的玩意兒」，輕輕鬆鬆就能洗掉一個人最近幾分鐘、幾天、甚至幾年的記憶，再植入新的。類似的道具後來越來越常出現在螢光幕上。《辛普森家庭》（*The Simpsons*）有一集是副總統錢尼掏出道具，洗掉離職下屬的記憶。卡通情境喜劇《蓋酷家庭》（*Family*

Guy）和角色扮演電玩《威漫英雄》（*Marvel Heroes*）裡也有這種工具。

在二〇〇四年的電影《王牌冤家》（*Eternal Sunshine of the Spotless Mind*）中，「消除記憶」技術的應用相對沒那麼邪惡。金凱瑞和凱特·溫絲蕾在片中飾演情侶，分手後一度各自消除交往的記憶。二〇一〇年上映的科幻大片《全面啟動》（*Inception*）裡，李奧納多·狄卡皮歐飾演企業神偷，透過侵入潛意識竊取機密。電玩《記憶駭客》（*Remember Me*）讓玩家「重組」角色的記憶。在《記憶裂痕》（*Paycheck*）中，班·艾佛列克飾演的角色從事商業間諜活動後被「消除記憶」，以免他洩漏犯行。MK-ULTRA曝光激發的各種想像，造就了這些作品。

高利伯去世後幾十年間，大眾文化對MK-ULTRA的指涉越來越清楚。在《廢柴特務》（*American Ultra*）裡，傑西·艾森柏格飾演的角色發現自己成了中情局「Ultra計畫」的不知情受試者，記憶遭到消除。《X檔案》和《怪奇物語》（*Stranger Things*）等電視影集更直接點出「MK-ULTRA」的名字。在電影《絕命大反擊》（*Conspiracy Theory*）中，梅爾·吉勃遜飾演的角色對茱莉亞·羅勃茲的角色透露自己的過去。

「很多年前我為中情局工作，一個叫MK-ULTRA的計畫，你聽過嗎？」

「心智控制嗎？『滿洲候選人』那種東西？」

「那是局外人的籠統講法，姑且算是。我們幹的是把普通人變成殺手。」

一九九〇年代，芝加哥曾經有個搖滾樂團取名MK-ULTRA，但遇上法律問題，後來改名。英國繆思樂團（Muse）的運氣比較好，他們的葛萊美獎專輯《反動之音》（*The Resistance*）裡有一首〈MK-ULTRA〉，歌詞問道：「你能承受多少欺騙？你會撒下多少謊言？你離崩潰還有多遠？」

二〇〇三年，阿姆斯特丹舉辦每年一度的大麻盃（Cannabis Cup），由評審選出世界最好的大麻。其中一種以MK-ULTRA命名。「這種印度大麻取名MK-ULTRA，典故是中情局計畫MK-ULTRA（該計畫旨在透過特定手段

影響或操控心理）。」一名評審寫道：「由於MK-ULTRA大麻亦能對腦部產生重大效果，故以此中情局計畫為名。」

溫尼伯女子薇爾瑪·奧利科向艾溫·卡麥隆醫生提出告訴後，變成大眾相當熟悉的MK-ULTRA受害者。加拿大知名藝術家莎拉·安娜·強森（Sarah Anne Johnson）是她孫女[29]，一直以訴說祖母的故事為己任。她有一件雕塑是給代表祖母的人偶蒙上頭，穿上手套，重現卡麥隆「心理驅動」實驗中的病人之苦。她還有一件作品是在敘述她祖母遭遇的報紙上創作，畫了好幾個夢幻奇瑰的圖像。報紙上的標題觸目驚心：**蒙特婁戰慄之屋：精神科醫師收受中情局資金，病人淪為洗腦受害者。**

二〇一八年，這件作品在紐約大都會藝術博物館（Metropolitan Museum of Art）「統統有關：藝術與陰謀」展（Everything Is Connected: Art and Conspiracy）中展出，與其他充滿狂野想像力的畫掛在一起，而那些畫的主角包括刺殺甘迺迪的嫌犯奧斯華（Lee Harvey Oswald）、聯邦調查局長約翰·胡佛，還有馬丁·路德·金恩牧師。從這個展覽可以看出，MK-ULTRA已經進入、甚至滲透大眾文化。它不只存在於歷史，也豐富了創意與想像。這也許是最出乎希德尼·高利伯意料的發展。

———

雖然舒斯特宅和金恩營已停止使用，中情局探員審訊犯人、做極端實驗的其他地點也陸續關閉，美國的刑求事業並未就此而止——恰恰相反：青鳥、洋薊和MK-ULTRA培養出無數徒子徒孫，高利伯對美國和盟國的審訊技術更做出決定性的貢獻。在越南、拉丁美洲、阿富汗、關達那摩灣（Guantanamo Bay）和世界各地的黑牢和偵訊室，都看得到他的遺產。

一九六〇年代初，隨著越戰升級、拉丁美洲到處發生左派叛亂，中情局在一九六三年[30]為偵訊者出了一本《KUBARK反情報偵訊》（*KUBARK*

Counter-Intelligence Interrogation）（「KUBARK」是中情局給自己的代號）。這本一百二十八頁的手冊到二〇一四年仍未完全解密，裡頭全是中情局所謂「對反抗人員之強制性反情報偵訊」手段。手冊多處引述學術論文和「由專家進行之科學探索」，其中包括艾溫・卡麥隆在蒙特婁艾倫紀念醫院主持的研究。在一九六〇年代，這是中情局偵訊者及其全球「盟友」最重要的一本書。它形塑了在越南的鳳凰計畫，讓中情局探員在那裡審訊親共嫌疑人，造成至少兩萬人死亡。手冊裡寫到的手段和囚犯對各種虐待的反應，大多都出自MK-ULTRA。

・人的身分認同取決於環境、習慣、外貌、行動、人際關係等等的連貫性。拘留能讓審訊者切斷這些連結。
・偵訊者能透過控制目標對象的環境，來操控其飲食、睡眠模式和其他基本需求。擾亂規律很可能讓目標對象陷入混亂，從而產生恐懼和無助感。
・逮捕和拘留的主要目的，是剝奪目標習以為常的多數（或大多數）聽覺、味覺、嗅覺和觸覺，單獨囚禁效果尤佳。
・在一般囚室中數週或數月方能達成之效果，在沒有光線（或毫無變化之人工光線）、隔絕聲音、消除氣味等等的囚室裡，只要幾小時或幾天即可複製。環境控制得更緊（例如使用水槽或鐵肺），更加有效。
・藥物可有效克制其他手段無法化解之反抗。
・主要強制手段有逮捕、拘留、剝奪感官刺激、施加威脅、引起恐懼、造成虛弱、疼痛、提高暗示性、催眠和藥物。
・強制手段的一般效果是退化。被偵訊者越退化如孩童，防禦心便越不成熟、越不堪一擊。
・應事先了解當地電壓，若有需要，應準備變壓器或其他調整裝置。

‧ 對於使用強制手段以致造成不可逆之心理傷害，有論者提出強烈道德
反對，本手冊已就此一意見聲明立場。至於其他使用強制手段之倫理
論證是否有效，不在本手冊討論範圍。

一九八三年，《KUBARK反情報偵訊》成書二十年後[31]，中情局特
別為拉丁美洲軍政府編寫新版《人類資源開發訓練手冊》（*Human Resources
Exploitation Training Manual*）。宏都拉斯和薩爾瓦多警方素以手法殘暴聞名，他
們也是最早收到手冊的。特種部隊的教官後來更進一步，把這一套帶到嚴
刑逼供如家常便飯的國家。他們以這本手冊為範本，為七個國家量身訂做
刑求指南。基本原則都是：為了製造「無法忍受的情境，破壞時間、空間和
知覺模式」，偵訊者必須「操控目標對象的環境」，「剝奪越全面，目標對象
受影響的速度越快、程度越深」。《人類資源開發訓練手冊》裡描述的方法與
《KUBARK反情報偵訊》極其相似。

「雖然我們並不著重使用強制手段，」手冊說：「但我們希望諸君對此具
備一定程度的認識，並了解如何適當運用。」

中情局裡有個探員是箇中老手[32]（他的名字尚未解密），不但教過拉美
偵訊者這兩本手冊的技術，二〇〇一年九一一恐怖攻擊後，他被召入新成立
的中情局引渡組（CIA Rendition Group，這個單位的任務是綁架恐攻嫌犯，把
他們送進黑牢逼供），成為偵訊頭頭。他的存在是中情局偵訊手法一脈相承
的證明。從一九八〇年代中情局在拉丁美洲使用的偵訊手段，到二十一世
紀那些惡名昭彰的刑求方式（上銬、剝奪睡眠、電擊、裝箱禁閉、感覺剝奪
等），這兩本手冊扮演了「承先啟後」的角色。協助想出這些刑求手段的心
理學家強調：將犯人壓迫到必須依賴偵訊者的地步，是重中之重——而這正
是MK-ULTRA主使者和KUBARK手冊作者的建議。

九一一攻擊後，當美國高層決定全力反擊——用中情局反情報處長科

佛‧布萊克（Cofer Black）的話來說，「放手大幹一場[33]」——情報單位已經具備十足經驗。對穆斯林囚犯的「極端偵訊」不必大費周章重新設計，只要打開抽屜翻出兩本舊手冊稍加調整，便可交給偵訊者使用。這套手法的「傳承」很清楚：從柯特‧布洛姆和石井四郎到青鳥計畫的主持者，從青鳥計畫到洋薊計畫，從洋薊計畫到高利伯和MK-ULTRA，從MK-ULTRA到《KUBARK反情報偵訊》，從《KUBARK反情報偵訊》到《人類資源開發訓練手冊》，再從這兩本手冊到關達那摩灣、巴格達阿布格萊布監獄（Abu Ghraib），以及中情局遍及全球的黑牢。在這條冷酷無情的鎖鍊上，高利伯是不可或缺的環節。

想評價希德尼‧高利伯的人生和事業，就不可能迴避歷史和道德的嚴厲質問。稱讚他愛國不無道理，指責他喪盡天良也有憑有據。論他的功過，必須深入思索人心與靈魂。

高利伯和每個人一樣，是時空環境塑造的。他的父母和他很多同學的父母，都是從歐洲逃難的猶太人。美國是他們的樂土，讓他們免於屠殺。就如一位猶太移民之子所說，對他們而言，美國是「美夢中的美夢成真」。一九四一年珍珠港遇襲時，高利伯很難不陷入瀰漫全國的愛國熱潮，而他被軍隊拒於門外時，他也很難不萬分失落。中情局給了他報效國家的機會，而美國當時很多「菁英中的菁英」也以此為榮，若以加入情報單位來指責他，未免失之於苛。相反地，他保護美國不受敵國威脅的勇氣，毅然加入祕密菁英組織的決心，也許是值得我們敬重的。

以高利伯任技術服務組組長七年的經歷批判他，也有失公允。只要一個國家需要情報員，就一定有人得去製作諜報工具。對這份奇特的工作，高利伯剛好勝任愉快。

　　高利伯的另一項任務，讓他在一九七〇年代成為眾矢之的，那就是調製謀害國外領導人的毒藥。這無疑是十分離譜的工作，但決定暗殺國外領袖的總統也難辭其咎。的確，包括高利伯在內，所有參與其事的中情局官員都身處道德模糊地帶，可是艾森豪和甘迺迪也脫不了責任。

　　MK-ULTRA的執行方式是高利伯最大的錯。要是這個計畫由另一個人主持，也許它遠遠不致如此極端。然而，高利伯不但不願規範它的內容與方法，還鼓勵合作對象遊走倫理與法律邊緣，甚至逾越他們想像得到的所有底線。不論是那些醜陋的「子計畫」，還是他授意在全球各地黑牢進行的「特別偵訊」，都為人帶來莫大的痛苦。他確實是出色的科學家、盡責的公務員，但他也是他那一代遺害最深的刑求專家。

　　高利伯在倫理上有諸多可議之處，其中尤其令人詫異的一點是：他明明知道中情局延攬的納粹科學家背景不單純，很多都與集中營裡對猶太人的虐待和屠殺有關，可是他還是願意與他們共事。同這些科學家合作的許多美國人與納粹素無恩怨，儘管清楚這些人喪盡天良，但畢竟沒有國仇家恨，二次大戰結束後看到共產勢力擴張，他們很容易把這些疑慮擺到一邊。可是高利伯不一樣，他不但是猶太人，而且父母出身中歐。要是他們在二十世紀初沒有離開歐洲，他很可能年紀輕輕就被趕進猶太隔離區，接著被逮捕、送進集中營，最後死於人體實驗。即使如此，他還是願意與負責過那些實驗的科學家合作。

　　高利伯雖然不是虐待狂，但即使他是，也並不令人意外。MK-ULTRA讓他對別人的身心握有生殺大權。不論是他扮演的角色，或是這個角色賦予他的權力，都讓他擅長也樂於操弄人心。他隨時能從自己和旁人身上得到藉口，對任何胡作非為都有辦法合理化。對於其他人所遭受的暴力虐待，他已發展出超乎尋常的心理耐受力。拉丁美洲暗殺隊的人有時晚上輕拍孩子入眠，深夜出門凌虐和誅殺異己，兩種角色交替自如。高利伯很可能也是這樣，

他親切合群、熱心服務的一面，也許是他日復一日監督醜惡實驗的掩護。

冷戰歷史學家現在已有共識：美國以前太過放大對蘇聯攻擊的恐懼。不過在當時的人眼中，這種威脅是非常真實的。有些情報員認為[34]，考慮到國安問題在當時相當急迫，中情局縱有逾矩也情有可原。有位情報員說：「我們那時的感覺是國家岌岌可危，非得做些什麼挽回頹勢。」另一位情報員也說，他們當年「完全處在現在的人無法體會的氣氛裡，冷戰那時不是鬧著玩的，東德邊境有成千上萬的蘇聯部隊、坦克和飛機，四十八小時就能開到英吉利海峽」。

救亡圖存的決心，為不道德的行動提供了終極藉口，而愛國主義是所有藉口中最誘人的一個。國家的價值被無限上綱，所有與救國有關的行動都變成道德的。這大大緩和了評論家賈恩・科特（Jan Kott）所說的「道德秩序與現實行動秩序間的衝突」[35]。

「雖然他有聽見良知的呼喚，」科特談到一名兇手時說：「但在此同時，他也知道良知與他的世界的規則與秩序不符，於是良知成了多餘的、荒謬的、礙事的。」

高利伯面對的是直指人心的提問：為了善的目的所做的惡，是否有條若是逾越、反而是讓惡大於善的界限？不論他是相信理論上應該有界限，還是另有他見，他在工作上從來沒把這個界限放在眼裡。他告訴自己肩負救國重任，美國存亡和人類自由都得靠他守護。抱持這種想法，不論他對人類生命和尊嚴造成多大的傷害，他都可以合理化自己的行為。他扮演起上帝的角色，為他相信是善的目的隨意摧殘無辜生命。這是深重的罪。高利伯晚年也為此惶惶不可終日。

高利伯是一台龐大機器裡的齒輪，是這台機器造就了MK-ULTRA，也是這台機器毀了許多人的人生。就算沒有高利伯、赫姆斯、杜勒斯或艾森豪，類似的計畫還是會出現。在它背後是典型的道德陷阱。大多數人能分辨是

非，有的人也會為了自己認為是善的目的，去做一些明知不對的事。可是，高利伯的同輩沒有人像他這樣，利用政府授權，做了這麼多錯誤至極又令人髮指的事。沒有別的美國人曾手握如此可怕的生殺大權，又完全躲過公眾視線——至少就我們所知沒有。

高利伯自認是看重靈性的人。可是從大多數定義來看，真正的靈性應該是讓生命充滿慈悲與覺察。高利伯卻不是這樣。不論是他的科學好奇、愛國情操或個人善舉，都無法合理化他多年來對其他生命的冷血侵害。

高利伯最後二十多年的歲月說明了一切。雖然他終於成為自己心中真正的希德尼・高利伯——和藹、無私、受人敬重，永遠準備對有需要或有困擾的人伸出援手——但是他無法回答往事的質問。就算他絕口不談MK-ULTRA，他還是無法假裝沒這回事。即使他不必面對國會調查和法律訴訟，回憶還是饒不過他。相信末日審判或因果報應的人，回顧這樣的人生絕不可能安枕。

在不斷追求內在平靜的同時，高利伯也不斷摧毀別人的身心。他混雜了兩種相反的特質，既是創造者，也是毀滅者，他以非法手段為公權力服務，經常展現悲天憫人之姿，用刑卻從不手軟。最重要的是，他是歷史的工具，理解他就是理解我們自己。也許正因如此，他的故事如此令人難安。

註釋

1　七千磅重的公象塔斯可：Streatfeild, *Brainwash*, p. 67; *Tusko: The Elephant Who Died on LSD* (film), https://www.youtube.com/watch?v=hy1fD0ZwtU.

2　擔任這些職務期間：Philip J. Hilts, "Louis J. West, 74, Psychiatrist Who Studied Extremes, Dies," *New York Times*, January 9, 1999.

3　「我二十四小時開燈」：Kyle Scott Clauss, "Whitey Bulger Disciplined for Pleasuring Himself in Prison," *Boston*, February 26, 2016, https://www.bostonmagazine.com/news/2016/02/26/whitey-bulger-masturbating/.

4　為黑幫辯護經驗豐富的波士頓律師："The Defense That Sank Whitey Bulger," *Daily Beast*, August 13, 2012, https://www.thedailybeast.com/the-defense-that-sank-whitey-bulger.

5　「這是那時候的慣例」：U.S. Senate, *Joint Hearings before the Subcommittee on Health of the Committee on Labor and Public Welfare and the Subcommittee on Administrative Practice and Procedure of the Committee on the Judiciary: Biomedical and Behavioral Research* (Washington, DC: Government Printing Office, 1975), pp. 253–54.

6　「熟悉哈洛和他一生志業的人」：J. Falliers, "In Memoriam: Harold A. Abramson, M.D., 1899–1980," *Journal of Asthma*, vol. 18, no. 1 (1981), https://www.tandfonline.com/doi/abs/10.3109/02770908109118319?journalCode=ijas20.

7　「在跌落懸崖後身亡」：Jim Lewis, "Val Orlikow, 73, Was Victim of CIA Brainwashing Tests," *Toronto Star*, May 25, 1990.

8　「對艾溫・卡麥隆醫師的病人」："MK ULTRA Violence," *McGill Daily*.

9　地方報紙只發布短短一則消息："California— Ventura Country— Miscellaneous Obituaries," www.genealogybuff.com/ucd/webbbs_config.pl/noframes/read/1929.

10《紐約時報》報導他過世的消息時：Christopher Marquis, "Richard Helms, Ex C.I.A. Chief, Dies at 89," *New York Times*, October 24, 2002.

11　可是他也和所有中情局探員一樣：*United States of America, Appellee, v. Victor L. Marchetti, Appellant*, 466 F.2d 1309 (4th Cir. 1972), September 11, 1972, https://law.justia.com/cases/federal/appellate-courts/F2/466/1309/424716/.

12「我必須說，寇爾比在攪局方面」：Moran, *Company Confessions*, pp. 151–52.

13　赫姆斯對他這位老同事：CIA, "Interview with Richard Helms."

14「篇幅有限」：Gup, "Coldest Warrior."

15「唉，希德・高利伯倒楣透了」：Ibid.

16「回過頭看，高利伯的事」：Ranelagh, *Agency*, p. 208.

17「我的感覺是，一九七五年探取」：Loch Johnson, *Spy Watching: Intelligence Accountability in the United States* (New York: Oxford University Press, 2018), pp. 431–32.

18「我對我太太講了不少」：U.S. District Court for the District of Columbia, "Deposition of Sidney Gottlieb," April 19, 1983, p. 66.

19 「你們永遠問不出來的」：Gup, "Coldest Warrior."

20 「她熱愛民族舞蹈」："Margaret Gottlieb," *Rappahannock News*, December 11, 2011, https://www. pressreader.com/usa/rappahannocknews/20111208/282815008071703.

21 彼得寫了一本非裔美國人的書：Peter Gottlieb, *Making Their Own Way: Southern Blacks' Migration to Pittsburgh, 1916–30* (Champaign: University of Illinois Press, 1996).

22 最能反映這種精神的是二〇一三年：Chris Mertes, "Sun Prairie Resident Returns from El Salvador Trip," *Sun Prairie Star*, February 18, 2013, http://www.hngnews.com/sun_prairie_star/community/features/article_8b72347e-7a1e-11e2-b7fa-001a4bcf6878.html.

23 「他們之前就決定好了」：Author's interview with Gottlieb relative, 2018.

24 「藏有黑暗祕密的大宅」："Die Geheimnisse der Villa Schuster," *Taunus Zeitung*, January 11, 2016.

25 「舒斯特宅出了窮凶極惡之事」：Klaus Wiegrefe, "Das Geheimnis," *Der Spiegel*, December 12, 2015.

26 「中情局在這棟屋子」：Author's interview with owner of Villa Schuster.

27 有個角色忙著製作一種藥物：David Foster Wallace, *Infinite Jest* (New York: Back Bay, 2006), p. 212.

28 "讓中情局頭痛的是"：Kathy Acker, *Empire of the Senseless* (New York: Grove, 2018), p. 142.

29 加拿大知名藝術家莎拉・安娜・強森：Ashifa Kassam, "The Toxic Legacy of Canada's Brainwashing Experiments," *Guardian*, May 3, 2018; Douglas Eklund et al., *Everything Is Connected: Art and Conspiracy* (New York: Metropolitan Museum of Art, 2018), pp. 146–62; Murray White, "Sarah Anne Johnson Takes Grim Trip into Family Past," *Toronto Star*, April 14, 2016.

30 中情局在一九六三年：Central Intelligence Agency, *KUBARK Counter Intelligence Interrogation*, July 1963, https://nsarchive2.gwu.edu/NSAEBB/NSAEBB27/docs/doc01.pdf.

31 一九八三年，《KUBARK反情報偵訊》成書二十年後：Central Intelligence Agency, *Human Resources Exploitation Manual*, 1963, https://nsarchive2.gwu.edu/NSAEBB/NSAEBB122/CIA%20Human%20Res%20Exploit%20A1-G11.pdf; McCoy, *Question of Torture*, pp. 88–96; McCoy, *Torture and Impunity*, pp. 27–29.

32 中情局裡有個探員是箇中老手：Peter Foster, "Torture Report: CIA Interrogations Chief Was Involved in Latin American Torture Camps," *Telegraph*, December 11, 2014.

33 「放手大幹一場」：National Commission on Terrorist Attacks upon the United States, "Testimony of Cofer Black," April 14, 2004, https://fas.org/irp/congress/2002_hr/092602black.html.

34 有些情報員認為：Marks, *Search for the "Manchurian Candidate,"* p. 30.

35 這大大緩和：Jan Kott, *Shakespeare Our Contemporary* (New York: W. W. Norton, 1974), pp. 17, 33.

致謝
Acknowledgments

　　這本書裡全是真人實事，但並非所有真人實事都已寫進本書。書裡的故事只是希德尼・高利伯二十二年中情局生涯的一部分——或許只是一小部分——其他部分恐怕大多永將石沉大海。高利伯下令銷毀MK-ULTRA檔案的時候，原本希望將自己的足跡全部抹去，但他沒有成功。不過，他的確成功阻止世人認識他完整的故事。

　　高利伯死後不久，《華盛頓郵報》回顧他的一生，結論是：「希德尼・高利伯這個名字[1]，只是美國史上一個模糊的註腳。」多年以後，我見到一位中情局前局長，對他說我在寫一本高利伯的傳記。他搖搖頭：「我沒聽過這個人。」高利伯退休後進中情局的人也都對我這樣說。我相信他們。拼湊高利伯的故事需要鑽進一段曖昧朦朧的歷史，我很感謝許多人為我指路。

　　有幾位作者已經研究過高利伯生平的一些面向。第一位是約翰・馬克斯，是他以《資訊自由法》向中情局提出申請，讓高利伯未能銷毀的MK-ULTRA檔案重見天日。他以那些檔案寫出深具開創性之作《尋找「滿洲候選人」》，被譽為「調查報導之表率」，拿下一九七九年調查記者與編輯獎（Reporters and Editors）。《尋找「滿洲候選人」》之後又陸續出現其他作品，每一本都解開一些高利伯的謎團。H・P・阿爾巴瑞利（H. P. Albarelli）的《彌天大錯》（*A Terrible Mistake*）資料豐富，琳達・杭特（Linda Hunt）、阿弗雷德・麥

考伊、艾格蒙·柯赫（Egmont R. Koch）、麥可·維許（Michael Wech）、艾德·瑞吉斯及柯林·羅斯（Colin Ross）等人的作品亦惠我良多。

感謝以下諸君同意接受訪談，與我分享他們與高利伯的往事或高利伯的工作：在德國奧柏魯瑟鎮，金恩營所在地，地方文史專家曼尼弗瑞德·柯普（Manfred Kopp）慷慨與我分享他的洞見與資料；在奧柏魯瑟鎮附近的舒斯特宅，中情局探員一九五〇年代進行殘酷實驗的地方，現任屋主容我進屋採訪，並參觀曾作牢房之用的地下室；馬里蘭州狄崔克堡公共事務專員蘭妮莎（Lanessa Hill）為我安排參觀基地，讓我有機會與目前在那裡工作的科學家對談；狄崔克堡歷史專家諾曼·柯維特（Norman Covert）雖已退休，仍熱心提供基地過去活動的背景介紹；希德尼·班德，曾在漫長的訴訟中兩度向高利伯詢問證詞的紐約律師，與我分享好幾箱已塵封多年的檔案；費城長老會歷史學會（Presbyterian Historical Society）檔案室諸君慷慨相助，幫我找出高利伯遺孀瑪格麗特的信件與文章；艾瑞克·奧爾森，中情局化學專家法蘭克·奧爾森之子，慨然撥出幾個小時回答我的詢問，訴說他如何長期尋找父親之死的真相；一九七〇年代為國會委員會詢問過高利伯的幾位律師和調查員，為本書提供了可貴見解；與高利伯有過交集的幾位中情局官員，分享了他們的記憶（他們全部要求匿名）；中情局公共事務室雖然拒絕提供我想找尋的部分資料，但釋出三張高利伯中情局時期的照片，這是他這段時間的照片首次公開，他們也協助確認了高利伯職涯的重要細節。

有幾位見聞廣博的美國人與我分享他們精闢的見解，但婉拒我公開致謝。他們知道我講的是他們。深深感謝。

構思本書期間，我在布朗大學的幾位學生相當積極，寫了研究報告給我，助我形塑這本書的框架：莎拉·塔克（Sarah Tucker）發現高利伯早年生涯的紀錄；瓊恩·葛許（June Gersh）追溯迴紋針計畫，耙梳美國政府延攬

納粹科學家的經過；韓索・洪（Hansol Hong）考掘狄崔克堡的歷史；文林・以撒・梁（Weng Lin Isaac Leong，音譯）研究MK-ULTRA的起源，並調查高利伯在製作U-2飛行員自殺毒針中的角色；德菈煦蒂・布拉姆巴特（Drashti Brahmbatt）探究MK-ULTRA子計畫和高利伯的監督情況；奧利佛・赫曼（Oliver Hermann）調查中情局一九五〇年代嚴刑逼供的「黑牢」；費歐娜・布萊德利（Fiona Bradley）研究心智控制相關文獻；班傑明・古根漢（Benjamin Guggenheim）從第一手資料中整理出可貴的資訊；丹尼爾・史坦菲德（Daniel Steinfeld）探究高利伯對暗殺計畫的參與，以及他擔任中情局技術服務組組長時的作為；伊莎貝爾・包立尼（Isabel Paolini）回顧並分析已出版的資料，包括高利伯對國會委員會的證詞；西恩・海藍（Sean Hyland）評估高利伯將LSD帶入美國反文化中的角色；布藍登・文龍・賈（Brandon Wen Long Chia，音譯）檢視美國名人透過高利伯的實驗而接觸LSD的案例，還發現與高利伯離開中情局後的工作有關的資料；伏拉迪米爾・鮑羅丁（Vladimir Borodin）研究高利伯的退休生活；蜜雪兒・史艾恩（Michelle Schein）耙梳偵訊技術的傳播，從高利伯的工作開始，一路追溯到中情局帶到拉美、越南、巴格達阿布格萊布監獄和關達那摩的審訊手段；艾默理大學學生伊森・姜貝爾（Ethan Jampel）協助收集圖片。

我非常感謝布朗大學沃森國際和公共事務研究所的同事：所長謝德華（Edward Steinfeld）和副所長史蒂芬・布隆菲爾德（Steven Bloomfield）鼓勵我做非正統研究。布朗國際關係研究計畫主任妮娜・坦能沃德（Nina Tannenwald）、副主任克勞蒂雅・艾略特（Claudia Elliott）和學術計畫經理安妮塔・內斯特（Anita Nester）始終支持我的學術抱負，在此一併致謝。

感謝幾位敏銳的讀者通讀完稿，協助本書做出重大改進：詹姆斯・史東（James Stone）指出其中一部分過於冗長瑣碎；麥可・雷森德斯（Michael Rezendes）對本書架構提出很好的建議；強納森・史沛伯（Jonathan Sperber）點

出其中一個關鍵部分的瑕疵。感謝編輯保羅·高洛布（Paul Golob）讓本書更為簡潔清晰。

　　高利伯主持的計畫名稱寫法過去沒有統一，也沒有連字號。我全部寫成MK-ULTRA，以免造成混淆。

　　因為這本書而深入認識希德尼·高利伯，對我來說既有趣又帶著不安。感謝所有協助我的人。書中所有評論、推測及事實或判斷的錯誤，都由我負責。

註釋

1　「希德尼·高利伯這個名字」：Gup, "Coldest Warrior."

FOCUS 24

CIA洗腦計畫 解密美國史上最暗黑的心智操控實驗
POISONER IN CHIEF
Sidney Gottlieb and the CIA Search for Mind Control

作　　者　史蒂芬‧金瑟（Stephen Kinzer）
譯　　者　朱怡康
責任編輯　林慧雯
封面設計　蔡佳豪

編輯出版　行路／遠足文化事業股份有限公司
總 編 輯　林慧雯
社　　長　郭重興
發行人兼
出版總監　曾大福
發　　行　遠足文化事業股份有限公司　　代表號：（02）2218-1417
　　　　　23141新北市新店區民權路108之4號8樓
　　　　　客服專線：0800-221-029　　傳真：（02）8667-1065
　　　　　郵政劃撥帳號：19504465　　戶名：遠足文化事業股份有限公司
　　　　　歡迎團體訂購，另有優惠，請洽業務部（02）2218-1417分機1124、1135
法律顧問　華洋法律事務所　蘇文生律師
特別聲明　本書中的言論內容不代表本公司／出版集團的立場及意見，由作者自行承擔文責
印　　製　韋懋實業有限公司
初版一刷　2021年4月

定　　價　520元

有著作權‧翻印必究　缺頁或破損請寄回更換

國家圖書館預行編目資料

CIA洗腦計畫：解密美國史上最暗黑的心智操控實驗
史蒂芬‧金瑟（Stephen Kinzer）著；朱怡康譯
—初版—新北市：行路，遠足文化事業股份有限公司，
2021.04
面；公分
譯自：Poisoner in Chief: Sidney Gottlieb and the CIA
Search for Mind Control
ISBN 978-986-98913-8-7（平裝）
1.高利伯（Gottlieb, Sidney, 1918-1999）
2.洗腦　3.思想史　4.美國
541.825　　　　　　　　　　　　　　110000963